金融智能投顾

张菀洺　戴鹏杰 ◎ 主编

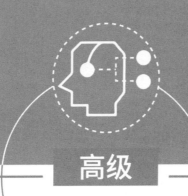

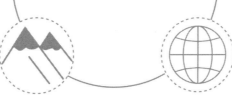

高级

清华大学出版社
北京

内 容 简 介

本书是"金融智能投顾(高级)职业技能等级证书"认证考核专用教材,内容涵盖私募股权基金、信托与财富管理、外汇投资、期货与衍生品市场、宏观经济分析、证券投资的技术分析、综合规划、智能投研、智能风控、智能投顾工具认识与场景使用等。

本书既可以作为"金融智能投顾(高级)职业技能等级证书"的配套培训用书,也可以作为本科院校、高职院校、中职院校等职业技能培养的教学用书。

本书封面贴有清华大学出版社防伪标签,无标签者不得销售。
版权所有,侵权必究。举报: 010-62782989, beiqinquan@tup.tsinghua.edu.cn。

图书在版编目(CIP)数据

金融智能投顾: 高级 / 张菀洺, 戴鹏杰主编. —北京: 清华大学出版社, 2022.6
ISBN 978-7-302-60855-4

Ⅰ.①金⋯ Ⅱ.①张⋯ ②戴⋯ Ⅲ.①人工智能－应用－金融投资－教材 Ⅳ.① F830.59-39

中国版本图书馆 CIP 数据核字 (2022) 第 081519 号

责任编辑: 陈　莉
封面设计: 周晓亮
版式设计: 方加青
责任校对: 马遥遥
责任印制: 宋　林

出版发行: 清华大学出版社
　　　　网　　　址: http://www.tup.com.cn, http://www.wqbook.com
　　　　地　　　址: 北京清华大学学研大厦 A 座　　　邮　　编: 100084
　　　　社 总 机: 010-83470000　　　邮　　购: 010-62786544
　　　　投稿与读者服务: 010-62776969, c-service@tup.tsinghua.edu.cn
　　　　质 量 反 馈: 010-62772015, zhiliang@tup.tsinghua.edu.cn
印 装 者: 三河市东方印刷有限公司
经　　销: 全国新华书店
开　　本: 185mm×260mm　　　印　　张: 20.5　　　字　　数: 437 千字
版　　次: 2022 年 6 月第 1 版　　　印　　次: 2022 年 6 月第 1 次印刷
定　　价: 78.00 元

产品编号: 095921-01

本教材(编号：JC 2022002)由中国社会科学院大学教材建设项目专项经费支持。

序言

随着人均国民收入水平的提高,城乡居民可支配收入的增加,中国民众财富管理与理财规划的需求迅猛增长。金融行业本身的入门门槛低,但知识门槛、技能要求较高,加之移动技术的快速普及,造成普通民众的理财投资表现出极大的盲目性与随意性。在这一背景下,专业的复合型投资理财顾问和财富管理人才缺口显得尤为巨大,培养更多优秀的投资理财顾问和财富管理专家,不仅仅是富裕起来的人民的迫切需要,同时也是各类投资机构和金融机构的当务之急。

中国社会科学院大学商学院与金智东博(北京)教育科技股份有限公司具有长期开展实践教学合作的基础。双方根据金融行业投资理财顾问与财富管理相关岗位的技能标准,共同开发撰写了"金融智能投顾"系列教材,作为教育部 1+X "金融智能投顾职业技能等级证书"的标准教材和财经商贸类及计算机类相关专业的实践性学科教材。这套教材是校企合作、知识与实践结合的重要范例,将推动金融领域人才培养和财富管理理论的普及。

本套教材的设计与开发遵循培养拥有"三位一体"能力的金融人才的核心理念。"三位一体"具体包括以下几个方面。

(1) 知识:完备的财富管理知识体系是基础。学习者掌握主流金融产品的基础知识与框架体系。

(2) 工具:先进的投资分析智能工具提升技能。学习者把金融理论知识变为可应用的工具,并且能够借助 AI 等工具,使之更加高效适用。

(3) 方法:科学的家庭理财规划理论。学习者理解并掌握进行财富管理和资产配置的方法。

知识、工具和方法"三位一体",能够帮助学习者满足用户各种各样的财富管理需求,顺利通过变幻莫测的金融市场的考验,成就有底蕴、有能力、有担当的专业人才。

教材的内容涵盖基金、保险、股票、债券、存款、银行理财、信托、外汇、大宗商品(含贵金属)、投资方法分析、科学规划方法以及 AI 工具等方面,每个方面都会结合基础知识框架学习、投资技能工具使用、科学财富规划方法三个维度进行拆分,尽量让学习者全面掌握财富管理所需要的知识。

本套教材根据难度分为初级、中级、高级三个等级,每个级别的侧重点和对学习者的要求不同。

初级教材偏向基础知识概念，如基金的分类、保险的基础知识和分类、股票债券的基本概念、理财规划的概述等，要求学习者能够清楚地了解相关产品要点，并了解智能投顾知识在其中的作用。

中级教材偏向金融产品投资策略，包含人寿保险和财富管理、基金投资策略、大宗商品的分类与策略、单项规划等内容。相比初级教材，中级教材侧重学习者对 AI 技术的运用，要求学习者能够在智能投顾平台进行投资规划、保障规划、综合规划等更复杂的操作，也要求学习者能够清晰地介绍复杂产品并掌握智能投顾工具的高级应用。

高级教材要求学习者掌握更多的专业基础知识，包含私募股权基金、宏观经济分析方法、证券投资的技术分析等，还要对全周期较复杂的家庭整体投资要点进行深入学习。同时，还要求其掌握智能投顾平台上的应用工具，并了解使用宏观经济分析模型、市场情绪检测模型等一系列投资市场辅助工具的相关操作，能够制定长期的财富管理方案、理财方案，从而服务于高净值客户。

通过系统学习本套教材，初级学员和中级学员能够掌握扎实的岗位知识和技能，具备银行初级工作人员的基本素质；高级学员能够达到银行、证券公司投研人员或财富顾问级别的人才水准。

本套教材经过众多专家的经年编撰，具有以下特色。

(1) 内容完整：整套教材保持一个完整的体系，对金融智能投顾职业技能的学习起到良好且坚实的支撑作用。

(2) 梯度明显：初级、中级、高级三个级别，内容层次递进，初级和中级难度适中，高级拔高，帮助学习者循序渐进地掌握和理解知识点。

(3) 编校质量高：读者在整个学习和阅读的过程中体验良好，并且能够作为其长期学习的一个重要的窗口和途径。

(4) 基础理论知识与实践技能有效融合，内容与实际岗位紧密结合，实用性强，并附有实践练习要求。

(5) 本套教材为 1+X "金融智能投顾职业技能等级证书" 的配套教材，结合线上课程、专家讲座视频、师资培训等全面指导院校相关课程教学工作的开展，针对性强。

最后，由于编者水平有限，难免出现纰漏，敬请广大读者积极斧正，万分感谢。

希望本套教材的出版能够为推动我国金融智能投顾人才的培养发挥积极作用。

编者

2022 年 5 月

前言

在现代通信技术迅猛发展的背景下,以大数据、云计算、人工智能等为主要支撑的金融科技领域以极其迅猛的速度发展,不仅使金融活动大量赋能,而且对金融深化及其整个行业的发展带来了巨大影响。随着我国人均国民收入水平的提高,城乡居民可支配收入也随之增加,这必然导致专业的投资理财顾问人才的需求猛增。培养专业的财富管理人才,一方面可以满足广大人民迫切的财富管理需求,另一方面也是金融机构提升服务质量的必由之路,财富顾问的培养成为行业面临的重大挑战。

中国社会科学院大学商学院与金智东博(北京)教育科技股份有限公司协同编写了《金融智能投顾(高级)》这本教材,作为教育部1+X"金融智能投顾(高级)职业技能等级证书"认证的考核专用教材,教材开发以提升高校金融岗位专业教学质量为使命,融数字化技术与岗位技能为一体,深度提炼金融行业岗位实践技能,配合金融科技软件,复原应用场景,体系化地培养金融行业人才需求越来越大、专业挑战越来越高的金融顾问。

本教材涵盖金融顾问所需的理财、基金、保险、商品、外汇以及另类投资等大类资产的基本知识、投资逻辑、资产配置、相应金融科技软件场景使用等知识和技能,以不同级别金融顾问的应用实践为基础,全面阐述对应的工作方法和技术,尤其是根据行业实用的金融科技软件有针对性地进行应用实训,以确保学生快速掌握对应的技能,从而符合岗位要求。

本教材紧扣"统筹建设意识形态属性强的课程教材"的重点建设要求,教材开发的专家成员重点针对相关专业核心课程,以真实岗位场景、典型工作任务、金融科技软件应用技能、实训案例等为载体组织教学单元,遵循职业教育教学规律和人才成长规律,加强社会主义核心价值观教育,促进学生德技并修。职业教育任重而道远,教材的开发更是关乎未来人才培养的质量基础,本教材将在使用中不断完善,并不断精进。

《金融智能投顾(高级)》教材的主编为中国社会科学院大学商学院张菀洺院长和中国人民大学商学院戴鹏杰博士,在编写的过程中还得到以下专家人员的帮助和协同编写:

中国社会科学院大学硕士导师、金智东博(北京)教育科技股份有限公司董事长郭鉴旻；

金智东博（北京）教育科技股份有限公司高级研究员张江涛博士；

金智东博（北京）教育科技股份有限公司高级研究员王浩民；

河南财政金融学院王文剑博士；

浙江金融职业学院金融学院董瑞丽院长；

上海电子信息职业技术学院经济与管理学院燕峰副院长。

在此向对教材编写过程中做出积极贡献的刘佳媛女士、张引弟女士和朱忠瑜女士表示感谢！

本教材配备视频课程等教辅资源，读者可通过扫描封底二维码下载。

编者

2022 年 5 月

目录

第一篇　金融产品（高级）解析　　001

第一章　基金：私募股权基金　　002

1.1　私募股权基金概述　　003
1.2　PE 的尽职调查与投后管理　　015
1.3　PE 的退出与对赌　　022
1.4　PE 的监管　　033

第二章　信托与财富管理　　043

2.1　信托的本质及起源发展　　044
2.2　信托的基本要素及分类　　049
2.3　家族信托与财富传承　　059

第三章　外汇投资　　086

3.1　外汇与货币对　　087
3.2　外汇交易市场　　090
3.3　世界货币体系变迁　　093
3.4　汇率决定理论　　095
3.5　决定汇率变动的主要因素　　097
3.6　汇率变动对经济的影响　　100
3.7　外汇交易　　104

第四章　期货与衍生品市场　　114

4.1　市场体系与制度　　115
4.2　期货合约与交易制度　　123
4.3　套期保值与套利　　130
4.4　期权　　136
4.5　我国其他金融衍生品　　144

第二篇　投资分析方法　　149

第五章　宏观经济分析　　150

　　5.1　宏观经济分析框架　　151
　　5.2　宏观经济指标体系　　154
　　5.3　宏观经济指标解读　　158

第六章　证券投资的技术分析　　183

　　6.1　经典技术分析理论　　185
　　6.2　K 线形态分析　　194
　　6.3　透过数据信息理解价格走势　　204
　　6.4　指标分析及应用　　211

第三篇　综合科学规划　　221

第七章　综合规划　　222

　　7.1　投资规划　　223
　　7.2　保障规划　　260

第四篇　智能投顾　　279

第八章　智能投研　　280

　　8.1　业务流程与功能　　281
　　8.2　技术原理　　282
　　8.3　市场空间及行业发展趋势　　285
　　8.4　智能投研领域案例分析　　289

第九章	**智能风控**	**296**
	9.1 人工智能在金融风险管理中的应用领域	297
	9.2 具体原理与技术	299
	9.3 目前市场上的应用	300
第十章	**智能投顾工具认识与场景使用**	**302**
	10.1 山东邮政理财师 App	303
	10.2 智慧理财师 App	308
参考文献		**315**

第一篇
金融产品(高级)解析

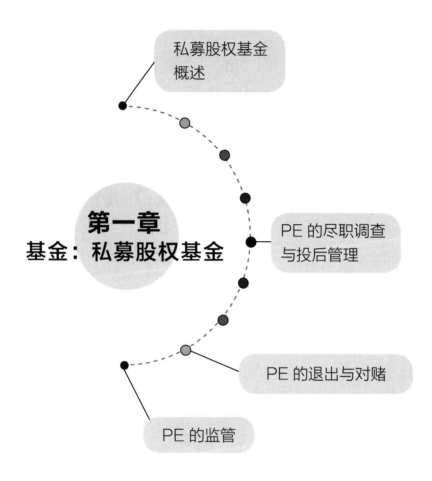

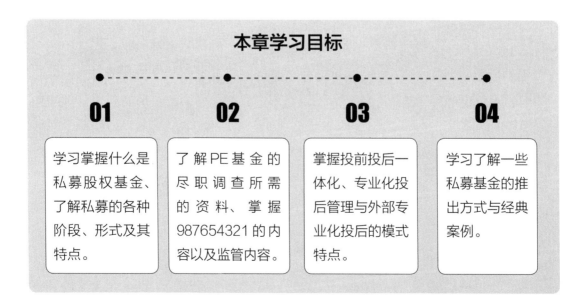

> **本章简介**

本章主要介绍私募股权基金的各项专业知识,包括私募股权基金的组成、分类情况,以及尽职调查与投后管理。此外,本章还讲述了私募股权基金的各种退出方式与特点,以及私募股权基金的监管。

1.1 私募股权基金概述

1.1.1 私募股权基金的定义

私募股权基金(Private Equity,PE)是从事私人股权(非上市公司股权)投资的基金,主要包括投资非上市公司股权或上市公司非公开交易股权两种,追求的不是股权收益,而是通过上市、管理层收购和并购等股权转让路径出售股权而获利。

在欧洲大陆,私募股权投资基金等同于风险资本(Venture Capital,VC),欧洲私募股权和创业资本协会(EVCA)把私募股权投资定义为投资于企业早期(种子期和创业期)和扩展期的专业的股权投资。当前国内外对私募股权投资的含义界定不一,概括而言,私募股权投资主要有广义和狭义之分。广义的私募股权投资是指通过非公开形式募集资金,并对企业进行各种类型的股权投资。这种股权投资涵盖企业首次公开发行前各阶段的权益投资,即对处于种子期、初创期、发展期、扩展期、成熟期和Pre-IPO各个时期的企业所进行的投资,以及上市后的私募投资(如Private Investment In Public Equity,PIPE)等。狭义的私募股权投资主要指对已经形成一定规模的,并产生稳定现金流的成熟企业的私募股权投资部分,主要是指创业投资后期的私募股权投资部分。

私募股权基金(PE)涉及四个主体方,分别为基金发起人/管理人(即GP,普通合伙人)、基金投资者(即LP,有限合伙人)、投资的项目(一般为具体企业)、托管银行(负责基金金额的保管、划拨)。在实际运作中,我们还经常听到A轮融资、B轮融资、天使投资、风险投资、投资银行等概念,这些都是在企业成长过程中的不同阶段,对其投入资本的不同叫法。

GP(普通合伙人),我们可以简单地理解为公司内部人员。换句话说,GP是那些进行投资决策以及公司内部管理的人。举个例子:现在投资公司A共有GP1、GP2、GP3、GP4四个普通合伙人,他们共同拥有投资公司A的100%股份。因此投资公司A整体的盈利与亏损等都和他们直接相关。

LP(有限合伙人),我们可以简单地理解为出资人。很多时候,一个项目需要投资上千万乃至数个亿的资金,而投资公司的GP们并没有如此多的金钱或者他们为了分摊风险,因此不愿意将那么多的公司资金投资在一个项目上面。于是乎,LP就此诞生了。LP

会在经过一连串手续以后，把自己的钱交由 GP 去打理，而 GP 则会将 LP 的钱拿去投资项目，从中获取利润，双方再对这个利润进行分成。这是现实生活中经典的"你(LP)出钱，我(GP)出力"的情况。绝大多数情况下，LP 都有一个最低投资额度和最高投资额度限制，但这个额度不是必然的，如果 LP 本身实力比较强大，甚至可以在投资过程中提供帮助，数个亿的投资额度也是可以看得到的。

此外，一般 LP 的资金都会有一个锁定周期，一般为一年至数年不等(要看公司具体投资的项目而定)，为的是确保投资的持续性(过短的投资周期会导致还没开始赚钱就必须退场)。

那么 GP 是如何获取利润？一般来说，普遍是遵循 2/20 的收费结构——2% 的管理费加上 20% 的额外收益费。

假设 LP1 拿出了 600 万元去投资公司 A，一年之后 LP1 额外收获了 100 万元。那么 LP1 需要上缴给投资公司 A 的费用将会是：600 万元 ×2% + 100 万元 ×20% = 32 万元，即 LP1 最终可以获益 68 万元，投资公司 A 则可以获益 32 万元。顺带一提的是，不管是赚钱还是亏钱，那 2% 的管理费都是非交不可的。而额外收益费则必须要赚钱了以后才会支付。

从我国的实践中来看，目前并不是所有公司都收 2% 的管理费用，但收取 20% 的额外收益费是基本一致的。

私募股权投资通常以基金方式作为资金募集的载体，由专业的基金管理公司运作，像我们熟知的凯雷集团、黑石集团和红杉资本等国际知名投资机构就是私募股权投资基金的管理公司，旗下都运行着多只私募股权投资基金。

1.1.2 私募股权投资的分类

根据被投资企业发展阶段划分，私募股权投资主要可分为天使投资、风险投资、并购资本、夹层投资、Pre-IPO 投资以及上市后私募投资。

1. 天使投资

大多数时候，天使投资选择的企业都会是一些发展处于早期阶段的企业，它们甚至没有一个完整的产品，或者仅仅只有一个概念。所以这个时候对其投资的风险性是比较大的。这也是所谓的 A 轮融资。而天使投资的投资额度往往也不会很大，换取的股份则是 10%～30% 不等。单纯从数字上而言，美国和中国投资额度基本接近。大多数时候，这些企业都需要至少 5 年的时间才有可能上市。

此外，部分天使投资会给企业提供一些指导和帮助，甚至会给予一定人脉上的支持。

2. 风险投资

一般而言，当企业发展到一定阶段，比如说已经有了相对较为成熟的产品，或者是已经开始销售的时候，天使投资的资金对于他们来说已经无法满足需要了。因此，风险投资成了他们最佳的选择。一般而言，美国风险投资的投资额度都会在500万美元到2000万美元之间，具有可控的风险和可观的回报，换取股份一般则是在10%到20%之间。能获得风险投资青睐的企业一般都会在3～5年内有较大希望上市。

3. 并购资本

并购资本主要专注于并购目标企业，通过收购目标企业股权，获得对目标企业的控制权，然后对其进行一定的重组改造提升企业价值，必要的时候可能更换企业管理层，成功之后持有一段时间后再出售。并购资本相当大比例投资于相对成熟的企业，这类投资包括帮助新股东融资以收购某企业，帮助企业融资以扩大规模或者是帮助企业进行资本重组以改善其营运的灵活性。并购资本涉及的资金规模较大，常达10亿美元左右，甚至更多。

4. 夹层投资

夹层投资的目标主要是已经完成初步股权融资的企业。它是一种兼有债权投资和股权投资双重性质的投资方式，其实质是一种附有权益认购权的无担保长期债权。这种债权总是伴随相应的认股权证，投资人可依据事先约定的期限或触发条件，以事先约定的价格购买被投资公司的股权，或者将债权转换成股权。夹层投资的风险和收益低于股权投资，高于优先债权。在公司的财务报表上，夹层投资也处于底层的股权资本和上层的优先债（高级债）之间，因而称为"夹层"。与风险投资不同的是，夹层投资很少去争取控股，一般也不愿长期持有股权，更倾向于迅速退出。当企业在两轮融资之间，或者在希望上市之前的最后冲刺阶段，资金处于青黄不接的时刻，夹层投资者往往就会从天而降，带给企业最需要的现金，然后在企业进入新的发展期后全身而退。这也是它被称为"夹层"投资的另一个原因。夹层投资的操作模式风险相对较小，因此寻求的回报率也低一些，一般在18%～28%。

5.Pre-IPO 投资

Pre-IPO 投资主要投资于处于上市前阶段的企业，或者规模与盈利已达到可上市水平的企业，其退出方式一般为上市后从公开资本市场上出售股票。一般而言，Pre-IPO 投资者主要有投行型投资基金和战略型投资基金两类。

(1) 投行型的投资基金，如高盛、摩根士丹利等投资基金，它们具有双重身份——既是私募股权投资者，又是投资银行家。作为投资银行家，其能够为企业的 IPO 提供直接的帮助；而作为私募股权投资者，其能够为企业的股票进行价值"背书"，有助于提升公开市场上投资者对企业股票的信心，因此投行型投资基金的引入往往有助于企业股票的成功发行。

(2) 战略型投资基金，致力于为企业提供管理、客户、技术等资源，协助企业在上之前建立起规范的法人治理结构，或者为企业提供专业的财务咨询。Pre-IPO 投资具有风险小、回收快的优点，并且在企业股票受到投资者追捧的情况下，可以获得较高的投资回报。

6. 上市后私募投资

上市后私募投资 (Private Investment in Public Equity，PIPE)，是指投资于已上市公司股份的私募股权投资，以市场价格的一定折价率购买上市公司股份以扩大公司资本的一种投资方式。PIPE 分为传统型和结构型两种形式，传统型 PIPE 由发行人以设定价格向 PIPE 投资人发行优先股或普通股，结构型 PIPE 则是发行可转换为普通股或者优先股的可转债。相对于二次发行等传统的融资手段，PIPE 的融资成本和融资效率相对较高，而且不需要昂贵的路演成本，这使得获得资本的成本和时间都大大减少。PIPE 比较适合一些不希望应付传统股权融资复杂程序的快速成长为中型企业的上市公司。

1.1.3 私募股权投资的特点

1. 资金筹集具有私募性与广泛性

私募股权基金的募集对象范围相对公募基金要窄，主要通过非公开方式面向少数机构投资者或个人募集，其销售、赎回都是通过私下与投资者协商进行的，但是其募集对象都是资金实力雄厚、资本构成质量较高的机构或个人，一般有富有的个人、风险基金、杠杆并购基金、战略投资者、养老基金和保险公司等，这使得其募集的资金在质量和数量上不一定亚于公募基金。

2. 投资对象是有发展潜力的非上市公司企业

私募股权投资一般投资于私有公司，即非上市企业，并且其项目选择的唯一标准是能否带来高额投资回报，而不拘泥于该项目是否应用了高科技和新技术。换言之，关键在于一种技术或相应产品是否具有好的市场前景而不仅在于其技术的先进水平。

3. 对投资目标企业提供权益性的资金支持和管理支持

私募股权基金大多采用权益投资方式，对被投资企业的决策管理享有一定的表决权。私募股权投资者通常参与企业的管理，主要形式有参与到企业的董事会中，策划追加投资和海外上市，帮助制订企业发展策略和营销计划，监控财务业绩和经营状况，协助处理企业危机事件。目前一些著名的私募股权投资基金有着丰富的行业经验与资源，其可以为企业提供有效的策略、融资、上市和人才方面的咨询和支持。

除单纯的股权投资外，出现了变相的股权投资方式 (如以可转换债券等方式投资)，和以股权投资为主、债权投资为辅的组合型投资方式。这些方式是私募股权在投资工具、投资方式上的一大进步。股权投资虽然是私募股权投资基金的主要投资方式，其主导地位也并不会轻易动摇，但是多种投资方式的兴起，多种投资工具的组合运用，也已形成

4. 属于流动性较差的中长期投资

私募股权投资的风险，首先源于其相对较长的投资周期，一般一个项目可达 3～5 年或更长，属中长期投资。因此，私募股权基金想要获利，就必须付出一定的努力，不仅要满足企业的融资需求，还要为企业带来利益，这注定是一个长期的过程。再者，私募股权投资成本较高，这一点也加大了私募股权投资的风险。此外，私募股权基金投资风险大，还与股权投资的流通性较差有关。

私募股权投资流动性差，不像证券投资可以直接在二级市场上买卖，其退出渠道有限，而有限的几种退出渠道在特定地域或特定时间也不一定很畅通。一般而言，PE 成功退出一个被投资公司后，其获利可能是 3～5 倍，而在我国，这个数字可能是 20～30 倍。高额的回报，诱使巨额资本源源不断地涌入 PE 市场。

1.1.4 运作形式

一位投资家曾说过，世上有两件难事 PE 都在做，第一件难事是 GP 把钱从 LP 手中拿过来；而比这更难的事是要 LP 把钱交给 GP。

要破解这两大难题，重要的是 GP 和 LP 把彼此间的权利和义务约定清楚。

私募股权投资基金有哪些可供选择的模式？各自的运营规则是什么？各自的利弊又如何？私募股权投资基金只有依托科学合理的规则，才能理顺募资、投资、收益分配等各个环节。

私募股权投资基金，这种权益类投资的形式，虽早已是财经领域里的最热门话题之一，但由于其运作形式的多样化，众多投资者对它的认识仍然很模糊。

目前，实践中形成的 PE 基金架构设计一共有 8 种，分别是：①公司制；②有限合伙制；③信托制；④"公司+有限合伙"模式；⑤"公司+信托"模式；⑥母基金 (FOF) 模式；⑦"信托+有限合伙"模式；⑧"公司+信托+有限合伙"模式。

可以看出，公司制、有限合伙制和信托制是 3 种最基本的组织形式，其余 5 种架构均是基于这 3 种组织形式所设计的。

1. 公司制

顾名思义，公司制私募股权投资基金就是法人制基金，主要根据《中华人民共和国公司法》《外商投资创业投资企业管理规定》《创业投资企业管理暂行办法》等法律法规设立。

在目前的商业环境下，由于公司这一概念存续较长，所以公司制模式清晰易懂，也比较容易被出资人接受。

公司制基金的投资者作为股东参与基金的投资，依法享有《中华人民共和国公司法》

规定的股东权利,并以其出资为限对公司债务承担有限责任。基金管理人的存在有两种形式:一种是以公司常设的董事身份作为公司高级管理人员直接参与公司投资管理;另一种是以外部管理公司的身份接受基金委托进行投资管理。公司制基金的特点:需要缴纳企业所得税;股份可以上市;投资收益可以留存继续投资;除了企业所得税之外投资者需要缴纳个人所得税,涉及双重征税。

在这种模式下,股东是出资人,也是投资的最终决策人,各自根据出资比例来分配投票权。

2. 有限合伙制

合伙制基金很少采用普通合伙企业形式,一般采用有限合伙形式。有限合伙制私募股权基金的法律依据为《中华人民共和国合伙企业法》《创业投资企业管理暂行办法》以及相关的配套法规。

根据《中华人民共和国合伙企业法》的规定,有限合伙企业由二个以上五十个以下合伙人设立,由至少一个普通合伙人和有限合伙人组成。普通合伙人代表基金对外行使民事权利,并对合伙企业债务承担无限连带责任,而有限合伙人不执行合伙事务,也不对外代表有限合伙企业,只以其认缴的出资额为限对合伙企业债务承担责任。从国际行业实践来看,基金管理人一般不作为普通合伙人,而是接受普通合伙人的委托对基金投资进行管理,但两者一般具有关联关系。国内目前的实践则一般是基金管理人担任普通合伙人。

同时《中华人民共和国合伙企业法》规定,普通合伙人可以劳务出资,而有限合伙人则不得以劳务出资。这一规定明确地承认了作为管理人的普通合伙人的智力资本的价值,体现了有限合伙制"有钱出钱、有力出力"的优势。

而在运行上,有限合伙制企业,不委托管理公司进行资金管理,直接由普通合伙人进行资产管理和运作企业事务。

总之,有限合伙制的特点就表现在,普通合伙人(GP)与有限合伙人(LP)共同组成有限合伙企业,其中私募股权投资公司作为GP,发起设立有限合伙企业,并认缴少部分出资,而LP则认缴基金出资的绝大部分。GP承担无限责任,负责基金的投资、运营和管理,并每年提取基金总额的一定比例作为基金管理费;LP承担有限责任,不参与公司管理,分享合伙收益,同时享有知情权、咨询权等。

采取有限合伙制的主要优点有:①财产独立于各合伙人的个人财产,各合伙人权利与义务更加明确,激励效果较好;②仅对合伙人进行征税,避免了双重征税。

采用有限合伙制的缺点主要体现在两方面:①有限合伙的概念出现不久,出资人作为有限合伙人经常参与普通合伙人的工作,参与合伙事务的执行,给专业管理人进行投资决策带来困扰,从而不能将有限合伙制度的优越性充分体现出来;②有限合伙制度对于普通合伙人有无限责任，这对于自然人的普通合伙人来说，风险就变得很大。由自然人担任普通合伙人的合伙制基金，在美国较为普遍，这与商业社会的发展程度有关。而中国只有部分早期股权投资基金、天使投资基金，是以自然人作为普通合伙人的，像这类自然人担任GP的私募基金，需要LP、GP彼此较为熟悉才能进行操作。

因此，目前中国逐渐转向了"公司+有限合伙"的模式，以降低GP面临的风险。

3. 信托制

信托制私募股权投资基金，也可以理解为私募股权信托投资，是指信托公司将信托计划下取得的资金进行权益类投资。其设立的主要依据为《中华人民共和国信托法》《信托公司管理办法》《信托公司集合资金信托计划管理办法》《信托公司私人股权投资信托业务操作指引》。

信托制基金由基金持有人作为委托人兼受益人出资设立信托，基金管理人依照基金信托合同作为受托人，以自己的名义为基金持有人的利益行使基金财产权，并承担相应的受托人责任。信托制特点：类似有限合伙，同样有免税地位；但资金需要一步到位，使用效率低；涉及信托中间机构，增加基金的运作成本。

信托制私募股权投资基金，实质是通过信托平台发起新的信托计划，并将信托计划募集到的资金进行相应的投资。例如，中信锦绣一号股权投资基金信托计划（简称锦绣一号），主要投资于中国境内金融、制造业等领域的股权投资、IPO配售和公众公司的定向增发项目。该信托计划集合资金总额达到10.03亿元。委托人则是由7个机构和7个自然人组成。同时，该信托计划对受益人进行了"优先—次级"的结构分层，其中优先受益权9.53亿元人民币，次级受益权0.5亿元，次级受益权由中信信托认购。这种对受益人分层的设计，减少了投资人对于风险的担忧，从而使该信托计划的发行变得十分顺畅。

很显然，采取信托制运行模式的优点是：可以借助信托平台，快速集中大量资金，起到资金放大的作用。但不足之处是：目前信托业缺乏有效登记制度，信托公司作为企业上市发起人，股东无法确认其是否存在代持关系、关联持股等问题。

4. "公司+有限合伙"模式

"公司+有限合伙"模式，是目前较为普遍的股权投资基金操作方式。

由于自然人作为GP执行合伙事务风险较高，加之目前私人资本对于有限合伙制度的理念和理解都不尽相同，无疑都增强了自然人GP的挑战。

目前《中华人民共和国合伙企业法》中，对于有限合伙企业中的普通合伙人，是没有要求是自然人还是法人的。

于是，为了降低管理团队的个人风险，采用"公司+有限合伙"模式，即通过管理团队设立投资管理公司，再以公司作为普通合伙人与自然人、法人LP一起，设立有限合伙制的股权投资基金。

由于公司制实行有限责任制，一旦基金面临不良状况，作为有限责任的管理公司则可以成为风险隔离墙，从而管理人的个人风险得以降低。

目前国内的知名投资机构大多采用该操作方式，主要有深创投、同创伟业投资、创东方投资、达晨创投等旗下的投资基金。

比如，成立于 2000 年的达晨创业投资有限公司，其旗下管理的合伙制基金就有达晨财富等 10 余只基金。而达晨财富基金就是有限合伙制基金，由达晨创业投资有限公司管理，规模 2 亿元人民币，个人的出资额不低于 200 万元，机构的出资额不少于 1000 万元，单笔的投资规模不高于总募集金额的 20%，典型的投资案例有数码视讯（300079）、网宿科技（300017）、太阳鸟（300123）等。

5. "公司 + 信托"模式

"公司 + 信托"的组合模式结合了公司制和信托制的特点，即由公司管理基金，通过信托计划取得基金所需的投入资金。

需要提及的是，《信托公司私人股权投资信托业务操作指引》规定，信托文件事先有约定的，信托公司可以聘请第三方提供投资顾问服务，但投资顾问不得代为实施投资决策。

这意味着，管理人不能对信托计划下的资金进行独立的投资决策。同时，管理人或投资顾问还需要满足几个重要条件：

(1) 持有不低于该信托计划 10% 的信托单位；

(2) 实收资本不低于 2000 万元人民币；

(3) 管理团队主要成员股权投资业务从业经验不少于 3 年。

目前采用该模式的，主要为地产类权益投资项目。此外，一些需要快速运作资金的创业投资管理公司，也常常借助信托平台进行资金募集。新华信托、湖南信托等多家信托公司都发行过此类信托计划。

一个最著名的例子则是渤海产业投资基金。

渤海产业投资基金于 2006 年 9 月正式成立，为中国第一只在境内发行的、以人民币募集设立的产业投资基金，基金存续期 15 年，首期金额 60.8 亿元。渤海基金作为信托制基金，出资人是全国社会保障基金理事会、国家开发银行、国家邮政储汇局、天津市津能投资公司、中银集团投资有限公司、中国人寿保险（集团）公司、中国人寿保险股份有限公司。首期资产委托渤海产业基金管理公司管理，托管行为交通银行。

渤海产业基金管理公司的股权则由中银国际控股公司持有 48%，天津泰达投资控股有限公司持有 22%，剩下的股权由六家基金持有人各持有 5%，主要的投资案例有：奇瑞汽车、红星美凯龙、天津银行、三洲特管等。

6. 母基金 (FOF) 模式

母基金利用自身的资金及其管理团队优势，选取合适的权益类基金进行投资；通过优选多只股权投资基金，分散和降低投资风险。

国内各地政府发起的创业投资引导基金、产业引导基金都是以母基金的运作形式存在的。政府利用母基金的运作方式，可以有效地增加财政资金，选择专业的投资团队，引导社会资本介入，快速培育本地产业，特别是政府希望扶持的新兴产业。

2010年12月，首只国家级大型人民币母基金"国创母基金"成为母基金运作的焦点。该母基金由国开金融和苏州创投集团有限公司分别依托国开行和苏州工业园区发起设立，总规模达600亿元，首期规模为150亿元，分为PE母基金和VC母基金两个板块。其中，PE板块名称为国创开元股权投资基金，首期规模100亿元，主要投资于专注产业整合、并购重组的股权投资基金；VC板块名称为国创元禾创业投资基金，首期规模50亿元，主要投资于专注早期和成长期投资的创投基金。正是因为同时具有政府背景、银行和开发区资源的巨大优势，国创母基金从诞生之日起就受到了各方面的关注和热议。

前三类模式为基础式，后三类则是在前三类基础上的叠加和派生。也就是说，基于基础式，后续可以派生出许多种类。

除了以上所提及的后三类衍生出的主流模式外，目前市场上还存在"信托+有限合伙"模式、"公司+信托+有限合伙"模式。采用这两种模式，主要是为了规避前述信托模式中无法披露具体持有人的障碍，也可以尽可能地通过有限合伙基金平台提高信托资金的使用效率。

7. "信托+有限合伙"模式

"信托+有限合伙"模式，通常情况下，投资公司或基金管理公司作为普通合伙人先设立合伙企业，然后信托公司发行信托计划募集信托资金，信托计划成立后将募集的信托资金投资于合伙企业，同时，信托计划成为有限合伙人。治理结构上，投资公司或基金管理公司作为普通合伙人负责有限合伙投资管理事务的执行，而信托公司作为有限合伙人则不参与合伙企业的管理事务。

由于"信托+有限合伙"模式是"信托"与"有限合伙"两种法律结构的结合，因此，其运作模式就包含双层托管，首层为信托计划托管，个人或机构投资者通过集合方式将自有资金投资信托计划，从而实现信托计划对信托资金的募集；第二层为合伙企业托管，信托计划、普通合伙人和其他有限合伙人按照合伙协议的约定将拟出资的资金交付至合伙企业后，由合伙企业作为投资主体投资于未上市公司的股权或者参与阳光私募。此外，从该模式下大众投资者资金安全的角度考虑，这种模式通常还要引入资金实力雄厚的大型企业进行结构化安排，有限合伙人与项目公司、监管银行签署账户监管协议或者有限合伙人与券商、托管银行签署三方协议，由有限合伙人和监管银行对项目公司或券商的账户、资金用途进行较为严格的监管，从而保证有限合伙人的资金流向符合相关协议的约定。

"信托+有限合伙"融合了信托制与有限合伙制两种法律结构，不仅在一定程度上解决了合伙企业退出、税费和向投资人大规模募集的三大难题，也为信托型阳光私募解决了信托公司申请证券账号的难题，而且，这种模式还可利用有限合伙企业本身可以开设股指期货账户的优势，这种模式的创新为私募基金走向自由发展提供了契机，也让私募离对冲基金更近一步。

8. "公司+信托+有限合伙"模式

"公司+信托+有限合伙"模式如图 1-1 所示。

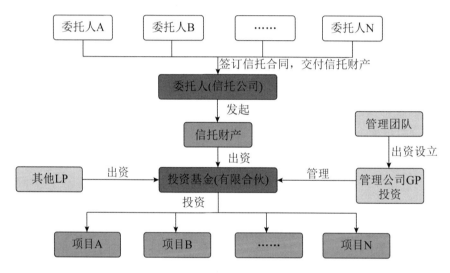

图 1-1　"公司+信托+有限合伙"模式

综合上述介绍的模式，在具体运作的过程中，投资者在考虑采用哪一种模式时，还需要重点考量税收成本。

1) 公司制基金

在退出时通过股权转让抵减投资成本后的所得，按照 25% 的税率缴纳企业所得税，企业利润再分配到相关人员，其还需根据超额累进税率缴纳个人所得税。财政部、税务总局下发的《关于促进创投企业发展有关税收政策的通知》中，对于公司制投资基金实行如下优惠措施：投资于未上市的中小高新技术企业 2 年以上的，可以按照其投资额的 70% 在股权持有满 2 年的当年抵扣该创业投资企业的应纳税所得额；当年不足抵扣的，可以在以后纳税年度结转抵扣。

2) 信托制基金

这方面的税制目前相对模糊，但也涉及双重征税的问题。首先，委托人将资产委托给受托人设立信托时需要纳税印花税，信托终止时还需再缴纳一次印花税。其次，在信托存续期内产生的收益,需要缴纳所得税。在信托收益分配时,受益人为个人的,适用"利息、股息、红利所得",按个人所得全额缴纳20%的个人所得税;受益人为法人的,缴纳企业所得税。

3) 合伙制基金

对合伙人所得征收所得税。由于有限合伙制度的合伙人分为有限合伙人和普通合伙人两类,因此在税收缴纳上也存在不同。

具体来说,普通合伙人如果是自然人,按照"个体工商户的生产经营所得",适用5%～35%的五级超额累进税率计征个人所得税;普通合伙人是公司制法人的,则对获得的管理费缴纳增值税,对取得的投资收益奖励提成部分缴纳25%的企业所得税。

有限合伙人如果是自然人,按照"利息、股息、红利所得"按20%计征个人所得税;如果是法人,则按照股权转让溢价所得缴纳25%的企业所得税,股息红利等权益性投资收益则免税。

选择哪一类运行模式,除了税收因素之外,还是需要综合判断,主要考虑以下几方面:

(1) 税收及相应的税收优惠政策;
(2) 主要出资人所在地域的商业文化;
(3) 中央及监管部门意见、地方政府政策优惠;
(4) 管理人或者发起人对于资金规模和及时性的要求;
(5) 管理人偏好的决策和投资模式等。

这些因素加总在一起,就决定了私募股权投资基金的具体运作形态。

此外投资讲究安全,所以值得一提的是,运作方式的任何创新都需要在法律的框架内进行,在设立和运行私募股权投资基金过程中,任何采用返点、抽成的资金募集方式都属于违法行为,在具体操作过程中需要引起特别注意。

1.1.5 世界顶级私募介绍

私募股权机构在美国的发展历史并不长,因此在相当久的时间内其在华尔街的地位并不太高。直到2007年黑石上市,私募股权机构才正式走上了华尔街舞台的中心。黑石上市的时候,盈利超过22亿美元,人均创造利润295万美元,是高盛人均利润的8倍,平均投资回报率高达33%,被誉为华尔街的"无冕之王"。此时,很多银行才发现,私募股权公司已经成为不可忽视的力量,其不仅把控着很多融资场景,而且把握着很多优质公司的控制权,当然这也意味着其在这些公司的对外融资活动中拥有必要的话语权,于是轮到华尔街的银行们反过来找私募股权机构要业务了。

根据 Private Equity International 的统计,2019年全球前300强PE的五年募资量达到

了1.7万亿美元，前十名PE的募资量为4030亿美元，美国在前十强中独占8席，并包揽了前三强：黑石、凯雷和KKR。

1. PE王者黑石

2019年，黑石净利润为39亿美元，如果拿一个中国的银行做参照，那么与平安银行2019年的利润差不多。2019年年末，黑石管理资产规模为5711亿美元，比2018年猛增了21%，略高于平安银行的总资产规模。黑石的四大业务包括房地产、私募股权投资、信贷业务和风险对冲基金。从管理规模看，私募股权规模最大，为1829亿美元。

从四大业务板块的利润分布看，房地产业务为15.02亿美元，占比接近50%，私募股权业务为8.47亿美元，位居第二。

黑石在房地产领域最经典的案例是对希尔顿的投资。2007年秋天，黑石在房地产泡沫高峰中斥巨资通过杠杆交易收购了希尔顿。尽管碰上了全球金融危机，但黑石通过大力整顿希尔顿管理团队以及大胆推动希尔顿的特许经营策略，使希尔顿的经营和财务状况持续改善，不仅熬过了金融危机，还迈向了IPO。2013年12月，希尔顿成功上市，此后黑石逐步退出，实现利润约140亿美元，回报是初始投资的3倍左右。

2. 唯一的凯雷

截至2019年年末，凯雷投资集团管理资产规模为2240亿美元，尽管排名全球第二，但与全球第一的黑石集团在规模上仍有较大差距。

凯雷旗下有四大业务板块：①企业私募股权，包括控股权收购和长期股权投资等，管理资产规模为860亿美元；②不动产投资，包括房地产、基础设施以及能源和可再生资源等领域投资，管理资产规模为430亿美元；③全球信贷业务，包括不良资产和特殊资产、结构性信贷和机会性信贷等，管理资产规模为490亿美元；④投资解决方案，指通过打造和实施定制投资组合来帮助客户实现其特定目标，管理资产规模为450亿美元。

3. 杠杆收购领袖KKR

KKR成立于1976年，是老牌的"杠杆收购天王"，是全球历史最悠久也是经验最为丰富的私募股权投资机构之一。截至2019年年末，KKR管理资产和可收取管理费资产分别为2180亿美元和1610亿美元，归母净利润为19.72亿美元。与黑石的私募股权和房地产齐头并进相比，KKR的房地产业务是明显短板。

在全球顶级私募股权投资机构的王者之争中，规模是最重要的因素之一。那么黑石规模远大于凯雷和KKR的秘诀是什么？从黑石、凯雷和KKR的发展历程看，三者最初都主要聚焦于私募股权投资业务板块。随着竞争加剧，为加快增长动力，其纷纷追求转型，扩张自己的业务板块。黑石转型成功的关键在于房地产，这是黑石称王的关键。但从业务结构上看，三者的差异则不是很大，基本上都是以私募股权、不动产和另类信贷为主，从而与银行的一般信贷和固收资产、公募基金的二级市场股权资产、风险基金的天使投资和风险投资相区别。这种资产配置结构在保证做大规模的同时，能够保持能力聚焦。私募股权投资机构的核心能力在于聚焦企业、行业和金融工程，资产重心在于成熟企业的股权以及中小企业和困境企业等的特殊债权。从发展阶段和规模看，国内私募股权与全球顶级机构还有一定的差距，不过国内私募股权力量在迅速崛起，高瓴资本和中信产业基金等机构已经在 Private Equity International 榜单上崭露头角，尤其值得关注的是，各大银行也在积极布局，同时综合能力发展迅速。

1.2　PE 的尽职调查与投后管理

1.2.1　PE 的尽职调查

国外的投资案例中，经常会提到 data room，就是用于存储资料的空间，通常是指一个安全的或者有特权性质的空间。它可以是物理空间、虚拟空间或数据中心，可用于各种目的，包括数据存储、文件交换、文件共享、金融交易、法律交易等。

在兼并和收购中，传统的 data room 是一个物理上的安全连续监测室，通常在目标公司或者律师、会计师事务所的办公室内，专门面向所有的并购参与者，往往只有一个并购方的人在同一时间被允许进入。

在大型的尽职调查过程中所涉及的资料往往涉及很多的商业机密，同时资料也是来自全球各地。做尽职调查时往往需要不同领域的专家，所以会看到很多来自各地的并购方的人从全球各地过来这个房间查看文件。因此保持这种形式的 data room 的整体成本往往是非常高的。所以聪明的投资家们把物理形式上的 data room 搬到了互联网上，也就是 virtual data room，在互联网上提供安全的、保密的信息。virtual data room(VDR) 本质上是一种有限制的受控访问网站 (使用安全登录供应商提供的 SSL 登录，并可以禁用其他人在任何时间的访问)，只有有权限的人才能够查看。许多发布的信息是保密的和限制查看的。

在国内往往就没有人使用 VDR，大家都是面对面地进行尽职调查，往往就是调查潜在的合作伙伴是否值得进一步合作，或者是看看将要投资的项目有没有违规。

到底应该怎么做尽职调查呢？这是一个困扰投资人很久的经典问题。当你长途跋涉到了标的公司的时候，发现自己收集了一大堆没有用的资料，于是你有可能要重新进行尽职调查。要不就是重新回去再用心地准备好尽职调查的清单再去重新调查一遍。

为了尽可能地避免遗漏，首先需要先把标的项目的资料清单整理出来，具体包括：

(1) 公司主体情况；

(2) 股东情况；

(3) 资质和行政许可情况；

(4) 营利和业绩情况（重大经营合同）；

(5) 固定资产情况；

(6) 无形资产情况；

(7) 员工情况（组织结构、薪酬、社会保险以及核心员工名单）；

(8) 违法和诉讼情况；

(9) 财务、法务清单；

(10) 业务清单；

(11) 技术清单；

(12) 核心价值。

在进行尽职调查之前还需要梳理清楚投资标的的核心价值是什么，然后再有针对性地把该方面的资料准备到尽职调查清单中。

假如团队是标的的核心价值的话，则着重调查：①核心人员履历；②劳动合同期限；③竞业限制条款；④期权等福利制度等。

假如技术壁垒是核心价值的话，则着重调查：①技术专利；②软件等无形资产的清单；③专利和著作权的证书复印件；④商业秘密的保护措施等。

假如用户群体和用户数是其核心价值的话，则着重调查：①商标清单和注册证书；②用户数、用户的具体统计方法和数值定义等；③风险因素。

此外，还应该把目标项目商业模式中的风险点和诱发的各种因素添加到尽职调查清单中。

把所有的资料都列入尽职调查的清单中，再注明一下哪些资料需要核验原件、哪些资料需要复印件，需要多少份，什么时候需要把资料带回等。

上述清单，可以从逻辑上分为几个层级。

第一层，看财务数据，看企业的资产状况、收入状况、成本状况、利润状况、负债状况。

但是企业光看这个不够，还要看它是做什么的。

第二层，我们看企业的产品，看它的技术、市场、服务，但这个也只是表象。

第三层，看创新，看企业的商业模式和创新能力，这是企业的核心，看它到底凭什么赚钱？

第四层是看机制，看谁来管理？用什么样的思维来管理？用什么样的方式来管理？这个团队是什么样的？人的因素才是决定企业的因素。

还有最重要的第五层，就是看格局，看人性、胸怀、对人对事对钱的态度。PE投资失败，20%是看错了技术，看错了趋势，还有80%是投错了人，所以不仅仅要看学历、简历，还要看其对父母的态度、对朋友的态度、对人对事的态度，还要看其是否专注和坚持。

说到底，做尽职调查其实是为了收集足够多的资料，然后从业务、技术、财务、法务等各个方面对项目的投资价值进行详尽的分析并做出投资的决策。所以做尽职调查的时候能够尽量具体、尽量详细是最好的，以免漏掉一些核心的资料和数据。同时对目标项目的核心员工进行访谈也是十分重要的事情。

PE在考察企业时，有一个多年来行之有效的方法，即"987654321"。下面具体来解释一下这些数字背后的意思。

"9"意思是要见过一家公司90%以上的股东和管理层。投资人在与项目企业股东洽谈时容易犯的一个错误就是只和企业的实际控制人接触，而忽略了与小股东沟通。事实上，有时候与实际控制人以外的其他股东，特别是小股东进行访谈，往往会起到意想不到的作用。

"8"意思是8点钟原则。投资人到企业考察时，有一个小的技巧非常有用，那就是选择与项目企业作息一致的时间到现场。比如企业8点钟上班，那你一定要在8点钟到企业，这就是"8点钟原则"。

一家朝气蓬勃的企业，从上班那一刻起就可以判断它的活力。反之，对一家大面积存在员工和管理人员迟到的企业，在决定投资前一定要多打几个问号。

"7"意思是到过一家公司7个以上的部门。有些投资对象是技术型的企业，投资人在对企业现场进行走访时，当然要关注研发、市场、生产部门，但还应该详细走访企业的办公、仓库、物流、财务、人力资源等部门，以对企业有全面、客观的了解和公正的判断。

一家企业的成功是各个部门综合努力的结果，企业管理水平的高低也是企业各个职能部门管理水平的综合体现。

"6"意思是在一家公司连续待过6天。投资人对项目企业的尽职调查虽然大多是"走马观花"，但也绝对不能"蜻蜓点水"，一带而过，连续在企业工作6个工作日十分必要。由此，投资人不仅可以看到企业日常的运作状态，还可以通过观察员工的加班情况来体会其文化、业务和生产情况。

"5"意思是对团队、管理、技术、市场、财务5个要素进行详细调查。影响企业最关键的因素有团队、管理、技术、市场、财务5个要素，这也是投资机构需要着重关注和详细调查的。

这5个要素就像是企业发展的5根支柱，缺一不可。尽职调查要学会突出重点，找准关键的问题。从投资角度而言，在这5个要素上花时间和精力是完全值得的。

"4"意思是至少访问4个上下游客户。对项目企业的尽职调查还要包括其上下游客户，这种考察往往具有验证的性质。一般情况下，至少应该选择4个样本企业，即至少有两个上游供应商和两个下游客户。

对供应商的调查主要集中于其与企业的供应关系，合同的真实性、数量、期限和结算方式；对下游客户的考察除了对其与企业之间的销售合同等相关资料进行核查外，还要看客户对企业产品的评价和营销方法。

"3"意思是考察项目企业3个以上的竞争对手。对竞争对手的考察有时比对项目企业的调查还要有用，因此，要选择与企业相关度最高的3个以上的竞争对手作为样本，比较竞争对手与项目企业的优劣，发现项目企业的竞争优势和不足，考量企业的市场地位和产品占有率。

"2"意思是要永远对项目企业保持20个以上的关键问题。做尽职调查的过程中，有一个技巧不能忽略，那就是去项目企业现场前一定要设计好访谈企业不同人员时的问题，要每次都对企业保持20个以上的不同问题。如何提问，如何设计，怎样找问题，这都需要在去企业之前先准备好的。

"1"意思是至少与企业普通员工吃一次饭。与普通员工谈企业是做尽职调查的一种有效渠道，投资人一定要找机会与员工至少吃一次饭，利用这种非正式的机会和员工交流。对于依靠人力资源和管理的企业，这是必不可少的步骤。

从员工的谈话中得到的信息，有时比企业管理者按照商业计划书准备的问题所带来的信息更能反映企业的问题。

1.2.2 PE的投后管理

在"募投管退"全流程中，投后管理的重要性常常被忽略。事实上，它扮演了重要的"中场"和"后卫"角色。投资不是1+1=2的生意。通常一轮融资，不管你融到多少钱，基本上都会在一两年内消耗掉，好的投后管理比拿融资更有战略价值。

从目前发展趋势看，投后管理模式主要包括：投前投后一体化、专业化投后、外部专业化投后，如表1-1所示。

表1-1 三种主要的投后管理模式

项目	投前投后一体化	专业化投后	外部专业化投后
特点	投资经理投前投后一站式负责制	投后管理团队负责制	专业化的机构利用人才规模和专业优势展开工作
专业度	15%	75%	100%
绩效考核	与投资经理绩效挂钩	较难衡量绩效，以主观评价为主	以咨询项目形式展开，以项目开展前商定的交付标准为主
收费模式	免费	免费	向受资企业收取咨询费
适用机构	VC、小型PE	中大型PE	中大型PE、并购基金

1. 投前投后一体化

投前投后一体化，即"投资经理负责制"。其特点是，投资项目负责人既负责投前尽职调查、投中交易，也负责投后的持续跟踪和价值提升。这种模式通常被中小型股权投资机构，尤其是风险投资基金所采用。

该模式的优势在于投资经理对项目充分了解，能够进行有针对性的持续跟踪和改进，同时由于与项目负责人的绩效直接挂钩，对项目团队的投后工作有一定激励性。

但其缺点也显而易见，随着管理项目数量增长，投后工作只能停留在基础的回访和财报收集上，难以提供更深入的建议和管理提升支持。

2. 专业化投后

专业化投后，即"投后负责制"。为了应对第一种模式带来的投后工作的缺失，投资机构开始成立独立的投后管理团队，独立负责投后事务。

这些事务不仅包括资源对接、定期回访，还包括深入洞察企业内部管理问题，制订详细计划及参与企业运营。

专业化投后管理的优势在于：投后团队能独立并持续地专注于帮助企业在运营过程中解决各类管理问题，提升企业价值。但也面临着绩效评估的界定问题：企业价值的提升，是投前投得好，还是投后持续提升其管理质量的结果？

3. 外部专业化投后

前两种模式的优劣势十分明显，但随着一家基金公司从垂直领域走向多元化组合，不同行业的受资企业面临不同类型的战略、业务和管理问题，因此内部投后管理团队的专业化程度面临巨大挑战。

部分投资机构逐渐探索出一种新的外部专业化投后模式，即将投后管理的部分工作，尤其是管理提升任务交给外部咨询公司，或者将投后团队分离，独立成立管理咨询公司，使其在绩效考核、费用核算与投资组合脱钩，转而向受资企业收费，从而形成新的合作模式。

此种模式一定程度上解决了第一种模式中人手和专业度的问题，也摒弃了第二种模式中投后团队与投资团队绩效考核冲突的问题，可视作相对较为成熟的解决方案。

总体来说，三种模式的比拼各有胜负，其适应的机构类型和发展阶段各不相同，而选择采取哪种模式的核心是平衡投后管理过程中的责权利。

1.2.3　PE 投资的案例介绍

高瓴资本入主格力电器[①]。

历时近 8 个月，话题旋涡中央的 A 股"重量级"交易终于落定。

2019 年 12 月 2 日晚间，格力电器 (000651.SZ) 发布公告称，格力电器的控股股东、

---

① 又一经典案例载入 PE 史册：高瓴 417 亿元入主格力，交易细节曝光，https://baijiahao.baidu.com/s?id=1651856419701058018&wfr=spider&for=pc。

实际控制人发生变动，格力集团从持有格力电器总股本的 18.22% 变更为 3.22%，高瓴资本成为新的第一大股东。根据最新的权益变动报告书，本次转让价格为 46.17 元/股，转让股份总价款为 416.62 亿元。

根据格力电器公告，格力电器的 9 名董事中，珠海明骏将有权提名 3 名董事。同时，珠海明骏同意推进给予管理层等不超过 4% 公司股份的股权激励计划。

按照格力当时收盘价计算，这笔股权激励将高达近 140 亿元。

公告显示，珠海明骏相关方与格力电器管理层已达成一致，各方均不谋求格力电器实际控制权。具体来讲，此次交易完成后，格力电器除深港通（陆股通）外的前三大股东将分别为珠海明骏（持股 15%）、京海担保（持股 8.91%）、格力集团（持股 3.22%），股权结构比较分散。

由此，格力电器变更为无实际控制人，现代化企业治理结构模型初现。

公开资料显示，股权出让前，格力管理层持股均来源于股权分置改革时期和 2016 年的员工持股。与美的集团（四类股票激励计划）、青岛海尔（2009—2014 年四期股权激励、2015—2018 年三期员工持股）日益常态化和多元化的股权激励相比，格力电器的股权激励的次数、规模、覆盖人数均明显滞后。

高瓴入主后，格力的组织架构、股权激励及经营模式等都将发生根本性的颠覆。格力的变革下，中国传统家电市场的转型也即将到来。

值得一提的是，公告显示，珠海格臻投资管理合伙企业（有限合伙）（以下简称"格臻投资"）通过受让珠海毓秀的股权、受让珠海贤盈的有限合伙份额、认缴珠海明骏的有限合伙份额，分别在珠海毓秀、珠海贤盈、珠海明骏享有相应的权益，并与珠海博韬达成有关珠海明骏份额的转让协议安排。

CVSource 投中数据显示，格臻投资成立于 2019 年 9 月 26 日，共有 18 位股东，其中大股东为董明珠，持股比例为 95.2%；格力电器执行总裁黄辉、格力电器副总裁庄培、谭建明、望靖东、陈伟才分别持股 0.79%、0.63%、0.55%、0.24%、0.08%。

此次，高瓴资本通过格臻投资分别持有收购格力所使用的主体基金管理人珠海贤盈 41% 的份额和珠海贤盈 GP 珠海毓秀 41% 的股权，以及本次收购的直接持股基金 6.3794% 的份额，使得其自身能够锁定格力管理层的利益。

"格力第一大股东"高瓴资本的入主可谓一波三折。

2019 年 4 月 8 日格力电器发布公告称，控股股东格力集团拟通过公开征集受让方的方式协议转让格力集团持有的格力电器总股本 15% 的股票。本次转让完成后，公司控股股东和实际控制人可能将发生变更。

2019 年 5 月 22 日，格力投资者见面会阵容之豪华足以证明这场交易的分量。当日，共有 25 家机构投资者参与此次见面会，包括百度、淡马锡控股、高瓴资本、厚朴投资、博裕资本等知名机构。

然而，由于征集受让方条件苛刻（交付 63 亿元保证金，签约后 5 个工作日付 40%，在办理股份户前付清全款等），在与会的 25 家机构中，最终仅有高瓴资本及厚朴投资两家报名。

神秘却实力雄厚的厚朴一度成为高瓴资本的劲敌。

2019 年 10 月 28 日，格力发布公告，"长期持有者"高瓴资本胜出。

当日，格力集团函告公司，经评审委员会对参与本次公开征集的两家意向受让方进行综合评审，确定珠海明骏投资合伙企业（有限合伙）为最终受让方。

珠海明骏背后即高瓴资本。至此，历时 6 个月，格力股权转让之战暂告结束。

但是，格力与高瓴资本的正式签约却迟到了近 1 个月。

根据公告，若一切正常，珠海明骏应自公告发布之日起 10 个工作日内与格力集团签订股份转让协议，所签署的《股份转让协议》仍须经国有资产监督管理机构及其他相关政府部门批准后方能生效。

然而，2019 年 11 月 11 日晚间，格力电器发布公告称，格力集团函告公司，鉴于股份转让协议的内容尚有未尽事宜，珠海明骏和格力集团仍在继续协商，双方同意将股份转让协议的计划签约日期延后。

2019 年 12 月 2 日早间，格力电器因控制权变更拟发生重大进展而临时停牌。当日午间，格力电器发布公告称，格力集团与最终受让方珠海明骏拟签署股份转让协议，停牌时间预计不超过一个交易日。

2019 年 12 月 2 日晚间，双方正式签约——近 8 个月以来，一直处于话题中央的"世纪级"交易终于落定。

下一个"百丽"？

CVSource 投中数据显示，高瓴资本成立于 2005 年，投资覆盖消费零售、医疗健康、企业服务、能源与制造业等领域，投资案例包括百度、腾讯、京东、美团点评、药明康德、信达生物等。

高瓴资本曾对外解释称，所谓"长期结构性价值投资"，是相对于周期性思维和机会主义而言的，核心是反套利、反投机、反"零和游戏"、反博弈思维。

此次针对格力的升级，直指"先进制造"。

2019 年 12 月 2 日晚间，珠海明骏出资方代表高瓴资本合伙人易清清表示："未来，我们将充分发挥长期投资、全球研究以及帮助实体经济转型升级的经验，'加磅'中国制造，积极引入战略资源，与包括格力电器在内的优秀企业一起，以科技创新为驱动，实现从'先进制造'向'智能制造'的历史跨越。"

中国传统家电厂商的转型已在推进。

通过推进智能家电，海尔已开发智能芯片，形成"网络电器+交互+服务+平台"模式，旨在打造一个U+智慧生活平台。TCL和创维则在技术上选择与第三方互联网公司合作，把重点放在了产品上：推出超级App和智能家居设备，试图以曲线救国的方式加码智能家居。

2017年7月，高瓴成为百丽控股股东后，百丽开启企业数字化转型。无论是构筑线上线下全渠道系统，还是利用科技创新重塑线下传统门店，借助数据化工具赋能百丽基层店员，高瓴资本的重心都是在推动百丽信息化、智能化的方向上探索。

同样是传统行业，高瓴这次即将对格力做出的升级和变革可以从百丽的案例中略知一二。

1.3 PE的退出与对赌

1.3.1 PE的退出

中国股权投资历经20余年的蓬勃发展，资产管理规模已经超过8万亿元，每年投资项目数量近万个。虽然主板、新三板以及注册制推广等多层次资本市场措施逐渐完善，但退出依然是国内各大投资机构最为棘手的难题。

所谓退出是指股权投资机构或个人在其所投资的创业企业发展相对成熟后，将其持有的权益资本在市场上出售以收回投资并实现投资收益的过程，退出也是股权投资的终极目标，更是判断一个投资机构盈利指标的重要参考，常见的退出方式主要有：IPO后退出、并购退出、新三板退出、借壳上市后退出、股权转让退出、回购退出、清算退出等。那这些退出方式各有哪些特点呢？

1. IPO后退出：投资人最喜欢的退出方式

IPO，首次公开发行股票，也就是常说的上市，是指企业发展成熟以后，通过在证券市场挂牌上市使私募股权投资资金实现增值和退出的方式。企业上市主要分为境内上市和境外上市：境内上市主要是指在深交所或者上交所上市；境外上市主要是指在纽交所和纳斯达克等上市。

在证券市场杠杆的作用下，IPO之后，投资机构可抛售其手里持有的股票，获得高额的收益。对企业来说，除了企业股票的增值，更重要的是资本市场对企业良好经营业绩的认可，可使企业在证券市场上获得进一步发展的资金。

虽然股市飙升的股价和更高的估值引发了公司的上市热潮，但就境内IPO而言，证监会放慢了上市公司的批准速度，再加之高标准的上市要求和繁杂的上市手续，还是将绝大多数中小企业拒之门外。

IPO 后退出固然是好，但相比其他退出方式，IPO 对企业资质要求较严格，手续比较烦琐，IPO 成本过大，而且 IPO 之后存在禁售期，这加大了收益不能快速变现或推迟变现的风险。

事实上通过 IPO 后退出的企业，占欧美 PE 机构投资项目总数很少超过 30%。PE 更多是需要思考除了钱之外能带给企业什么资源，资本市场只是一种工具而已。

欧美 PE 大部分投资退出是通过股权转让实施，这也是最近国内 PE 重点效仿的方式，虽然中国市场不完全等同于欧美，但是寄期望于 IPO 后退出的股权投资企业，可能会越来越少。那种搭快车，快钱短炒的 PE，也会逐渐减少。

2. 并购退出：未来最重要的退出方式

并购指一个企业或企业集团通过购买其他企业的全部或部分股权或资产，从而影响、控制其他企业的经营管理。并购主要分为正向并购和反向并购。正向并购是指为了推动企业价值持续快速提升，将并购双方对价合并，投资机构股份被稀释之后继续持有或者直接退出；反向并购直接就是以投资退出为目标的并购，也就是主观上要兑现投资收益的行为，按现在的情况看，有些并购案是不得已而为之。

通过并购退出的优点在于不受 IPO 诸多条件的限制，具有复杂性较低、花费时间较少的特点，同时可选择灵活多样的并购方式，适合于创业企业业绩逐步上升，但尚不能满足上市的条件或不想经过漫长的等待期，而创业资本又打算撤离的情况，同时，被兼并的企业之间还可以相互共享对方的资源与渠道，这也将大大提升企业运转效率。

通过并购退出的缺点主要在于其收益率远低于 IPO 后退出，退出成本也较高，并购容易使企业失去自主权，同时，企业还要找寻合适的并购方，并且选择合适的并购时机，对公司进行合理估值等也存在不小挑战。

从 2016 年开始，我国并购退出首超 IPO 后退出，未来将会成为重要的退出渠道，同时，随着行业的逐渐成熟，并购也是整合行业资源最有效的方式。

3. 新三板退出：受欢迎的退出方式

新三板，全称"全国中小企业股份转让系统"，是我国多层次资本市场的一个重要组成部分，是继上海证券交易所、深圳证券交易所之后的第三家全国性证券交易场所。目前，新三板的转让方式有盘中做市转让、盘中竞价转让、盘后协议转让和特定事项转让四种。

2014 年以前，通过新三板渠道退出的案例极为稀少，在 2014 年扩容并正式实施做市转让方式后，新三板退出逐渐受到投资机构的追捧。近两年来，新三板挂牌数和交易量突飞猛进，呈现井喷之势。新三板已经成为中小企业进行股权融资最便利的市场。为什么新三板退出这么受欢迎呢？

相对于其他退出方式，新三板退出主要有以下优点：新三板市场的市场化程度比较高且发展非常快；新三板市场的机制比较灵活，比主板市场宽松；相对主板来说，新三板挂牌条件宽松，挂牌时间短，挂牌成本低；国家政策的大力扶持。

但是新三板市场的流动性、退出价格却一直饱受资本市场诟病。究其原因，主要是因为投资者门槛过高、做市券商的定位偏低、做市商数量不足、政策预期不明朗等造成。

4. 借壳上市后退出：另类的 IPO 后退出方式

所谓借壳上市，指一些非上市公司通过收购一些业绩较差、筹资能力较弱的上市公司，剥离被购公司资产，注入自己的资产，从而实现间接上市的操作手段。

虽然机构可利用自身资源帮助被投资公司寻找合适的"壳"，使其上市后在二级市场套现退出，相对正在排队等候 IPO 的公司而言，借壳上市的平均时间大大减少，在所有资质都合格的情况下，半年以内就能走完整个审批流程，借壳上市的成本方面也少了庞大的律师费用，而且无须公开企业的各项指标。但是借壳上市也容易产生一些负面问题，诸如：滋生内幕交易、高价壳资源扰乱估值基础、削弱现有的退市制度等。随着证监会监管不断趋严，对"壳资源"的炒作也将越来越难。

5. 股权转让退出：快速的退出方式

股权转让退出指的是投资机构依法将自己的股东权益有偿转让给他人，套现退出的一种方式。常见的有私下协议转让、在区域股权交易中心（即四板）公开挂牌转让等。

就股权转让而言，证监会对此种收购方式持鼓励态度并豁免其强制收购要约义务，虽然通过协议收购非流通的公众股不仅可以达到并购目的，还可以得到由此带来的"价格租金"；但是在股权转让时，复杂的内部决策过程、烦琐的法律程序都成为影响股权转让成功的因素，而且转让的价格也远远低于二级市场退出的价格。

6. 回购退出：收益稳定的退出方式

回购主要分为管理层收购和股东回购，是指企业经营者或所有者从直投机构回购股份。

总体而言，回购退出的回报率很低但是稳定，总收益不到 20%。回购退出，对于企业而言，可以保持公司的独立性，避免因创业资本的退出给企业运营造成大的震动，企业家可以由此获得已经壮大了的企业的所有权和控制权，同时交易复杂性较低，成本也较低。

但是对于投资机构而言，创业资本通过管理层回购退出的收益率远低于 IPO 后退出方式，同时要求管理层能够找到好的融资杠杆，为回购提供资金支持。通常此种方式适用于那些经营日趋稳定但上市无望的企业，根据双方签订的投资协议，创业投资公司向被投企业管理层转让所持公司股份。

7. 清算退出：投资人最不愿意看到的退出方式

对于已确认项目失败的创业资本应尽早采用清算方式退出以尽可能多地收回残留资

本，其操作方式分为亏损清偿和亏损注销两种。

清算是一个企业倒闭之前的止损措施，并不是所有投资失败的企业都会进行破产清算，申请破产并进行清算是有成本的，而且还要经过耗时长、较为复杂的法律程序，如果一个失败的投资项目没有其他的债务，或者虽有少量的其他债务，但是债权人不予追究，那么，一些创业资本家和企业不会申请破产，而是会采用其他的方法来经营，并通过协商等方式决定企业残值的分配。

破产清算是不得已而为之的一种方式，优点是尚能收回部分投资。缺点是显而易见的，意味着该项目的投资亏损，资金收益率为负数。

1.3.2　PE 的对赌

下面我们介绍一下另一个非常重要的概念：对赌条款。

对赌条款，又称估值调整机制，是国外投资者在 PE 投资中运用得非常普遍的一种投资方式。近年来，此种投资方式在我国 PE 投资市场已经被企业或企业管理层接受并频频使用。

所谓对赌条款，是指在私募股权投资中，投资方与创始股东或管理层在条款清单及其他协议中约定如果约定的某种情形出现，投资方可以行使估值调整的权利；如果约定的某种情形未出现，则创始股东或管理层可行使该权利。由于结果是不确定的，因此被形象地称为"对赌"。

一般认为，对赌条款的出现，是因为投资方对目标企业了解不充分（信息不对称造成的）以及对未来经营成果的不确定，然后双方共同商定一个暂时的中间目标，先按照这个中间目标给目标企业估值。

因此，对赌中，双方赌的是目标企业未来一定时期的经营业绩，而筹码则是双方各自所持有的股权。

对赌条款虽带有"赌"字，但投资方在设定对赌条款时，并不期望自己赌赢，虽然赌赢后，可以低价获得更多的股权，但是与企业业绩推动下的资本增值相比，对赌协议中涉及的股权价值补偿并不足以满足投资方的期望。更重要的是，创始股东或管理层对赌失败，向资本市场传递出了一个不祥的预兆，已投资企业会因此面临被资本市场遗弃的风险。

诸多海外 PE 携带对赌条款这一新型工具进入中国，一时间对赌条款在中国投资业内亦是风生水起，国内内行也纷纷效仿。首先，对赌条款广泛地应用在创业型企业中，典型如鼎晖、英联等投资蒙牛，并在短短几年内使蒙牛迅速成长为国内行业领袖；其次，摩根士丹利投资上海永乐电器公司，是对赌协议在成熟型企业中应用的典型案例。在 PE 投资前，永乐电器的年销售额已近百亿元，是一家比较成熟的企业，当然最终永乐未能完成目标，导致控制权旁落，最终被国美电器并购。再次，外资并购行为中也有对赌条款出现，如凯雷投资集团对徐工集团工程机械有限公司的并购协议中就有一项对赌条款，但该项并购最终未能获得国家相关部门通过。此外，在国内企业并购中，一些相关法律人士也开始进行将对赌条款引入并购协议或投资合同的有益尝试，并取得了不错的效果。

由于 PE 投资机构和创始股东或管理层着眼点和关注点往往不同，再加上目标企业所处的行业和周期不同，对赌条款内容往往随具体情况而变化。

在私募股权投资中，股权回购安排是投资人与创始人对赌最常用的方式。除此之外，有部分投资协议中还会同时设定业绩补偿条款作为双保险。投融资主体轻率选择对赌的相对方，盲目运用对赌规则导致对赌失败的情况也不少。

业绩补偿是指在投资时，投资人和融资方约定未来一定期限内目标公司应当实现的经营业绩，如果目标公司未能实现预期目标，则需要按照一定的标准和方式对投资者进行补偿，而现金补偿是比较常见的补偿方式。一般而言，现金补偿条款是按照实现利润对企业重新估值，将多投资部分补偿给投资者。

股权回购是指投资人和融资方约定在一定条件下，投资人要求目标公司或股东等主体回购投资人所持目标公司股权的权利。比较常见的回购条件包括上市、业绩或者目标公司及 / 或股东违反其在投资协议项下的承诺与保证等。

在一份对赌协议中往往业绩补偿条款和回购条款是同时存在的，大多数投资人在目标公司仅仅是业绩没达标时并不会直接要求业绩补偿，而是会观望目标公司是否有上市的机会。一旦投资人预测目标公司上市无望后，通常会考虑撤资，要求实控人按照对赌协议进行股权回购和业绩补偿。甚至，会同时主张连续好几年的业绩补偿。如此一来，投资人主张的数额将是其投资额的数倍，由此，实现其收回投资和获取高额利润的目的。

但这会存在一个问题，这样就会使得投资人旱涝保收，不符合股权投资的实质。而目标公司即便业绩不佳，实控人本就资金紧张的情况下仍需要支付巨额赔偿款，而无法把资金用于目标公司的运营，不利于目标公司本身的正常经营。

但另一方面，对赌协议是白纸黑字双方当初自愿签订的，根据契约自由的原则，双方均应该遵守约定，主动履行约定。

投资人基于"对赌约定"所可获得的业绩补偿款及股权回购款的总额不应高于其实际投资本金及适当的资金占用补偿之和的观点，对赌协议应符合投资风险共担的观点，对赌协议不得违背公平原则的观点，普遍被司法实践和仲裁实践所采纳。

总体而言，业绩补偿和股权回购二者属于不同的法律关系，其约定均系当事人的真实意思表示，如无其他效力瑕疵，应被认定为有效。但合同条款有效，并不意味着投资人可以任意无障碍地利用"业绩补偿 + 股权回购"的组合拳保护自身利益。业绩补偿和股权回购，究其本质都是一种估值调整机制。如果投资人利用这种估值调整机制获得远超估值的收益，则很有可能会被裁判机构结合具体情况调整。

就目前而言，国内的对赌条款略显单一，国内企业采用对赌条款时，通常只采用财务绩效条款，而且一般都以单一的净利润为标尺，以股权为基本筹码，其区别只是条款的具体设计不同。国内企业的对赌条款通常都包括三个要素：企业盈利目标、股权交易量和股权交易价格。当企业未达到约定盈利水平时，企业管理层需向投资方低价转让一定量的股份，如上文提到的蒙牛、永乐，或者是企业管理层需高价购回投资者持有的股份，典型如雨润食品。

企业引进 PE 投资，除了寻求资本快速扩张外，更重要的是看重 PE 所带来的增值效应，尤其是在企业内部治理、市场或战略等方面的资源整合。在现今市场状况较为低迷的情况下，单纯的财务目标对于双方来说都不是最佳选择，创始股东或管理层可能会因为无法达到盈利目标对赌失败，而丧失股权或企业的控制权，而投资方获得的可能是价值缩水的股份或负债累累的企业，不符合其作为一般财务投资者的出发点。因此，采用多样化和灵活性的对赌条款内容，就显得尤为必要。企业发展，当然利润是第一位的，可是除了利润以外，我们更关注企业的长期发展，而这些柔性化的目标显然是有利于企业长期发展的。所以，对赌条款的内容，不应只拘泥于财务绩效一项。

对赌条款的实施，可有效地降低委托代理成本，同时又可对管理层实施相应的激励。但在约定的情形出现时，对赌条款能否得到自动执行或顺利执行，则会面临巨大的考验。如果凡事都需通过诉讼的方式去解决，不仅对目标企业自身发展不利，还会因冗长的法律程序及相关的媒体报道，给投资方和创始股东造成一定的负面影响。

在国外 PE 投资中，通常会采取股票质押的方式来保证对赌条款的实现，尤其是在红筹架构的 PE 投资体系下。在英美法系下，投资方作为质押权人，与创始股东签订股票质押协议，并由登记代理人在发行的股票上记载权利限制。在约定的条件成就时，投资方作为质押权人行使质押权，直接通知并通过公司的登记代理人行使权利，获得股票，而公司的登记代理人则有义务按照质押权人的指示办理股票转移的手续。这样就可以达到自动执行的目的。

另外，托管也是国际 PE 投资中较为常用的方式。在对赌条款情形下，投资方和创始股东往往约定将一定比例的股份在托管人处托管，如果约定的条件出现，则由托管人自动把公司股份过户给投资方；反之，如果未达到目标，则由托管人把相应股份过户给创始股东一方。这种方式也切实保障了对赌条款的可执行性。

目前，在我国的 PE 投资实践中，对于如何确保对赌条款的自动执行，尚存有一定的争议。首先，国外常用的股票质押肯定在我国是行不通的。因为在我国担保法律体系下，是明确禁止流质条款的，凡是规定有流质条款的一律无效，出质股权不得自然归质押权人所有,这样就彻底堵住了股票质押的大门。其次,关于托管的问题,曾有人简单做如下设计:对赌条款下,可以引入一家中介机构作为托管人,由创始股东、投资人和中介公司签订一份托管协议,投资人和创始股东将一定比例的股份在托管人处托管,如果未达到对赌的目标,则由托管人自动把公司股权过户给投资人;相反,如果达到目标,则自动解除托管,把股权还给创始股东。该方案在理论上似乎可行,但在实践中仍缺乏应有的例证,以什么方式进行托管、托管时要不要进行股权过户等细节问题仍有待于确定。故此,目前我国实践中仍缺乏真正行之有效的自动执行机制,如果对赌条款履行中出现纠纷,还是尽量去选择仲裁或诉讼方式解决为好。

从法律的角度出发,PE 在订立对赌条款时应当注意以下几个问题。

1. 最好将对赌条款设计为重复博弈结构

以蒙牛与英联所签订的对赌条款为例,如蒙牛管理层在 2002—2003 年没有实现维持业绩高速增长,离岸公司账面上剩余的大笔资金将由投资方控制,并且投资方将因此占有蒙牛乳业股份的 60.4% 的绝对控股权,可以随时更换蒙牛乳业的管理层。显然,通过这一安排为双方加强了解和认识提供了条件。在随后的第二次对赌中,对赌条款约定在 2003—2006 年,蒙牛年复合增长率不低于 50%,否则蒙牛管理层将输给大摩等三家外资战略投资者 6000 万到 7000 万的蒙牛股份。

简单分析,第一阶段的博弈为下一阶段的博弈提供了丰富的数据,一旦在第一阶段的博弈中出现了明显的不可持续性迹象,博弈的任何一方都可以终止博弈,以减少损失。重复博弈的最大好处是能够降低当事人在博弈中的不确定性。蒙牛与投资方的两次对赌中,第一次是一种初步的、试探性的博弈,而正是建立在该阶段的了解和认识上,双方进行第二次对赌,最终实现双赢,这一典型例证理应成为对赌条款重复博弈的典范。

2. 对赌条款中应设定上限

企业在对赌协议中应当约定必要的保底条款,以避免一刀切式的巨大风险,这其中创始股东保留绝对的控股权是至关重要的。

北京动向陈义红与摩根士丹利 2006 年 5 月签订的对赌条款即是一典型的例子。

双方签订的对赌条款约定:第一,如果北京动向 2006 年和 2008 年的净利润分别达到 2240 万美元及 4970 万美元的目标,则摩根士丹利的股权比例最终确定为 20%;第二,如果届时净利润仅达目标额的 90%,则以陈义红为代表的创业股东,必须额外将其所持股份的 11.1%,以 1 美元的象征价格转让给摩根士丹利;第三,如果届时净利润仅达目标额的 85%,则以陈义红为代表的创业股东,必须额外将其所持股份的 17.6%,以 1 美元的象征价格转让给摩根士丹利;第四,如果届时净利润不足目标额的 85%,则陈义红方面需要额外出让更多股份给摩根士丹利,具体多少根据实际情况确定,但最多不超过总股本的 20%；第五，如果届时净利润超过目标利润的 12%，则摩根士丹利将 1% 的股份作为奖励返还给陈义红等人，摩根士丹利的实际持股比例变为 19%。在该约定中，陈义红给自己设定了明确的上限，即使出现最坏的情况，摩根士丹利最多只能拥有 40% 的股权，这也确保了陈义红在最坏情况下的控股权，PE 投资方最多只能拥有 40% 的股权。现该公司已如期在港交所公开上市。

3. 尽量多采用柔性指标和细化对赌条款

对赌条款的核心包括两个方面的主要内容：一是约定未来某一时间判断企业经营业绩的标准，目前采用较多的是财务指标（盈利水平）；二是约定标准未达到时，管理层补偿投资方损失的方式和额度。从已有的案例来看，在外资并购时，我国企业在对赌协议中约定的盈利水平过高，对企业管理层造成的压力非常大，有时会迫使管理层做出高风险的非理性决策，导致企业的业绩进一步恶化。企业在签订对赌协议时，可以在协议条款中多设计一些盈利水平之外的柔性指标（非财务指标）作为评价标准，还要通过谈判设计制约指标，而不能一味地迎合外方，不要为了融资而孤注一掷、饮鸩止渴，最终导致恶果。

投资人"业绩补偿 + 股权回购"组合实务建议：

(1) 明确约定投资人有权同时主张业绩补偿和股权回购，并特别约定股权回购价款中无须扣减业绩补偿款；

(2) 如合同约定，股权回购价款应当扣除分红款，则明确说明分红款不包括可能的业绩补偿款；

(3) 明确约定业绩补偿是估值调整方式，业绩补偿款不具有违约金性质，由各方从商业角度确定，不存在调整的空间；

(4) 根据公司估值设定合理的业绩补偿价款及股权回购价款，尽量避免高于投资款数倍这样过于直接又相对较高的计算方式；

(5) 业绩补偿条件成就后，建议投资人及时发函主张并固定权利。

虽然契约自由，民商事法律关系尊重合同双方的意思自治，但不公平合理的对赌条款设置可能会使对赌机制沦为投资者获益的工具，改变其估值调整的本意，且更可能引诱投资者故意促使股权回购或业绩补偿条件的成就，增加企业的投资成本，不利于投资市场的正常运行，更不利于实体经济的健康发展，故法律必须对其加以规制，将投资人基于"对赌约定"所可获得的业绩补偿款及股权回购款的总额的法律救济保护限定在其实际投资本金及适当的资金占用补偿之和范围内。

综上，投资是对未来收益的投资，永远存在不确定性。无论如何设置投资条款，投资的风险都不应降为 0。对赌协议作为估值调整机制，一方面是为了防控投资人的投资风险，但另一方面，其并不是投资人规避风险、保证收益的工具。其防控的是投资人因不参与目标公司的经营而存在的与目标公司信息不对称的风险,而不是资本本身的收益保证。

在 IPO 上市以及司法审判程序中,"清理一切对赌协议条款""必须保护债权人利益""必须以法律管制思维指导审判"显得过于武断,对赌协议的生存空间被限制,应通过分析对赌协议的多种表现形式,探究对赌协议的法律性质,并试图厘清其整体运作流程中各方主体的立场,排除诸多非必要的窘境,应多角度地检讨对赌协议之原本内涵,防止机会主义者的滥用,摒弃传统束缚,给予资本市场更多的自由和宽容。

1.3.3 PE 退出和对赌的案例分析

1. PE 退出案例分析:PE 机构投资拼多多 IPO 退出案例分析[①]

1) 拼多多运营现状及发展态势

拼多多作为一家主营海淘、水果生鲜等多个商品类别的第三方社交电商平台,其主要运用 C2B 的运营方式,从而使得商家通过足够低的价格来吸引顾客参加拼团以购买商品。拼多多的前身拼好货其实是一家以水果生鲜为主打项目的电商公司,在 2016 年 9 月成立了如今大众知晓的拼多多平台。拼多多背后团队针对其商品质量进行了相应的调整,使得在接下来的两年里拼多多用户翻倍增长,用户活跃度名列前茅。拼多多基于内地上市周期长且难度较大的缺点,于 2018 年 7 月 26 日正式在美国纳斯达克公开发行上市,股票代码为 PDD,发行价为 19 美元。

据数据显示,拼多多在上市之前的两年 (2016—2017) 营业收入呈现负增长趋势,2018 年第一季度的亏损相较于 2017 年稍好。据财报披露的拼多多 2018 年第二季度数据 (上市后首份财务报表) 显示,拼多多取得了优异的财务和运营成绩,实现营业收入 27.09 亿元,较 2017 年同期增长 2489%,可见其中的发展潜力巨大。

2) 融资过程

拼多多成立的三年期间,一共接受了四轮融资,以下选取三个最具有代表性的投资方进行介绍,分别是高榕资本、腾讯以及红杉资本三家公司。

(1) 投资方:高榕资本。

高榕资本作为北京一家新兴的风险投资机构,成立于 2013 年,主要聚焦于 TMT 行业初创期和成长期的投资,涉及互联网、金融等多个行业的业务。在拼多多的 D 轮融资中,高榕资本于 2015 年 6 月 1 日开始以美元作为投资币种向拼多多投入金额累计人民币 649.91 百万元。

[①] 王袁光曦,陈红喜,颜廷远. 互联网行业之 IPO 退出机制的研究——基于拼多多案例 [J]. 科技与金融,2019,(07).

(2) 投资方：红杉中国。

红杉资本中国基金成立于 2005 年 9 月 1 日，其创始及管理合伙人沈南鹏在其任职期间，带领公司在互联网行业发挥了举足轻重的作用。在拼多多的 C 轮融资中，红杉中国于 2017 年 2 月 1 日开始向拼多多投入金额累计人民币 2572.82 百万元。

(3) 投资方：腾讯投资。

腾讯投资机构成立于 2011 年 1 月 1 日，它是腾讯公司设立的 CVC，不同于传统的 VC，其主要聚焦于优质的公司业务，涉及电商、新媒体等多个领域。在拼多多的 C 轮融资中，腾讯投资于 2017 年 2 月 1 日开始向拼多多投入金额累计人民币 7853.70 百万元。

3) 三家投资机构的退出

三家机构的退出情况如表 1-2 所示。

表 1-2 三家机构的退出情况

投资方	退出时间	退出方式	回报金额（人民币）	回报倍数	内部收益率
高榕资本	2018 年 7 月 26 日	IPO	13327.75M	20.51	160.64
红杉中国	2018 年 7 月 26 日	IPO	9780.14M	3.80	146.54
腾讯投资	2018 年 7 月 26 日	IPO	24397.22M	3.11	55.58

数据来源：清科私募通

从表 1-2 中的数据可知，三家投资机构对于互联网行业的独特眼光使其均获得了翻倍的利润回报，退出回报率在互联网行业名列前茅，其中高榕资本的回报倍数更是高达 20.51 倍，收益相当可观，可谓是一次极其成功的退出。

综合以上各项数据，不难看出拼多多作为电商行业的代表之一，其具有巨大的发展潜力，但值得注意以下几个方面。

(1) 投资者在对企业进行投资时，需要做好相应充足的资料收集和审查工作，因为投资的风险与报酬是成正比关系的。在近几年互联网企业争相上市的大环境下，腾讯、阿里巴巴、红杉中国以及百度等投资方正是由于在投资过程中抓住时机，对企业的经营状况及发展前景进行了透彻的分析和解剖，适时退出才获得了可观的资本溢价。

(2) 相较于并购退出来说，IPO 退出流动性以及灵活性较高，退出的投资收益率更高，并且由于在退出过程中交易环节相对简单，所以退出成本也相对较低，因此可以通过退出环节获取可观的利润回报，实现资本增值。

2. PE 对赌案例分析：九鼎折戟湖北天峡鲟鱼真相

号称拥有全国最大鲟鱼养殖规模的湖北天峡鲟业有限公司（下称"湖北天峡"），正在绝境中苦苦挣扎。

九鼎投资旗下的苏州周原九鼎投资中心（下称"苏州九鼎"），投资的宜都市鲟鱼特种渔业有限公司（下称"宜都天峡"），因无法完成上市既定步伐，可能成为九鼎投资在湖北折戟的首个项目。

2013年10月，苏州九鼎将湖北天峡告上法庭，要求后者根据合作协议，回购其持有的宜都天峡49%的股权（剩余51%股权由湖北天峡持有），回购及赔偿金额高达1.33亿元。

与此同时，苏州九鼎将湖北天峡刻制公章一事向公安机关报案。此时，湖北天峡贷款逾期、公司账户被冻结。

2010年10月，湖北天峡迎来九鼎投资的融资1亿元，并承诺将合资公司——宜都天峡运作上市。四年间，双方之间又发生了些什么，以致要对簿公堂。

2010年10月18日，湖北天峡与苏州九鼎签订合作协议。协议约定，由苏州九鼎投资1亿元，注册成立宜都天峡，苏州九鼎持股49%，湖北天峡持股51%。同时，九鼎方面向湖北天峡承诺将公司最终运作上市，再融资1亿元用于公司发展。

这是九鼎投资作为私募股权基金的首个水产项目。《时代周报》记者了解到，当时，国内鲟鱼养殖已颇具规模，形成浙江千岛湖鲟鱼、云南阿穆尔鲟鱼以及宜都天峡鲟鱼三大企业。其中，宜都天峡养殖规模以及养殖模式已经位列国内第一梯队，其鲟鱼产量占据全国的1/3。

但全产业链的模式，需要更多更大的投入，而且投资鲟鱼仍属于长线投资，周期较长。

不过，苏州九鼎最终仍选择与湖北天峡签约。按照计划，苏州九鼎进入后，将为湖北天峡带来不少于2亿元人民币的融资，且在三年后将其运作上市。

苏州九鼎对湖北天峡的高调承诺，并未达到预期效果。

当地人士认为，当初引入苏州九鼎，湖北天峡看重的是九鼎资本在项目管理方面的经验和运营能力，期待能更好地进行公司治理，为其上市打好基础。此外，苏州九鼎直接出资参股宜都天峡，湖北天峡将得到一笔大额资金支持，从而使资金问题得到缓解。

按当初设想，到2014年年底，天峡股份应实现过会。但上市梦破，苏州九鼎承诺的资金未到位，虽然其中7000万元到位，但被划入武汉鲟龙科技有限公司，并没直接投入宜都天峡的生产经营中。而第三方投资3000万元也未到账，造成后期资金紧张。

湖北天峡公司提供的数据显示，从2010年至2014年期间，直接银行借贷以及民间融资达到约1亿元，直接增加财务成本2300万元。

按湖北天峡的说法，这4年间全靠公司自身融资，苏州九鼎没有按照约定协助帮其拿到1亿元融资。

更重要的是，苏州九鼎派出的团队高管多次更迭，导致合资公司长期无人掌管。经过多次努力无果后，湖北天峡陷入了难以为继的困境。

湖北天峡认为，合作期间内，苏州九鼎没有科学的战略规划和布局，随着双方在战略实施上的不契合，导致分歧最终出现，进而苏州九鼎提前撤场，要求湖北天峡回购股份及赔偿损失。

然而，随着调查深入，发现天峡公司的现有收益结构主要由鱼子酱、商品鱼和鱼苗构成。但其盈利模式有限，盈利能力不足，行业恶性竞争加剧，这也可能是导致其难以上市的因素。

而湖北天峡认为，苏州九鼎以 7000 万元始终占据宜都天峡 49% 的股权，涉及股权分割问题，湖北天峡无法让新投资者进入，究其原因是苏州九鼎不想让外人染指，直至苏州九鼎"吃下"湖北天峡。

2013 年 10 月，苏州九鼎将湖北天峡及蓝泽桥告上法庭，要求其按照协议回购股权、赔偿分红及补偿 1.33 亿元。

苏州九鼎表示，公司是严格按照协议来进行操作的，受让股权和补偿也应按照合作协议中的约定。

苏州九鼎方面表示，对天峡实际控制人涉嫌其他违法犯罪的行为，当地公安机关已刑事立案，正在依法办理。

但湖北天峡认为，苏州九鼎如此步步紧逼，已经超越公司承受底线，起初公司愿意出资 2500 万元作为对苏州九鼎的补偿，让苏州九鼎退出被否，作为反击，湖北天峡不得不向苏州九鼎索赔本金、利息、分红等共计 1.65 亿元。

1.4 PE 的监管

对于 PE，证监会具有监管权力。私募股权投资基金、创业投资基金，除受证监会监管外，还受其他部门的监管。比如，发改委负责组织拟订促进私募股权基金发展的政策措施。对于创业投资基金，如果其组织形式为公司或者合伙企业，则根据《创业投资企业管理暂行办法》，其不仅受证监会的监管，还受发改委的监管，其不仅应当到基金业协会备案，还应当依据《创业投资企业管理暂行办法》到创业投资企业管理部门（国务院管理部门为国家发改委；省级管理部门由同级人民政府确定）备案，否则将无法享受相关政策支持。

仔细梳理一下，私募基金行业适用的法律法规包括《中华人民共和国证券投资基金法》《私募投资基金监督管理暂行办法》《证券期货经营机构私募资产管理业务运作管理暂行规定》《私募投资基金管理人登记和基金备案办法》（试行）、《私募投资基金募集行为管理办法》《私募投资基金信息披露管理办法》、《私募投资基金管理人内部控制指引》《私募投资基金合同指引》《基金业务外包服务指引（试行）》《私募基金管理人登记法律意见书指引》等。证监会及基金业协会时常通过公告、通知、答记者问、解答等形式发布其对私募投资基金行业的自律规则及业务操作标准，最著名的当属基金业协会发布的《私募基金管理人登记公告》及其《私募基金登记备案相关问题解答》，其详细列明了证监会及行业协会对某一具体问题的最新监管动向及执行标准。

2020年9月11日晚间，证监会网站发布了《关于加强私募投资基金监管的若干规定(征求意见稿)》(以下简称《若干规定》)，引发私募圈广泛的关注。

新规表示，私募基金行业在快速发展的同时，也暴露出许多问题，包括公开或者变相公开募集资金、规避合格投资者要求、不履行登记备案义务、异地经营、集团化运作、资金池运作、刚性兑付、利益输送、自融自担等，甚至出现侵占、挪用基金财产和非法集资等严重侵害投资者利益的违法犯罪行为。

此次证监会层面的新规是比较重磅的，引导私募行业健康发展，包括私募名称和经营范围标明"私募基金"等字样；私募注册和办公地要在同一省级行政区域内；严格监管集团化运营的私募；明确私募基金财产投资的负面清单，私募募集的十大不得有行为，私募从业人员等主体的13种禁止行为；规范关联交易；明确法律责任和过渡期安排，看点满满。

1.4.1 私募基金监管要点

1. 私募开展业务前要先完成备案

《若干规定》首先表明新规适用对象，在中国证券投资基金业协会依法登记的私募基金管理人从事私募基金业务。私募基金管理人在初次开展资金募集、基金管理等私募基金业务活动前，应当按照规定在基金业协会完成登记，没有备案的不能做私募募资、管理等业务。

在基金业协会登记的私募基金管理人，只能是企业(公司制、合伙制均可)，自然人不予进行登记。

按照基金合同约定，私募基金可以由部分基金份额持有人作为基金管理人负责基金的投资管理活动，并在基金财产不足以清偿其债务时对基金财产的债务承担无限连带责任(因此也没有自然人愿意作为私募基金的管理人，而是更愿意注册企业去担任基金管理人，以规避风险)。

2. 私募名称和经营范围要带"私募基金"字样

未经登记，任何单位或者个人不得使用"基金""基金管理"字样或者近似名称进行资金募集、基金管理等私募基金业务活动，法律、行政法规另有规定的除外。

私募基金业务是专属的，不得随意乱用。

3. 注册地和主要办公地要在同一省级、计划单列市行政区域内

现实中存在私募异地经营的情况，注册地和实际展业的地方不一致，尤其是跨省的那种，会造成私募纠纷的属地监管等问题。

4. 不得从事民间借贷、场外配资等业务

私募基金管理人不得管理未依法备案的私募基金，不得直接或者间接从事民间借贷、担保、保理、典当、融资租赁、网络借贷信息中介、场外配资等任何与私募基金管理相冲突或者无关的业务。要求私募管理人聚焦投资管理主业，围绕私募基金管理开展资金募集、投资管理、顾问服务等业务，不得从事与私募基金管理存在冲突或无关的业务。

5. 严禁私募出资人循环出资等行为

私募基金管理人的出资人不得有代持、循环出资、交叉出资、层级过多、结构复杂等情形，不得隐瞒关联关系或者将关联关系非关联化。

6. 控制两家及以上私募要说明设立的必要性

要全面、及时、准确披露各私募基金管理人业务分工，建立完善的合规管理、风险控制制度。

7. 强调合格投资者要求，不能通过微信等公开推介

监管强调要坚守私募基金"非公开"本质，进一步细化私募基金募集过程中的禁止性行为要求，包括违反合格投资者要求募集资金，通过互联网、微信等载体向不特定对象宣传推介，但是在网络上设定特定对象确认程序是可以的。

私募基金应当向合格投资者募集，合格投资者累计不得超过200人。

私募基金的合格投资者是指具备相应风险识别能力和风险承受能力，投资于单只私募基金的金额不低于100万元且符合下列相关标准的单位和个人：①净资产不低于1000万元的单位；②金融资产不低于300万元或者最近3年个人年均收入不低于50万元的个人。上述金融资产包括银行存款、股票、债券、基金份额、资产管理计划、银行理财产品、信托计划、保险产品、期货权益等。

下列投资者视为合格投资者：①社会保障基金、企业年金、养老基金，慈善基金等社会公益基金；②依法设立并在基金业协会备案的投资计划；③投资于所管理私募基金的私募基金管理人及其从业人员；④中国证监会规定的其他投资者。

在这里有以下两点必须强调。

第一，任何机构和个人不得为规避合格投资者标准，募集以私募基金份额或其收益权为投资标的的金融产品。这是为了防止私募基金募集时通过"团购"或"凑份子"的方式突破合格投资者的限制。由于公募基金、互联网理财平台发行的理财产品等金融产品未要求投资金额不低于100万元人民币，私募基金产品通常收益率较高但投资金额要求不低于100万元，因此存在通过公开募集产品嵌套投资私募基金产品的空间。将不符合私募基金合格投资者资质的投资者的资金汇集至某一金融产品，再通过该金融产品投资于私募基金产品，被称为"团购"或"凑份子"购买私募基金产品的模式。上述通过

"团购"或"凑份子"购买私募基金的投资者对于私募基金的产品、风险、投资等方面了解有限，本身风险承受能力也较弱，当私募基金产品未能产生相关投资收益甚至亏损时将与投资者产生纠纷。不过，并不是所有的以私募基金份额或其收益权为投资标的的金融产品全被禁止，只是将刻意规避合格投资者标准的产品予以排除，对于通过信托、资管计划等认购私募基金份额或其收益权的产品还是认可的。

第二，任何单位和个人不得将私募基金份额或其收益权进行非法拆分转让，变相突破合格投资者标准。这是为了防止合格投资者认购私募基金份额后将私募基金份额或收益权"大拆小"，将100万元的最低投资金额拆分为若干份，转让给不满足合格投资者条件的投资者。

同一资产管理人不得为单一融资项目设立多个资产管理计划，变相突破投资者人数限制。为了同一个融资项目设立的多个资管计划，即使在基金业协会备案，也需要合并计算投资者人数。

8. 不得承诺保本保收益，不得夸大片面宣传

不得直接或者间接向投资者承诺保本保收益，包括承诺投资本金不受损失、固定比例损失或者承诺最低收益等情形；不得夸大、片面宣传私募基金，包括使用安全、保本、零风险、收益有保障、高收益、本金无忧等可能导致投资者不能准确认识私募基金风险的表述，或者向投资者宣传预期收益率、目标收益率、基准收益率等。

9. 不得虚假宣传，不得拿政府出资等名义增信

《若干规定》列出的私募在募集过程中不得有的行为，还包括：

(1) 向投资者宣传的私募基金投向与私募基金合同约定投向不符；

(2) 宣传推介材料有虚假记载、误导性陈述或者重大遗漏，包括未真实、准确、完整披露私募基金交易结构、各方主要权利义务、收益分配、费用安排、关联交易、委托第三方机构以及私募基金管理人的出资人、实际控制人、关联方等情况；

(3) 以登记备案、金融机构托管、政府出资等名义为增信手段进行误导性宣传推介。

10. 不得无证代销私募，禁止设立分支去募资

《若干规定》列出的私募在募集过程中不得有的行为，还包括：

(1) 委托不具有基金销售资格的单位或者个人从事资金募集活动；

(2) 以从事资金募集活动为目的设立或者变相设立分支机构。

再次强调私募代销的要求，跟公募一样，要有基金销售牌照。同时，设立以从事资金募集活动为目的的分支机构以及突破投资者人数限制等，也是有问题的。

私募基金销售有两种方式：自行销售和委托销售，除此之外，其他任何机构和个人不得从事私募基金的募集活动。自行销售自己设立的私募基金的前提是私募基金管理人

必须在基金业协会登记，委托销售中的销售机构要求更加严格，要求必须在中国证监会注册取得基金销售业务资格且为基金业协会的会员，获得私募基金销售牌照需要经过类似双重审批的环节。上述双重审批的规定无疑提高了作为私募基金销售机构的门槛，使得私募基金销售牌照更加珍贵。

募集行为分为特定对象确定、投资者适当性匹配、基金风险揭示、合格投资者确认、投资冷静期、回访确认六个阶段。值得一提的是，《募集行为管理办法》创造性地在资金募集环节增加了冷静期和冷静期后的回访制度，在回访制度下如果投资者在募集机构回访确认成功前解除基金合同，募集机构应当按合同约定及时退还投资者的全部认购款项。冷静期和回访制度给投资者提供了一次反悔的机会，也给资金募集增加了不确定性。

11. 私募基金财产不得从事明股实债、借贷等非私募基金活动

以下行为被禁止：

(1) 从事借(存)贷、担保、明股实债等非私募基金投资活动，但是私募基金以股权投资为目的，按照合同约定为被投企业提供一年以下借款、担保除外；

(2) 投向保理资产、融资租赁资产、典当资产等类信贷资产、股权或其收(受)益权；

(3) 从事承担无限责任的投资；

(4) 法律、行政法规和中国证监会禁止的其他投资活动。

监管部门明确了私募基金财产投资的负面清单，打击"伪私募"，引导私募基金回归投资本质，重申投资活动"利益共享、风险共担"的本质。

12. 基金财产可为股权投资的企业提供一年以下借款等

值得注意的是，《若干规定》明确，私募基金以股权投资为目的，按照合同约定为被投企业提供一年以下借款、担保，私募基金财产是可以使用的。但是要求借款或者担保到期日不得晚于股权投资退出日，且借款或者担保总额不得超过该私募基金财产总额的20%，多次借款、担保的金额应当合并计算。

这项规定，是考虑通过短期借款等去帮助一些小微企业，解决其融资难的问题，支持实体经济发展。

13. 禁止基金财产被混同运作、代收

以下行为被禁止：

(1) 未对不同私募基金单独管理、单独建账、单独核算，或者将其固有财产、他人财产混同于私募基金财产，或者将不同私募基金财产混同运作，资金与资产无法明确对应；

(2) 使用私募基金管理人及其关联方名义、账户代私募基金收付基金财产。

要求私募基金财产要单独建账和管理，不能混同其他运作，不能用其他账户代收基金财产，保持基金财产的独立性、安全性比较重要。

14. 不得开展资金池业务，禁止私募自融行为

以下行为被禁止：

(1) 开展或者参与具有滚动发行、集合运作、期限错配、分离定价等特征的资金池业务；

(2) 使用私募基金财产直接或者间接投资于私募基金管理人、控股股东、实际控制人及其实际控制的企业或项目等套取私募基金财产的自融行为。

以往有很多机构利用私募的名义募资，给出丰厚收益，实际上在搞自融业务，套取广大投资者的钱，通过募新钱还旧钱，都是有问题的，监管部门再次强调，不得开展资金池业务，禁止私募自融。

15. 不得不公平对待，禁止刚性兑付等

以下行为被禁止：

(1) 不公平对待不同私募基金财产或者不公平对待同一私募基金的不同投资者；

(2) 私募基金收益不与投资项目的资产、收益、风险等情况挂钩，包括不按照投资标的实际经营业绩或者收益情况向投资者分红、支付利息等。

公平对待不同基金、投资者是作为私募管理基金的基本要求。

16. 不得利用基金财产谋取私利，禁止内幕交易等

以下行为被禁止：

(1) 直接或者间接侵占、挪用私募基金财产；

(2) 不按照合同约定进行投资运作或者向投资者进行信息披露；

(3) 利用私募基金财产或者职务之便为自身或者投资者以外的人谋取利益，进行利益输送，包括以咨询费、手续费、财务顾问费等形式向私募基金投资标的及其关联方收取费用等；

(4) 泄露因职务便利获取的未公开信息，利用该信息从事或者明示、暗示他人从事相关的交易活动；

(5) 从事内幕交易、操纵证券期货市场及其他不正当交易活动；

(6) 玩忽职守，不按照监管规定或者合同约定履行职责。

不能侵占基金财产是基本要求，现在有的机构利用私募财产为自己谋利，收咨询费、财务顾问费等，都是有问题的。在交易方面，禁止利用未公开信息交易、内幕交易、操纵市场等违法违规情形。

17. 规范私募基金的关联交易

私募基金管理人不得从事损害基金财产或者投资者利益的关联交易等投资活动。

私募基金管理人应当建立健全关联交易管理制度，对关联交易定价方法、交易审批程序等进行规范。

使用基金财产与关联方进行交易的，私募基金管理人应当遵守法律、行政法规、中国证监会的规定和私募基金合同约定，防范利益冲突，投资前应当取得全体投资者或者投资者认可的决策机制决策同意，投资后应当及时向投资者充分披露信息并向基金业协会报告。

18. 强调私募信息披露的基本要求

(1) 私募基金管理人及其出资人和实际控制人、私募基金托管人、私募基金销售机构和其他私募基金服务机构所提交的登记备案信息及其他信息材料，不得有虚假记载、误导性陈述或者重大遗漏，并应当按照规定持续履行信息披露和报送义务，确保所提交信息材料及时、准确、真实、完整。

(2) 私募基金管理人及其出资人和实际控制人、私募基金托管人、私募基金销售机构和其他私募基金服务机构及其从业人员应当配合中国证监会及其派出机构依法履行职责，如实提供有关文件和材料，不得拒绝、阻碍和隐瞒。

19. 明确私募行政处罚的规定

《若干规定》表示，对违反规定的，中国证监会及其派出机构可以依照规定，采取行政监管措施、市场禁入措施，实施行政处罚，并记入中国资本市场诚信信息数据库。

基金业协会依法开展私募基金管理人登记和私募基金备案，加强自律管理与风险监测。对违反规定的，基金业协会可以依法依规进行处理。

1.4.2 PE 监管的案例介绍

目前已有多个 PE 作为控股股东的公司成功 IPO 的案例，包括康华生物 (盈科资本)、中新赛克 (深创投)、博雅生物 (高特佳) 等，以上案例中 PE 机构均是主要采用公司型的组织形式进行投资。

1) 康华生物 (盈科资本)

康华生物 2020 年在创业板首发上市，主营业务为冻干人用狂犬病疫苗 (人二倍体细胞) 和 ACYW135 群脑膜炎球菌多糖疫苗。

根据招股说明书，王振滔直接和间接累计控制公司 39.81% 的股权，认定为公司控股股东和实际控制人；盈科资本旗下的有限合伙型私募股权基金平潭盈科为第一大股东，和另一个有限合伙型私募股权基金泰格盈科合计持有公司 32.38% 的股权，其中平潭盈科持有公司股份 27.47%，其合伙人主要由个人构成，钱明飞、沈璇、王清瀚份额占比均超过 20%。

其监管关注点主要如下。

(1) 控制权稳定性。由于平潭盈科和泰格盈科作为一致行动人，持股康华生物比例较大，监管问询要求发行人就前两个基金主体投资后，论述对康华生物控制权是否构成影响。问询答复中，除了控股股东、实际控制人做出关于控制权稳定的论述和承诺外，平潭盈科和泰格盈科也做出"不谋求公司控制权"的承诺。

(2) 同业竞争。平潭盈科出资人、发行人董事、总经理王清瀚控制有医药生物科技行业公司，泰格盈科的出资人有泰格医药，监管问询基于以上情况要求发行人披露相关医药类公司是否和发行人构成同业竞争，平潭盈科和泰格盈科对于规范关联交易和避免同业竞争进行了承诺。

(3) 穿透后股东和发行人的实控人、董事、监事、高级管理人、客商等的关系。监管问询中要求将平潭盈科和泰格盈科穿透后，关注穿透后主体是否和发行人的相关人员存在关联关系及业务资金往来。

2) 中新赛克（深创投）

中新赛克于 2017 年 11 月在深交所中小板首发上市，为网络可视化基础架构服务商，是比较有代表性的 PE 为控股股东的上市案例。

深创投除直接持有公司 35.57% 股份外，通过其管理的 4 只有限合伙型私募股权基金间接持有公司 11.46% 的股份，深创投合计持股达到 47.03%，认定为公司控股股东，公司实控人为深圳市国资委。

其监管关注点主要如下。

(1) 同业竞争。监管问询提到，深创投本身主要从事创业投资业务，但其投资的企业众多，监管除了要求论证发行人与这些企业是否存在同业竞争问题外，还要求从资产、业务、技术、人员、供销等方面，论证上述被投企业是否存在影响发行人独立性的情况。

(2) PE 机构作为控股股东是否具备实际运营和经营企业的能力。保荐机构在此问题的答复中，明确指出控股股东不具备对中新赛克所从事业务的管理能力，作为专业私募投资基金，主要在三会治理、股权管理及业绩考核等方面对公司实施管理。

(3) 控制权稳定性。深创投作为控股股东，承诺其直接持股部分锁定 60 个月。

3) 博雅生物（高特佳）

博雅生物于 2011 年在深交所创业板首发上市，主营血液制品研发、生产和销售。高特佳持有公司 46.87% 的股份，认定为公司控股股东。

其监管关注点主要如下。

(1) 无实际控制人。由于高特佳股权较为分散，监管问询要求说明无实际控制人认定的合理性以及采取的保持控制权稳定的措施。为应对此问题，高特佳对其直接持有的公司股份承诺了 60 个月的锁定期。

(2) 同业竞争。与深创投投资中的新赛克案例类似，监管部门同样关注到高特佳及其控制的企业是否和公司存在同业竞争的情况。

3. 监管关注点总结

1) 实控人的认定

上述案例中，PE 持股比例一般较大，可能会涉及公司实控人认定的问题，比如康华生物，由于盈科资本持股比例接近实控人持股比例，保荐机构用了大量笔墨从多方面对实控人的认定进行了论述，再比如博雅生物，高特佳股权较为分散，认定为公司无实控人，也受到了监管部门的关注。

2) 同业竞争

在一般的 IPO 项目中，控股股东和实控人都需要做避免同业竞争的承诺，对于以对多行业投资为主营业务的 PE 来说，监管层对同业竞争问题更加关注。由于 PE 现阶段仍是以财务投资为主，单个投资标的股权占比较小，难以对标的形成控制或重大影响，一般不会带来同业竞争问题。

部分案例中，监管部门还要求对控股股东进行穿透，要求披露穿透后的股东和公司是否存在同业竞争。

3) 实际运营和经营企业的能力

多个案例中，PE 投资机构都有在相关行业领域进行纵深发展的特点，这些 PE 机构在特定行业都有较深耕耘，入主后可以助力企业运营和经营管理。中新赛克案例中，监管对于深创投是否具备企业运营能力进行了问询，保荐机构对此明确指出控股股东不具备对企业业务方面的管理能力，亦未影响过会。

4) 控制权稳定性

除一般 IPO 项目关于锁定期的常规要求外，由于 PE 入主对上市公司控制权稳定性带来的潜在影响，部分案例采用延长锁定的方式，比如高特佳投资博雅生物、深创投投资中新赛克，控股股东对直接持股部分做出了 60 个月锁定承诺。

5) 私募基金备案和管理人登记

PE 相关的案例中，至今尚无以有限合伙型私募股权基金作为拟上市公司控股股东而上市的案例，可能主要出于以下几点原因。

(1) 基金存续期限难以满足锁定期要求。

为保持上市公司控制权的稳定性，公司法、首发管理办法、减持新规等对控股股东规定了锁定期和减持限制，并且要求申报前一定年份实控人不得变更，而有限合伙型私募股权基金的存续期一般在 5～7 年，难以满足对控股股东持有公司股份期限的要求。

(2) 有限合伙份额的转让限制。

作为第一个问题的延伸，对于有限合伙型私募股权基金，目前监管部门并未限制控股股东的合伙人在不影响上市公司控制权的前提下转让其持有的合伙企业份额，但不排除会进行间接锁定。

对于有限合伙型控股股东向上存在多层结构的，如果执行间接锁定，具体会锁定到哪一层及锁定多久，政策层面目前尚未给出明确规定，但从实践看，把握的标准可以参考"该层结构是否专为本次交易设立并且以持有标的资产为目的"。

(3) 对所做承诺的履约能力的疑虑。

在中新赛克案例中，作为控股股东的深创投对上市三年内稳定股价进行了承诺（连续二十个交易日股价均低于上一会计年度末经审计每股净资产，控股股东需在二级市场增持股票），并做了以控股股东所持上市公司股份之外的财产承担补充责任的承诺，这是对有限合伙型私募股权基金该项履约能力的一大挑战。

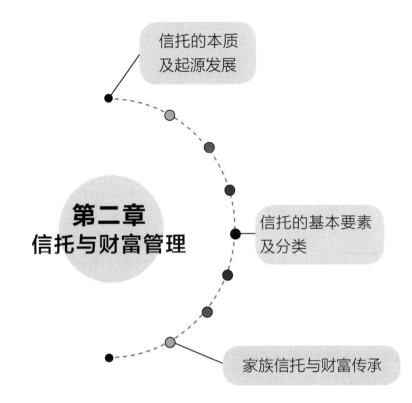

本章学习目标

01 了解什么是信托，本质是什么，发展历程以及信托的交易结构图，还要掌握信托中的各方要素。

02 了解信托的设立、变更和终止的条件是什么，掌握投资信托和家族信托的特点与区别。

03 掌握家族信托的交易结构、运作模式、相关法律、经典案例。

04 学习掌握在设立家族信托时还需要注意的一些相关问题。

> 本章简介

本章内容主要介绍了信托是什么,它具有什么作用,能够运用到何处,详细介绍了目前市面上的信托的基本要素及分类。

2.1 信托的本质及起源发展

2.1.1 信托的概念和本质

1. 信托的概念

简单来说,信托是指拥有货币或财产的人为了获得一定的收益而将自己的资财委托别人代为经营、管理和处理的经济行为。

关于信托的定义,《中华人民共和国信托法》第二条给出了明确解释,本法所称信托,是指委托人基于对受托人的信任,将其财产权委托给受托人,由受托人按委托人的意愿以自己的名义,为受益人的利益或者特定目的,进行管理或者处分的行为。

更加通俗简单的表述就是:因为信任,所以委托。因此,信托是以信任为基础,以信托财产为核心,以委托人意愿为目的,以委托为管理方式的财产管理制度。

信托的含义如表 2-1 所示。

表 2-1 信托的含义

选项	释义
委托人信任受托人	委托人对受托人的信任,是信托关系成立的基础
委托人将财产权委托给受托人	信托是一种以信托财产为中心的法律关系,信托财产是成立信托的第一要素,没有特定的信托财产,信托就无法成立
受托人以自己的名义管理、处分信托财产	委托人将信托财产委托给受托人后,对信托财产没有直接控制权,受托人以自己的名义对信托财产进行管理或者处分,这是信托的一个重要特征
受托人应为受益人的利益管理信托事务	正是因为受托人受到委托人的信任,一旦受托人接受信托,就应当忠诚、谨慎、尽职地处理信托事务,管理信托财产,即所谓的"受人之托,忠人之事"

从法律角度讲,信托是一种制度安排,是一种特殊的法律架构。这种特殊的法律架构实现了财产的所有权、控制权和受益权分离,相互制约、相互监督,可以更好地帮助委托人实现财产的保护和传承,是财富管理与转移的制度安排。

从经济角度讲,信托是一种金融工具,特别是集合资金类信托,一头连接融资项目,满足融资方项目资金需求,一头对接资金,满足资金方财富管理需求,有力地促进了经济建设,同时促进了金融体系的发展与完善。

从道德角度讲，信托还是一种人类最基本的生存方式。广义的信托行为在日常生活和工作中几乎无处不在，委托出租车司机将自己带到目的地、委托快递公司帮助自己取送货、委托同事好友代买物品、购买公募基金等。人们出于信任进而委托。信托，因信而托，无信则无托。

2. 信托的本质

1) 信托财产所有权与受益权分离

受托人享有信托财产的所有权，而受益人享有受托人管理财产所产生的收益，实现了信托财产的所有权主体与受益权主体的分离，从而构成信托的根本特质。受托人运用信托财产，以自己的名义与第三人进行交易，并有权行使财产所有权人享有的一些酌情处理、取得收益的权利。不过受托人不能为了自己的利益运用信托财产，也不能将管理和运用信托财产的收益据为己有。受托人必须妥善管理信托财产，将所生收益在一定条件下包括本金交给受益人，形成所有权与受益权的分离。我国将受益人的权利称为"受益权"，将其所享有的利益称为"信托利益"。

2) 信托财产的独立性

信托一经有效成立，信托财产即具有了法律的独立性。这种独立性表现为：信托一经成立有效，信托财产即从委托人、受托人和受益人的自有财产中分离出来，成为独立运作的财产，具体体现为：委托人一旦将财产交付信托，便丧失对该财产的所有权；受托人虽取得信托财产的所有权，但这仅是形式上、名义上的所有权，因为其不能享有信托利益；受益人固然享有受益权，但这主要是一种信托利益的请求权，在信托存续期间受益人不得行使对信托财产的所有权，即便信托终止后，委托人也可根据约定的信托条款将信托财产本金归属于自己或第三人。

3) 全面的有限责任

全面的有限责任主要体现在两方面。

(1) 从信托内部关系人来看，信托一旦设立，委托人除非在信托文件中保留了相应的权利，否则即退出信托关系，信托的内部关系仅表现为受托人与受益人之间的关系。受托人对因信托事务的管理处分而对受益人所负的责任，仅以信托财产为限。

(2) 从信托的外部关系看，委托人、受托人和受益人实质上对因管理信托所签订的契约和所产生的侵权行为而发生的对第三人的责任，皆仅以信托财产为限负有限责任。

4) 信托管理的连续性

信托是一种具有长期性和稳定性的财产管理制度。信托一经设立，委托人除事先保留撤销权外不得废止、撤销信托；受托人接受信托后，不得随意辞任；信托的存续不因受托人一方的更迭而中断。

2.1.2 信托的起源和发展

1. 信托的起源

信托的雏形可追溯到公元前 500 年左右古罗马帝国时期的"信托遗赠"制度。当时罗马法律的适用范围仅限于罗马公民，将外来人、解放自由人排斥于遗产继承权之外。为避开罗马法律对遗产继承人的限制，他们将自己的财产委托移交给比较信任的第三人，要求其为委托人的妻子或子女利益而代行对遗产的管理和处分权利，从而间接实现遗产继承。这便是信托的雏形，但这种"信托"还是一种无偿的民事行为，涉及的信托财产只限于遗产范围。也就是说，这种委托不能以法律去制约任何人，而只能依靠他所委托的人的诚信来进行制约，所以又叫"遗产信托"。

近代信托制度起源于英国封建时代的"尤斯"制度。早在封建时代，英国人便有浓厚的宗教信仰，宗教信徒一般自愿把财产在死后捐赠给教会，并且按当时英国法律规定，教会的土地是免税的，教会的财富和土地也就越积累越多，这样就大大侵害了封建诸侯和君主的利益。

为遏制这种情况，英王亨利三世于 13 世纪颁布了《没收条例》。该条例规定，凡是将土地让予教会者，需经君主及诸侯的许可，否则由官府没收。颁布这一条例的目的在于制止教徒捐赠土地，但当时英国的法官大多是教徒，他们都积极地设法为教会解困。英国法官参照罗马法典中的信托遗赠制度而创设"尤斯"制度。该制度的基本办法是：凡是将土地捐献给教会者，不做土地的直接让予，而是先将其赠送给第三者，然后由第三者将从土地上取得的收益转交给教会。这样教会虽没有直接掌握土地的财产权，但能与直接受赠土地一样受益。这便是英国信托的起源。

后来，"尤斯"制度被普遍使用，1535 年英王亨利八世颁布《用益权法》，其成为信托制度产生的直接渊源。到 19 世纪，英国逐渐形成了较为完善的民事信托制度。这其中包括 1893 年的《受托人条例》、1896 年的《官选受托人条例》和 1899 年《团体法人条例》，这些条例成为英国信托立法的根源。1868 年伦敦出现了第一家办理信托业务的信托机构——伦敦信托安全保险有限公司。

18 世纪末至 19 世纪初，美国从英国引进信托制度。虽然英国是近代信托业的发源地，但从近代信托到现代信托的演化，从民事信托到金融信托的发展却完成于美国。1853 年在纽约成立的美国联邦信托公司，是美国历史上第一家专门的信托公司。

但美国的家族信托真正意义上实现是在美国的第二个镀金年代 (1982 年到 2007 年)。在这繁荣的 25 年里，美国的法律不断发展和完善，越来越灵活，为家族信托在美国的发展提供了一个宽松的法律环境，使家族信托在美国腾飞。此后，随着美国经济的高速发展和法律制度的不断完善，美国的家族信托行业蒸蒸日上，越来越多的富豪们选择利用家族信托的方式管理和经营家族资产。

通过对信托制度起源的梳理可以看出，信托制度的出现并非出于对投资的需求及财富增值的渴望，而是通过一种独特的设计，以规避现有法令政策对财产管理和遗产继承的严格限制，实现传承和保护家庭财产的目的。由此可见，信托制度诞生之初，是以"家族信托"为主要的表现形式，用来经营管理家族财产，涉及家庭和个人财产的管理、处分，遗产的继承和管理等事项。

2. 信托的发展

1) 信托在英国

英国是现代信托业的发源地。信托业最初是由个人来承办的，而且不以营利为目的。当时，英国信托的受托者主要有教会牧师、学校教师和银行经理等社会上信誉较好、地位较高的人。委托者不给受托者报酬，故称之为"民事信托"。这种依靠个人关系而进行的信托，经常发生受托人贪污或先于委托人死亡等情况，往往会导致财产的损失和纠纷。

为此，英国政府于1883年颁布了《受托人条例》，1896年又颁布了《官选受托人条例》，1907年进一步颁布了《官营受托法规》，并于1908年成立了官营受托局，使信托业具有了法人资格，并开始收取信托报酬。1925年英国公布了《法人受托者条例》，由法人办理的以营利为目的的营业信托正式亮相。目前，英国法人承办的信托业务主要是股票、债券等代办业务和年金信托、投资顾问、代理土地买卖等业务。但由于种种原因，英国目前的信托业务不如美国和日本发达。目前，英国经营信托的机构主要是银行和保险公司，专业的信托公司所占的比重很小。按比例来看，银行所经营的信托业务占整个英国信托业务量的20%左右，而威斯敏斯特、米特兰、巴克莱、劳埃德这四大商业银行设立的信托部和信托公司所经营的信托业务量占整个银行所经营的信托量的90%以上。

2) 信托在美国

美国的信托业务是从英国传入的。最初的美国信托业务是从受托执行遗嘱和管理财产等民事性质的业务开始的。随着美国经济的迅速发展，美国的信托业就开展了由公司经营的，以营利为目的的商事性业务。

原先个人承办的民事信托不能适应经济发展的要求，以营利为目的的信托公司和银行信托部等法人组织在美国应运而生。信托从个人承办演进为由法人承办并做商事性经营，这在美国出现得比英国还早。

1822年，美国的"农民火灾保险及借款公司"开始兼营以动产和不动产为对象的信托业务。后来，为了适应业务发展的需要，该公司于1836年更名为"农民放款信托公司"。这是美国的第一家信托公司。

目前，美国的信托机构主要由商业银行设立的信托部承办，专业的信托公司很少。全美有15000家商业银行，其中4000多家商业银行设有信托部。

3) 信托在日本

日本的信托业是从英国和美国传入的。明治三十五年(1902年)，日本兴业银行首次办理信托业务。日本的信托业在吸收英美信托中的精华的同时，根据本国的具体特点创办了许多新的信托业务。1922年，日本颁布《信托法》，1923年颁布《信托业法》，标志着日本信托业进入了一个相对成熟的阶段。

在日本，除了有大银行设立的"信托部"外还有许多专业信托公司。受托经营的财产种类，扩大到金钱、有价证券等各种动产及土地、房屋等不动产，还包括金钱债权和土地租借权等权益。受托的业务，从对财产物资的经营管理扩大到对人的监护和赡养，以及包罗万象的咨询、调查等。

4) 信托在中国

中国的信托业最早出现于20世纪初。1921年8月，上海成立了第一家内资专业信托投资机构——中国通商信托公司。

到了1936年，全国有信托公司11家，还有42家银行兼营信托业务。当时这些信托机构的主要经营业务有：信托存款、信托投资、有价证券信托、商务管理信托、保管信托、特约信托、遗产信托、房地产信托和代理信托等。

自中华人民共和国成立至1979年，金融信托在高度集中的计划经济管理体制下没有得到发展。为了引进外资，1979年10月，由荣毅仁创办了中国国际信托投资公司(现中信集团的前身)。1980年后，各专业银行纷纷开设信托部，之后又将信托部改为专业银行全资附属的信托投资公司。

在中国信托业发展初期，国内经济建设迫切需要加强与国际资本的合作，要求采取灵活多样的形式吸引外资，将国际资金筹集到国内，因此，当时的信托投资公司主要是对外融资的窗口，背负着冲破旧的金融体制、做改革开拓者的历史使命。所以，此时的信托机构虽然冠以"信托"之名，实际上经营的并非真正意义上的信托业务，大多数还是银行的信贷业务。后来扩大到证券、投行、代理、自营等业务，信托公司的业务无所不能、无所不包，积聚了大量的风险。

随着市场经济的不断深化，我国的信托业先后于1982年、1985年、1988年、1993年和1999年经历了五次大规模的调整，特别是始于1999年的第五次调整，被认为是信托业一次脱胎换骨式的变革。2001年10月1日《中华人民共和国信托法》(以下简称《信托法》)颁布。从2007年开始，信托行业开始了第六次调整，实施"信托新政"，突出信托主业。2007年3月1日《信托公司管理办法》和《信托公司集合资金信托计划管理办法》施行，2010年8月24日《信托公司净资本管理办法》施行，其和《信托法》一起被称为信托行业的新"一法三规"。这标志着我国信托业逐步迈入健康快速的发展阶段。

2.2 信托的基本要素及分类

信托制度是作为一种财产转移、管理与传承制度而出现的,委托人把财产委托给受托人,受托人为了委托人指定的受益人利益,运用专业知识和技能以自己的名义管理、运用、处分财产,受益人享有财产收益,受托人受信托义务约束。可见,信托关系由委托人、受托人和受益人三方面的权利和义务构成,这些权利和义务关系围绕着信托财产的转移、信托财产的管理和信托利益的分配而展开。

信托关系结构如图 2-1 所示。

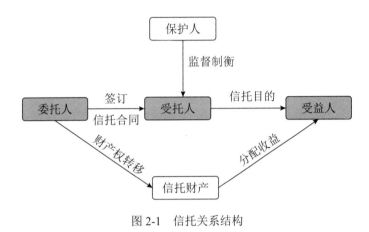

图 2-1　信托关系结构

2.2.1　信托要素

信托由四个基本要素组成:信托当事人、信托财产、信托行为和信托目的。其中当事人是信托的主体,信托财产是家族信托的客体。

1. 信托当事人

1) 委托人

委托人是信托的创设者,他应当是具有完全民事行为能力的自然人、法人或者依法成立的其他组织。委托人提供信托财产,确定谁是受益人以及受益人享有的受益权,指定受托人,并有权监督受托人管理和处分信托。

2) 受托人

受托人承担着管理和处分信托财产的责任,应当是具有完全民事行为能力的自然人或者法人。受托人必须恪尽职守,履行诚实、信用、谨慎、有效管理的义务;必须为受益人的最大利益,依照信托文件和法律的规定管理和处分信托事务。

3) 受益人

受益人是在信托中享有信托受益权的人,可以是自然人、法人或者依法成立的其他组织，也可以是未出生的胎儿。公益信托的受益人则是所有社会公众，或者一定范围内的社会公众。

2. 信托财产

信托财产指的是信托的标的物，又叫信托的客体，是委托人通过信托行为转移给受托人并由受托人按照一定的信托目的进行管理或处置的财产，信托财产通常具有转让性、独立性、有限性、有效性等特征。

1) 信托财产的范围

信托财产必须是委托人自有的、可转让的合法财产。法律法规禁止流通的财产不能作为信托财产；法律法规限制流通的财产须依法经有关主管部门批准后，方可作为信托财产。

2) 信托财产的独立性

信托财产的独立性是以信托财产的权利主体与利益主体相分离的原则为基础的，是信托区别于其他财产管理制度的基本特征，主要体现在以下几个方面。

(1) 信托财产与委托人的其他财产相区别。建立信托后，委托人死亡或依法被解散，依法被撤销，或被宣告破产时，当委托人是唯一受益人时，信托终止，信托财产作为其遗产或清算财产；当委托人不是唯一受益人时，信托存续，信托财产不作为其遗产或清算财产。

(2) 信托财产与受托人的固有财产相区别。受托人必须将信托财产与固有财产区别管理，分别记账，不得将其归入自己的固有财产。

(3) 信托财产独立于受益人的自有财产。受益人虽然对信托财产享有受益权，但这只是一种利益请求权，在信托存续期内受益人并不享有信托财产的所有权。

3) 信托财产的物上代位性

在信托期内，由于信托财产的管理运用，信托财产的形态可能发生变化，如信托财产设立之时是不动产，后来卖掉变成资金，然后以资金买成债券，再把债券变成现金，呈现多种形态，但它仍是信托财产，其性质不发生变化。

3. 信托行为

信托行为是为了实现信托目的的一种法律行为，由三种行为复合构成：设立信托的意思表示行为、财产权的转移行为、信托登记行为。

设立信托的意思表示行为必须采用书面形式，可以是合同，也可以是遗嘱，还可以是法律规定的其他书面文件。信托合同一般个性化较强，特别是带有事务管理功能的家族信托，这就需要委托人和受托人充分协商一致后，以合同形式确定双方的权利和义务。采用遗嘱订立的信托，如果事前没有和信托公司充分沟通协商，则信托目的很难达成，所以国内遗嘱信托暂时几乎没有。

财产权的转移行为，是指在设立信托时，相关的财产权需从法律上转移给受托人，动产应办理交付，不动产应办理登记手续。

关于信托登记行为，《信托法》第十条规定，设立信托，对于信托财产，有关法律、行政法规规定应当办理登记手续的，应当依法办理信托登记。如果以不动产为信托财产，应当依法办理信托登记，否则信托不产生效力。

4. 信托目的

所谓信托目的，是指委托人希望通过信托所达到的目的。在信托存续期间，受托人管理或者处分信托财产，必须依照信托目的行事。信托目的决定了信托的框架，决定着信托财产的管理原则和信托利益的分配，所有信托活动均围绕信托目的而展开。

信托目的采取"意思自治"原则，允许委托人为各种各样的目的设立信托，但目的必须合法、合乎情理。家族信托最主要的信托目的是财富的保护和传承，除此之外，家族成员的生活保障、财产管理、资金保值和增值也是常见的目的。

5. 信托其他要素

1) 信托期限

信托公司发行的集合信托计划期限不得低于1年；而家族信托期限通常长达10～50年，甚至可以设置为永续，具体期限由委托人和受托人在信托文件中约定。

2) 信托账户

资金类信托财产应在银行开立信托专户，每个家族信托对应一个专属账户，账户资金不会与信托公司固有财产混同，也不会与其他委托人信托财产混同。

3) 信托投资范围

信托的投资范围非常广泛，既可以投资货币市场和资本市场，也可以投资实业，具体投资范围或投资组合可以在信托文件中约定。

4) 信托收益分配

家族信托对受益人的收益分配形式，主要有定期定量分配、按条件分配、特殊分配、一次性分配等形式。一次性分配一般是在信托到期或终止时分配所有信托财产。

2.2.2 信托的设立、变更和终止

信托的设立、变更和终止都要符合一定的条件。

1. 信托的设立

1) 信托行为的有效要件

(1) 必须有合法的信托目的。委托人实施信托行为都有一定的目的，只有在其目的不违反法律规定时，信托行为才有效。

(2) 有确定的合法的信托财产。设立信托必须有确定的信托财产，并且该信托财产必

须是委托人合法拥有的财产（包括合法的财产权利）。

(3) 应当采取书面形式。书面形式包括信托合同、遗嘱，或者法律法规规定的其他书面文件等。采取信托合同形式设立信托的，信托合同签订时信托成立。采取其他书面形式设立信托的，受托人承诺信托时信托成立。

书面文件应当载明下列事项：①信托目的；②委托人、受托人的姓名或名称、住所；③受益人或者受益人范围；④信托财产的范围、种类及状况；⑤受益人取得信托利益的形式、方法。除上述所列事项外，还可以载明信托期限、信托财产的管理方法、受托人的报酬、新受托人的选任方式、信托终止事由等事项。

(4) 登记生效。对于信托财产，有关法律法规规定应当办理登记手续的，应依法办理信托登记手续；未依照法律规定办理信托登记的，应当补办登记手续；不补办的，该信托不产生法律效力。

2) 信托无效的条件

(1) 信托绝对无效的情形：①信托目的违反法律法规或者损害社会公共利益；②信托财产不能确定；③委托人以非法财产或者法律规定不得设立信托的财产设立信托；④专以诉讼或者讨债为目的设立信托；⑤受益人或者受益人范围不能确定；⑥法律、行政法规规定的其他情形。

(2) 相对无效的情形：委托人设立信托损害其债权人利益的，债权人有权申请人民法院撤销该信托，债权人的申请权，自债权人知道或者应当知道撤销原因之日起一年内不行使的，归于消灭。

2. 信托的变更

信托的变更涉及不同的主体，具体内容见表 2-2。

表 2-2 信托的变更

项目	信托的变更
主体变更	**委托人的变更** 委托人的变更是指委托人地位的继承，委托人的地位可以由其继承人继承。委托人是唯一受益人的，委托人或者其继承人可以解除信托；信托文件另有规定的，按照规定处理
	受益人的变更 设立信托后，有下列情形之一的，委托人可以变更受益人或者处分受益人的信托受益权： (1) 受益人对委托人有重大侵权行为； (2) 受益人对其他共同受益人有重大侵权行为； (3) 经受益人同意； (4) 信托文件规定的其他情形。 有前款第 (1) 项、第 (3) 项、第 (4) 项所列情形之一的，委托人可以解除信托

续表

项目	信托的变更
主体变更	**受托人的变更** 委托人或者受托人可以随时解除委托合同。因解除合同给对方造成损失的，除不可归责于该当事人的事由以外，应当赔偿损失。 (1) 委托人因为信任问题可以随时撤销委托，无须征得受托人的同意即可发生效力，但是受托人可以要求委托人赔偿相应的损失。 (2) 受托人可以随时辞去委托。委托合同的成立需要委托人与受托人相互信任。如果受托人不愿意办理受委托的事务，受托人无须表明任何理由，即可解除合同
内容变更	由于出现委托人所不知或者无法预见的事由，致使信托条款的履行无法实现信托目的，或将使信托目的遭受重大损害，委托人有权要求变更信托条款
客体变更	客体变更指信托财产的变更。信托财产可因委托人的追加财产而增加，也可因受托人的管理不善而减少

3. 信托的终止

1) 信托终止的原因

信托终止的原因一般有以下几种情况。

(1) 信托文件规定的终止事由发生。

(2) 信托的存续违反信托目的。

(3) 信托目的已经实现或者无法实现。

(4) 信托当事人协商同意。

(5) 信托被撤销。

(6) 信托被解除。

2) 信托终止的法律后果

信托终止的法律后果包括以下几个方面。

(1) 信托财产的归属。信托终止，信托文件有规定的，信托财产归属于信托文件所规定的人；信托文件未规定的，按下列顺序确定归属：①受益人或其继承人；②委托人或继承人。

(2) 归属权利人的权利保全。依照前述规定，信托财产的归属确定后，在该信托财产转移给权利归属人的过程中，信托视为存续，权利归属人视为受益人。信托关系虽已终止，但在自终止之时起至对信托财产的移交手续办理完毕之时止的这段时间内，信托仍视为继续存在，因此在此过程中，受托人仍应负管理信托财产与处理信托事务的责任，在此过程中所产生的受益权，同样应当交付给归属权利人。

2.2.3 两种典型的信托形式

目前，国内有两种最为常见的信托形式：传统的投资型信托与近几年兴起的家族信托。

1. 投资型信托

投资型信托是指信托公司为投资者提供的一种低风险、收益稳定的金融理财产品。投资型信托产品是委托人（投资者）基于对受托人（信托公司）的信任，将其财产权委托给受托人，按约定的收益分配期限获取回报的一种金融理财产品。从上述概念中可以看出，信托计划属于一种投资理财的行为。

2. 家族信托

委托人基于对受托人的信任，将其财产权委托给受托人，由受托人按照委托人的意愿，为受益人的利益或特定目的，进行管理或者处分，以帮助委托人实现资产隔离、财富传承或特定目的安排等意愿。与传统理财类信托产品不同，家族信托是一个独立的、定制化的法律架构。委托人通过设立家族信托，既能达到财产保值增值的目的，又能实现资产保护、财富传承的目的。

投资型信托产品与家族信托产品的区别如表 2-3 所示。

表 2-3 投资型信托产品与家族信托产品的区别

项目	投资型信托产品	家族信托产品
含义	即传统意义上的信托产品，属于理财产品的范畴，统称为集合资金信托计划	是一种架构设计，是一种法律工具与金融工具的结合体，是一种综合的家庭财富管理规划
合同特点	产品标准化，合同格式化，条款一旦形成不能更改	个性化，定制化，合同为非格式化，委托人与受托人协商一致可随时进行修改补充
信托目的	获得可预期的投资回报，以资产增值为主要目的	多重目的，包括财产保值增值，但主要目的是财产保护，财富传承，家族企业治理，公益事业等
委托人	委托人必须为合格投资者；一个信托计划需要有两个以上的委托人才能成立，其既可以是自然人，也可以是法人	委托人即财产的拥有者，应是具备完全民事行为能力的自然人或者家庭成员
受益人	自益信托，受益人只能是委托人本人	他益信托，受益人一般为委托人家庭成员，或社会上的任何人或组织
信托财产	只能是货币资金（现金）	现金、不动产、股权、古董艺术品、合同收益均可
债务隔离功能	无。因为投资人与受益人为同一主体，所以没有债务隔离功能	有。利用了信托财产的独立性，对资产进行了剥离，进而起到了债务隔离作用
信托期限	较短，一般 1～5 年	较长，根据合同而定，一般为 10～50 年乃至永续
门槛	一般起点为 100 万元	一般起点不低于 1000 万元

2.2.4 集合资金信托计划——理财型信托

在中国,信托业务发展历史较短。通常提到的信托就是指信托产品,法定名称叫作"集合资金信托计划"。但是对于高净值家庭来讲,传统的理财型信托远远满足不了其日益丰富的需求,于是功能更加多样化的家族信托也就应运而生。为便于大家的理解和掌握,接下来专门就这两种业务进行详细介绍。

2007年3月1日,银监会颁布的《信托公司集合资金信托计划管理办法》正式实施;2009年2月4日对该办法进行修订。进一步规范了信托公司集合资金信托业务的经营行为,保障了各方当事人的合法权益。

1. 概述

为什么叫"集合资金信托计划"?这是相对于单一资金信托而言的。委托人只有一个人的信托叫作"单一信托",而委托人是两个或两个以上的信托就是"集合信托"。

在中国大陆,集合资金信托计划是信托公司经营的主要信托业务品种,可以将其理解为投资理财的金融产品。我们经常说"买信托",买的就是"集合资金信托"这种理财类型的金融产品。其可能是在银行买的,也可能是在信托公司买的。

单一信托常常是为了某件具体事务管理而设置的信托。家族信托就属于单一信托。对于单一信托来说,委托人往往占据主导地位,主导信托功能的设计,并指定信托资金的管理和用途。

当一家企业或者地方政府需要融资,由于各种原因的限制,无法及时从银行贷款,他们的第二融资选择就是找信托公司。信托公司对融资人进行尽职调查,认为风险可控,有按期还款能力,就会设计并发行一个融资计划,向多名特定对象募集资金,这就是"集合资金信托计划"。

信托公司一直以来自诩是"受人之托,代人理财"的金融机构,其实说"受人之托,代人融资"可能更为合适。2013年国务院办公厅发布了《关于加强影子银行监管有关问题的通知》(国办发〔2013〕107号),2014年中国银监会发布了《关于信托公司风险监管的指导意见》(银监办发〔2014〕99号),进一步明确信托公司不得开展非标理财资金池业务。这些规定都规范了信托公司必须先有确定的投资项目才能发行"集合资金信托"进行融资。

2. 产品结构

集合资金信托计划结构如图2-2所示。

信托计划的委托人既可以是自然人,也可以是法人,可以是有限合伙基金、契约型基金等。根据《信托公司集合资金信托计划管理办法》,投资单个集合资金信托计划的自然人人数不得超过50个,但单笔委托金额在300万元以上的自然人投资者和合格的机构投资者数量不受限制。也就是说，一个集合资金信托计划投资金额低于 300 万元的"小额投资者"最多只能有 50 个。2016 年 3 月，中国银监会印发《关于进一步加强信托公司风险监管工作的意见》进一步明确了这一规定。

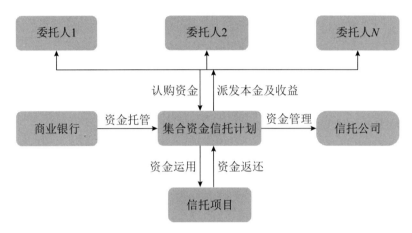

图 2-2　集合资金信托计划结构

3. 产品类型

1) 证券投资类信托

证券投资类信托一般投资于 A 股股票、公募基金、各类债券、国债逆回购、银行存款等，通常说的阳光私募即属于此类。这类信托的资产流动性较好，但收益的不确定性较大。

2) 房地产类信托

信托资金一般投向"四证齐全"、30% 以下自有资金、二级或一级资质房地产企业开发的项目。预期收益率一般较高，但期限相对较长。

3) 工商企业信托

信托资金的用途是为企业提供并购资金、流动资金或者项目资金，是企业解决短期资金需求的融资渠道。信托项目的风险和融资企业的信用关系较大。

4) 政府信用信托

信托资金主要用于政府支持的基础设施建设、棚改、城建等项目，通常由政府信用背书。2017 年 4 月 10 日，中国银监会发布了《关于银行业风险防控工作的指导意见》，其规定不得违规新增地方政府融资平台贷款，严禁接受地方政府担保兜底。此后，原来较为普遍的"兜底函"开始变得鲜见。

5) 其他类

信托资金投向艺术品、酒类、影视等项目。

4. 信托计划的委托人

因为集合资金信托计划实质上就是一种投资性的理财产品，因此其委托人通常称为投资人。根据《信托公司集合资金信托计划管理办法》规定，委托人必须为合格投资者，集合资金信托不能向非合格投资者销售。

《信托公司集合资金信托计划管理办法》规定，合格投资者是指符合下列三个条件中的任意一个，且能够识别、判断和承担信托计划风险的人。

(1) 投资一个信托计划的最低金额不少于100万元人民币的自然人、法人或者依法成立的其他组织。

(2) 个人或家庭金融资产总计在其认购时超过100万元人民币，且能提供相关财产证明的自然人。

(3) 个人收入在最近三年内每年收入超过20万元人民币或者夫妻双方合计收入在最近三年内每年收入超过30万元人民币，且能提供相关收入证明的自然人。

如果投资人只能拿出50万元投资于某个集合资金信托计划，但能证明在认购信托时银行有其他类型金融资产100万元，此人是不是"合格投资者"呢？答案是肯定的。但一般信托公司为了简化操作，干脆就直接认定投资金额为100万元或以上的投资者为"合格投资者"。

虽然个人投资者是信托公司最重视的潜在大市场，但是个人投资者占信托投资总量的比例不高。目前，集合资金信托计划的主要购买方是"财大气粗"的金融机构，投资资金排在首位的是各类金融机构的自有资金，第二位是以各类金融机构为主体的理财资金。保险资金自2012年被允许进入信托市场以来也成为非常强劲的信托买家。另外，很多上市公司也很喜欢用闲置资金购买信托理财产品。由于银行理财产品大多会将信托计划作为重要配置标的，因此，购买银行理财的大量普通客户也极有可能被动地成为信托产品的实际持有者。

5. 风险控制措施

风险控制是信托产品设计的核心。信托项目的风险控制贯穿项目筛选到项目退出的各个阶段。信托公司要求融资方采用的增信措施一般有以下几项。

(1) 抵押和质押。要求融资方提供土地使用权、在建工程、房产等不动产进行抵押；提供股权、应收账款、收益权或其他债权质押等。抵、质押率一般不超过抵押品评估价值的50%。

(2) 担保。要求实力强的第三方企业提供担保，融资企业实际控制人提供无限连带责任担保。

(3) 结构化设计。对产品进行结构化设计，信托资金作为优先级，融资人用自有资金出资作为劣后级承担劣后责任，以保证优先级投资人的本金及收益。

6. 投资风险

投资性金融产品的风险，是指未来收益的不确定性，不确定性程度越高，风险就越大。对于集合资金信托计划来说，主要风险有信用风险、管理风险、市场风险、法律和政策风险、财务风险、道德风险和声誉风险等。对投资者的影响大致有以下几种情况。

(1) 本金风险：信托财产本金损失的风险。

(2) 收益风险：信托本金没有损失，但没有获得信托收益或者收益低于预期。

(3) 延期风险：信托本金和收益均没有损失，但兑付时间晚于预期。

(4) 机会风险：信托计划提前兑付本息，暂时没有合适的投资方向可以对接提前到期的资金，投资者要承担资金闲置的风险。

7. 刚性兑付

所谓"刚性兑付"，就是在信托计划到期后，信托公司必须如期兑付投资者信托本金及收益。在这样的背景下，投资信托产品事实上实现了"零风险、高收益"。但事实上，任何投资行为一定是风险与收益并存，而且一般风险与收益成正比。目前我国没有任何法律法规规定信托公司在信托产品到期时有"刚性兑付"的义务。相反，相关的法律法规都对信托公司不得承诺保本或保证收益做出了明确规定。《信托公司管理办法》规定，信托公司不得承诺信托财产不受损失或者保证最低收益；《信托公司集合资金信托计划管理办法》规定，信托公司推介信托计划时，不得以任何方式承诺信托资金不受损失，或者以任何方式承诺信托资金的最低收益。由此可见，"刚性兑付"不仅毫无法律依据，而且严重背离市场规律。

从资本市场的规律来看，高收益低风险的信托产品变相提高了无风险收益率水平，造成了风险和收益配比的扭曲。

从社会融资成本来看，高收益低风险的信托产品势必引起市场资金的追捧，挤压其他融资渠道发展空间，提高社会融资成本，这不仅违背了监管层鼓励信托发展、扩宽融资渠道的初衷，同时也背离了实体经济走出低迷、降低融资成本的经济发展需求。

从投资者风险教育来看，在"刚性兑付"的指引下，投资者在投资过程中往往忽视风险，无法对投资行为形成正确的风险认知理念，不利于市场的健康发展。

2017年11月，中国人民银行会同银监会、证监会、保监会、外汇局等部门起草了《关于规范金融机构资产管理业务的指导意见(征求意见稿)》，指出刚性兑付严重扭曲资管产品"受人之托、代人理财"的本质，扰乱市场纪律，加剧道德风险，打破刚性兑付是金融业的普遍共识，要求金融机构应当加强投资者教育，不断提高投资者的金融知识水平和风险意识，向投资者传递"卖者尽责、买者自负"的理念，打破刚性兑付。

8. 如何选择信托理财产品

投资者选择集合资金信托理财产品，要综合考虑自己的资产状况、风险承受能力、资金流动性要求，综合考虑以下几个因素。

(1) 信托公司实力。截至2019年年底，全国共有68家持牌的信托公司管理资产21.6

万亿元。其中央企控股的信托公司 24 家，地方政府控股的信托公司 9 家，地方国企控股的 22 家，外资银行参股的 6 家，民营的 7 家。各家公司投资管理能力、风控系统、历史业绩还是有些差别的，特别是在一些细分领域的投资管理经验差别可能更大。

(2) 项目本身情况。要从融资人所属行业、融资人实力、担保方式、还款来源等方面，综合考虑融资人是否具有还款能力，万一发生极端情况担保方是否有能力还款，抵押质押的资产价值是否公允、能否及时处置等。

(3) 产品期限和收益率。注意产品期限与自己流动性要求是否匹配，有的产品可能还会有提前结束或者延期的条款，这个也需要注意。

2.3 家族信托与财富传承

与普通的信托产品不同的是，家族信托不是标准化的单一产品，而是一种综合性的服务和规划。其功能也不再是简单的资产保值增值，更主要的是财产的保护与传承，以及更为广泛的家族治理、社会公益等。家族信托越来越受到高净值人群的青睐，主要的原因在于其自身所有的独特功能。

2018 年 8 月，银保监会下发《关于加强规范资产管理业务过渡期内信托监管工作的通知》，首次对家族信托给予详细定义，家族信托是指信托公司接受单一个人或者家庭委托，以家庭财富的保护、传承和管理为主要信托目的，提供财产规划、风险隔离、资产配置、子女教育、家族治理、公益(慈善)事业等定制化事务管理和金融服务的信托业务。

2.3.1 家族信托的发展现状

在海外，家族信托被公认是优于遗嘱的财富传承工具。家族信托的设置非常普遍，几乎每个名门望族都有一个设计复杂的家族信托，洛克菲勒家族、杜邦家族、罗斯柴尔德家族、卡耐基家族等世界著名的家族都是通过家族信托实现了财富数代的传承。

用家族信托实现家族财富的管理和传承，在中国大陆只是刚刚起步。近几年，随着内地高净值人士数量和财富规模的增长，内地家族信托正在迎来爆发式的增长。

1. 英美法系家族信托发展情况

英美法系的最大特点是：由判例所构成的判例法在整个法律体系中占主导地位，法官对法律的发展所起的作用举足轻重。家族信托在不同的英美法系国家和地区的发展情况各有差异。

1) 英国

英国是现代信托制度的起源地，1839 年颁布的《受托人法》，针对受托人如何处分、转移信托财产的技术细节加以规范；1925年对《受托人法》重新修订，比较全面地规定了受托人的投资、受托人任命解任、法院的权力等内容。英国的信托业务起源于民事信托，虽然历史悠久，但英国人将接受信托当作一项荣誉和义务，长期实行无偿信托，市场化发展较晚，且经济水平逐渐落后于美国和日本，因此信托业整体规模不如美、日等国，但总体来说，信托观念已深入人心。

2) 美国

信托制度发源自英国，却兴盛于美国。美国创立信托机构的时间比英国早80多年，成为世界上信托业最为发达的国家之一。根据委托人的性质，美国将信托分为个人信托、法人信托、个人和法人混合信托三类，其中个人信托又包括生前信托和身后信托两类。信托机构根据委托人的要求和财产数量，提供专业的信托服务。美国早期的家族信托设立方式较为单一，与其他类型的信托一样接受相同的法律法规监管。随着各州信托立法的完善，家族信托的设立和运营更加容易，成为高净值人士实现其财富管理和传承目标的良好工具。美国著名的洛克菲勒家族、肯尼迪家族、罗斯柴尔德家族等都通过信托的方式来管理家族财产，以此来保障财富的传承。

英美法系家族信托的主要特点如下。

(1) 通过赋予信托财产"双重所有权"的性质，使信托制度的运作结构有了合理的法律基础。所谓"双重所有权"，即受托人享有名义上和法律上的信托财产所有权，对信托财产进行管理和处分，以所有权人身份与第三人进行交易。信托财产的所有权与利益相分离，充分体现了英美信托制度以及信托财产的本质特征。

(2) 在信托形式上禁止委托人设立"目的信托"(没有受益人或者受益人不确定的信托)，在权利和义务上还没有完成由受托人中心主义向董事会中心主义的转变，因此家族信托尚无法满足所有的家族治理目的。

(3) 家族信托的受托人多为委托人信任的朋友或律师事务所，后来逐渐转变为专门设立的"家族办公室"。

(4) 在家族信托的功能上，除家族财富管理与继承的基础功能外，大多与慈善信托相结合，兼顾家族慈善事业的发展。

(5) 在设立地的选择上，一般选择"离岸家族信托"或者"在岸家族信托"，以完成其国际化的资产配置目的。

2. 大陆法系家族信托发展情况

1) 德国

在金融经营模式上，德国的信托业务主要由银行内部的专业职能部门或其控股子公司负责。德国的信托分个人信托和法人信托两种。个人信托业务针对不同客户的个别要求，具有很强的灵活性，包括财产监护信托、退休养老信托、保险金信托、子女保障信托、遗嘱信托、不动产信托、公益信托等不同形式。家族信托属于个人信托业务，被广泛应用于传承和积累家产、管理遗产、照顾遗族生活、保护隐私、慈善事业等领域。

2) 日本

日本是亚洲最早引入信托制度的大陆法系国家，其信托制度主要是借鉴美国的信托制度。1922年日本制定《信托法》，成为规范信托行为和信托关系的基本法规，随后还颁布《信托业法》《兼营法》等。在家族信托的发展方面，由于信托制度是继受而来，民众缺乏信托的观念和传统。同时，日本的家族观念很强，家庭财产通常由家长负责管理，若家长亡故，则通常由家族中有威望的亲属代为照看管理，因此，很少将家族事务委托他人管理。这使得日本缺乏家族信托发展的民众基础，只能通过营业信托的发展带动信托观念的培育和发展。目前日本具有家族信托性质的业务主要集中于财产管理信托，包括生前信托、遗嘱信托和特定赠与信托。

3) 中国大陆地区

中国大陆地区信托制度起步较晚，直到2001年才正式通过专门法律《中华人民共和国信托法》，但是并没有对家族信托做专门规定，家族信托法律、法规在国内目前处于空白状态。国内家族信托市场实践始于2012年，当年，平安信托推出国内首单家族信托，使得信托公司开始聚焦家族信托业务。2013年被誉为国内"家族信托元年"，家族信托在2014年得到迅猛发展，各大信托公司、私人银行和第三方理财机构纷纷试水家族私人财富管理业务。家族信托得到越来越多金融机构和高净值人士的关注。根据中国信托业协会相关数据，截至2019年年底，全国68家信托公司受托资产规模为21.6万亿元，而国内家族信托财产规模大约为1300亿元～1800亿元，国内家族信托规模有较大的提升空间。

大陆法系国家和地区家族信托发展的特点如下。

(1) 从法律制度上来看，大陆法系缺乏信托法律传统，很多国家虽然已出现了具有家族信托业务性质的信托形式，但家族信托还未从个人信托或事务管理型信托中独立出来。

(2) 从财产权制度来看，大陆法系"一物一权"（即同一物不能存在两个以上所有权），与英美法系"双重所有权"的财产权制度还存在一定差距，从而制约了家族信托的发展。

(3) 从受托人性质来看，大陆法系地区的家族信托的受托人多为金融机构。

(4) 从功能来看，家族信托的功能还不全面，主要集中在遗产管理、赠与、公益、资产保值等方面。

(5) 从法律渊源来看，大陆法系是成文法系，其信托法律以成文法即制定法的方式存在，与英美法系的判例法的依据明显不同。

2.3.2 家族信托的基本架构

家族信托,是指信托公司接受单一个人或者家庭的委托,以家庭财富的管理、保护、传承为主要目的,提供资产管理、遗产规划、风险隔离、子女教育、家族治理、公益(慈善)事业等全方位服务的信托业务。受益人一般为委托人的家族成员。

1. 家族信托的基本架构

根据上面家族信托的概念,我们先来初步了解一下家族信托的基本架构设计。家族信托有四个基本要素:当事人、信托财产、信托行为、信托目的。这四大要素构成了家族信托的基本架构。

家族信托的基本架构如图 2-3 所示。

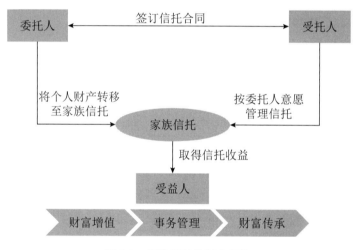

图 2-3 家族信托的基本架构

家族信托中有三个重要的当事人:委托人、受托人、受益人。

但实际上,在国内通过银行专业设计的家族信托,除了委托人、受托人、受益人,还会设"投资顾问""保护人"或"监察人"等角色。

1) 投资顾问

一般是银行(私人银行机构)或资产管理公司,其职责是与受托人一道管理好信托资产,使信托财产保值增值。

2) 监察人

监察人又称作保护人,可以是律师、会计师、第三方机构等。其职责和权利由委托人赋予,主要职责是对受托人的信托行为进行监督和制衡。《中华人民共和国信托法》并未规定有监察人这个角色。现实需求来源于:家族信托往往期限很长,但是委托人可能因为年龄、健康等原因无法监督信托合同的履行,而受益人又未成年或者未成熟,此时设立一个监察人,有助于监督受托人,确保受益人的权益。

对于委托人来说，其设立信托不是单纯为了受托财产的增值，更重要的是为了受益人能够在生活上有所保障。委托人可以针对不同的受益人设计出不同的保障方式及权益结构。

我们可以通过下面的案例来初步了解一下什么是家族信托。

案例1：如何既能保证家人的生活无忧又能实现公益的愿望？

故事的主角家庭关系极其简单。赵某今年58岁，早年依靠卖书创立了一家出版公司，妻子三年前过世，老父亲虽然身体硬朗但已经八十有余，独生女儿已结婚生子。赵某自己患有高血压和糖尿病，曾经从死神那里挣脱过两次。为了避免意外，赵某打算及早安排后事。赵某经过多番咨询，决定将自己名下的财产做信托安排。

(1) 赵某自己名下的两套住宅都登记在信托公司名下，老父亲与其唯一的女儿享有永久居住权，父亲过世后，父亲居住的房子用来出租，其租金收益权由女儿享有，女儿过世后，这两套房屋的受益权归其外孙享有。

(2) 将自己企业变卖股权的5000万元现金所得设立了不可撤销的单一资金信托，将该笔资金每年运营所得的收益按照每月生活费1万元的标准支付给其父亲、女儿、外孙，剩下的收益作为捐款支付给自己毕业的县中学，学校将这笔捐款作为每年本校高考前10名学生的奖学金及贫困学生的生活补助金。

本例中的受益人不仅涉及祖孙三代人，而且也涉及和自己没有血缘关系的其他受益人，受益权不仅涉及现金的支付，而且也涉及房屋居住权。这种复杂的制度安排是传统的方式所不能涵盖和解决的，信托制度可以为各种不同的受益人提供不同的受益权制度设计和保障。

2. 家族信托的主体——当事人

信托的委托人、受托人、受益人构成了家族信托的主体。那么，他们都有哪些权利和义务呢？

1) 委托人

设立信托的人即委托人，是信托的创立者。根据法律规定，信托的委托人应当是具有完全民事行为能力的自然人、法人或者依法成立的其他组织。委托人提供财产、指定和监督受托人管理和运用财产。财产的所有权人既包括个人，也包括财产的共同拥有者如夫妻，还包括企业。

委托人的身份特征如下。①家族信托为民事信托，所以委托人的主体资格只要满足是具有完全民事行为能力的自然人、法人或者依法成立的其他组织即可。②委托人不是信托的唯一受益人。普通的信托产品一般是自益信托，即委托人常常是受益人；而家族信托受益人可以是委托人自己，但更多时候是委托人之外的人。③委托人拥有相应的约定"保留权利"。在家族信托中，只要不违反《中华人民共和国信托法》的基本生效要件，委托人就可以和受托人进行协商，量身定做出相应的约定"保留权利"。

委托人的权利如下。①委托人的法定权利。其主要是指《中华人民共和国信托法》赋予委托人的四项法定权利：一是财产管理的知情权；二是财产管理方法的调整权，委托人有权要求受托人根据信托目标和受益人的利益调整信托财产的管理方法；三是财产损害的救济权，如果受托人因违背管理职责、处理信托事务不当致使信托财产受到损失的，委托人有权要求予以赔偿；四是受托人解任权，受托人有重大过失的，委托人有权依照信托文件的规定解任受托人。②委托人的约定权利。约定权利是在信托协议中委托人和受托人约定的权利，包括但不限于以下权利：家族信托财产管理的参与权；家族事务管理权；家族信托保护人的选任权。

委托人的义务如下。①委托人负有将信托财产转移给受托人的义务。②委托人需要按照约定支付受托人的报酬和费用。③当信托财产遭受损失不足以支付受益人约定的固定收益的情况下，委托人需要依约定更换、补充家族信托财产。④依照约定参与信托财产的管理。委托人应该按照约定参与信托财产的管理，如因委托人自身的过错，导致信托财产受到损失的，委托人应该按照约定自己承担损失。

2) 受托人

受托人应当是具有完全民事行为能力的自然人或者法人。一般情况下，受托人都由独立的信托公司担当，在境外，也可以是家族成员自己成立的私人信托公司。

(1) 受托人的责任。受托人承担管理、处理信托财产的责任。受托人根据信托合同为受益人的利益管理信托资产。受托人必须对信托相关资料保密，履行尽责义务，遵照相关法律，为受益人的最大利益服务。

(2) 受托人的义务。信托受托人的义务主要包括两个方面。一是法定义务，源于信托法律法规的直接规定，《中华人民共和国信托法》规定，受托人管理信托财产，必须恪尽职守，履行诚实、信用、谨慎、有效管理的义务。二是约定义务，源于受托人与委托人的约定，主要体现在委托人和受托人之间的信赖关系，不仅是委托人基于信赖将财产交付给受托人，更重要的是委托人不能只看财富的一时亏损还是盈利，而应该看到更长远的目标。

(3) 受托人的投资原则。在家族信托协议中，委托人授权受托人进行投资。受托人应当遵循相应的原则。①谨慎投资原则。受托人应做出专业的判断，谨慎辨别风险，进行投资。②公平对待受益人。在受益人之间公平行事，是受托人的职责所在，受托人不能因为任何一方的利益而牺牲另一方的利益。③避免利益冲突原则。受托人进行投资的过程中，不能为了自己的利益进行投资，否则给信托财产造成损失的，应当承担法律责任。

3) 受益人

家族信托的受益人可以是自然人、法人或者依法成立的其他组织，也可以是未出生的胎儿，但一般都是委托人的家族成员。

(1) 受益人的范围。家族信托主要是他益信托，受益人主体非常广泛，既可以是委托人自己，又可以是委托人的亲属、企业的员工、社会上需要救助的特殊人群等。①亲属，包括委托人本人、配偶、直系血亲和旁系血亲等。②家族企业员工。为家族企业发展做出重要贡献的雇员也可以作为家族信托的受益人，这也是保障家族企业平稳过渡与企业治理的重要手段。③其他需要资助的群体，比如需要医疗救治、教育资助、残疾救助等的特殊人群。

(2) 受益人的权利。①基本权利。其是指信托利益分配权。②法定权利。《信托法》赋予了受益人与委托人相同的四项法定权利，即受益人的知情权、信托财产管理方法调整的要求权、信托财产损害的救济权、受托人解任权。③特殊权利。其包括教育权和事业发展支持权利，保健、休闲的权利。

(3) 受益人的义务。在家族信托法律关系中，受益人并没有法定的义务。委托人会通过家族宪章或者信托文件，对家族成员的行为进行规范，受益人遵守这些行为规范是其获得受益权的前提条件。

案例2：失独家庭家族信托传承规划[①]。

2012年，家住北京市昌平区的张先生和老伴儿在年逾古稀之际，遭遇了人生中最大的不幸，一场车祸让他们失去了唯一的儿子。张先生的独生子已婚并育有两子。这两个孙子成了老两口唯一的生活寄托。但儿媳年仅28岁，两个孙子分别只有1岁和3岁。早年经商创业顺风顺水，老两口积累下数亿元资产。一旦儿媳改嫁、孙子改姓，或者孙子长大后不成才，家业如何继承等问题，成为张先生夫妇面临的巨大挑战。

经多方考察，张老先生夫妇决定出资5000万元设立家族信托，并约定受益人为他们的两个孙子及其"直系血亲后代非配偶继承人"。信托财产须投资于稳健的金融资产，涉及受益人的内容主要有五方面。

(1) 除非患有重大疾病，受益人在未成年之前对本金和收益没有支配权，在未成年之前只能运用信托财产的收益来支付必要的学习费用。

(2) 受益人18～25岁期间，可以支配收益但不能支配本金；25岁以后本金和收益均可自由支配，但须兄弟和睦、一致决定。

(3) 受益人成家立业后，本金和收益按两人所生育的子女数量按比例分配。

(4) 若受益人改姓或在张先生夫妇去世后的清明节"不祭扫"等，按社会公序良俗标准未尽孝道，受益人丧失对本金和收益的支配权。

(5) 一旦受益人死亡，受托资产捐给慈善机构。

---

① 《北京晚报》，2015年1月14日。

通过该信托计划，委托人成功地将信托财产保全并预留给两个孙子和直系血亲后代。受托人的主要职责是对信托财产进行投资管理，并遵照委托人意愿，按照合同约定，向受益人支付本金和收益。通过家族信托实现了委托人复杂的财产传承和家庭事务的管理的愿望。

3. 家族信托的客体——信托财产

信托是一种以转移和管理财产为目的的制度安排，其载体就是信托财产。家族信托财产具有两个特征：一是合法的财产；二是财产的形式多种多样。

1) 信托财产的合法性要求

《中华人民共和国信托法》规定，设立信托，必须有确定的信托财产，并且该信托财产必须是委托人合法所有的财产。这句话有两层含义：一是信托财产必须是可以确定的，二是信托财产必须是合法的。根据这一理解，以下财产不能设立家族信托。

(1) 非法的财产。委托人设立家族信托的财产必须具有合法性，否则该信托无效，例如走私、盗窃、抢劫获得的非法财产以及其他非法侵占的财产。

(2) 不存在的财产。其包括尚未存在的财产和已经不存在的财产，如委托人将来可能取得的财产或权利、已经依法转让给他人的财产或权利、已经失效的权利等，均不得以此设立家族信托。

(3) 产权归属不清晰的财产。受托人应当对设立家族信托的财产的归属进行核实审查，信托财产必须是委托人自己的财产，如果属于夫妻另外一方的个人财产，不得装进信托；如果信托财产是婚后所得，属于夫妻共同财产，设立信托时需要夫妻双方一起签字。

(4) 未经批准的限制流通的财产。未经批准的限制流通的财产，不能作为信托财产。限制流通的财产是指法律、行政法规规定只能在特定主体间流通或需经依法审批后允许流通的财产，如金银(不包括金银饰品)、采矿权、一定级别的文物等。上述财产在实现债权时，应将金、银卖给有关银行，文物卖给文物主管部门。

2) 信托财产的类型

法律上对信托财产的形式没有严格限制。理论上，只要该信托财产的所有权能够被转移都可以装入信托。信托资产既可以是金融资产，也可以是不动产，既可以是有形资产，也可以是无形资产，如专利、著作权等。

(1) 金融资产。金融资产包括现金和投资性金融资产，前者是指通常意义上的存款，后者是指活期存款以外的大额存单、证券投资基金、银行理财产品、信托计划、债券、股票、人寿保险单等可变现的金融资产。现金是最为方便和普遍的家族信托财产类型。

(2) 不动产。投资型或需要传承的房地产、有持续稳定租金收入的商业地产等，都比较适合装入信托。因为我国目前尚未建立信托登记制度，以不动产作为信托财产只能通过交易的方式，其设立方式是：先由委托人设立一个资金信托，然后信托公司按照客户的意愿用信托资金购买客户指定的不动产。《中华人民共和国信托法》规定，需要交付信托管理的财产必须先办理"信托登记"，相当于非交易过户，以此确保信托资产的法律安全。因这种非交易性的过户需交纳高昂的成本——所得税和契税，因此目前国内房产信托比较少。而海外的家族中，将房产过户到信托公司名下是免除税费的。

案例3：北京银行家族信托试水房产传承[①]。

2014年，步入花甲之年的北京居民宋女士在北京的多套房产价值已过亿元，宋女士老伴儿过世后，房产全部由宋女士自己打理，每月仅租金收入便已远大于自己和子女的总开销，生活无忧。尽管如此，宋女士最近却有点烦恼。

宋女士打算把房产留给儿女，并希望万一以后子女的婚姻出了问题，他们的财产和生活不会受到太大影响。北京银行给出的解决方案是：通过该行合作方北京信托，设立单一资金信托，宋女士本人为信托的发起人和委托人，北京信托作为受托人，而包括其子女在内的"直系血亲后代非配偶继承人"则为信托受益人，之后由该信托对宋女士指定的房产发出购买要约，实现该信托对房产的控制。

最终，除了留下几套自住，宋女士将位于北京核心地段的十几套房产全部"卖"给了由她成立的信托。这相当于"左兜掏右兜"，但却通过信托实现了财产的隔离保护，未来子女出现姻缘风险，这些房产依旧能保证属于"直系血亲后代非配偶继承人"。

值得注意的是，在宋女士的资金信托购买其房产时，需要按北京当地的要求缴纳二手房交易费用，而在信托持有这些房产后，每年还需按照国家和地方政府规定缴纳房产税，这是因为宋女士的家族信托购买其房产时，按照公司持有房产计征税费。各项费用的加总并不低，在目前的法律框架下，这些税费均无法避免，但宋女士认为与后辈的婚姻风险分产相比，这些费用值得付出。

这个案例可以说是我国的第一个不动产家族信托，虽然不完整也不完美，但是在我国现有的法律框架下，实现了委托人的愿望，仍然具有非常大的参考价值。随着法律制度的不断完善，信托公司服务个人客户专业能力的提升，不动产家族信托潜力巨大，未来在家族信托中的比例一定会有较大提高。

(3) 股权。可以通过股权交易的方式，将上市公司、非上市公司股权转移至信托公司名下，一般操作方式是：委托人先设立一个资金信托，然后委托信托公司用这笔资金去收购委托人企业的股权。因为股权的转移也会涉及相关税费问题，同时股权转移到信托公司会对公司经营过程中的控制权和经营权发生影响，比如股东大会如何召开、如何就企业重要决策进行投票等，也需要委托人权衡。

(4) 贵重物品。客户的珠宝首饰理论上讲也是可以装入信托的，比如英国的戴安娜王

[①] 根据2015-02-05搜狐网整理。

妃身前设立的信托将自己所有的珠宝平分给两个儿子，将来儿子的妻子可以拥有这些珠宝，并在特定的场合佩戴。

(5) 知识产权。委托人拥有的知识产权，在相关管理部门完成登记，转移至信托名下即可成为信托财产。

(6) 保险金信托。保险金信托属于家族信托中的一种，其实就是把合同收益权装入信托。保险金信托结合了保险和信托两种工具的优势，降低了家族信托的设立门槛，让委托人不需要一次性将大量资金转移至信托，能提高资金使用效率。

4. 家族信托的特征

1) 家族信托为意定信托

依据信托的设立是否需要委托人的意思表示，信托可以分为意定信托和非意定信托。意定信托是指依据委托人的意思表示而设立的信托，英美法系称为明示信托。非意定信托是指不依据委托人的意思表示而设立的信托，又可以分为法定信托和默示信托。两类信托的设立条件完全不同，意定信托的设立需要委托人明确的意思表示行为，而非意定信托的设立则不需要。

根据对《中华人民共和国信托法》的理解，国内的家族信托应属于意定信托。由于家族信托涉及对家族财产和家族事务的具体规划、受益权的分配、受托人的选任、法律的适用等重要问题，需要委托人明确的意思表示行为。同时，家族信托的契约和结构往往是量身定做的，信托合同条款完全按照委托人和家族的意愿订立，因此在没有委托人意思表示的情况下，是无法设立家族信托的。

2) 家族信托主要为私益信托

根据信托目的的性质不同，信托一般可以分为私益信托和公益信托。私益信托是为了私人目的而设立的信托，公益信托是为了公共利益的目的——如教育、济贫、助残等而设立的信托。信托法本身并没有"私益信托"的概念，除非有特别规定，一般都是指私益信托。《中华人民共和国信托法》规定，信托如果具有济贫、救灾、助残以及发展教育科技、文化艺术、医疗卫生、环保事业等社会公益事业的目的，属于公益信托。此外，一般则属于私益信托。家族信托一般主要是为了整个家族的利益而设立，受益人一般也是以家族成员为主，包括委托人本人。因此，家族信托主要是私益信托。但有些家族，例如美国洛克菲勒家族，专门设立了公益慈善信托，与家族信托一起管理；还有的家族，例如邵逸夫家族，将公益慈善信托与家族信托结合起来，为家族信托的发展提供了新的借鉴。

3) 家族信托主要为他益信托

自益信托是委托人以自己为唯一受益人而设立的信托，委托人和受益人是同一人。他益信托是指委托人不以自己为唯一受益人，而以其他人或委托人与其他人一起作为受益人而设立的信托。家族信托设立的目的是保护家族和家族成员的利益,其受益人一般为家族全部或部分成员,甚至包括未出生的家庭成员,而不局限于委托人本人,因此家族信托一般为他益信托。

4) 兼具财产与事务管理双重特性

与单纯的财产管理型信托不同,在家族信托中,受托人具体职责不但包括对家族财产的管理,还包括对家族事务的管理。在实践中,具体的家族事务管理包括股权管理、家族治理、子女教育等诸多方面。例如,家族信托可以将分散的股权集中起来,实现对上市企业的控股,进而统一决策。

2.3.3 家族信托的功能和优势

关于家族信托的功能,说法多种多样,而且都有其道理和根据,只是站的角度不同而已。本节在介绍家族信托的功能时博采众长,归纳总结,使之更加全面。

1. 资产的隔离与保护功能

财富的保护主要体现在对未来不可预知风险的防范,包括未来债务的隔离与婚姻风险的控制。

1) 债务隔离功能

家族企业的一大弊端在于企业和个人的财产通常无法清晰界定,比如企业在贷款融资过程中签订个人连带责任担保协议,当企业面临财务危机和破产危机时,个人资产往往也成为债权人追偿的对象;再比如民间借贷、高杠杆投资甚至赌博欠下的巨额债务等,这些对家庭和企业都会产生严重的影响,如2018年金立董事长刘立荣在塞班赌博输掉十几亿,导致其企业面临重大困境。如果在家庭财务状况较好时通过家族信托将家庭资产进行隔离,这样即使在将来发生极端事件的情况下,已置入信托的资产可以得到保全,从而避免家庭成员的生活水平大幅下降,甚至使企业有重生的机会。

(1) 信托财产的独立性。所谓信托财产独立性,是指信托财产独立于委托人、受托人之外。根据相关法律规定,信托财产不属于信托相关当事人的个人财产,即不属于委托人、受托人、受益人,因此,在信托存续期间,不论信托相关当事人发生何种债务纠纷,其债务追偿或破产清算都不会涉及该信托财产。当然这个是有前提条件的,即信托财产本身在信托设立时是委托人合法拥有的非债务资产。举个简单例子,委托人目前有5000万元资产,无负债,他现在拿出3000万元资产设立了一个家族信托,期限10年。而5年后,委托人对外负债5000万元,资产4500万元,进行破产清算,虽然仍有500万的债务缺口,但法院无权对之前设立的信托财产进行强制执行。

(2) 法律依据。家族信托的财富隔离功能主要是体现在信托财产的独立性上,其法律依据如下。①与委托人相独立。《中华人民共和国信托法》规定,信托财产与委托人未设立信托的其他财产相区别；委托人是唯一受益人的，信托终止，信托财产作为其遗产或者清算财产；委托人不是唯一受益人的，信托存续，信托财产不作为其遗产或者清算财产。②与受托人相独立。《中华人民共和国信托法》规定，信托财产与属于受托人所有的财产（固有财产）相区别，不得归入受托人的固有财产或者成为固有财产的一部分。受托人死亡或者依法解散、被依法撤销、被宣告破产而终止，信托财产不属于其遗产或者清算财产。③与受益人相独立。根据《中华人民共和国信托法》的规定，委托人不是唯一受益人的，信托存续，信托财产不作为其遗产或者清算财产。据此，在合法条件下设立的他益信托，委托人的变故不会影响信托财产的存续；而且，受益人是通过享有信托受益权而不是遗产本身获得利益，其债权人无权对信托财产进行追索。不过，《中华人民共和国信托法》规定，受益人不能清偿到期债务的，其信托受益权可以用于清偿债务，但法律、行政法规以及信托文件有限制性规定的除外。

  这里我们用通俗的话再来理解一下《中华人民共和国信托法》的相关条款。第十五条的理解：你设立信托的资产跟你其他的资产是两码事，万一你病故、离婚或是破产清算，如果你既是委托人又是唯一的受益人，那么这部分信托资产要被强制执行，或者作为遗产进行处置；但是如果你不是唯一的受益人，例如你闺女、爱人、父母，或是家族的其他成员也是受益人，那么信托存续期间信托资产不会被强制执行。第十六条的理解：你设立的信托资产跟信托公司本身的资产是两码事，假设信托公司破产被清算，信托资产不属于被清算财产。

  2019年11月14日发布的《全国法院民商事审判工作会议纪要》（法〔2019〕254号）规定，信托财产在信托存续期间独立于委托人、受托人、受益人各自的固有财产。当事人因其与委托人、受托人或者受益人之间的纠纷申请对存管银行或者信托公司专门账户中的信托资金采取保全措施的，除符合《中华人民共和国信托法》规定的情形外，人民法院不应当准许。已经采取保全措施的，存管银行或者信托公司能够提供证据证明该账户为信托账户的，应当立即解除保全措施。对信托公司管理的其他信托财产的保全，也应当根据前述规则办理。

  《全国法院民商事审判工作会议纪要》对信托财产的保护更加明确，信托财产的独立性受法律保护，第三人原则上不得因其与委托人、受托人、受益人之间的债务纠纷，要求对信托财产进行查封、冻结等。

  世界上大多数国家关于信托的立法均存在一个非常一致的态度：除非委托人在信托中过度保留了权利，信托财产的独立性受到法律及司法实践的认可。虽然中国的信托法没有明确规定信托财产的归属，但是从信托的委托人、受托人、受益人三个主体角度看，中国的家族信托财产在法律上已具备独立性，基本具备了对信托财产的隔离保全和传承的主要功能。

(3) 注意事项。信托财产的独立性，是信托具备资产隔离功能的必要前提条件；同时受益人的设置很关键，如果委托人是唯一受益人，发生债务风险时信托资产是会被强制执行的。所以，传统的信托产品是没有风险隔离功能的，因为这类信托属于自益型信托，其受益人和委托人是同一人。从国外信托制度与司法判例来看，要最大限度地实现信托财产资产隔离的功能，应尽可能做到在家族信托存续期间避免该信托财产又回归到委托人名下。

因此，家族信托在资金来源合法且不损害债权人利益的前提下，设计为他益信托，并且约定为不可解除型信托，在信托正常运营期间就切断了该财产回归至委托人的可能性，就具备了法律意义上的隔离效果。客户在设立家族信托后产生的个人债务及连带担保责任等隐性债务风险均能够与信托财产相隔离。

案例4：家族信托让破产富商东山再起。

2007年，中国香港的某富商，用1000万元港币，设立了一个私人信托，期限30年，受益人为当时10岁的女儿。不料两年后，因金融风暴，企业经营陷入困境，最终因资不抵债而破产。在进行破产清算时，债权人查询到该富商银行账户曾有一笔1000万元港币资金的转出，经调查，发现该笔资金已经进入信托成为信托财产，而且受益人为富豪女儿。因富商设立信托时企业经营良好，资产负债表为正值，因此，信托合法有效，债权人无权主张信托还款。后来，该富商通过修改信托受益条款，提前将大部分信托财产及收益分配给女儿，利用这笔钱实现了东山再起。

由于信托资产在法律上具有独立性，家族信托合法设立后，委托人如果因企业经营问题等面临破产清算，其信托资产可受到保护，不纳入清算范围。此外由于家族信托指定受益人和受益范围，因此委托人婚姻关系、家庭关系的变化也不会影响财富的传承。

2) 婚姻风险防范的功能

婚姻关系是最重要的家庭关系之一，而离婚所带来的财产分割问题不但处理起来比较棘手，而且属于高发风险。如果没有进行提前规划，婚姻出现问题后，可能会给家族财富带来较大影响，比如婚前财产的混同、婚内财产的转移、债务牵连、股权分割导致对企业失去控制权等。本节将就家族信托在防范婚姻风险中的作用进行延伸性阐述。

(1) 家族信托可以保全委托人的婚前财产。这一点主要基于信托财产是独立于婚内财产且不可任意撤销的法律属性。由于《中华人民共和国民法典》中规定夫妻对共同财产有平等的处理权，导致诸多富豪因离婚而使财产大幅缩水的案例数不胜数。如果设立家族信托，利用信托财产的独立性特点对婚前的个人财产和股权进行隔离，许多问题就会避免出现。因为家族信托一旦合法设立，一般不可撤销，对于财富所有者和信托设立者来说，即使离婚，配偶也不能主张分割信托财产。如果经过合理设计，将企业股权转入信托，即使离婚也不会造成企业治理结构发生重要变化。

(2) 家族信托可以应对极为复杂的家庭关系。家族信托的最大优势在于对较为复杂的问题，可以通过合理的设计得到解决。它既可以将婚前财产委托给信托公司实现婚前资产的隔离，也可以将婚后的收入置入信托资产，实现婚后资产的隔离。家族信托在解决夫妻财产隔离问题的同时，也避免了婚前协议带来的信任问题。

(3) 家族信托是控制受益人婚姻风险的最佳工具。随着社会的发展和观念的变化，年轻一代离婚率在不断攀升，因此高净值家庭子女婚姻风险变得越来越突出。按照《中华人民共和国民法典》的规定，除非被继承人在遗嘱中明确指定继承人，或继承人与配偶有"夫妻财产约定"，否则继承人在婚姻关系存续期间取得的遗产属于夫妻共同财产。因此若子女在继承遗产之后婚姻破裂，其所继承的遗产在离婚时将作为共同财产进行分割，婚姻存续期间的债务也有可能成为共同债务。但如果在婚前设立家族信托，将家族后代和后代的配偶设为家族信托的受益人，既可以使后代配偶享受家族财产的收益，也可以在后代发生婚姻风险后通过取消其受益人资格，使得家族资产得以保全。

3) 减少家庭纠纷

通过前文的解读可以知道，在所有传承方式中，法定继承是"不够安全"的方式，无论是家庭关系简单的独生子女继承，还是家庭关系较为复杂的多子女法定继承，都可能面临较大的风险，如前文提到的几个案例。而遗嘱继承程序较为复杂，比如继承权的公证，它需要全部继承人共同配合前往公证处进行办理，需要每一位继承人录音、录像、签字同意遗产分割方案，直到领取继承权公证书后，才能进行遗产过户。

而家族信托则可避免法定继承引发的一系列纠纷，并减少遗嘱继承因复杂的程序可能带来的麻烦。

2. 财富的有序传承

家族信托可以保证财富的有序传承，主要基于以下几点因素。

1) 家族信托是一种法律效力较强的框架和综合化方案

家族信托是传承方式（遗嘱、遗赠、生前赠与等）和金融产品（保险、理财、基金等）的结合体，而且可以根据客户的不同情况和不同需求进行设计，是一种可以应对各种复杂问题的工具，因此具有综合性、流程化、高效性的特征。

2) 家族信托的信托财产具有独立性

在信托续存期间，其可以成功隔离当事人后期与其他第三人之间发生的任何纠纷，保证其不会因债务纠纷被追偿，而且也可以有效缓解家族成员之间因财富管理观念、财富分配标准冲突造成的矛盾和内斗，保证财富继承的有效进行。

3) 家族信托受益人范围较广，可充分体现委托人的意愿

信托生效后，受托人即按信托合同的约定管理财产，并向受益人分配财产，受益人不仅可以是委托人的子女，也可以为第三代，还可以为未出生的人，甚至可以是无血缘

关系的其他人，这是目前其他所有金融产品都做不到的。

4) 家族信托具有很强的灵活性，并满足客户的个性化需求

首先，信托财产和收益的分配可以多种多样，比如定期分配、事件分配、有条件分配，并可以在委托期间调整受益人及受益比例，追加信托财产等，可以依照委托人的心愿预先安排收益分配。其次，可以在信托存续期设定受益人受益条件，比如"学业规划""结婚""年龄阶段规定""婚姻变故"等，这样，可以实现委托人的一些个性化需求。

5) 家族信托在传承上的延续性很强

根据《信托法》的规定，信托不因委托人或者受托人的死亡、丧失民事行为能力、依法解散、被依法撤销或者被宣告破产而终止，也不因受托人的辞任而终止。因此，即便是在委托人离世后，信托财产也可以按信托合同的约定继续运行，受托人将按照信托合同的规定继续管理信托资产，在满足约定条件的前提下分批或一次性分配给受益人。

所以，家族信托可以按委托人的意愿实现家族资产的有序传承，且能得到相关法律的保障。同时由于境内的家族信托的受托人均为正规金融机构，在信托合法有效的基础上，可以进一步有效避免继承纠纷等问题。

案例5：家族信托实现个性化财富传承。

富先生，62岁，通过自己多年打拼积累了巨额财富，由于年事已高，子女不愿接手家族企业经营，开始逐渐缩小企业规模，回笼资金。

富先生有过两次婚姻，与前妻育有一女一子，分别为28岁和25岁，女儿有自己的事业，儿子在读硕士；与现任妻子育有一子，12岁。

富先生的担忧：长女和长子都即将结婚，如果发生婚变，势必会导致子女财富被分割，家族财富外流，也可能会影响其生活质量；幼子年纪尚小，万一自己提前过世，现任妻子作为监护人会实际控制幼子遗产，如果妻子再婚，会导致家族财富进一步外流。

为了解决以上担忧，富先生找到信托公司，设立了家族信托，将自己的大部分现金资产都装入了信托。

富先生在信托合同中约定的分配方案大致如下。

(1) 子女收益安排。三个子女作为受益人，定期获得家族信托分配的收益，对幼子特别提供教育金、婚嫁金等支持。附加条件如下。①长女和长子结婚时，都可以从信托中定期获得一定收益分配，并指定为个人财产，与配偶无关。②小儿子如果因求学需要，家族信托也会专门提供资金支持；如果未来创业，家族信托会提供一定金额的资金作为创业金，如果事业稳定，可追加资金支持。③如果三个子女中有人出现吸毒、赌博等行为，家族信托会减少该子/女的收益分配，仅给予可以维持基本生活的资金。

(2) 配偶收益安排。富先生现任太太每月可从信托中获得一笔较大金额的生活费，保

证其较好的生活品质，但一旦富太太改嫁，即停止享受信托利益。

(3) 信托期限50年，但保留幼子50周岁时可一次性领取所有信托财产的设计。

以上，富先生通过家族信托，很好地实现了个性化的财富传承方案，解决了自己的担忧，保证家族财富不会因为子女的婚姻问题而外流，也能防止后代挥霍迅速败光家财，还可以保证未成年的幼子生活及教育费用无忧，使家族财富可以长久地福泽后人。

3. 财富保值增值

财富保值增值是家族信托的另一重要功能。家族信托的特点是金融产品和服务的综合体，而且与普通金融产品相比有三个更大的优势：个性化、定制化、组合型。

家族信托的受托人为专业的信托公司，而且有私人银行作为投资顾问，他们作为专业的资产管理机构，有丰富的资产管理经验，遵循诚实、信用、谨慎、有效的原则为信托目的管理财产，根据委托人的要求与实际情况，结合个人风险偏好和信托目的的实现，依据法律法规和有关政策，制定切实可行的投资方案，为客户构建符合其风险承受能力的合理投资组合，并实现持续的动态管理，最大限度保护委托人的财产与收益安全，实现财产的保值增值。

家族信托在配置信托公司的理财产品时，会优先满足家族信托投资组合的需求，大大提高投资的便利度。同时，信托公司作为机构投资人，相比个人客户作为自然人投资，具有更强的议价能力、获取产品额度能力，可以投资一些普通自然人无法参与的投资领域，扩大客户资产的投资领域。

4. 社会慈善功能

国内外的富豪家族和高净值人士在财富积累到一定阶段的时候，都开始从事慈善事业来回馈社会。与常见的捐款、捐物相比，慈善信托可以让家族和家族企业真正介入慈善事业的运作和管理，能够更好地满足家族从事慈善事业的需求。

案例6：邵逸夫家族信托，家族与社会的公益双赢。

著名实业家、慈善家邵逸夫设立的邵氏信托基金，集合了家族信托和慈善信托两种功能。信托基金的受益人包括邵逸夫家人和一些慈善组织。

邵逸夫曾说，创业、聚财是一种满足，散财、捐助是一种乐趣。邵逸夫生前热衷公益，投身慈善事业。1973年6月，邵逸夫先生成立邵氏基金，主要用于发展教育科研、推广医疗福利及推动文化艺术。2002年11月成立邵逸夫奖基金，管理和执行"邵逸夫奖"，该奖分为天文学奖、生命科学与医学奖、数学科学奖，对在相关领域做出杰出贡献的人士做出奖励。邵逸夫基金自1985年与中国教育部合作以来，连年向中国内地教育机构捐赠巨额建设教学设施，截至2012年年底，其捐赠金额超过47亿港元，资助了6000多个教育和医疗项目，全国各地高等院校的"逸夫楼"便是他慈善事业的见证。

5. 家族治理功能

家族治理包括两个层面，存在三重关系。"两个层面"是指家族治理包括家族和家族企业两个层面的治理，仅仅依靠家族企业层面的治理结构并不能解决家族内部的矛盾纷争，更不能解决家族企业的有效传承。"三重关系"是指家族成员、企业股东和企业管理者之间的关系互相交叉，互相影响，忽略任何一重关系都会影响家族治理的效果。

家族治理的目的在于防止家族成员之间的矛盾和分裂，协助家族中的各代人建设性地参与有关企业未来的规划和决策，从而支持代际传承，保持基业长青。

前面我们了解到家族信托的特点和功能，如信托的财产保全、受益范围广、设置灵活（可附加条件、灵活调整）等，也正是上述这些特点，使其成为家族治理中一个极其重要且不可或缺的工具。

2.3.4 家族信托的分类

家族信托按照不同的标准，可以分为不同种类。但在现实中，由于家族信托功能的多元化和客户需求的个性化，不同种类的家族信托相互交叉，之间的界限并不是很明显。

1. 根据家族信托的设立方式划分

1）生前信托

生前信托，是指委托人在世时设立并生效的信托，属于契约信托。生前信托生效时由于委托人在世，可根据委托人的意愿变更信托条款，能较好地实现委托人的意愿。国内家族信托多为生前信托。

2）身后信托

身后信托，是指委托人生前设立、身后才生效的家族信托，属于遗嘱信托。由于遗嘱信托生效时委托人已去世，其信托条款是不可变更的，因此委托人生前务必要与受托人经过充分沟通，才能避免身后发生意外。同时遗嘱执行时必须公开，这样信托的保密机制就失效了。

2. 按照信托是否可撤销划分

1）可撤销家族信托

可撤销家族信托，是指委托人在信托文件中保留了随时可以终止并收回信托财产权利的信托。在这种信托中，委托人一般保留了变更家族信托条款以及随时增减信托财产的权利，因此极其富有弹性，这使得委托人可以随时调整家族信托关系以适应自己的需要。例如在股权家族信托中，为防范家族企业控制权和管理权的旁落，委托人可以在信托文件中保留终止家族信托的权利，以防范风险。

2）不可撤销家族信托

不可撤销家族信托，是指不能随意终止的家族信托。在这种信托中，委托人可以增加信托财产，但是不得减少信托财产。例如委托人用一笔资金为自己的小儿子设立一项家族信托，目的在于保障小儿子的教育支出，为激励小儿子完成学业，在信托存续期间，委托人不得减少信托财产，也不得随意终止信托。

成立可撤销家族信托还是成立不可撤销家族信托，可以由当事人自由决定。不过，除非委托人在信托文件中明确保留了撤销权，一般成立的家族信托为不可撤销信托。

3. 按照信托设立地划分

1) 在岸信托

在岸信托，又称境内信托、国内信托，即委托人在境内依据本国法律设立的信托。例如，一个中国委托人在中国境内设立的家族信托，或者一个美国委托人在美国境内设立的家族信托。在岸家族信托一般适用当地的法律并由当地法院管辖。由于在岸信托的法律适用比较单一，因此在信托法律制度欠发达地区，在岸家族信托的适用程度有限。

2) 离岸信托

离岸信托，又称境外信托、外国信托，是指在境外设立的信托。例如，一个 BVI (英属维尔京群岛) 家族信托对于一个美国或中国委托人来说就是一个离岸信托、境外信托或外国信托，BVI 家族信托一般要适用 BVI 的法律并由当地法院管辖。离岸家族信托的设立地点是家族信托设立众多要素中的首要因素，我国香港地区家族或者上市公司通过离岸公司设立家族信托的常用地点有开曼群岛、泽西岛、BVI 等。

4. 按照信托权益分配的自由度划分

1) 强制分配型家族信托

强制分配型家族信托，又称强制执行家族信托或完全义务家族信托，是指在设立家族信托时明确指定了受益人并且能由受益人提起强制执行诉讼的家族信托。例如委托人以 1000 万美元设立家族信托，并明确指定将信托收入支付给其小儿子，受益人除享有确定的信托收入外，还有权提起强制执行诉讼。公益信托一般是由有关主管机关代表受益人提起强制执行诉讼。

2) 任意分配型家族信托

任意分配型家族信托，又称非强制执行家族信托或不完全义务家族信托，是指在设立家族信托时并没有明确的受益人，以至于不能由受益人提起强制执行诉讼的家族信托。例如委托人同样以 1000 万美元设立家族信托，但是并没有指定明确的受益人，而是授权受托人按照自己认为合适的方式，将信托收入分配给委托人的子女、孙子女等。

5. 按照是否完全为公益目的划分

1) 私益型家族信托

私益型家族信托，是委托人以实现自己 (自益信托) 或者第三人 (他益信托) 利益为目的而设立的家族信托。因此，私益信托一般都要预先指定具体的受益人。无论是我国还是其他国家的信托法本身并没有私益信托的概念，除非有特别规定，一般指的都是私益信托。

2) 公益型家族信托

公益型家族信托，又称慈善型家族信托，是指为了公共利益而设立的家族信托，具体包括济贫、教育、医疗、环保、宗教以及其他公共利益。公益信托的设立需要得到主管机关的认可。对于高净值人群来说，在家族财富的传承中，有三个元素必不可少：一是文化的凝聚，二是慈善的传统，三是信托财产管理。很多成功的家族企业都是三条腿走路，即家族的管理、企业的管理、爱的管理缺一不可。在家族信托设计中，委托人可以用部分财产设立公益信托或者将家族信托基金用于公益事业。

6. 按照信托的委托事项划分

1) 财产管理型家族信托

财产管理型家族信托，是指以信托财产的管理为主要内容的家族信托。例如委托人以资金和不动产为信托财产设立家族信托，受托人通过对资金和不动产的管理和使用来保障信托财产的保值增值。

2) 事务管理型家族信托

事务管理型家族信托，是指以家族事务的管理为主要内容的家族信托。事务管理型家族信托由委托人驱动，受托人一般不对信托财产进行主动管理或者处分。作为事务管理型信托业务，主要是利用信托权益重构、名实分离、风险隔离、信托财产独立性等制度优势，为委托人提供信托事务管理服务并获得收益，具有个性化设计的特点。例如，委托人为自己的子女教育留有一笔资金，但是又不放心将该笔资金交由家族成员保管，于是委托人便以该资金设立家族信托，交由委托人保管并指定用于委托人的子女教育支出。

7. 按照信托特殊目的划分

1) 保护信托

保护信托，是指委托人为保障不能管理自己财产的受益人及其家庭的生活而特意设立的一种信托。这类信托禁止受益权转让或避免受益人受追索，通常具有双重结构，即委托人设立一项信托，以特定成年人为受益人，受益人享有终身受益权，但是一旦发生某些特定事件，例如受益人破产或意图转让、处分其受益权，或者发生其他事件使第三人有权享有信托财产，则信托终止。保护信托的主要目的和功能在于防止信托利益或者信托财产被他人追索，以免受益人丧失生活来源，主要适用于没有能力管理自己财产的成年人，特别是有浪费财产的习惯或者染上不良嗜好的成年人。保护信托在英国比较常见。

2) 抚养信托和禁止挥霍信托

抚养信托和禁止挥霍信托，这两种信托在美国比较常见，与英国的保护信托类似。在美国，父母为自己的子女设立专门的信托是一种非常普遍的现象，他们设立信托的主要目的在于对信托财产的保护、为子女的抚养和教育提供保障等。所谓抚养信托，是指基于受益权的性质本身，以保护受益人的教育、生活、抚养为目的，而限制其转让；而禁止挥霍信托是指根据委托人的意思在信托条款中限制受益人受益权的转让，以保障受益人的生活供给。例如，委托人经过多年打拼积累了一笔可观的财富，但是其儿子却未受过良好的教育，工作、婚姻均不顺利，谋生能力有限，委托人担心将自己的财产直接交给他的儿子会很快被挥霍一空，而其孙子孙女尚未成年，于是便设立了以其儿子和孙子孙女为受益人的家族信托，受托人负责为委托人的儿子、孙子孙女提供生活资助和教育支持，等其孙子孙女成年时，将剩余信托财产分配给其孙子孙女，这就是典型的抚养信托或禁止挥霍信托。

8. 按照信托财产的类型划分

1) 资金管理家族信托

资金管理家族信托，即以资金作为信托财产的家族信托。在资金管理家族信托中，委托人将自己合法拥有的资金委托给受托人，由受托人按委托人的意愿对信托财产进行管理、运用和处分。例如，委托人以9000万元设立家族信托，并要求资金的2/3只能投资于银行存款、政府债券、企业债券、优先股等低风险投资工具，另外的1/3可以进行收益较高而风险适中的投资，这就属于典型的资金管理家族信托。

2) 不动产家族信托

不动产家族信托是指委托人将自己的不动产作为信托财产而设立的家族信托，由受托人为了受益人的利益或者特定目的，对信托财产加以管理、运用与处分。管理方式包括但不限于出租、出售、维护等。例如，委托人为规避子女婚姻的风险，将自己的商品房作为信托财产并过户给受托人。

3) 股权家族信托

股权家族信托是指以股权作为信托财产的家族信托。委托人将其所拥有的股权委托给受托人，由受托人按照委托人的意愿，以自己的名义为受益人（通常是家族成员）的利益进行管理或处分。例如，委托人将家族企业股权委托给信托公司，由信托公司作为名义股东，根据信托具体目的的不同，可以要求由信托公司持有股权但不参与企业经营管理，也可授权由信托公司参与企业的经营管理。

4) 文物、艺术品家族信托

文物、艺术品家族信托是指以文物、艺术品作为信托财产的家族信托。委托人投资并收藏了大量的古董、文物、书画等艺术品，为避免后代对其藏品保护不当、挥霍、变卖等，委托人以其藏品设立家族信托，以使收藏事业可以延续。

5) 保险金家族信托

保险金家族信托，又称人寿保险信托，是指以保险金或者人寿保险单作为信托财产，由委托人（一般为投保人）和信托机构签订保险信托合同，当发生保险理赔或满期给付保险金时，保险公司将保险理赔款或满期保险金交付于受托人（即信托机构），由受托人依信托合同约定的方式来管理、运用信托财产，并在信托终止时将信托资产及收益交付信托受益人。

2.3.5 家族信托的运作模式

目前国内市场上家族信托的运作模式主要有：信托公司主导模式、私人银行主导模式、私人银行与信托公司合作模式、保险公司与信托公司合作模式。

1. 信托公司主导模式

在信托公司主导的模式中，信托公司主导信托产品的设计、投资方向等。这种模式下开展家族信托业务的信托公司多归属于大型金融集团，有较好的客户资源，且拥有较强的投资管理能力。

2013年年初，平安信托推出的国内首个家族信托产品——"平安财富·鸿承世家"，即是典型的信托公司主导产品。信托的委托人是深圳市的一位企业家，信托规模为5000万元，合同期为50年。根据约定，信托委托人与平安信托共同管理这笔资产，该企业家可通过指定继承人为受益人的方式来实现财产继承，收益分配方案根据委托人的要求来执行。该信托是一种定制产品，不设具体投资目标，在产品存续期间根据委托人的实际情况和风险偏好来调整资产配置方式和运作策略。在受益人设置及信托财产的分配上，可设置其他受益人，可中途变更，也可限制受益人权利。

实际上，平安的这一国内第一单家族信托本质上还是以投资理财、追求稳健收益为主，财富传承功能较弱。但无论如何，平安的这一单信托在当时不管是从产品架构安排、法律审查、监管沟通等方面都是一个重大突破，也由此拉开了中国内地家族信托本土化发展的序幕，具有非常重要的历史意义。

以信托公司主导的家族信托具有以下特点。

(1) 资金门槛高。以信托公司主导的家族信托产品基本上都是单一资金信托，资金门槛略有不同，但大多数信托公司的最低资金要求为人民币5000万元。

(2) 共同管理。信托公司主导的家族信托，委托人一般对控制权要求高，家族信托通常实行受托人和委托人共同管理的模式。同时为了避免家族财富传承可能引发的家族内部矛盾，委托人可采取措施对受益人的权利进行限制，如损害其他受益人的利益，委托人有权直接取缔其受益权。

(3) 委托期限长。合同期限通常设为 50 年。信托续存期间，受托人须及时向委托人和受益人汇报家族信托管理和运行情况，并根据外部情况变化，征得委托人同意后，可以随时变更信托财产的管理方式。

2. 私人银行主导模式

私人银行主导模式的特点是，商业银行私人银行在整个家族信托交易结构中，处于主导地位。私人银行拥有大量高净值客户资源，充分发挥其客户优势和渠道优势，直接面对客户，提供量身定制专属的信托方案。而信托公司在一定程度上类似于"通道"作用。招商银行、建设银行的家族信托业务就是属于这一模式的典型。

2013 年 5 月，招商银行联合外贸信托在家族信托领域实现了国内私人银行第一单。招商银行推出的家族信托的门槛是客户拥有金融资产不低于 5000 万元，期限是 30～50 年，为不可撤销的信托。委托人杨先生年近 60 岁，在境内拥有多处自住和商用物业、股权及金融资产，两个儿子已成年，小女儿年仅 8 岁。杨先生设立的家族信托主要为现金资产，信托期限设为 50 年，受益人为三个子女，其子女可定期领取薪金，遇到婚嫁、买房买车、创业、医疗等重大事件，也可以从信托基金中支取。

在私人银行主导模式下，私人银行根据客户需求，量身定制专属服务，其特点如下。

(1) 全权委托、不可撤销。为确保信托财产的独立性和风险隔离，规定其为全权委托且不可撤销产品，也就是说，这类信托彻底关闭了委托人撤销信托、取出资金的通道，受托人可以全权处置信托财产。

(2) 收益分配灵活多样。实践中受益人绝大多数是委托人的子女，信托收益分为定期收益 (如保证受益人基本生活需要的定期收益) 和不定期收益 (如受益人遭遇大病，或者买房等重大支出事项时，可以申请领取不定期收益)。

(3) 银行管理为主，信托公司管理为辅。受托人是信托公司和商业银行，根据他们各自的优势，信托公司主要承担对资产进行有效管理的职能，商业银行主要承担托管人与财务顾问的职能，根据他们管理信托资产的总额或信托产品架构设计的复杂程度等因素来收取费用。

3. 私人银行与信托公司合作模式

这种模式下，私人银行与信托公司形成战略合作，商业银行与信托公司处于比较平等的地位，双方优势互补，共同管理信托资产。在高净值客户营销方面，私人银行充分发挥其客户资源优势，形成客观的市场需求；在产品投资策略方面，信托公司凭借丰富的资产管理经验，满足高净值客户多元化的信托目标。北京银行私人银行与北京国际信托有限公司 (以下简称北京信托) 开展的家族信托，是该模式的典型代表。

2013 年 9 月，北京银行私人银行与北京信托签署了关于向私人银行客户提供家族信托服务的战略协议，双方共同组建了由投资顾问、项目经理、执行经理、法律顾问等人员构成的项目团队，共同为高净值客户提供专属的"家族信托解决方案"。北京银行家族信托的特点如下。

(1) 受托人为北京信托，北京银行担任信托财产托管银行及财务顾问角色，受益人可由委托人事先指定。

(2) 受托资产门槛为 3000 万元，存续期限 5 年以上，为不可撤销信托。

(3) 初期受托的资产类型限于现金存款，未来将有望逐步引入股权、房产等作为委托财产。

4. 保险公司与信托公司合作模式

保险公司与信托公司合作模式是指保险公司与信托公司深度合作，以大额保单保险金请求权为信托财产，以财富保护和传承为目的设立家族信托。这种模式也被称为"保险金信托"。该模式实现了信托服务与保险服务的有效融合，极大地降低了家族信托的设立门槛。其特点如下。

(1) 资金门槛低。信托公司与保险公司联合推出的信托产品，实现了信托服务与保险服务的有效融合，家族信托的设立门槛得到了显著降低，在业内被称为类家族信托，比如平安信托与平安人寿联合推出的保险金信托准入门槛仅为 100 万元人民币。

(2) 以保险赔偿金为信托财产。委托人购买保险产品之后，将其可能获得的保险赔偿金设立为信托财产。委托人获得保险赔偿请求权后自动转移给受托人（即信托公司），保险赔偿款通过保险公司直接划转至受托人名下。受托人根据委托人的要求和意愿对信托资金进行管理，最终将信托收益用于受益人的抚养、教育、结婚、买房等支出。相对于普通的保险产品而言，保险金信托具有受益人更加广泛、给付方式更为灵活、理赔金更加独立、财产更加保值等优势。

(3) "管钱＋管事"。此类信托的受托人不但为委托人进行财产管理，并且为委托人提供保险理赔事宜的相关服务，兼具事务管理的特性，将单独的财产管理和事务管理整合在一起，属于"财产管理＋事务管理"的综合性信托。

保险金信托发源于英国，繁荣于美国。2014 年保险金信托首次被引入国内。中信保诚人寿与中信信托的合作即为这种模式。

2014 年 5 月 4 日，中信信托与中信保诚人寿联手签署战略合作协议，以家族信托业务为基础推出了一系列面向国内高端人群市场的创新型产品，包括信托与保险深度结合的首款高端定制产品"信诚托富未来"终身寿险、兼具资产管理和事务管理功能的保险金信托、"从投资人出发、为投资人服务"的专户资金管理信托等。其中，作为中信信托在家族信托基础上的延伸，保险金信托是高附加值的"事务管理＋资产管理"的单一信托产品，重点是实现委托人在保险理赔后对受益人如何获取财产的管理意志的延续。这也是国内首个保险金信托案例。

目前国内推出的家族信托业务基本均为单一、资金、他益、不可撤销信托类型，委托人一般为单个自然人，如有配偶，需要进行联合声明，受托人为信托公司，银行一般担任信托财产托管与财务顾问，信托财产的投资范围秉承私人订制、分散投资、多元配置的理念，包括各类投资标的和金融工具。

2.3.6 家族信托的局限和不足

通常在提及家族信托时都会提到它的几大主要功能，即传承规划功能、债务隔离功能、私密性保障功能、税务及债务筹划功能和慈善公益功能等。但是无论是在境内设立的信托还是在境外设立的信托，这些功能的实现其实都是相对而言的、有条件的，传承者应该在善意传承并且合理合法的基础上去使用它。

1. 从委托人方面来看

(1) 信托财产控制权发生变化。虽然这只是名义上的转让，但还是有一定的约束力，对于委托人来说，一旦所有权让渡给受托人，就意味着无法直接支配信托财产，对设立时没有明确规定的问题难以及时调整。这就要求在设计信托架构时需要尽可能考虑全面。

(2) 家族信托资产门槛较高。国内的家族信托定制计划要求信托资产至少在1000万元人民币以上，有的银行甚至要求5000万元人民币以上。

(3) 家族信托运作成本较高。其运作成本主要包括：信托设立过程中的律师费、信托财产运作过程中的管理费、信托财产分配时的个人所得税(目前国内法律尚未明确)。另外，非现金类的信托财产在转移时如果按照交易来算，涉及的税费成本较高，这也从一定程度上限制了家族信托的发展。

(4) 家族信托为他益型信托。也就是说，在设立家族信托时，尽量不要将委托人作为唯一受益人(这一点与普通的信托产品正好相反)，否则的话，家族信托的债务隔离、指定传承等重要功能就无法发挥作用(委托人为唯一受益人，信托财产可能会被执行)，那么，家族信托也就失去了存在的意义。

(5) 家族信托的资产保护、债务隔离等功能只是相对的。其前提条件是"合法、合规、合理"，合法是指财产来源合法，信托行为和目的不以侵害他人利益为前提；合规是指信托财产管理和运作合规，符合监管要求；合理是指信托设置和运作符合常理，比如前文所讲避免委托人本人为唯一受益人，在受益人权利与义务约定上符合实际，比如老年人偏重养老、子女偏重于教育等，这样才能真正发挥家族信托的优势和作用。

2. 从受托人等服务机构方面来看

专业化、个性化、多样化的服务有待提升。家族信托实现了信托财产所有权的转移和独立性，以此达到资产隔离和有序传给后代的目的。但是目前国内家族信托形式单一，远远无法满足客户多样化、个性化的需求。现金信托的管理比较容易；不动产的管理具有一定难度和专业性，一般的机构无法提供这项服务；至于股权管理，不仅需要考虑受托人管理能力的因素，而且受托人需要承担较大的义务和责任，所以绝大多数机构拒绝担任股权信托受托人。

在高净值人士中，资产规模越大，不动产和股权的占比越大。所以如何将不动产和股权装入家族信托是委托人非常关心的。国际上采取的办法一般是在三大主体之外再引入一个或几个当事人，比如保护人、共同受托人、信托顾问等，以监督受托人对信托进行管理，而这些主体实际上又是通过各种方式由委托人控制。这样就能够在保持委托人对信托财产控制权的同时，实现信托财产安全和传承的目的。

3. 从法律环境方面来看

家族信托对设立法域法律环境要求较高。信托法律关系的稳定性取决于信托法律环境是否成熟，信托制度适用是否普遍。对于境外设立信托而言，英属维尔京群岛、开曼群岛、百慕大群岛等因具有宽松的信托立法环境及丰富的法院判例支持，成为高净值人士的首选。

2.3.7　关于家族信托的常见问题

家族信托作为高净值客户实现财富保障、防范婚姻风险及财富传承的工具具有其他工具不可比拟的优势，而且得到越来越多的高净值人士的认同。但是，对于一些客户比较关注的问题，部分业内人士也不能解答清楚。因此，这里就这些高频率出现的问题进行进一步的解读。

1. 家族信托是不是财产所有权发生了转移

我们知道，家族信托之所以可以隔离资产，是基于信托财产的独立性。这个独立性就是独立于委托人、受托人、受益人三个主体之外，不得作为其普通财产被执行。不少"业内人士"在给客户的宣传中说是"财产所有权/控制权发生了转移"，简单理解可以说得过去，但并不严谨。根据《中华人民共和国信托法》第二条，本法所称信托，是指委托人基于对受托人的信任，将其财产权委托给受托人，由受托人按委托人的意愿以自己的名义，为受益人的利益或者特定目的，进行管理或者处分的行为。这句话通俗的理解就是：你（委托人）信任我（信托公司），你把你的资产委托给我，我得根据你的意愿以我的名义，为你指定的受益人的利益或者某种特定目的对你的资产进行管理和处理。因此，信托法上讲的信托财产并非真正的转移而是委托，因为信任，所以委托。

《中华人民共和国信托法》规定，信托财产与委托人未设立信托的其他财产相区别。信托财产与属于受托人所有的财产（以下简称固有财产）相区别。可以看出，信托资产不是委托人的，也不是受托人的。最后，再结合《信托法》第二条，可得出结论：家族信托就是你的资产既不是你的，也不是我的，但归根结底还是你的。

2. 家族信托能否真的隔离债务

简单来回答就是：可以，但是是有条件的。避税避债的宣传极大地迎合了市场需要，但家族信托在传承方面的应用应当以合法合规为前提，否则，就很难从制度层面对抗时间变量、空间变量、政策变量和人性弱点的冲击。

因此，在设立家族信托时，除了确定信托财产的合法性之外，还需要考虑三个因素。

一是信托的性质是否为可撤销信托？可撤销信托是指委托人保留解除权的信托，如果是可撤销信托，信托财产依然会被视为委托人的责任财产，可以用来偿债。

二是家族信托是不是自益性信托？自益性信托是指信托的委托人和受益人是同一人，且委托人是唯一信托受益人。《中华人民共和国信托法》规定，委托人是唯一受益人的，信托终止，信托财产作为其遗产或者清算财产；委托人不是唯一受益人的，信托存续，信托财产不作为其遗产或者清算财产。这就意味着，如果属于自益信托，那么委托人发生债务纠纷、离婚或者死亡，信托资产会强制执行或者作为遗产进行处置；如果是他益信托，那么信托资产不会被执行。

三是委托人设立信托时是否损害债权人的利益？《中华人民共和国信托法》规定，委托人设立信托损害其债权人利益的，债权人有权申请人民法院撤销该信托。此外，如果信托目的违反法律、行政法规或者损害社会公共利益，或者委托人以非法财产设立信托，会导致信托无效。

不过债权人申请撤销信托有时间限制，时效性为一年，也就是说，如果债权人知道或者应当知道撤销原因之日起，一年内不行使撤销申请权的，归于消灭。因此，委托人的债权人撤销信托必须符合三个条件：首先是债权人知道这一信托的存在；其次，债权人能够证明信托的设立损害了他的利益；最后，在法律规定的一年时间内申请撤销这一信托。否则，就不能撤销这一信托。总之，在设立信托时，如果损害了债权人的利益，就会存在债权人将来撤销信托的风险；如果设立信托时不存在损害债权人的情形，就不必不用担心将来债权人行使撤销权的问题。

因此，只要满足以下几个前提，信托有比较强的债务隔离功能：①信托财产合法；②家族信托属于不可撤销信托；③委托人不是信托的唯一受益人；④在设立信托时，不存在损害债权人的情况。

3. 信托能否防范子女的婚姻风险

这是客户非常关心的问题——子女作为受益人，所拿到的信托利益，是属于他的个人财产，还是属于夫妻共有财产？关于这一点，在家族信托设立时一般都会在信托合同里面明确，信托利益属于受益人的个人财产，离婚不被分割。所以家族信托在一定程度上起到了对受益人婚姻风险的防范作用。

4. 设立家族信托是否都需要经过配偶的同意

有些客户的家庭情况比较复杂,在设立信托时,往往不希望自己的配偶知晓。但《中华人民共和国民法典》有明确规定,夫或妻非因日常生活需要对夫妻共同财产做重要处理决定,夫妻双方应当平等协商,取得一致意见。设立信托往往需要把大额的现金、股权或者房产作为信托财产交给受托人,明显不属于日常生活所需,当然需要经过配偶同意。所以,在设立信托时,受托人往往要求客户的配偶必须签署一个同意函——同意委托人用夫妻共有财产设立信托,否则信托公司不接受委托。

不过,也有一种特殊情况——如果委托人能够提供非常明确的证据,证明设立信托的财产属于他的个人财产或婚前财产,不属于夫妻共同财产,那么信托公司在进行相应的审核之后,也可以接受客户在婚后用个人财产设立信托,无须配偶同意,但前提是证据非常明确清晰。

5. 获得的信托利益是否免交个人所得税

很多金融专业人士对这个客户关心的问题给予的解答含糊不清。目前关于信托利益的分配,不管是理财型信托产品,还是家族信托,受托人不会代扣代缴个人所得税。但是,目前没有明确的法律规定是否免缴。所以跟客户宣传信托利益分配免交个人所得税,是不够严谨的。只能说对于受益人的利益分配,信托公司目前不会代扣代缴个人所得税。

6. 在中国大陆,股权和房产能否设立信托

这个问题比较明确,根据《中华人民共和国信托法》,在中国境内,企业股权、房地产,理论上都可以成为家族信托的信托财产。但是为什么目前国内的家族信托绝大部分都是资金类的呢?这主要取决于两个因素:①中国目前的信托财产登记制度还不完善;②目前中国还没有针对家族信托有明确的税收优惠政策。如果用股权或者是房地产来设立信托,股权、房地产需要从委托人名下过户到信托公司名下,这种过户就相当于股权或不动产的转让,需要缴纳相应的税费,比如股权转让可能涉及个人所得税,房地产转让可能涉及相关的所得税、契税、印花税、增值税等。所以对很多客户来说,如果传承和资产保全的需求并不是那么迫切,出于这种成本的考虑,就不会急于设立信托。

7. 信托公司破产会不会损害信托财产

对于这个问题,这里可以明确回复大可不必担心,因为《中华人民共和国信托法》明确规定,信托财产与属于受托人所有的财产相区别,不得归入受托人的固有财产或者成为固有财产的一部分。受托人死亡或者依法解散、被依法撤销、被宣告破产而终止,信托财产不属于其遗产或者清算财产。

也就是说,信托财产不属于信托公司,如果信托公司欠债,或者是破产,也只能拿信托公司自己的财产去清偿或清算,是不能够动用信托财产的。如果信托公司面临破产,是可以变更受托人,将信托财产交付新的受托人。所以,信托财产是安全的。

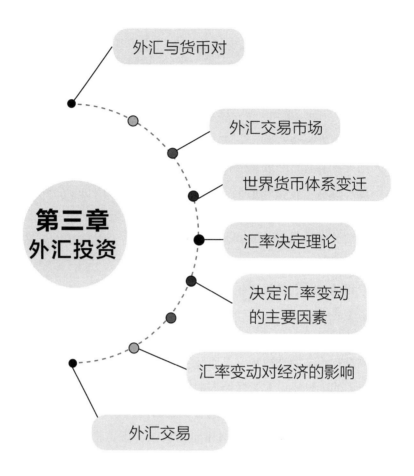

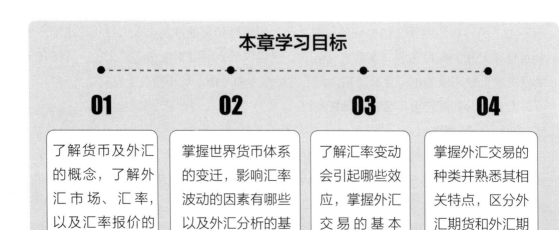

> **本章简介**

本章内容主要从外汇市场交易的角度来阐述外汇投资在理财中的地位，首先通过世界货币体系的变迁来介绍外汇市场的特点、交易等，再从宏观角度来分析影响外汇走势变动的因素以及汇率变动对经济的影响。

3.1 外汇与货币对

3.1.1 外汇及货币对概述

国际货币基金组织对外汇的广义解释为：外汇是货币当局以银行存款、长短期政府债券等形式所保有的在国际收支逆差时可以使用的债权，包括外国货币、外币存款、外币有价证券(政府公债、国库券、公司债券、股票等)、外币支付凭证(票据、银行存款凭证、邮政储蓄凭证等)。

《中华人民共和国外汇管理条例》第三条对外汇的具体内容做出如下规定：外汇是指下列以外币表示的可以用作国际清偿的支付手段和资产：①外国现钞，包括纸币、铸币；②外币支付凭证或者支付工具，包括票据、银行存款凭证、银行卡等；③外币有价证券，包括债券、股票等；④特别提款权；⑤其他外汇资产。

货币是外汇交易的核心要素，目前世界各国基本都以纸币为主要货币。

世界各国货币的代号通常由三个字母组成，前两个是国家的名称，而第三个字母是国家所使用的货币名称。拿 NZD 举例，NZ 代表新西兰，D 代表元。

世界主要货币及其英文简称如下：美元 (USD)、欧元 (EUR)、日元 (JPY)、英镑 (GBP)、瑞士法郎 (CHF)、加拿大元 (CAD)、澳大利亚元 (AUD)、新西兰元 (NZD)、新加坡元 (SIN)、人民币 (CNY) 等。

汇率即外汇的买卖价格，指的是一国货币以另一国货币表示的价格，或者说是两国货币间的比价。为更加方便和精确地表述汇率，习惯上将汇率变动的最小变化定义为点，精确到小数点后的第四位。例如，欧元/美元 (EUR/USD) 的最小变动单位为 0.0001(即 1 点)，那么如果该货币对变动 0.01，就等于汇率变动了 100 点。

外汇市场上的报价一般为双向报价，即由报价方同时报出自己的买入价和卖出价，由客户自行决定买卖方向。买入价，是指银行或者外汇经纪商愿意接受的买入某种货币的价格，即银行或者外汇经纪商向客户买入外汇时所使用的汇率。相反，卖出价，就是银行或者外汇经纪商愿意接受的卖出某种货币的价格。买入价和卖出价的价差越小，对于投资者来说意味着成本越小。银行间交易的报价点差正常为 2～3 点，银行(或交易商)向客户的报价点差依各家情况差别较大。目前国外保证金交易的报价点差基本在

3～5 点，国内银行实盘交易在 10～40 点不等。买入价和卖出价之间的差额即为点差。银行或者外汇经纪商就是通过这个点差来获取利润的。

货币对，是指组成汇率的两种货币。其中，前一种货币为基准货币，后一种货币为计价货币或者相对货币。

表 3-1 列出的货币对被认为是货币对中的"主力"。这些货币对都包含美元 (USD)，这是因为美元是交易最频繁的货币。这些货币对是目前世界上最具流动性和广泛性的货币对。

表 3-1 主要的货币对

货币对	国家 / 地区	外汇术语
EUR/USD	欧元区 / 美国	"欧元美元"
USD/JPY	美国 / 日本	"美元日元"
GBP/USD	英国 / 美国	"英镑美元"
USD/CHF	美国 / 瑞士	"美元瑞郎"
USD/CAD	美国 / 加拿大	"美元加元"
AUD/USD	澳大利亚 / 美国	"澳元美元"
NZD/USD	新西兰 / 美国	"Kiwi 美元"

不包含美元 (USD) 的货币对被称为交叉货币对，或干脆称为"十字货币对"。它也被称为"小额货币对"，最活跃的交叉货币对来源于三种非美元货币：欧元、日元和英镑。

通常而言，主要货币对的交易比较频繁，其交易点差要小于次要货币对的交易点差。根据货币对的不同，我们又有基础汇率与交叉汇率的概念。

(1) 基础汇率，俗称直盘，是指本国货币对基准货币或关键货币的汇率。目前，各国基本上都把美元作为基准货币，如欧元 / 美元 (EUR/USD)。

(2) 交叉汇率，俗称交叉盘，是指通过基准货币 (美元) 套算出的本币对其他货币的汇率，也称套算汇率。比如，利用欧元 / 美元 (EUR/USD) 和美元 / 英镑 (EUR/GBP) 可以套算出欧元 / 英镑 (EUR/GBP) 的汇率。

3.1.2 汇率标价方式

汇率的标价方式分为两种：直接标价法和间接标价法。

1. 直接标价法

直接标价法，是以一定单位 (1、100、1000、10000) 的外国货币为标准来计算应付出多少单位本国货币。就相当于计算购买一定单位外币应付多少本币。包括中国在内的世界上绝大多数国家目前都采用直接标价法。在国际外汇市场上，日元、瑞士法郎、加元等均采用直接标价法。

在直接标价法下，若一定单位的外币折合的本币数额多于前期，则说明外币币值上升或本币币值下跌，叫作外汇汇率上升；反之，如果用比原来少的本币即能兑换到同一数额的外币，这说明外币币值下跌或本币币值上升，叫作外汇汇率下跌，即外币的价值与汇率的涨跌成正比。

2. 间接标价法

间接标价法是以一定单位（如1个单位）的本国货币为标准，来计算应收若干单位的外国货币。在国际外汇市场上，欧元、英镑等均采用间接标价法。

在间接标价法中，本国货币的数额保持不变，外国货币的数额随着本国货币币值的变化而变动。如果一定数额的本币能兑换的外币数额比前期少，这表明外币币值上升，本币币值下降，即外汇汇率上升；反之，如果一定数额的本币能兑换的外币数额比前期多，则说明外币币值下降、本币币值上升，即外汇汇率下跌。外币的价值和汇率的升跌成反比。

3.1.3 汇率制度

根据汇率的管理制度，汇率可以分为固定汇率与浮动汇率。

固定汇率，是指汇率的确定以货币的含金量为基础，形成汇率之间的固定比值。这种汇率或是由黄金的输入输出予以调节，或是在货币当局的调控之下，在法定幅度内进行波动，因而具有相对稳定性。

浮动汇率，是指一个国家不规定本国货币与外国货币的黄金平价和汇率上下波动的幅度，各国官方也不承担维持汇率波动界限的义务，而听任汇率随外汇市场供求的变化而自由浮动。在这一制度下，外汇成为国际金融市场上的一种特殊商品，汇率成为买卖这种商品的价格。

目前，我国外汇管理的职能部门是国家外汇管理局及其分局。

我国过去一直实行单一的汇率制度。1979年实行改革开放政策以后，我国实行有管理的浮动汇率制度，形成官方汇率和调剂市场汇率并存的双重汇率局面。自1994年1月1日起，我国取消外汇留成，将两种汇率并轨，实行以市场供求为基础、单一的、有管理的浮动汇率制度，但实际上是盯住单一美元。

2005年7月21日，中国人民银行正式宣布，废除原先盯住单一美元的货币政策，开始实行以市场供求为基础、参考一篮子货币进行调节的浮动汇率制度。

2015年8月11日，中国人民银行宣布调整人民币对美元汇率中间价报价机制，做市商参考上日银行间外汇市场收盘汇率，向中国外汇交易中心提供中间价报价。"8·11"汇改的具体内容是：人民币汇率不再盯住单一美元，而是选择若干种主要货币，赋予相应的权重,组成一个货币篮子。同时,以市场供求为基础,参考一篮子货币计算人民币多边汇率指数的变化,维护人民币汇率在合理均衡水平上的基础稳定。但参考一篮子不等于盯住它,还需要将市场供求关系作为另一重要依据,据此形成有管理的浮动汇率制。

自"8·11"汇改至今,人民币对美元汇率中间价形成机制,已经历过多次重大调整:第一次,在 2015 年"8·11"汇改之后,央行让人民币对美元汇率中间价直接等于前一日收盘价;第二次,从 2016 年年初起,央行宣布实施"收盘价+篮子汇率"的双目标定价机制;第三次,央行在 2017 年年初调整了人民币篮子货币的数量和权重,并缩短了一篮子货币的参考时间;第四次,为了适度对冲市场情绪的顺周期波动,央行宣布在 2017 年 5 月 26 日引入逆周期调节因子,由此将"收盘价+篮子汇率"的双目标定价机制转变为"收盘价+篮子汇率+逆周期因子"的三目标定价机制;第五次,"2018 年 1 月,随着我国跨境资本流动和外汇供求趋于平衡,人民币对美元汇率中间价报价行基于自身对经济基本面和市场情况的判断,将'逆周期因子'调整至中性";第六次,"受美元指数走强和贸易摩擦等因素影响,外汇市场出现了一些顺周期行为。2018 年 8 月 24 日以来,人民币对美元汇率中间价报价行主动调整了'逆周期系数',以适度对冲贬值方向的顺周期情绪"。

从上述回顾中不难看出,逆周期因子的使用、暂停与重启,在 2017 年 5 月至今的人民币对美元汇率中间价定价机制中扮演着重要角色,且主要在人民币处于贬值周期的时候使用。简单来说,逆周期因子就是对前一日人民币收盘汇率变动中的市场供求因素进行打折过滤,重新给人民币对美元汇率中间价形成机制引入了不确定性,这一方面的确强有力地抑制了市场上的人民币贬值预期,但另一方面却不利于人民币汇率形成机制的市场化改革。

2020 年 10 月 27 日,外汇交易中心公告称:"会陆续主动将人民币对美元中间价报价模型中的'逆周期因子'淡出使用。调整后的报价模型有利于提升中间价报价的透明度、基准性和有效性。"

3.2 外汇交易市场

外汇市场是全球交易量最高、规模最大的金融市场。世界外汇市场成交金额基本是世界股票市场成交额的数十倍,为全球国内生产总值的 20 倍左右。

全球外汇市场的交易工具类别丰富,场外市场有即期、远期、掉期、货币互换、期权以及一些结构相对复杂的结构化衍生品;场内市场有外汇期货与外汇期权。在场外市场,外汇即期占有 2/5 的交易量,日均交易规模为 2 万亿美元,其余均为衍生品交易。

其中交易最为活跃的外汇衍生品为外汇掉期，其日均交易规模达到 2.2 万亿美元。

目前外汇交易，大部分是为了借助汇价的波动赚取差价来获利。因此，现货、合约现货以及期货交易在外汇交易中所占的比重较大。对于普通投资者而言，合约外汇交易是目前最主要的投资方式。

进行外汇交易的场所，分为有形外汇市场和无形外汇市场两种。有形外汇市场是指外汇交易所。但最大的是无形外汇市场，即没有具体的外汇交易场所，参与者通过约定俗成的方式和先进的信息系统进行买卖，即有市无场。这是现代外汇市场的主要形式。全球每日上万亿美元的交易，就是在这种既无集中的交易场所又无中央清算系统的管制与监督下完成清算和转移的。

自从外汇市场诞生以来，外汇市场的汇率波动幅度越来越大。正因为外汇市场波动频繁且波动幅度巨大，给投资者创造了更多的机会，吸引了越来越多的投资者加入这一行列。

近年来，外汇市场之所以能为越来越多的人所青睐，成为国际上投资者的新宠儿，这与外汇市场本身的特点密切相关。外汇市场的主要特点如下。

1. 有市无场

西方工业国家的金融业基本上有两套系统，即"有市有场"和"有市无场"。股票买卖是通过交易所买卖的。像纽约证券交易所、伦敦证券交易所、东京证券交易所，分别是美国、英国、日本股票主要交易的场所，集中买卖的金融商品，其报价、交易时间和交收程序都有统一的规定，并成立了同业协会，制定了同业守则。投资者则通过经纪公司买卖所需的商品，这就是"有市有场"。而外汇买卖则是通过没有统一操作市场的行商网络进行的，它不像股票交易有集中统一的地点。但是，外汇交易的网络却是全球性的，并且形成了没有组织的组织，市场是由大家认同的方式和先进的信息系统所联系，交易商也不具有任何组织的会员资格，但必须获得同行业的信任和认可。这种没有统一场地的外汇交易市场被称之为"有市无场"。全球外汇市场每天平均有上万亿美元的交易。如此巨额的资金，就是在这种既无集中的场所又无中央清算系统的管制，以及没有政府的监督下完成清算和转移。

2. 循环作业

由于全球各金融中心的地理位置不同，亚洲市场、欧洲市场、美洲市场因时间差的关系，连成了一个全天 24 小时连续作业的全球外汇市场。交易活动在全球范围内随着太阳的运转从一个金融中心转移到另一个金融中心，永不停息。早上 8 点半（以纽约时间为准）纽约市场开市，9 点半芝加哥市场开市，10 点半旧金山开市，18 点半悉尼开市，19 点半东京开市，20 点半新加坡开市，凌晨 2 点半法兰克福开市，3 点半伦敦市场开市。如此 24 小时不间断运行，外汇市场成为一个不分昼夜的市场，只有星期六、星期日以及各国的重大节日，外汇市场才会关闭。这种连续作业，为投资者提供了没有时间和空间障碍的理想投资场所，投资者可以寻找最佳时机进行交易。比如，投资者若上午在纽约市场上买进日元，晚间新加坡市场开市后日元上扬，投资者可在新加坡市场卖出，不管投资者本人在哪里，他都可以参与任何市场、任何时间的买卖。因此，外汇市场可以说是一个没有时间和空间障碍的市场。

世界主要外汇市场开收盘时间（北京时间）如下。

新西兰惠灵顿外汇市场：04：00—12：00(冬令时)；05：00—13：00(夏时制)。

澳大利亚悉尼外汇市场：06：00—14：00(冬令时)；07：00—15：00(夏时制)。

日本东京外汇市场：08：00—14：30。

新加坡外汇市场：09：00—16：00。

德国法兰克福外汇市场：14：00—22：00。

英国伦敦外汇市场：16：30—00：30(冬令时)；15：30—23：30(夏时制)。

美国纽约外汇市场：21：20—04：00(冬令时)；20：20—03：00(夏时制)。

注：国际规定冬令时从11月第二个星期开始到次年3月第一个星期截止；夏时制为除去冬令时以外的所有时间。

可见，世界外汇交易时间基本集中在北京时间的8：00—23：00，这对于中国地区的投资者是非常有利的，符合中国投资者的作息时间。

虽然全世界都在进行外汇交易，但是大部分交易都集中在少数城市，超过一半的外汇交易都是在英美两国完成的，其中伦敦占比超过1/3，纽约近20%。这意味着在伦敦和纽约同时开市的时间段，市场的流动性非常大。

3. 零和游戏

在股票市场上，如果某种股票或者整个股市上升或者下降，那么，某种股票的价值或者整个股票市场的股票价值也会上升或下降，例如日本新日铁的股票价格从800日元下跌到400日元，这样新日铁全部股票的价值也随之减少了一半。然而，在外汇市场上，汇价的波动所表示的价值量的变化和股票价值量的变化完全不一样，这是由于汇率是指两国货币的交换比率，汇率的变化也就是一种货币价值的减少与另一种货币价值的增加。从总的价值量来说，变来变去，不会增加价值，也不会减少价值。因此，有人形容外汇交易是"零和游戏"，更确切地说是财富的转移。近年来，投入外汇市场的资金越来越多，汇价波幅日益扩大，促使财富转移的规模也愈来愈大，速度也愈来愈快，以全球外汇每天数万亿美元的交易额来计算，上升或下跌1%，就有巨额的资金要换新的主人。尽管外汇汇价变化很大，但是，任何一种货币都不会变为废纸，即使某种货币不断下跌，然而，它总会代表一定的价值，除非宣布废除该种货币。

3.3 世界货币体系变迁

今天的外汇市场体系,是由历史上一系列重大事件所创造的。这实际上就是世界货币体系的不断变迁的结果。

确定一种货币体系的类型主要依据三条标准:①货币体系的基础即本位币是什么;②参与国际流通、支付和交换媒介的主要货币是什么;③主要流通、支付和充当交换媒介的货币与本位币的关系是什么,包括双方之间的比价如何确定,价格是否在法律上固定以及相互之间在多大程度上可以自由兑换。

综合以上标准,国际货币体系可划分为三种类型:国际金本位制度、布雷顿森林体系和牙买加体系。

3.3.1 国际金本位制度

1816 年,英国制定了《金本位制度法案》,率先采用金本位制度。到 19 世纪 80 年代,金本位制度发展成为世界性的货币制度。

1. 金本位制度的内容

金本位制度的主要内容如下。

(1) 黄金充当国际货币。金币可以自由铸造、自由兑换,以及黄金可以自由进出口。这一特点决定了金本位制度具有一个与纸币本位制度截然不同的优势——没有通货膨胀。

(2) 各国货币之间的汇率由它们各自的含金量对比所决定。各国货币都规定含金量,各国货币的含金量之比即为铸币平价,铸币平价决定着两国货币汇率的法定平价。金本位制度下的汇率是非常稳定的。

(3) 国际收支可以实现自动调节。

2. 金本位制度崩溃的主要原因

金本位制度实行了约 100 年,其崩溃的主要原因如下。

(1) 黄金生产量的增长幅度远远低于商品生产增长的幅度,黄金不能满足日益扩大的商品流通需要,这就极大地削弱了金铸币流通的基础。

(2) 黄金存量在各国的分配不平衡。黄金存量大部分为少数强国所掌握,必然导致金币的自由铸造和自由流通受到破坏,削弱其他国家金币流通的基础。

(3) 第一次世界大战爆发,黄金被参战国集中用于购买军火,并停止自由输出和银行券兑现,从而最终导致金本位制度崩溃。

两次世界大战后,经济严重衰退,参与战争的国家急需战后重建,所以为了刺激经济的发展,政府需要实施宽松的货币政策,比如降息,而采取宽松的货币政策就意味着货币要贬值,货币贬值就会跟金本位制度产生矛盾,因为金本位制度下货币按照固定的比例兑换黄金，而宽松的货币政策下货币贬值就不能再以固定的比例兑换黄金，所以刚开始各国在金本位制度下产生了严重的通货紧缩，经济严重衰退，工人失业加剧，最后各国不得不放弃金本位制度。

3.3.2 布雷顿森林体系

在第二次世界大战还没有结束的时候，同盟国即着手拟订战后的经济重建计划，希望能够避免两次大战之间的混乱的世界经济秩序。1944年7月，44个同盟国的300多位代表出席在美国新罕布什尔州布雷顿森林市召开的"联合国货币金融会议"，商讨重建国际货币制度，在这次会议中产生的国际货币体系被称为布雷顿森林体系。

布雷顿森林体系的主要内容如下。

(1) 美元与黄金挂钩。各国政府或中央银行可按官价用美元向美国兑换黄金。为使黄金官价不受自由市场金价冲击，各国政府需协同美国政府在国际金融市场上维持这一黄金官价。

(2) 其他国家货币与美元挂钩。其他国家政府规定各自货币的含金量，通过含金量的比例确定对美元的汇率。

(3) 实行可调整的固定汇率。各国货币对美元的汇率，只能在法定汇率上下各1%的幅度内波动。若市场汇率超过法定汇率1%的波动幅度，各国政府有义务在外汇市场上进行干预，以维持汇率的稳定。若会员国法定汇率的变动超过10%，就必须得到国际货币基金组织的批准。布雷顿森林体系的这种汇率制度被称为"可调整的钉住汇率制度"。

(4) 确定国际储备资产。《布雷顿森林协议》中关于货币平价的规定，使美元处于等同黄金的地位，成为各国外汇储备中最主要的国际储备货币。

(5) 国际收支的调节。短期的失衡由国际货币基金组织提供信贷来解决，长期的失衡则通过调整汇率平价来调节。

可见，布雷顿森林体系实际上也是一种金汇兑本位制，是一个以美元为中心的体系，美元的命运左右着该体系的命运。

布雷顿森林体系的变化实际上伴随着美国国际收支的变化，美元经历了"美元荒"（各国都缺少美元）—"美元泛滥"（美元大量外流导致各国手持美元数量激增）—"美元危机"（各国对美元缺乏信心以致大量抛售美元）的演变。1971年，当时的美国总统尼克松宣布单方面终止布雷顿森林会议上同意各国政府按官价向美国政府以美元兑换黄金的承诺，布雷顿森林体系宣告瓦解。

3.3.3 牙买加体系[①]

布雷顿森林体系崩溃以后，国际货币金融关系动荡混乱，美元的国际地位不断下降，出现了国际储备多元化状况，许多国家实行浮动汇率制，汇率剧烈波动。1976 年 1 月 8 日，国际货币基金组织达成"牙买加协定"，同年基金组织通过《国际货币基金协定第二次修正案》形成了牙买加体系的格局。

1. 牙买加体系的特点

(1) 美元仍是最主要的国际货币之一，但美元的地位正在下降，复合货币的国际货币地位日益提高。

(2) 以浮动汇率为主的混合汇率体制得到发展。"牙买加协定"认可各国可以自由做出汇率方面的安排，同意固定汇率制与浮动汇率制并存。

(3) 国际收支的调节是通过汇率机制、利率机制、"基金组织"的干预和贷款、国际金融市场的媒介作用和商业银行的活动以及有关国家外汇储备的变动、债务、投资等因素结合起来进行的。

2. 对牙买加体系的评价

1) 积极方面

多元化的储备结构摆脱了布雷顿森林体系下各国货币间的僵硬关系，为国际经济提供了多种清偿货币，在较大程度上解决了储备货币供不应求的矛盾；多样化的汇率安排适应了多样化的、不同发展水平的各国经济发展。

2) 弊端

以浮动汇率为主的混合汇率导致汇率大起大落，变动不定，汇率体系极不稳定。其消极影响之一是增大了外汇风险，从而在一定程度上抑制了国际贸易与国际投资活动。

如果说在布雷顿森林体系下，国际金融危机是偶然的、局部的，那么，在牙买加体系下，国际金融危机就成为经常的、全面的和影响深远的。

3.4 汇率决定理论

购买力平价理论与利率平价理论是现代汇率决定理论的起点。

3.4.1 购买力平价理论

为了更好地理解购买力平价，首先需要理解什么是"一价定律"，一价定律是购买力平价的基础。一价定律是指在商品的价格灵活变动、贸易无壁垒、无运输费用、无交

---

① 喻画恒，巫俊，杨昕群. 国际货币体系发展综述 [J]. 现代商贸工业，2010，22(12).

易费用的假设前提下，同样的商品(限可贸易品)在不同国家的价格，用双边汇率换算成相同货币单位时，价格完全一样。根据这个理论，一种通货必然在所有国家具有相同的购买力。也就是说一美元在美国和中国能购买的物品的量必然相等，人民币亦是如此。

一个测量购买力平价的简单而幽默的例子就是巨无霸指数。比如，一份巨无霸汉堡包的价格在中国为 13.2 元人民币，在美国为 3.73 美元，由此推断，人民币对美元的汇率应该为 3.54∶1。实际上，按照"巨无霸指数"推算的人民币对美元的汇率一直比现行汇率低不少，因此这个指数也经常被一些西方经济学家用来佐证各种"人民币被低估"的理论。

购买力平价分为绝对购买力平价和相对购买力平价。

(1) 绝对购买力平价，是购买力平价的早期理论。绝对购买力平价，是指在一定的时点上，两国货币汇率决定于两国货币的购买力之比。如果用一般物价指数的倒数来表示各自的货币购买力的话，则两国货币汇率决定于两国一般物价水平之比。

(2) 相对购买力平价，是指不同国家的货币购买力之间的相对变化，是汇率变动的决定因素，认为影响汇率变动的主要因素是不同国家之间货币购买力或物价的相对变化，同汇率处于均衡的时期相比，当两国购买力比率发生变化时，两国货币之间的汇率就必须调整。

相对购买力平价表示一段时期内汇率的变动，并考虑到了通货膨胀因素。

相对购买力平价的计算公式为

$$本国货币新汇率 = 本国货币旧汇率 \times 外国货币购买力变化率$$

购买力平价是最有影响力的汇率理论。这是因为它从货币的基本功能(具有购买力)角度分析货币的交换问题，开辟了从货币数量角度对汇率进行分析的先河，符合逻辑，易于理解，表达形式最为简单，对汇率决定这样一个复杂问题给出了最简洁的描述。同时购买力平价所涉及的一系列问题都是汇率决定中非常基本的问题，处于汇率理论的核心位置。另外购买力平价被普遍作为汇率的长期均衡标准而被应用于其他汇率理论的分析中。

我们可以关注经济合作与发展组织(OECD)发布的购买力平价数据来了解各国目前的购买力。

3.4.2 利率平价理论

利率平价理论认为两个国家利率的差额等于远期兑换率及现货兑换率之间的差额。其是由凯恩斯和爱因齐格提出的远期汇率决定理论。在两国利率存在差异的情况下，资金将从低利率国流向高利率国以谋取利润。但套利者在比较金融资产的收益率时，不仅要考虑两种资产利率所提供的收益率，还要考虑两种资产由于汇率变动所产生的收益变动，即外汇风险。套利者往往将套利与掉期业务相结合，以避免汇率风险。大量掉期外汇交易的结果是，低利率国货币的现汇汇率下降，期汇汇率上浮；高利率国货币的现汇汇率上浮，期汇汇率下降。远期差价为期汇汇率与现汇汇率的差额。由此低利率国货币就会出现远期升水，高利率国货币则会出现远期贴水。随着抛补套利的不断进行，远期差价就会不断加大，直到两种资产所提供的收益率完全相等，这时抛补套利活动就会停止，远期差价正好等于两国利差，即利率平价成立。

因此我们可以归纳一下利率平价理论的基本观点：远期差价是由两国利率差异决定的，并且高利率国货币在期汇市场上必定贴水，低利率国货币在期汇市场上必定升水。在没有交易成本的情况下，远期差价等于两国利差，即利率平价成立。

3.5 决定汇率变动的主要因素

外汇因为独有的优势吸引到了越来越多的投资者，成为不少人的投资首选，外汇市场的变化会影响到投资者的收益，那么哪些因素会影响外汇市场呢？

在外汇买卖中，每个人都希望准确地对汇率进行预测，这样可以保证自己获利。这是大家做好外汇买卖的基础。而汇率作为一种价格，理当由外汇市场的供求状况决定，外汇供求的变化会导致汇率的变动，而外汇供求状况及其变动受制于一系列经济和非经济因素。这些因素既有国内的，又有国际的，既有客观的，又有主观的，既有政治、军事、国际关系，又有经济指标所反映的经济增长形势等，还包含了政府层面的货币和财政政策、市场心理预期等。这些因素相互影响，关系复杂。

外汇的分析方法分成基本面分析和技术面分析。基本面分析的注重点是判断某种货币的长期走势，是做定性分析的；与之相对的技术分析的注重点是判断以哪个价格和时点买卖，是做定量分析的。

当我们听到有人谈到基本面时，他们实际上是在谈论某一货币所有国或经济体的经济基本面。

但实际上经济基本面涉及众多的信息，不管是经济层面的、政治层面的还是环境层面的报告、数据、声明或事件，均与经济基本面相关，甚至一国主权评级遭下调也可以归入基本面分析中，比如说，欧元区国家主权信用评级的下调通常会导致欧元/美元的下跌。

基本面分析就是对上述因素进行综合研究和分析，并预计货币在未来的走势情况。

从经济和金融角度来说，基本面分析主要集中于宏观经济组成部分，比如经济增长、通胀、失业率等对我们正在进行的交易的影响。

基本面分析多依据各国定期公布的经济指标，当公布的数据和预期值有较大差距时就会引发外汇价格产生强烈的变化，很多短线外汇交易者也会利用这种变化获取一定的利润，这就是所谓的新闻交易法。

我们可以从不同的经济指标中对基本面数据进行分析。基本面数据向外部的公布通常会改变市场对经济局面的看法，投资者和投机者则会对数据做出相应反应。实际上，在一些重大经济数据公布后，相关货币在短时间内的波动通常会超过100点，这对那些勇敢的交易者来说提供了很好的获利机会。这也是为什么一些交易者通常在一些重大宏观经济数据公布之前保持高度关注的原因。

基本面分析从宏观面判断一个国家的经济形势，经济的强弱最终会在这个国家的货币价值上反映出来，而一个国家的经济不太可能在一夕之间强弱转势，所以长期的判断会比较准确，因此超过70%的大银行、大基金机构等都以基本面分析来决定长期投资的方向。

但是，基本面分析也有它的缺点，从经济指标去判断市场走势并不是一件很容易的事情。

各国的经济结构错综复杂，经济数据繁多，理出头绪对一个普通人来说绝不简单。

大机构的资讯量和获得的时间是我们大多数人不可比拟的，在一些重要经济数据公布前，如果我们判断失误，贸然入市，可能损失惨重，如果想在公布后跟风开仓，可能为时已晚，所以"新闻交易"也不一定是一个长期可靠的方法。

上述诸多因素，限于篇幅，此处只能做一简要的归纳分析。

1. 经济周期

经济周期分为四个阶段，繁荣期、衰退期、萧条期和复苏期。

在繁荣期，一般来说经济形势良好，民众购买力强大，所以货物的需求量会大于供应量，价格就会上升，最后形成通胀。价格不断上升会减弱购买力，降低需求量，使经济进入衰退期，在衰退期，民众的商业行为减少，失业率上升，这通常会使价格下降形成通缩。此时如果政府不能采取有效措施去刺激经济，就有可能进入萧条期，最后过低的价格促使需求增加，经济开始复苏，然后开始另一轮的繁荣循环。

当各国经济处在周期的不同阶段、不同时期时，其货币之间的相对价值就会在外汇市场体现出来，准确判断各国的经济实力，就能在外汇交易中获取可观的利润，尤其对长期交易来说，基本面分析是不可或缺的一环。

经济周期对货币汇率的影响较为明显的例子就是美元指数的强弱周期波动。

2. 国际收支

国际收支也是影响汇市的基本因素之一。国际收支是指商品和劳务的进出口和资本的输出和输入，即经常项目下的收支情况和资本项目下的收支情况。一个国家的对外贸易有盈余，叫顺差；相反，一个国家在对外贸易中，收入小于支出，叫逆差。一个国家的贸易出现顺差，说明这个国家的经济基本面好，市场上对这个国家货币的需求增加，便会使这个国家的货币升值，如果一个国家的贸易出现逆差，市场上对这个国家货币的需求就会减少，便会使这个国家的货币贬值。

3. 货币的供应量

货币供应量是指一个国家的央行或发行货币的银行发行货币的数量，其对汇率的影响很大，一个国家必须保证自己国家的货币供给保持一定的数量。如果发行的纸币过多，就会造成纸币大幅贬值，甚至造成整个金融市场崩溃。当然这是极端的情况了。平常各个国家的央行也要控制货币的供应量。如果一个国家的经济增长缓慢，或者经济衰退，那么这个国家的货币当局就要考虑增加货币的供应量来刺激经济，同时调低利率，采取宽松的货币政策。反之，如果在采取了这种政策之后，经济好转，多发行货币，这会造成货币增长过快，那么这个国家的货币当局就要采取紧缩的货币政策，要减少货币供应量，避免通货膨胀。

4. 是否有突发事件

一个国家突发事件的发生直接影响到本国货币汇率的波动，从而也会对外汇市场造成影响，例如自然灾害、领导人换届等。一国国内的社会动荡、军事暴乱、政局不稳等，都会对本国货币的汇率产生极大的破坏作用。通常意义上，一国的政治形势越稳定，则该国的货币越稳定。

但更重大的影响因素在于国际政治关系的变化，尤其是被美国、欧盟或者联合国进行经济、军事和政治制裁，对一国的货币汇率将是致命的打击。

从世界范围来看，如果全球形势趋于紧张，则会导致外汇市场的不稳定，一些货币的非正常流入或流出将发生，最后可能的结果是汇率的大幅波动。

5. 政府的货币和财政政策

政府的各种政策特别是经济政策都会直接或间接地对汇率产生影响。政府干预汇率的直接形式是通过中央银行干预外汇市场。政府的其他经济政策也会间接地影响汇率。

世界各国在汇价对其不利的时候要进场干预，主要原因如下。

一是为了国内外贸易政策的需要，包括促进或减少出口，以及促进或减少进口等多方面内容。比如，一个国家的货币在外汇市场的价格较低，必然有利于这个国家的出口，而出口过多或者汇率过低，会引起其他出口国家的反对。同样在国内如果处理不好汇率的问题，则可能变成一个政治问题，影响政府的执政。从这几方面考虑，这个国家要调整或干预汇率。

二是出于抑制国内的通货膨胀的考虑。在浮动汇率下，如果一个国家的货币长期低于均衡价格，在一定的时期内肯定会刺激出口，导致贸易顺差，最终导致本国的物价上涨，工资上涨。久而久之，就会导致通货膨胀。在经济理论中，如果出现通货膨胀，这个国家的经济增长可能会被抵消，出现虽然经济很繁荣，货币却贬值，工资虽然上涨，可是相对购买力可能却减弱，生活水平没有上涨这种现象。这往往会被认为是当局对宏观经济管理不当，该国政府往往被指责。

所以，我们需要注意一些重要人物的讲话，他们的讲话往往会透露出政府将采取的财经政策，有些政策对外汇市场一样有着非常重要的影响。

6. 市场预期

市场对各种价格信号的预期都会影响汇率，预期因素是短期内影响汇率变动的主要因素之一。市场预期的极端表现就是投资者恐慌。在今天的货币市场上，投资者恐慌是最大的影响因素之一，以至于它的出现会让影响市场的其他重要因素黯然失色。当经济危机发生时，它既可以让某些货币暴跌，也可以让某些货币飞涨。投资者恐慌量化的代表之一就是芝加哥期权交易所波动率指数。

3.6 汇率变动对经济的影响

汇率是联系一国国民经济与外部世界的重要纽带。一方面汇率变动受制于一系列经济因素，另一方面汇率变动又会产生广泛的经济影响。

3.6.1 对国际收支的影响

1. 汇率变动的进出口效应

一国货币贬值通过降低本国产品相对于外国产品的价格，即外国进口品的本币价格上升，本国出口品的外币价格下降，诱发国外居民增加对本国产品的需求，本国居民减少对外国产品的需求，从而有利于该国增加出口，减少进口。

根据马歇尔 - 勒纳条件，一国货币相对于他国货币贬值，能否改善该国的贸易收支状况，主要取决于贸易商品的需求和供给弹性。这里要考虑四个弹性。

(1) 他国对该国出口商品的需求弹性。

(2) 出口商品的供给弹性。

(3) 进口商品的需求弹性。

(4) 进口商品的供给弹性 (指他国对贬值国出口的商品的供给弹性)。

在假定一国非充分就业，因而拥有足够的闲置生产资源使出口商品的供给具有完全弹性的前提下，贬值效果便取决于需求弹性。只有当贬值国进口需求弹性大于 0(进口减少) 与出口需求弹性大于 1(出口增加) 时，贬值才能改善贸易收支。

工业发达国家的进出口大多是高弹性的工业制成品，所以在一般情况下，货币贬值的作用较大。相反，发展中国家的进出口大多是低弹性的商品，所以货币贬值的作用不大。这就是说，发展中国家只有改变进出口的商品结构，由出口低弹性的初级产品转为出口高弹性的制成品，才能通过汇率的变化来改善国际收支的状况。

一国汇率贬值或升值对国际收支的影响存在时滞现象。本国货币贬值后，最初发生的情况往往正好相反，经常项目收支状况反而会比原先恶化，进口增加而出口减少，经过一段时间，贸易收入才会增加。因为这一运动过程的函数图像酷似字母"J"，所以这一变化被称为"J曲线效应"。其原因在于最初的一段时期内由于消费和生产行为的"粘性作用"，进口和出口的贸易量并不会发生明显的变化，但由于汇率的改变，以本国货币计价的出口收入相对减少，以外国货币计价的进口支出相对增加，从而造成经常项目收支逆差增加或是顺差减少。经过一段时间后，这一状况开始发生改变，进口商品逐渐减少，出口商品逐渐增加，使经常项目收支向有利的方向发展，先是抵消原先的不利影响，然后使经常项目收支状况得到根本性的改善。这一变化过程可能会维持数月甚至一两年，根据各国不同情况而定。因此汇率变化对贸易状况的影响是具有"时滞"效应的。

在这里我们要注意外汇倾销的临界度量值。外汇倾销政策是指用降低本国货币汇率，使本国货币对外贬值程度超过其在国内贬值程度，从而使本国出口商品在国际市场的价格跌落，以增强出口竞争能力、扩大出口业务的一种政策措施。通过外汇倾销，还会使外国商品在本国市场的价格提高，从而限制进口。所以它是各国进行贸易战的重要手段之一。但它不能无条件、无限制地使用，因为汇率的下跌会提高进口商品价格水平，从而加剧国内通货膨胀，还会招致其他国家同样采取降低汇率或提高进口关税等措施的报复。其结果不仅使外汇倾销的效果被削弱或抵销，而且会导致国际贸易和货币关系的混乱，加剧国家之间的矛盾。

2. 汇率变动的国际资本流动效应

汇率变动对一国资本项目的影响情况，取决于其如何影响市场对该货币今后变动趋势的预期。

1) 对长期资本流动的影响

在其他条件不变的前提下，如果人们预计一国货币贬值是短暂的，那么，它可能吸引长期资本流入该国。因为它能够使一定量的外汇兑换更多的该国货币，等量的外资可以支配更多的实际资源，从而在该国投资可以获得更高的投资收益。若人们认为一国货币贬值是长期趋势，那么，它对长期资本流动会起到相反的作用。从长期看，汇率上下波动可以部分地相互抵销，所以，贬值一般对长期资本流动影响较小。

2) 对短期资本流动的影响

货币贬值会导致短期资本外流。当一国货币汇率开始下跌时，以该国计值的金融资产的相对价值下降，人们会用该国货币兑换他国货币，资本会大量移往国外以防损失，引起大量资本外流。同时，贬值还会造成通货膨胀预期，引起资本外流。

3.6.2 汇率变动的产出效应

本币贬值有利于进口的增加,会带来国内投资、消费和储蓄的增加;同时,由于进口价格上涨,一些消费者会把准备购买进口商品的支出转向于购买国内商品上,这会产生同出口增加一样的作用。所以,一般来说,货币贬值后,一国贸易收支往往会得到改善。如果该国还存在闲置的生产要素,包括劳动力、机器等资本品和原材料等,那么该国就具备了扩大生产的可能性和现实性,从而增加生产的产量。这时,贸易收支的改善将会通过乘数效应扩大总需求,带动国内经济实现充分就业。

3.6.3 汇率变动的利率效应

汇率变动的利率效应是不确定的。汇率变动主要通过影响物价和短期资本流动两条途径影响利率。货币贬值会扩大货币供应量,引起国内物价水平上升,促使利率水平下降。一国货币汇率下降,往往会激发人们产生进一步下降的心理,引起短期资本外流。国内资本供给减少可能引起利率上升,如果人们预期汇率反弹,则它可能导致短期资本流入。

3.6.4 汇率变动的物价效应

贬值对物价的影响有两条途径:一是通过贸易收支改善的乘数效应,引起需求拉升的物价上涨;二是通过提高国内生产成本推动物价上涨。

从进口角度来看,本国货币汇率下降,会导致进口商品和进口原材料的价格上升,并使国内同类商品和最终成品的价格上升,引发成本推进型的通货膨胀;从出口角度来看,本国货币汇率下降,会引起出口量增加的现象,在国内生产能力已得到较充分利用的情况下,这会加剧国内的供需矛盾,对国内制成品以及相关产品的价格上涨产生压力;从货币发行来看,货币贬值可增加一国的外汇收入,外汇储备会有一定程度的增加,而外汇储备增加的另一面是该国中央银行增加发行相同价值的本币,因而会扩大该国的货币发行量,导致该国产生通货膨胀的压力。

本币贬值会鼓励出口,增加外汇收入,同时使本币投放增加;本币升值则会减少出口,使外汇收入减少,使货币投放减少。因此,货币贬值会扩大货币供应量,引起物价水平上升,促使利率水平下降,这会带来通货膨胀的效应,但通货膨胀又会引起货币需求的增加和利率的上升。对一般国家来说,伴随着汇率贬值而来的总是利率的上升。本币的贬值有利于该国的出口,限制其进口,这是本币贬值最重要的影响,也是一国货币当局降低本币对外汇率经常要考虑的方面。但只有经过一段较长的时间后,贬值国的出口需求弹性才会逐渐增加,其贸易差额状况才会得到改善。由于汇率变动是双向的,本币汇率下降就意味着其他国家货币汇率上升，会导致其他国家的国际收支出现逆差、经济增长减缓的现象，由此可能会招致其他国家的抵制和报复。

3.6.5 汇率变动的资源配置效应

货币贬值后，出口品本币价格由于出口数量的增加而上涨，进口替代品价格由于进口品本币价格上升带动而上涨，从而整个贸易品部门的价格相对于非贸易品部门的价格就会上升，由此会引发生产资源从非贸易品部门转移到贸易品部门。

3.6.6 汇率变动的外部溢出效应

美国在20世纪80年代初实行紧缩性货币政策与扩张性财政政策，导致大量资本流入，美元汇价逐步上涨，而美国的联邦储备银行(联储会)在1981年和1982年间对外汇市场又彻底采取自由放任的态度。西欧国家为了防止资本外流，在欧洲货币的汇率不断下跌时，被迫经常直接干预外汇市场，并一再要求美国的联储会协助干预。

实际上，汇率变动对经济的影响程度取决于很多因素，不能一概而论。

(1) 进出口占GNP的比重。其比重越大，汇率对国内经济的影响越大。汇率对经济增长的影响表现在当一国货币对外贬值时，其贸易收支得到改善，出口增加，此时若该国还存在闲置的生产资源，则其国内生产规模就会扩大，带动国内经济增长；反之，若一国货币对外升值，则有可能引起国内生产规模的收缩。

(2) 货币可自由兑换性。若该国货币可自由兑换，在国际支付中使用率较高，则汇率变动对该国经济的影响较大。现实中，各个国家都对其货币兑换做出一些限制，真正做到货币完全可自由兑换的国家是非常少的。一般来说，经济越发达的国家，其货币完全兑换程度越高；经济越落后的国家，其货币的可兑换程度越低。这一方面是因为，随着一国经济水平的提高，参与国际分工与合作的能力也越强，对货币兑换的要求也越强烈；另一方面，经济较发达的国家，其市场制度也比较完善，对大量外汇流入和流出都有比发展中国家更强的控制能力和更多更有效的政策手段。

(3) 参与国际金融市场的程度。一国对外开放程度越高，汇率变动对该国经济的影响越大。一国对外开放程度不高，参与国际分工与合作的能力不强，那么汇率的变动就几乎不能由经济因素所决定，反过来汇率的变动也不会对该国经济产生太大影响。

(4) 经济发达程度。经济发达，各种市场机制较完善，汇率变动对该国经济的影响就大；若不发达，政府会对汇率和经济进行管制，汇率的作用就小。政府对经济运行的干预会改变市场机制的运行机制与运作过程，使汇率变动对经济的影响复杂化。

3.7 外汇交易

3.7.1 外汇存款

开办外汇存款业务,是我国外汇指定银行(以下简称存款银行)筹集外汇资金和扩大外汇资金来源的重要渠道,也是它所经营的一项基础业务。而将外汇资金存入银行,则是企业和个人运用外汇资金并取得利息收入的一种方式,也是企业从事其他外汇业务所要采取的一种基本手段。

那么,如何进行外汇存款才最划算?

1. 学会"率比三家"

因中央银行对短期外币定期储蓄利率的调整,规定各银行可在中央银行规定的利率上限内进行自行调整。因此,储户在进行外币储蓄时应"率比三家",以免减少利息的收益。

2. 合理把握存款期限

由于外币储蓄利率会受到国际金融市场的影响,稳定性非常差,利率变动比较频繁。所以,外币储户在参加外币储蓄时,需要根据自己的货币流动需求,加上判断国内外金融形势以及利率水平的高低,选择外币存储的期限长短。

3. 合理用好现钞、现汇账户

目前,按照外币储蓄存款的账户性质分类,外币储蓄可分为现钞账户和现汇账户两种。假如您收到了从境外汇入的外汇,最好将其直接存入现汇账户。因为现钞账户无论是汇出境外,还是兑换成人民币,经办行都要收取一定数额的手续费;而现汇账户则一般不收取手续费,即使收取手续费一般也低于现钞账户。因此,外币储户不要把现汇账户里的钱轻易转入现钞账户,以免带来不必要的损失。

4. 门槛限制大不同

注意对比中资银行、外资银行定期和活期门槛的区别。一般而言,外资银行对于定期存款的起存额有一定的限制,外资行的门槛会偏高一些,尤其是一些利率高的优惠活动,通常设置为 2000 美元左右。另外,投资者在存外币之前,应该要专门询问一下是否有其他费用,有些外资银行要收取管理费。

3.7.2 外汇贷款

外汇贷款是商业银行经营的一项重要资产业务,是商业银行运用外汇资金,强化经营机制,获取经济效益的主要手段,也是银行借以联系客户的一条主要途径。

外汇贷款除了具有银行其他信贷业务的一般特点外,还具有以下特点。

(1) 借外汇还外汇。

(2) 借款单位必须有外汇收入或其他外汇来源。

(3) 政策性强，涉及面广，工作要求高。

3.7.3 即期外汇交易

即期外汇交易，又称为现货交易或现期交易，是指外汇买卖成交后，交易双方于当天或两个交易日内办理交割手续的一种交易行为。即期外汇交易是国际外汇市场上最普遍的一种交易形式，交易量居各类外汇交易之首。

即期外汇交易并不意味着达成外汇买卖协定后立即进行交割，通常在当日或者两个营业日内交割，一般在成交后的第二个营业日内进行交割。

即期外汇市场是一个高度专业化的市场，由银行和外汇经纪商组成，公司和个人只能作为银行的客户，通过银行进行即期外汇买卖，他们不能成为市场的直接成员。在我国，个人外汇交易主要是在即期外汇交易市场，每个人不能直接进行交易，必须通过银行，想从事这一业务的个人可以到已开展外汇交易业务的银行去开户。

根据交割方式不同，即期外汇交易可分为三种。

(1) 电汇交割方式，简称电汇。电汇是汇款人的申请直接用电报、电传通知国外的汇入银行，委托其支付一定金额给收款人的一种汇款方式。电汇交割方式就是用电报、电传通知外汇买卖双方开户银行(或委托行)将交易金额收付记账。电汇的凭证就是汇款银行或交易中心的电报或电传汇款委托书。

(2) 票汇交割方式，简称票汇。票汇是指汇款银行应汇款人的申请，开立以国外汇入银行为付款人的汇票，交由汇款人自行寄给收款人或亲自携带前往，凭票向付款行取款的一种汇款方式。票汇交割是指通过开立汇票、本票、支票的方式进行汇付和收账。这些票据即为汇票的凭证。

(3) 信汇交割方式，简称信汇。信汇是汇款银行应汇款人的申请，直接用信函通知国外的汇入银行，委托其支付一定金额给收款人的一种汇款方式。信汇交割方式是指用信函方式通知外汇买卖双方开户行或委托行将交易金额收付记账。信汇的凭证就是汇款行或交易中心的信汇付款委托书。

对应三种交割方式，即期外汇交易适用的汇率也分为电汇汇率、票汇汇率和信汇汇率。一般来说，电汇汇率最高，票汇汇率和信汇汇率比电汇汇率低多少，则取决于所占用的资金货币的利率的高低及占用时间的长短，但交割日必须是两种货币共同的营业日。

外汇银行在交易中一般采取"双档"报价法，即外汇银行在交易中同时报出买价和卖价。例如 US\$1=HK\$7.7516~7.7526，前者为买入价，后者为卖出价。银行的买卖价格之差，就是外汇银行买卖外汇的收益，一般为1‰～5‰。在实际操作中，外汇交易员不申报全价，只报出汇率小数点后的最后两位数。同上例，如果当时汇率为US\$1=HK\$7.7516～7.7526，则中国香港银行接到询问时就仅报出：16～26或16/26。这是因为外汇汇率变化一天之内一般不会超过最后两位数，用不着报全价，这也是银行报价的习惯。如果汇率在一天内暴涨或暴跌，打破惯例，又另当别论。

假设美国福特汽车公司在英国巴克莱银行的英镑存款账户中多头头寸较大，为了减少英国多头头寸的外汇风险，福特公司决定在即期外汇市场上出售500万英镑。该公司在与美洲银行谈妥这笔外汇交易后，电告巴克莱银行，请其将500万英镑转移到美洲银行的账户上，与此同时，美洲银行则在福特公司的美元存款账户上贷记等值的美元金额，或者美洲银行以福特公司为受票人签发一张等值美元金额的银行本票。这就是一项即期外汇交易的过程。

3.7.4　远期外汇交易

远期外汇交易与即期外汇交易的根本区别在于交割日不同。凡是交割日在成交两个营业日以后的外汇交易均属于远期外汇交易。远期外汇交易通常也是由经营即期外汇交易的外汇银行与外汇经纪人来经营，远期交易一般是买卖双方先订立买卖合同，规定外汇买卖的数量、期限和汇率等，到约定日期才按合约规定的汇率进行交割。远期交易的交割期限一般为1个月、3个月、6个月，个别可到1年。若期限再长则被称为超远期交易。

某日本进口商从美国进口一批商品，按合同规定日进口商3个月后需向美国出口商支付100万美元货款。签约时，美元对日元的即期汇率为118.20/50，付款日的市场即期汇率为120.10/30，假定日本进口商在签约时未采取任何保值措施，而是等到付款日时在即期市场上买入美元支付货款，那么，这将会给日本进口商带来多少损失？很显然，若日本进口商在签约时未采取任何保值措施，而是等到付款日时在即期市场买入美元支付货款，则要付出120.30×100万=12030万日元，这要比3个月前购买100万美元（118.50×100万=11850万日元）多付出180万日元（12030-11850）。这是由于计价货币美元升值，日本进口商需付出更多的日元才能买到100万美元，用以支付进口货款，由此增加进口成本而遭受了汇率变动的风险。

3.7.5　外汇掉期交易

据统计，世界主要外汇市场上，大多数远期交易都是掉期交易的一部分，只有5%左右属于单纯远期外汇交易。

外汇掉期是交易双方约定以货币A交换一定数量的货币B，并以约定价格在未来的约定日期用货币B反向交换同样数量的货币A。外汇掉期形式灵活多样，但本质上都是利率产品。首次换入高利率货币的一方必然要对另一方予以补偿，补偿的金额取决于两种货币间的利率水平差异，补偿的方式既可通过到期的交换价格反映，也可通过单独支付利差的形式反映。

一笔掉期外汇买卖可以看成由两笔交易金额相同、起息日不同、交易方向相反的外汇买卖组成。最常见的掉期交易是把一笔即期交易与一笔远期交易合在一起，等同于在即期卖出甲货币买进乙货币的同时，反方向地买进远期甲货币卖出远期乙货币的外汇买卖交易。

作为一种复合型的外汇买卖，掉期外汇交易明显具有下述特点。

(1) 一种货币在被买入的同时即被卖出，或者是一个相反的操作。

(2) 买卖的货币币种、金额都一致。

(3) 买与卖的交收时间不同。正因为如此，掉期外汇交易不会改变交易者的外汇持有额，改变的只是交易者所持有的外汇的期限结构，故称"掉期"。

即期与远期交易是单一的，要么做即期交易，要么做远期交易，并不同时进行，因此，通常也把它叫作单一的外汇买卖，主要用于银行与客户的外汇交易之中。掉期交易的操作涉及即期交易与远期交易的同时进行，故称之为复合的外汇买卖，主要用于银行同业之间的外汇交易。一些大公司也经常利用掉期交易进行套利活动。

在实践中，由于货币互换市场流动性存在差异，即使在成熟经济体中，超过两年期的外汇掉期合约流动性也会剧减。一般而言，在短期限市场中基差往往根据活跃的汇率掉期合约来确定，长期限则正好相反。

3.7.6　外汇保证金交易

外汇保证金交易又叫炒外汇，是指通过与(指定投资)银行签约，开立信托投资账户，存入一笔资金(保证金)作为担保，由(投资)银行(或经纪行)设定信用操作额度，投资者可在额度内自由买卖同等价值的即期外汇，操作所造成之损益，自动从上述投资账户内扣除或存入，让小额投资者可以利用较小的资金，获得较大的交易额度，和全球资本一样享有运用外汇交易作为规避风险之用，并在汇率变动中创造利润的机会。简单来说，外汇保证金交易是指投资者用自有资金作为担保，将银行或经纪商提供的融资放大来进行外汇交易，它充分利用了杠杆投资的原理，在金融机构之间及金融机构与投资者之间建立了一种远期外汇买卖方式。

例如，投资者A进行外汇保证金交易，保证金比例为1%，如果投资者预期日元将上涨，那么其实际投入10万美元(1000×1%)的保证金，就可以买入合同价值为1000万美元的日元。如果日元对美元的汇率上涨1%，那么投资者就能够获利10万美元，实际的收益率可达到100%；但是如果日元下跌了1%，那么投资者将血本无归，其投入的本金将全部亏光。一般当投资者的损失超过了一定额度后,交易商就有权为停止损失而强制平仓。

除了资金放大之外,外汇保证金投资另一项最吸引人的特色是可以双向操作,可以在货币上升时买入获利(做多头),也可以在货币下跌时卖出获利(做空头),从而不必受到所谓的熊市中无法赚钱的限制,提供了更大的盈利空间和机会。

3.7.7　外汇期货

1. 外汇期货与外汇远期交易

外汇期货交易是交易双方约定在未来某一时间,依据现在约定的比例,以一种货币交换另一种货币的交易。外汇期货是金融期货中最早出现的品种。

目前,外汇期货交易的主要品种有:美元、英镑、欧元、日元、瑞士法郎、加拿大元、澳大利亚元等。从世界范围看,外汇期货的主要市场在美国,其中又基本上集中在芝加哥商业交易所的国际货币市场、中美洲商品交易所和费城期货交易所。此外,外汇期货的主要交易所还有:伦敦国际金融期货交易所、新加坡国际货币交易所、东京国际金融期货交易所、法国国际期货交易所等,每个交易所基本都有本国货币与其他主要货币交易的期货合约。

外汇期货交易实行保证金制度,在期货市场上,买卖双方在开立账户进行交易时,都必须交纳一定数量的保证金。缴纳保证金的目的是确保买卖双方能履行义务。初始保证金是订立合同时必须缴存的,一般为合同价值的3%～10%,根据交易币种汇率的易变程度来确定。一旦保证金账户余额降到维持水平线以下,客户必须再交纳保证金,并将保证金恢复到初始水平。

外汇期货交易实行每日清算制度。当每个营业日结束时,清算所要对每笔交易进行清算,即清算所根据清算价将每笔交易结清,盈利的一方可提取利润,亏损的一方则需补足头寸。由于实行每日清算,客户的账面余额每天都会发生变化,每个交易者都十分清楚自己在市场中所处的地位。如果想退出市场,则可做相反方向的交易来对冲。

外汇期货价格与现货价格相关。期货价格与现货价格变动的方向相同,变动幅度也大体一致,而且随着期货交割日的临近,期货合同所代表的汇率与现汇市场上的该种货币汇率差异日益缩小,在交割日两种汇率重合。

外汇期货交易与外汇远期交易的区别主要表现在以下几方面。

1) 交易者不同

外汇期货交易,只要按规定缴纳保证金,任何投资者均可通过外汇期货经纪商从事交易,对委托人的限制不如远期外汇交易,因为在远期外汇交易中,参与者大多为专业化的证券交易商或与银行有良好业务关系的大厂商,没有从银行取得信用额度的个人投资者和中小企业极难有机会参与远期外汇交易。

2) 交易保证金

外汇期货交易双方均须缴纳保证金，并通过期货交易所逐日清算，逐日计算盈亏，而补交或退回多余的保证金。而远期外汇交易是否需要缴纳保证金，视银行与客户的关系而定，通常不需要缴纳保证金，远期外汇交易盈亏要到合约到期日才结清。

3) 交易方式不同

外汇期货交易是在期货交易所以公开喊价的方式进行的。交易双方互不接触。期货合约对交易货币品种、交割期、交易单位及价位变动均有限制。货币局限在少数几个主要币种。而远期外汇交易是在场外交易的，交易以电话或传真方式，由买卖双方互为对手进行的，而且无币种限制，对于交易金额和到期日，均由买卖双方商议决定。

4) 整体交易

在外汇期货交易中，通常以本国货币作为代价买卖外汇，如在美国市场仅以美元报价，因此，除美元外的其他币种如马克与日元之间的避险，只能以美元为代价买卖日元或马克从而构成两笔交易。而在远期外汇交易中，不同币种之间可以直接交易。

5) 现货与差额结算

外汇期货交易由于以清算所为交易中介，金额、期限均有规定，故不实施现货交割，对于未结算的金额，逐日计算，并通过保证金的增减进行结算，期货合约上虽标明了交割日，但在此交割日前可以转让，实行套期保值，减少和分散汇率风险。当然，实际存在的差额部分应进行现货交割，而且这部分所占比例很小。而远期外汇交易，要在交割日进行结算或履约。

通过比较可以看出，期货交易与远期外汇交易各有利弊。

外汇期货交易的优点是，期货汇率是在公开集中的市场上通过竞争形成的，因此比较合理。另外，外汇期货合约在交割前可以方便地进行对冲，加上外汇期货交易的金额可大可小，因此，它既为套期保值者提供减少或消除汇率波动风险的工具，也使那些无力进行远期外汇交易的公司或个人也能加入外汇买卖的行列。远期外汇交易也有其优点，如交易时间不受限制，交易金额可以灵活掌握，银行在买卖远期外汇时还可向客户提供某些咨询服务等。

2. 外汇期货合约

外汇期货合约是以外汇作为交割内容的标准化期货合同。下面以美国芝加哥商业交易所的国际货币市场分部的外汇期货合约为基础进行介绍。

1) 外汇期货合约的交易单位

几种外汇期货合约的交易单位如表 3-2 所示。

表 3-2 几种外汇期货合约的交易单位

外汇期货合约	交易单位
欧元期货合约	12.5 万欧元
加拿大元期货合约	10 万加元
日元期货合约	1250 万日元
瑞士法郎期货合约	12.5 万瑞士法郎
澳大利亚元期货合约	12.5 万澳大利亚元
墨西哥比索期货合约	10 万墨西哥比索
英镑期货合约	2.5 万英镑

外汇期货的最小价格波动幅度如表 3-3 所示。

表 3-3 外汇期货的最小价格波动幅度

币种	英镑	加元	欧元	日元	墨西哥比索	瑞士法郎	澳大利亚元
最小价格波幅	0.0005美元	0.0001美元	0.0001美元	0.000001美元	0.0001美元	0.0001美元	0.0001美元

2) 交割月份

国际货币市场所有外汇期货合约的交割月份都是一样的,为每年的 3 月、6 月、9 月和 12 月。交割月的第三个星期三为该月的交割日,如这一天为非营业日,则顺延一天。最后交易日为交割日前倒数第二个营业日。

3) 通用代号

外汇期货的通用代号如表 3-4 所示。

表 3-4 外汇期货的通用代号

币种	英镑	加元	欧元	日元	墨西哥比索	瑞士法郎	澳大利亚元
通用代号	BP	CD	EU	JY	MP	SF	AU

4) 最小价格波动幅度

最小价格波动幅度如表 3-5 所示。

表 3-5 最小价格波动幅度

币种	英镑	加元	欧元	日元	墨西哥比索	瑞士法郎	澳大利亚元
最小价格波动幅度	0.0005美元	0.0001美元	0.0001美元	0.000001美元	0.0001美元	0.0001美元	0.0001美元

5) 每日涨跌停板

货币期货合约的每日涨跌停板如表 3-6 所示。

表 3-6 货币期货合约的每日涨跌停板

币种	英镑	加元	欧元	日元	墨西哥比索	瑞士法郎	澳大利亚元
涨跌停板	5%	0.75%	1%	0.01%	1.5%	1.5%	1.25%

3. 外汇期货的应用

外汇期货的套期保值就是运用外汇期货交易来临时替代现货市场上的外汇交易，以此来达到转移外汇汇率波动风险的目的。

在这里，我们将根据不同保值者的情况，介绍一下不同的外汇期货保值策略。

1) 出口商的保值策略

出口贸易合同一般是远期交货合同，从签约到收回货款有一个过程。在多数情况下，货款是以外币来计价和支付的，出口商须将外汇折成本币，因此，任何汇率的波动都会对出口商的实际收入产生影响，特别是在远期付款的条件下，如果计价货币对本币贬值，那么其会受到很大的损失，使出口利润下降，甚至于使出口发生亏损。对此，出口商可以利用外汇期货采取卖期保值的方法来避免损失。

2) 进口商的保值策略

进口商在贸易中要承担受领货物和支付货款的义务。如果一笔货款是以外汇支付的，那么他就须将本币兑换成外汇来支付。万一计价货币升值，他就要用更多的本币来兑换用以支付的外汇，这样就不可避免地增加了进口成本。为了减少汇率波动风险，进口商可以利用外汇期货进行套期保值。其方法就是，一旦确定了对外支付的时间，就立即在期货市场上预先购买所需外汇，用以临时替代预计会发生的现货外汇交易。等到对外实际支付外汇时再在期货市场上平仓。一旦支付货币升值，期货交易所取得的盈利就会弥补汇率波动所造成的损失。这就是所谓的买期保值的方法。

3) 借款者的套期保值策略

一般借款者不会遇到汇率波动的风险。但是，如果该借款者筹措的是外汇资金，那么就有可能遭到汇率波动带来的损失。为了防止外汇汇率上浮给他带来损失，他就可以通过外汇期货交易进行套期保值。

4) 投资者的保值策略

在国际市场上，投资者总是将资金投放到投资回报率较高的市场上，然而，在境外投资常常会碰到汇率波动的风险。虽然在境外市场上可能取得较高的投资回报率，但将投资所得折成本币时，就可能由于汇率波动而使本币的投资收益率下降，因此，国际投资者需要利用外汇期货交易来达到保值的目的。

5) 外汇期货的替代保值

外汇期货的替代保值是指运用外汇期货合约对不存在期货交易的外汇汇率波动进行保值。有些货币，如荷兰盾，本身还不存在期货市场，但是由于荷兰盾对美元的汇率波动与瑞士法郎有极强的相关性，因此，我们就可以用瑞士法郎期货合约为荷兰盾对美元的汇率波动提供保值手段。

值得注意的是，虽然外汇期货作为一个重要的汇率风险管理工具已经在国际市场上成功运行了40多年，但我国国内目前并未推出正式的外汇期货交易。近年来，境外交易所纷纷上市挂钩人民币的外汇期货，包括芝加哥商品交易所、新加坡交易所等均推出了相关品种，吸引了大量国际市场投资者的参与。

3.7.8 外汇期权

外汇期权是一种选择契约，其持有人即期权买方享有在契约届期或之前以规定的价格购买或销售一定数额某种外汇资产的权利，而期权卖方收取期权费，则有义务在买方要求执行时卖出（或买进）期权买方买进（或卖出）的该种外汇资产。

期权可以在现货市场价格上升的时候得到保障，也同时可以在价格下降的时候不会错失赚取额外利润的机会。

外汇期权买卖是近年来兴起的一种交易方式，它是原有的几种外汇保值方式的发展和补充。它既为客户提供了外汇保值的方法，又为客户提供了从汇率变动中获利的机会，具有较大的灵活性。

可以看出，外汇期权买卖实际上是一种权利的买卖。权利的买方在支付一定数额的期权费后，有权在未来的一定时间内按约定的汇率向权利的卖方买进或卖出约定数额的外币，权利的买方也有权不执行上述买卖合约。

1982年，当时的美国费城股票交易所(PHLX)成交了第一笔外汇期权合约。从那以后，伴随着金融衍生品交易的不断发展，期权交易也进入了一个爆炸性的增长阶段。

例如：某家合资企业手中持有美元，并需要在一个月后用日元支付进口货款，为防止汇率风险，该公司向中国银行购买了一个"美元兑换日元，期限为一个月"的欧式期权。假设，约定的汇率为1美元=110日元，那么该公司则有权在将来期权到期时，以1美元=110日元向中国银行购买约定数额的日元。如果在期权到期时，市场即期汇率为1美元=112日元，那么该公司可以不执行期权，因为此时按市场上的即期汇率购买日元更为有利。相反，如果在期权到期时，1美元=108日元，那么该公司则可决定行使期权，要求中国银行以1美元=110日元的汇率将日元卖给他们。由此可见，外汇期权业务的优点在于客户的灵活选择性，对于那些合同尚未最后确定的进出口业务具有很好的保值作用。

相比于外汇期货，外汇期权有自己鲜明的特点，

(1) 不论是履行外汇交易的合约还是放弃履行外汇交易的合约，外汇期权买方支付的期权交易费都不能收回。

(2) 外汇期权交易一般采用设计化合同，但外汇期权交易买卖双方的权利和义务是不对等的，即期权的买方拥有选择的权利，期权的卖方承担被选择的权利，不得拒绝接受。

(3) 外汇期权交易的买卖双方的收益和风险是不对称的，对期权的买方而言，其成本是固定的，而收益是无限的；对期权的卖方而言，其最大收益是期权费，损失是无限的。

外汇期权买卖若以期权行使方式来分类，通常包括三种。

一是美式期权，美式期权的买方可以择期行权，可以在成交后有效期内任何一天行使期权。因此，同样条件下，美式期权的价格相对较高。如盛宝银行为客户提供的欧式外汇标准期权交易，即期权只在到期日行使或到期，并于美国东部标准时间（纽约时间）10：00截止，期权持仓在到期前不能行使。

二是欧式期权，欧式期权的买方只能到期行权，即必须在期权到期日当天才能行使期权。

三是百慕大期权。介于欧式期权与美式期权之间，允许持有人在期权有效期内某几个特定日期执行期权。

根据外汇交易和期权交易的特点，可以把外汇期权交易分为现汇期权交易和外汇期货期权交易。

现汇期权交易是指期权买方有权在期权到期日或以前以协定汇价购入一定数量的某种外汇现货，称为买进选择权，或售出一定数量的某种外汇现货，称为卖出选择权。经营国际现汇期权的主要是美国的费城证券交易所、芝加哥国际货币市场和英国的伦敦国际金融期货交易所。

外汇期货期权交易是指期权买方有权在到期日或之前，以协定的汇价购入或售出一定数量的某种外汇期货，即买入延买期权可使期权买方按协定价取得外汇期货的多头地位；买入延卖期权可使期权卖方按协定价建立外汇期货的空头地位。买方行使期货期权后的交割同于外汇期货交割，而与现汇期权不同的是，外汇期货期权的行使有效期均为美国式，即可以在到期日前任何时候行使。经营外汇期货期权主要有芝加哥的国际货币市场和伦敦的国际金融期货交易所两家。

目前，我国的金融交易所内并没有推出外汇期权产品，但投资者可以在国内的很多商业银行参与外汇期权交易。国家外汇管理局发布了《关于人民币对外汇期权交易有关问题的通知》（以下简称为《通知》），《通知》自2011年4月1日起施行。国家外汇管理局已批准中国外汇交易中心在银行间外汇市场组织开展人民币对外汇期权交易。

该《通知》主要内容包括：①明确产品类型为普通欧式期权，买入期权的一方只能在期权到期日当天才能执行；②规定客户办理期权业务应符合实需原则；③对银行开办期权业务实行备案管理，不设置非市场化的准入条件；④将银行期权交易的Delta头寸纳入结售汇综合头寸统一管理。

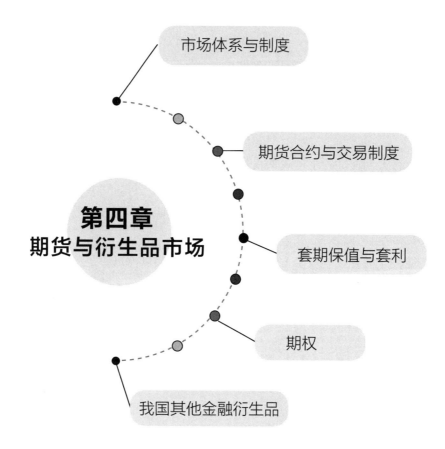

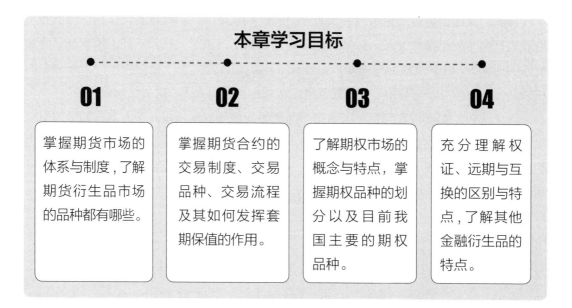

> **本章简介**

本章主要介绍了期货市场与期权市场，期货与期权在投资领域中是一种重要的套期保值的手段，本章详细介绍了它们的市场体系、交易规则等相关知识。另外，在新兴的金融市场中出现了很多金融衍生品，它们都具有自己的特性，本章也做了详细的介绍。

4.1 市场体系与制度

我们常说的期货与衍生品市场，基本包括以下几个品种：期货、期权、权证、远期和互换。每个品种之间相互联系又有所区别，每个品种又可以根据交易标的物不同，细分为好几个小的品种。同一种商品，可以做不同的衍生品设计，比如原油，就可以设计为原油期货、原油期权等。

4.1.1 期货

期货合约，通常是指以某种大宗商品或金融资产为标的可交易的标准化合约。这种合约是期货交易所统一制定的、规定在将来某一特定的时间和地点交割一定数量标的物的标准化合约。根据标的物的不同，期货合约可以分为商品期货合约、金融期货合约以及其他期货合约。

期货交易萌芽于远期交易，而规范的现代期货市场在19世纪中期产生于美国芝加哥。1865年，芝加哥期货交易所推出了标准化合约，同时实行了保证金制度，向签约双方收取不超过合约价值10%的保证金，作为履约保证。这是具有历史意义的制度创新，促成了真正意义上的期货交易的诞生。随着交易规则和制度的不断健全和完善，交易方式和市场形态发生了质的飞跃。标准化合约、保证金制度、对冲机制和统一结算的实施，标志着现代期货市场的确立。

商品期货的种类主要包括农产品期货、金属期货和能源化工期货，其中农产品期货包括小麦、玉米、大豆、棉花、棕榈油、天然橡胶等。最早的金属期货交易诞生于英国。伦敦金属交易所于1876年成立，开金属期货交易之先河，主要从事铜和锡的期货交易。目前，伦敦金属交易所的期货价格仍然是国际有色金属市场的晴雨表。纽约商业交易所和位于伦敦的洲际交易所是世界上最具影响力的能源期货交易所，上市品种有原油、汽油、乙醇等。

目前，纽约商品交易所和芝加哥商品交易所是世界上最大的黄金期货交易中心，两大交易所对黄金现货市场的金价影响很大。其中纽约商品交易所的黄金交易直接主导全球金价的走向，但其实际黄金实物的交割量比例很小。参与纽约商品交易所黄金期货交易的投资者主要以大型对冲基金及机构为主，他们的买卖对金市产生了极大的交易动力，庞大的交易量吸引了众多投机者，有效地提高了纽约商品交易所市场的流动性。

金融期货合约的种类主要包括外汇期货合约、利率期货合约、股指期货合约和股票期货合约等。

外汇期货合约是一种在最终交易日按照当时的汇率将一种货币兑换成另外一种货币的期货合约，诞生于1972年的芝加哥商业交易所。目前，从世界范围看，外汇期货的主要市场在美国，其中又基本上集中在芝加哥商业交易所的国际货币市场和费城期货交易所。

利率期货合约是指以债券类证券为标的物的期货合约，一般可分为短期利率期货合约和长期利率期货合约。它可以回避市场利率波动所引起的证券价格变动的风险。国债期货就是典型的利率期货。利率期货合约最早于1975年10月由芝加哥期货交易所推出，在此之后利率期货交易得到迅速发展。虽然利率期货的产生较之外汇期货晚了三年多，但发展速度却比外汇期货快得多，应用范围也远较外汇期货广泛。在期货交易比较发达的国家和地区，利率期货早已超过农产品期货而成为成交量最大的一个类别。在美国，利率期货的成交量甚至已占到整个期货交易总量的一半以上。

股指期货合约是指以股价指数为标的物的标准化期货合约，双方约定在未来的某个特定日期，可以按照事先确定的股价指数的大小，进行标的指数的买卖，到期后通过现金结算差价来进行交割。最早的股指期货诞生于1982年的美国堪萨斯期货交易所。股指期货是金融期货中发展最快的金融产品。

股票期货合约是指以单只股票为标的物的期货合约。自推出至今成交量不大，市场影响力较小。

目前，金融期货在许多方面已经走在商品期货的前面，占整个期货市场交易量的80%，成为金融创新成功的例证。

4.1.2 期权

期权又称为选择权，是一种衍生性金融工具，是指买方向卖方支付期权费（指权利金）后拥有的在未来一段时间内（指美式期权）或未来某一特定日期（指欧式期权）以事先规定好的价格（指履约价格）向卖方购买或出售一定数量的特定商品的权利，但不负有必须买进或卖出的义务（即期权买方拥有选择是否行使买入或卖出的权利，期权卖方必须无条件服从买方的选择并履行成交时的允诺）。

根据期权交易方式、方向、标的物等的不同，对期权进行合理的分类，更有利于我们了解期权产品。

1. 按权利划分

按期权的权利划分，期权可以分为看涨期权和看跌期权两种类型。

1) 看涨期权

看涨期权是指期权的买方向期权的卖方支付一定数额的权利金后,即拥有在期权合约的有效期内,按事先约定的价格向期权卖方买入一定数量的期权合约规定的特定商品的权利,但其不负有必须买进的义务。而期权卖方有义务在期权规定的有效期内,应期权买方的要求,以期权合约事先规定的价格卖出期权合约规定的特定商品。

2) 看跌期权

看跌期权是指期权买方按事先约定的价格向期权卖方卖出一定数量的期权合约规定的特定商品的权利,但其不负有必须卖出的义务。而期权卖方有义务在期权规定的有效期内,应期权买方的要求,以期权合约事先规定的价格买入期权合约规定的特定商品。

2. 按交割时间划分

按期权的交割时间划分,期权可以分为美式期权、欧式期权和百慕大期权三种类型。

1) 美式期权

美式期权是指在期权合约规定的有效期内任何时候都可以行使权利。

2) 欧式期权

欧式期权是指在期权合约规定的到期日方可行使权利,期权的买方在合约到期日之前不能行使权利,过了期限,合约则自动作废。

3) 百慕大期权

百慕大期权是一种可以在到期日前所规定的一系列时间行权的期权。介于欧式期权与美式期权之间,百慕大期权允许持有人在期权有效期内某几个特定日期执行期权。比如,期权可以有三年的到期时间,但只有在三年中每一年的最后一个月才能被执行,它的应用常常与固定收益市场有关。

百慕大期权、美式期权和欧式期权的主要区别在于行权时间的不同,百慕大期权可以被视为美式期权与欧式期权的混合体,如同百慕大群岛混合了美国文化和英国文化一样。

3. 按合约上的标的划分

按期权合约上的标的划分,期权可以分为股票期权、股指期权、利率期权、商品期权以及外汇期权等种类。

4. 特殊类型

期权还有很多特殊的类型,例如路径相关期权、香草型期权、彩虹期权、天气期权和巨灾期权。

1) 路径相关期权

标准欧式期权的最终收益只依赖于到期日当天的原生资产价格,而路径相关期权则是最终收益与整个期权有效期内原生资产价格的变化有关的一种特殊期权。按照其最终收益对原生资产价格路径的依赖程度,路径相关期权可分为两大类:一类是其最终收益与在有效期内原生资产价格是否达到某个或几个约定水平有关，称为弱路径相关期权；另一类期权的最终收益依赖于原生资产的价格在整个期权有效期内的信息，称为强路径相关期权。

弱路径相关期权中最典型的一种是关卡期权。从严格意义上讲，美式期权也是一种弱路径相关期权。

强路径相关期权主要有两种：亚式期权和回望期权。亚式期权在到期日的收益依赖于整个期权有效期内原生资产经历的价格的平均值，又因平均值意义不同分为算数平均亚式期权和几何平均亚式期权。回望期权的最终收益则依赖于有效期内原生资产价格的最大(小)值，持有人可以"回望"整个价格演变过程，选取其最大(小)值作为敲定价格。

2) 香草期权

我们经常听到许多很有特色的期权名字，比如"香草型期权"。那么，什么是"香草型期权"？

在冰淇淋中，大家普遍认为香草味是最纯粹、最原始的味道，所以用它来命名期权的原因就是：这种期权的结构是最单一、最普通的，其相关条款仅包括必需的有效期、行权价格、行使方式，没有内嵌任何特殊条款，比如中国目前上市的50ETF期权就是香草型期权中的一员。

与之相对的是特种期权，即有附加条款的期权产品。

3) 彩虹期权

提起彩虹，大家想到的是七彩线条，用它来命名期权的原因就是：这种期权标的物不止一种，而是像彩虹的颜色那样有多种，并且标的种类不仅仅是股票，还可能是大宗商品等基础资产。例如，两色彩虹最大值欧式看涨期权，这个期权有两种标的，收益取决于标的资产中价值较大的那个，并且只能在到期日行权。假如有这么一种合约：标的资产是上证50指数和创业板指数，4月10日上市，5月8日为到期日，行权价格为初始价格的105%。显而易见，标的必须上涨超过5%，行权才有得赚。4月10日收盘，上证50和创业板指数分别为2986.61点和2552.83点，5月8日收盘上证50指数为3110.46，创业板指数为2973.6。故这段时间内，上证50指数涨幅为4.15%(不足5%)，创业板指数涨幅为16.48%(超过5%)。按照彩虹期权的定义，我们取这两者的较大值——16.48%，客户能够获得的收益为16.48%-5%=11.48%。彩虹期权为客户带来了更大的获利可能性，你不必纠结是去投上证50指数还是创业板指数，反正到期的时候，哪种标的收益更大就选哪一个，不过相应你付出的代价(权利金)也会更多。

4) 天气期权

如今金融衍生品发展迅速，标的资产越来越"虚拟化"，从看得见的商品，到隐约可见的股票，到模糊的指数、波动率，再到难以捉摸的天气。不过无论标的如何变化，顺应的都是人们或避险或投机的需求。天气期权就是为了管理自然灾害风险，将这些预测难度大的风险因素转嫁到期权的卖方。那么怎么样把虚无缥缈的"天气"转化为实实在在的标的呢？天气期权的标的是各种与天气相关的指数，比如能源温值、生长温值、湿度指数、降水指数。

5) 巨灾期权

巨灾期权是保险与资本市场融合的产物，大家都知道保险公司最不希望看到突发灾难，这会给它们带来巨大亏损。比如1992年的超级飓风"安德鲁"，导致15家美国财险公司倒闭。因此巨灾期权应运而生，它以巨灾损失指数作为标的。保险公司通过在期权市场上缴纳期权费购买合约，当灾难发生且巨灾损失指数满足触发条件时，巨灾期权购买者可以选择行使该期权获得收益，以弥补所遭受的损失。

以上几种比较特殊的期权，彩虹期权、天气期权、巨灾期权都是在香草型期权的基础之上做文章，万变不离其宗。

自期权出现至今，期权交易所已经遍布全世界，其中芝加哥期权交易所是世界上最大的期权交易所之一。

20世纪80年代至20世纪90年代，期权柜台交易市场(或称场外交易)也得到了长足的发展。柜台期权交易是指在交易所外进行的期权交易。期权柜台交易中的期权卖方一般是银行，而期权买方一般是银行的客户。银行根据客户的需要，设计出相关品种，因而柜台交易的品种在到期期限、执行价格、合约数量等方面具有较大的灵活性。

外汇期权出现的时间较晚，现在最主要的货币期权交易所是费城股票交易所，它提供澳大利亚元、英镑、加拿大元、欧元、日元、瑞士法郎这几种货币的欧式期权和美式期权合约。目前外汇期权交易中大部分的交易是柜台交易，中国银行部分分行已经开办的"期权宝"业务采用的是柜台交易方式。

目前我国最主要的期权产品就是上证50ETF期权、沪深300ETF期权等，以及部分大宗商品的期权。

4.1.3 权证

权证，是指基础证券发行人或其以外的第三人发行的，约定持有人在规定时间内或特定到期日，有权按约定价格向发行人购买或出售标的证券，或以现金结算方式收取结算差价的有价证券。

权证根据不同的划分标准有不同的分类。

1) 按买卖方向分类

按买卖方向分类，权证可以分为认购权证和认沽权证。认购权证持有人有权按约定价格在特定期限内或到期日向发行人买入标的证券，认沽权证持有人则有权卖出标的证券。

2) 按权利行使期限分类

按权利行使期限分类，权证可分为欧式权证和美式权证，美式权证的持有人在权证到期日前的任何交易时间均可行使其权利，欧式权证持有人只可以在权证到期日当日行使其权利。

3) 按发行人不同分类

按发行人不同分类，权证可分为股本权证和备兑权证。股本权证一般是由上市公司发行，备兑权证一般是由证券公司等金融机构发行。

4) 按权证行使价格是否高于标的证券价格分类

按权证行使价格是否高于标的证券价格分类，权证可分为价内权证、价平权证和价外权证。

5) 按结算方式分类

按结算方式分类，权证可分为证券给付结算型权证和现金结算型权证。权证如果采用证券给付方式进行结算，其标的证券的所有权发生转移；如果采用现金结算方式，则仅按照结算差价进行现金兑付，标的证券所有权不发生转移。

4.1.4 远期

远期合约是指交易双方约定在未来的某一确定时间，以确定的价格买卖一定数量的某种标的资产的合约。

常见的远期交易包括商品远期交易、远期利率协议 (FRA)、外汇远期交易、无本金交割外汇远期交易 (NDF) 以及远期股票合约等。

远期合约一般都是非标准化合约，以实物交割为主，是否收取保证金以及收取比例，由交易双方自行约定。

远期交易市场通常单指远期外汇市场，远期外汇市场是成交最活跃的远期市场之一。其中 NDF 从 1996 年左右开始出现，人民币 NDF 市场的主要参与者是欧美等国家或地区的大银行和投资机构，其客户主要是在中国有大量人民币收入的跨国公司，也包括总部设在中国香港地区的中国内地企业。

4.1.5 互换

互换有两种意思。其一是互换交易，主要指将相同货币的债务和不同货币的债务通过金融中介进行互换的一种行为。其二是掉期交易，指交易双方约定在未来某一时期相互交换某种资产的交易形式。更为准确地说，掉期交易是当事人之间约定在未来某一期间内相互交换他们认为具有等价经济价值的现金流的交易。

互换可以细分为以下几类。

1) 利率互换

利率互换是指交易双方同意在未来的一定期限内根据同种货币的同样的名义本金交换现金流,其中一方的现金流根据浮动利率计算出来,而另一方的现金流根据固定利率计算。

2) 货币互换

货币互换是指将一种货币的本金和固定利息与另一货币的等价本金和固定利息进行交换。

3) 商品互换

商品互换是一种特殊类型的金融交易,交易双方为了管理商品价格风险,同意交换与商品价格有关的现金流。

4) 其他互换

其他互换包括股权互换、信用互换、期货互换和期权互换等。

目前,最常见也最重要的是利率互换和货币互换。

4.1.6 期货及各衍生品的联系与区别

在金融衍生品的大家庭中,期权跟期货是一对"好兄弟"。作为在交易所交易的标准化产品,期权和期货可以为投资者提供风险管理的手段,用于风险对冲、套利、方向性交易和组合策略交易等。期权与权证,也有不少相似性,两者都是代表权利的契约型凭证,即买方(权利方)有权在约定时间以约定价格买入或者卖出约定数量的标的证券。那么,期权、期货和权证,以及互换之间到底有哪些联系和区别呢?

1. 期权与权证

与期权最为相似的衍生品是权证,但是两者仍然存在比较明显的区别。我们以股票ETF期权为例来进行比较。

标准化程度方面,股票ETF期权是由交易所设计的标准化合约。而权证是非标准化合约,由发行人自行设计合约要素,除由上市公司、证券公司或大股东等主体单独发行外,还可以与可分离交易可转债一起发行。

发行主体方面,股票ETF期权没有发行人,合约条款由交易所设计,市场参与者在支付足够保证金的前提下都可以开仓卖出期权。权证的发行方是上市公司或投资银行等第三方。投资者既可以持有期权的多头也可以持有空头,而权证的投资者只能持有多头。

行权后的效果方面,认购期权或认沽期权的行权,仅是标的证券在不同投资者之间的相互转移,不影响上市公司的实际流通总股本数。对于上市公司发行的股本权证,当投资者对持有的认购权证行权时,发行人必须按照约定的股份数目增发新的股票,从而导致公司的实际流通总股本数增加。

此外,两者在履约担保、交易方式等方面还存在诸多不同之处。

2. 期权与期货

期权合约与期货合约都是场内交易的标准化合约,均可以进行双向操作,均通过结算所统一结算。期货交易是期权交易的基础,期货交易确定的未来商品价格决定了期权执行价格和权利金水平。而期权和期货的区别则主要体现在以下几个方面。

(1) 期权与期货的投资者权利和义务的对称性不同。

期货合同是双向合同,交易双方都要承担期货合约到期交割的义务,如果不愿实际交割必须在有效期内冲销;期权是单向合约,期权的多头在支付权利金后即取得履行或不履行合约的权利而不必承担义务。

(2) 期权与期货的保证金制度不同。

期货合约的买卖双方都要缴纳一定的履约保证金。期权交易中,由于期权买方不承担行权的义务,只有期权卖方需要缴纳保证金。

(3) 期权与期货的现金流转不同。

期权交易中,买方要向卖方支付权利金,这是期权的价格。期权合约可以流通,其价格则要根据标的资产价格的变化而变化。在期货交易中,买卖双方都要缴纳期货合约面值一定比例的初始保证金,在交易期间还要根据价格变动对亏损方收取追加保证金,盈利方则可提取多余保证金。

(4) 期权与期货的盈亏特点不同。

期权改变了标的股票的收益风险结构。期权买方的收益随标的价格、波动率、剩余期限等的变化而波动,是不固定的,其亏损只限于购买期权的费用。卖方的收益只是出售期权所得的权利金,其亏损是不固定的。而期货的交易双方都面临着无限收益和无限亏损的可能。

(5) 交易对象不同。

期货合约的标的物是实物商品或金融工具,而期权合约的标的物是未来买卖某种资产的权利。

(6) 了结方式不同。

期货的了结方式有对冲平仓或者实物交割。而期权的了结方式为对冲、行使权利或者到期放弃权利。

总体来说,期权和期货在风险管理上有着重要差别。金融市场的风险转移有三种方式:一是分散,不要把鸡蛋放在一个篮子里;二是对冲;三是保险。期货主要是起到对冲的作用,对冲是指你把风险去掉的同时,也放弃了可能会获得的收益,而期权主要是保险，保险的意思是说你付一份佣金这是你的成本，一旦你愿意承担这个成本，付了这个价格，不单能去掉风险，还能享受到可能获得的收益。

可以看到期权在风险管理上比期货要更灵活，但是它有成本，期货没有那么灵活，但是它有很高的流动性，而且通常是免费的。期货和期权是不可互相替代的，他们在风险管理上各有各的优势，起互相补充的作用。

3. 期货和远期

期货和远期都是买卖双方约定在将来的某一特定时间按约定的价格买卖一定的商品。而它们的区别主要体现在以下几个方面。

(1) 交易对象有所不同。期货合约为标准化合约，交易品种有限；而远期为非标准化合约，所涉及商品没有限制。

(2) 履约方式不同。期货合约主要是以实物交割和对冲平仓为主，尤其是对冲平仓占主要比例；而远期则以实物交收方式为主。

(3) 信用风险不同。期货合约以保证金制度为基础，实行当日无负债结算，信用风险较小；而远期则有较高的信用风险。

(4) 保证金制度不同。期货合约的保证金一般为合约价值的 5% ~ 15%，而远期的保证金则由交易双方自行商定。

4. 期货和互换

期货和互换有相同的发展基础，即远期合约。在实践中也常用期货来给互换进行套期保值。而期货和互换的区别主要在于以下几个方面。

(1) 标准化程度不同。期货合约中商品品种、数量、质量、等级、交货时间、交货地点等都是标准化的，唯一的变量是价格；而互换合约中的标的物及其数量、质量、等级等均由交易双方自行协商决定。

(2) 成交方式不同。期货合约通过有形的公开市场电子交易系统撮合成交；互换主要通过人工询价的方式撮合成交。

(3) 合约双方关系不同。期货交易中，交易者无须关心交易对手是谁、信用如何；而互换交易中双方直接签订合约，一对一，违约风险主要取决于对手的信用。

4.2 期货合约与交易制度

4.2.1 期货合约

期货合约是指由期货交易所统一制定的、规定在将来某一特定的时间和地点交割一定数量和质量的实物商品或金融商品的标准化合约，期货合约是期货交易的对象，期货交易参与者正是通过在期货交易所买卖期货合约，来转移价格风险，获取风险收益。

交易所为了保证期货合约上市后能有效地发挥其作用，在选择标的时，一般都需要考虑以下几个条件：规格或质量易于量化和评级；价格波动大且频繁；供应量较大，不易为少数人控制和垄断。

一份标准的期货合约，主要包含了以下几个条款：

(1) 合约名称；

(2) 交易单位/合约价值；

(3) 报价单位；

(4) 最小变动单位；

(5) 每日价格最大波动幅度；

(6) 合约交割月份（或合约月份）；

(7) 交易时间；

(8) 最后交易日；

(9) 交割日期；

(10) 交割等级；

(11) 交割地点；

(12) 交易手续费；

(13) 交割方式；

(14) 交易代码。

上海期货交易所的黄金期货标准合约如表 4-1 所示。

表 4-1　上海期货交易所的黄金期货标准合约

交易品种	黄金
交易单位	1000 克/手
报价单位	元（人民币）/克
最小变动单位	0.01 元/克
每日价格最大波动幅度	不超过上一交易日结算价 ±5%
合约交割月份	1～12 月
交易时间	上午 9:00—11:30；下午 1:30—3:00
最后交易日	合约交割月份的 15 日（遇法定假日顺延）
交割日期	最后交易日后连续五个工作日
交割等级	金含量不小于 99.95% 的国产金锭及经交易所认可的伦敦金银市场协会认定的合格供货商或精炼厂生产的标准金锭
交割地点	交易所指定交割金库
交割方式	实物交割
交易代码	AU
上市交易所	上海期货交易所

目前，我国各交易所场内交易的期货品种分别是：①上海期货交易所的金属（含黄金、白银、铜、铝、锌、铅、镍、锡、螺纹管、线材、热轧卷板、不锈钢）、能源化工（含原油、低硫燃料油、燃料油、石油沥青、天然橡胶、20号胶、纸浆）；②郑州商品交易所的农产品（含小麦、棉花、白糖、苹果、籼稻等）、非农产品（含PTA、玻璃、硅铁、尿素、甲醇、动力煤、纯碱等）；③大连商品交易所的农产品（含玉米、大豆、棕榈油、鸡蛋、生猪等）、工业品（含聚乙烯、焦炭、铁矿石、液化石油气等）；④中国金融期货交易所的权益类（含沪深300股指期货、中证500股指期货、上证50股指期货）、利率类（含2年期、5年期、10年期国债期货）。

4.2.2 交易制度

与现货市场、远期市场相比，期货交易制度是较为复杂和严格的，只有如此，才能保证期货市场高效运转，发挥期货市场应有的功能。

1. 保证金制度

在期货交易中，任何交易者必须按照其所买卖期货合约价值的一定比例（通常为5%～10%）缴纳资金，用于结算和保证履约。在我国，期货交易者缴纳的保证金可以是资金，也可以是价值稳定、流动性强的标准仓单或者国债等有价证券。经中国证监会批准，交易所可以调整交易保证金，交易所调整保证金的目的在于控制风险。

一般来说，交易者面临的风险越大，对其要求的保证金也越多；随着交割日期临近，保证金比率越高；当期货合约价格波动幅度较大时，保证金比率相应提高；当持仓或交易出现异常情况时，交易所可以适当双向调整保证金比率。

保证金的收取是分级进行的。一般而言，交易所或结算机构只向其会员收取保证金，称为会员保证金；期货公司则向其客户收取保证金，称为客户保证金。

2. 当日无负债结算制度

期货交易所实行当日无负债结算制度，又称"逐日盯市"。其是指在每个交易日结束后，由期货结算机构对期货交易保证金账户当天的盈亏状况、交易保证金及手续费、税金等费用，进行结算，并根据结算结果进行资金划转。当交易发生亏损，进而导致保证金账户资金不足时，则要求必须在结算机构规定的时间内向账户中追加保证金，以做到"当日无负债"。

3. 涨跌停板制度

所谓涨跌停板制度，又称每日价格最大波动限制，即指期货合约在一个交易日中的交易价格波动不得高于或者低于规定的涨跌幅度，超过该涨跌停幅度的报价将被视为无效，不能成交。涨跌停板一般是以合约上一交易日的结算价为基准确定的。

涨跌停板制度的实施，能够有效减缓、抑制一些突发性事件和过度投机行为对期货价格的冲击造成的暴涨暴跌，减小交易当日的价格波动幅度，锁定会员和客户每一交易日所持合约的最大盈亏，为保证金制度和当日结算无负债制度的实施创造了有利条件。

交易所有权根据市场风险调整期货合约的涨跌停板幅度。

当某期货合约以涨跌停板价格成交时，成交撮合实行平仓优先和时间优先的原则，但平当日新开仓位不适用平仓优先的原则。

在某合约连续出现涨跌停板单边无连续报价时，实行强制减仓。实行强制减仓时，交易所将当日以涨跌停板价格申报的未成交平仓报单，以当日涨跌停板价格与该合约净持仓盈利客户按照持仓比例自动撮合成交。其目的在于迅速、有效化解市场风险，防止会员大量违约。

4. 持仓限额及大户报告制度

持仓限额是指交易所规定会员或客户可以持有的，按单边计算的某一合约投机头寸的最大数额。实行持仓限额制度的目的在于防范操纵市场价格的行为和防止期货市场风险过度集中于少数投资者。

大户报告制度是与持仓限额制度紧密相关的又一个防范大户操纵市场价格、控制市场风险的制度。通过实施大户报告制度，可以使交易所对持仓量较大的会员或投资者进行重点监控，了解其持仓动向、意图，对于有效防范市场风险有积极作用。

国际上的惯例是，交易所可以根据不同期货品种及合约的具体情况和市场风险状况制定和调整持仓限额和持仓报告标准。

5. 强行平仓制度

强行平仓是指按照有关规定对会员或客户的持仓实行平仓的一种强制措施，是持仓限额制度的有力补充，其目的是控制期货交易风险。强行平仓分为两种情况：一是交易所对会员持仓实行的强行平仓；二是期货公司对其客户持仓实行的强行平仓。

6. 信息披露制度

信息披露制度是指期货交易所按有关规定定期公布期货交易有关信息的制度。期货交易所公布的信息主要包括在交易所期货交易活动中产生的所有上市品种的期货交易行情、各种期货交易数据统计资料、交易所发布的各种公告信息，以及中国证监会制定披露的其他相关信息。

4.2.3 期货交易流程

一般而言，客户进行期货交易涉及以下几个环节：开户、下单、竞价、结算、交割。在期货交易的实际操作中，大多数期货交易都是通过对冲平仓的方式了结履约责任，进入交割环节的比重非常小，所以交割环节并不是交易流程中的必经环节。

1. 开户

能够直接进入期货交易所进行交易的只能是期货交易所的会员，所以普通投资者在进入期货市场交易之前，应首先选择一个具备合法代理资格、信誉好、资金安全、运作规范和收费比较合理的期货公司。在我国，由中国期货保证金监控中心有限责任公司（简称监控中心）负责客户开户管理的具体实施工作。

客户在与期货公司签署期货经纪合同之后，在下单交易之前，应按规定缴纳开户保证金。期货公司应将客户所缴纳的保证金存入期货经纪合同中指定的客户账户中，供客户进行期货交易之用。

2. 下单

客户在按规定足额缴纳开户保证金后，即可开始委托下单，进行期货交易。

交易指令的内容一般包括：期货交易的品种及合约月份、交易方向、数量、价格、开平仓等。通常客户应先熟悉和掌握有关的交易指令，然后选择不同的期货合约进行具体交易。

国际上期货交易的指令有很多种。

1) 市价指令

市价指令是期货交易中常用的指令之一。它是指按当时市场价格即刻成交的指令。客户在下达这种指令时无须指明具体的价位，而是要求以当时市场上可执行的最好价格达成交易。这种指令的特点是成交速度快，一旦指令下达后不可更改或撤销。

2) 限价指令

限价指令是指执行时必须按限定价格或更好的价格成交的指令。下达限价指令时，客户必须指明具体的价位。它的特点是可以按客户的预期价格成交，但成交速度相对较慢，有时甚至无法成交。

3) 停止限价指令

停止限价指令是指当市场价格达到客户预先设定的触发价格时，即变为限价指令予以执行的一种指令。它的特点是可以将损失或利润锁定在预期的范围，但成交速度较止损指令慢，有时甚至无法成交。

4) 止损指令

止损指令是指当市场价格达到客户预先设定的触发价格时，即变为市价指令予以执行的一种指令。客户利用止损指令，既可以有效地锁定利润，又可以将可能的损失降至最低限度，还可以相对较小的风险建立新的头寸。

5) 触价指令

触价指令是指在市场价格达到指定价位时，以市价指令予以执行的一种指令。触价指令与止损指令的区别在于：其预先设定的价位不同，例如，就卖出指令而言，卖出止损指令的止损价低于当前市场价格，而卖出触价指令的触发价格高于当前市场价格；买进指令则与此相反。此外，止损指令通常用于平仓，而触价指令一般用于开新仓。

6) 限时指令

限时指令是指要求在某一时间段内执行的指令。如果在该时间段内指令未被执行，则自动取消。

7) 长效指令

长效指令是指除非成交或由委托人取消，否则持续有效的交易指令。

8) 套利指令

套利指令是指同时买入和卖出两种或两种以上期货合约的指令。

9) 取消指令

取消指令又称为撤单，是要求将某一指定指令取消的指令。通过执行该指令，客户以前下达的指令完全取消，并且没有新的指令取代原指令。

目前，我国各期货交易所普遍采用了限价指令。此外，郑州商品交易所还采用了市价指令、跨期套利指令和跨品种套利指令，大连商品交易所则采用了市价指令、限价指令、止损指令、停止限价指令、跨期套利指令和跨品种套利指令。我国各交易所的指令均为当日有效。在指令成交前，投资者可以提出变更和撤销。

目前，通过互联网下单是我国客户最主要的下单方式。

3. 竞价

竞价方式主要有公开喊价方式和计算机撮合成交两种方式。其中，公开喊价属于传统的竞价方式。21世纪以来，随着信息技术的发展，越来越多的交易所采用了计算机撮合成交方式，而原来采用公开喊价方式的交易所也逐步引入了电子交易系统。

1) 公开喊价方式

公开喊价方式又可分为两种形式：连续竞价制和一节一价制。

连续竞价制是指在交易所交易池内由交易者面对面地公开喊价，表达各自买进或卖出合约的要求。按照规则，交易者在报价时既要发出声音，又要做出手势，以保证报价的准确性。这种公开喊价有利于活跃场内气氛，维护公开、公平、公正的定价原则。这种公开喊价方式曾经在欧美期货市场较为流行。

一节一价制是指把每个交易日分为若干节，每节交易由主持人最先叫价，所有场内经纪人根据其叫价申报买卖数量，直至在某一价格上买卖双方的交易数量相等时为止。每一节交易中一种合约一个价格，没有连续不断的竞价。这种叫价方式曾经在日本较为普遍。

2) 计算机撮合成交方式

计算机撮合成交是根据公开喊价的原理设计而成的一种计算机自动化交易方式，是指期货交易所的计算机交易系统对交易双方的交易指令进行配对的过程。这种交易方式相对公开喊价方式来说，具有准确、连续等特点，但有时会出现交易系统故障等因素造成的风险。中国的期货交易所均采用计算机撮合成交方式。

4. 结算

结算是指根据期货交易所公布的结算价格对交易账户的交易盈亏状况进行的资金清算和划转。

目前，大连商品交易所、郑州商品交易所和上海期货交易所实行全员结算制度，交易所对所有会员的账户进行结算，收取和追收保证金。中国金融期货交易所实行会员分级结算制度，其会员由结算会员和非结算会员组成，期货交易所只对结算会员结算，向结算会员收取和追收保证金；由结算会员对非结算会员进行结算，收取和追收保证金。

结算术语主要包括以下几个。

1) 结算价

结算价是当天交易结束后，对未平仓合约进行当日交易保证金及当日盈亏结算的基准价。

2) 开仓、持仓、平仓

开仓也称为建仓，是指期货交易者新建期货头寸的行为，包括买入开仓和卖出开仓。交易者开仓之后手中就持有头寸，即持仓，若交易者买入开仓，则构成了买入(多头)持仓，反之，则形成了卖出(空头)持仓。平仓是指交易者了结持仓的交易行为，了结的方式是针对持仓方向做相反的对冲买卖。持仓合约也称为未平仓合约。

5. 交割

交割是指期货合约到期时，按照期货交易所的规则和程序，交易双方通过该合约所载标的物所有权的转移，或者按照结算价进行现金差价结算，了结到期未平仓合约的过程。其中，以标的物所有权转移方式进行的交割为实物交割；按结算价进行现金差价结算的交割方式为现金交割。

一般来说，商品期货以实物交割方式为主；股票指数期货、短期利率期货多采用现金交割方式。实物交割方式包括集中交割和滚动交割两种。集中交割也叫一次性交割，是指所有到期合约在交割月份最后交易日过后一次性集中交割的交割方式。滚动交割是指在合约进入交割月以后，在交割月第一个交易日至交割月最后交易日前一交易日之间进行交割的交割方式。滚动交割使交易者在交易时间的选择上更为灵活，可减少储存时间，降低交割成本。

实物交割结算价是指在实物交割时商品交收所依据的基准价格。交割商品计价以交割结算价为基础，再加上不同等级商品质量升贴水及异地交割仓库与基准交割仓库的升贴水。

下面介绍两个交割中的重要概念：标准仓单和期货转现货。

1) 标准仓单

在实物交割的具体实施中，买卖双方并不是直接进行实物商品的交收，而是交收代表商品所有权的标准仓单，因此，标准仓单在实物交割中扮演十分重要的角色。标准仓单是指由交易所统一制定的，交易所指定交割仓库在完成入库商品验收、确认合格后签发给货主的实物提货凭证。标准仓单经交易所注册后生效，可用于交割、转让、提货、质押等。

2) 期货转现货

期货转现货交易（简称"期转现"交易）是指持有方向相反的同一品种同一月份合约的会员（客户）协商一致并向交易所提出申请，获得交易所批准后，分别将各自持有的合约按双方商定的期货价格（该价格一般应在交易所规定的价格波动范围内）由交易所代为平仓（现货的买方在期货市场须持有多头仓位，现货的卖方在期货市场须持有空头仓位），同时按双方协议价格与期货合约标的物数量相当、品种相同、方向相同的仓单进行交换的行为。

"期转现"一般有两种情况，第一，在期货市场有反向持仓双方，拟用标准仓单或标准仓单以外的货物进行"期转现"；第二，买卖双方为现货市场的贸易伙伴，有远期交货意向，并希望远期交货价格稳定。双方可以先在期货市场上选择与远期交收货物最近的合约月份建仓，建仓量和远期货物量相当，建仓时机和价格分别由双方根据市场状况自行决定，到希望交收货的时候，进行非标准仓单的"期转现"。这相当于通过期货市场签订一个远期合同，一方面实现了套期保值的目的，另一方面避免了合同违约的可能性。

与"平仓后买卖现货"不同，"期转现"是以买卖双方商定的价格平仓（在交易所规定的价格波动范围内）。"期转现"也与交割不同，买卖双方可以提前"期转现"交货，也可以到交割月交货，交货时间、地点和品级由双方商定。

4.3 套期保值与套利

4.3.1 套期保值

1. 套期保值概述

期货的套期保值是指企业通过持有与其现货市场头寸相反的期货合约，或将期货合约作为其现货市场未来要进行的交易的替代物，以期对冲价格风险的方式。简单来说，就是对现货有什么担心，就通过期货做什么（简称"担心什么做什么"）。担心现货价格下跌，就通过期货市场卖出期货合约；担心现货价格上涨，就通过期货市场买进期货合约，这样就可以使现货的风险得以回避。

套期保值能实现"风险对冲"的根本原理在于：期货价格和现货价格受到相似的供求等因素影响，两者的变动趋势是一样的，这样的话，通过套期保值，无论价格是涨是跌，总会出现一个市场盈利而另一个市场亏损的情形，盈亏相抵，就可以规避因为价格波动而给企业带来的风险，市场稳健经营。

为实现"风险对冲"，在套期保值操作中应满足相应的条件。

(1) 在套期保值数量选择上，要使期货与现货市场的价值变动大体相当。

(2) 在期货头寸方向的选择上，应与现货头寸相反，即现货处于多头时，期货处于空头；现货处于空头时，期货处于多头。

(3) 期货头寸持有时间段与现货承担风险的时间段对应，期限要匹配。一般情况下，合约月份要等于或远于现货市场承担风险的时间段。

套期保值交易的目的是规避风险，追求稳定收益。在避免价格不利变动带来风险的同时，也放弃了价格有利变动带来的收益。但进行套期保值的目的是回避价格风险，保持生产和经营的可持续发展，而不是获得最高收益。

2. 套期保值的种类

按照在期货市场上所持头寸的方向，套期保值分为卖出套期保值和买入套期保值。

1) 卖出套期保值

卖出套期保值又称空头套期保值，是指套期保值者通过在期货市场建立空头头寸，预期对冲其目前持有的或者未来将卖出的商品或资产的价格下跌风险的操作。这种操作方式通常被农场主、矿业主所采用。

举例：东北某一农垦公司主要种植大豆，1996 年 9 月初，因中国饲料工业的发展而对大豆的需求大增，同时 9 月初因大豆正处在青黄不接的需求旺季导致其现货价格一直在 3300 元 / 吨左右的价位上波动，此时 1997 年 1 月份到期的期货合约的价格也在 3400 元 / 吨的价位上徘徊。经过充分的市场调查，认为 1996 年年底或 1997 年年初，大豆市场会因价格一直过高而导致种植面积增加，同时大豆产区天气状况良好将使本年度的大豆产量剧增，预计日后的大豆价格将要下跌。为了规避日后大豆现货价格下跌的风险，该农垦公司决定为其即将收获的 50000 吨新豆进行保值。1997 年 1 月，大豆的平均价格为 2700 元 / 吨，此时期货已经跌至 2800 元 / 吨。

由此可见，该农垦公司利用期货市场进行卖期保值，用期货市场上盈利的 600 元 / 吨弥补了现货市场价格下跌而损失的 600 元 / 吨，成功地实现了原先制订的 3300 元 / 吨的销售计划。

2) 买入套期保值

买入套期保值又称多头套期保值，是指套期保值者通过在期货市场建立多头头寸，预期对冲其现货商品或资产空头，或者未来将买入的商品或资产的价格上涨风险的操作。

这种方式通常被加工商、制造业者和经营者所采用。

举例：广东某一铝型材厂的主要原料是铝锭，1994年3月铝锭的现货价格为13000元/吨，该厂根据市场的供求关系变化，认为两个月后铝锭的现货价格将要上涨，为了规避两个月后购进600吨铝锭时价格上涨的风险，该厂决定进行买入套期保值。3月初以13200元/吨的价格买入600吨5月份到期的铝锭期货合约，到5月初该厂在现货市场上购买铝锭时价格已上涨到15000元/吨，而此时期货价格亦已涨至15200元/吨。

由此可见，该铝型材厂在过了2个月以后以15000元/吨的价格购进铝锭，比先前3月初买进铝锭多支付了2000元/吨的成本。但由于做了买入套期保值，在期货交易中盈利了2000元/吨，用以弥补现货市场购进时多付出的价格成本，其实际购进铝锭的价格仍然是13000元/吨（即实物购进价15000元/吨减去期货盈利的2000元/吨），规避了铝锭价格上涨的风险。

理论上，套期保值为现货商提供了理想的价格保护，但实际操作中效果并不一定都很理想。套期保值不能使风险完全消失的主要原因是存在"基差"这个因素。

3. 基差与套期保值的效果

基差是某一特定地点某种商品或资产的现货价格与相同商品或资产的某一特定期货合约价格间的价差，用公式可简单地表示为

$$基差 = 现货价格 - 期货价格$$

基差为负，称为远期升水或现货贴水，这种市场状态为正向市场。正向市场反映了期、现两个市场之间的运输成本和持有成本，包括储藏费、利息、保险费和损耗费等，其中利率变动对持有成本的影响很大。

基差为正，称为远期贴水或现货升水，这种市场状态为反向市场。出现这个状态的原因有两个：一是近期对某种商品或资产需求非常迫切，远大于近期产量及库存量，使现货价格大幅提升高于期货价格；二是预计将来该商品的供给会大幅增加，导致期货价格大幅下跌，低于现货价格。

我们用"强"或"弱"来评价基差的变化。当基差变大时，称为"走强"，当基差变小时，称为"走弱"。在商品实际价格变化过程中，基差总是在不断变动，而基差的变动形态对一个套期保值者而言至关重要。由于期货合约到期时，现货价格与期货价格会趋于一致，而且基差呈现季节性变动，使套期保值者能够应用期货市场降低价格波动的风险。基差变化是判断能否完全实现套期保值的依据。套期保值者利用基差的有利变动，不仅可以取得较好的保值效果，而且还可以通过套期保值交易获得额外的盈余。一旦基差出现不利变动，套期保值的效果就会受到影响，蒙受一部分损失。

基差变动与套期保值效果的关系如表4-2和表4-3所示。

表 4-2　基差变动与套期保值效果的关系 (1)

基差变动情况	套期保值种类	套期保值效果
基差不变	卖出套期保值	两个市场盈亏完全相抵，套期保值者得到完全保护
	买入套期保值	两个市场盈亏完全相抵，套期保值者得到完全保护
基差走强(包括正向市场走强、反向市场走强、正向市场转为反向市场)	卖出套期保值	套期保值者得到完全保护，并且存在净盈利
	买入套期保值	套期保值者不能得到完全保护，存在净亏损
基差走弱(包括正向市场走弱、反向市场走弱、反向市场转为正向市场)	卖出套期保值	套期保值者不能得到完全保护，存在净亏损
	买入套期保值	套期保值者得到完全保护，并且存在净盈利

表 4-3　基差变动与套期保值效果的关系 (2)

分类	基差变化	套期保值效果
卖出套期保值	基差不变	完全套保，盈亏完全相抵
	基差走强	盈亏相抵后存在净盈利
	基差走弱	盈亏相抵后存在净亏损
买入套期保值	基差不变	完全套保，盈亏完全相抵
	基差走强	盈亏相抵后存在净亏损
	基差走弱	盈亏相抵后存在净盈利

可以看出，表 4-2 和表 4-3 是从两个维度来分析基差变动与套期保值效果的关系。

总的结论就是：基差走强，有利于卖出套期保值(其逻辑可以类推)。

套期保值的实质是用较小的基差风险代替较大的现货价格风险，但由于基差随时都在变化，直接影响套期保值的结果，为了回避因基差向不利方向变动而使套期保值者未能转移出去的那一部分价格风险，国外期货市场上出现了一种新的期货交易方式，即基差交易。基差交易是随着点价交易的出现而出现的，是一种将点价交易与套期保值结合在一起的操作方式。

点价交易是指以某月份的期货价格为计价基础，以期货价格加上或减去双方协商同意的升贴水来确定双方买卖现货商品的价格的定价方式。点价交易从本质上看是一种为现货贸易定价的方式，交易双方并不需要参与期货交易。在一些大宗商品贸易中，如大豆、铜、石油等，点价交易已经得到了普遍应用。

在点价交易中，贸易双方并非直接确定一个价格，而是以约定的某月份期货价格为基础，在此基础上加减一个升贴水来确定。升贴水的高低，与点价所选取的期货合约的远近、期货交割地与现货交割地之间的运费以及期货交割商品品质与现货交割商品品质的差异有关。

根据确定具体时点的实际交易价格的权利归属划分，点价交易可分为买方叫价交易和卖方叫价交易，如果确定交易时间的权利属于买方，称为买方叫价交易，若权利属于卖方则称为卖方叫价交易。

基差交易就是指企业在按某一期货合约价格加减升贴水方式确立点价方式的同时，在期货市场进行套期保值操作，从而降低套期保值中的基差风险的操作。因为在实施点价之前，双方所约定的期货基准价格是不断变化的，所以交易者仍然面临价格变动风险。为了有效规避这一风险，交易者可以将点价交易与套期保值结合在一起进行操作，形成基差交易。

基差交易与一般的套期保值操作的不同之处在于，由于是点价交易与套期保值操作相结合，套期保值头寸了结的时候，对应的基差基本上等于点价交易时确立的升贴水。这就保证了在套期保值建仓时，就已经知道了平仓时的基差，从而减少了基差变动的不确定性，降低了基差风险。

4.3.2 期货套利

根据套利是否涉及现货市场，期货套利可分为价差套利和期现套利。

价差套利是指利用两个相关期货合约之间的价差，在买入或卖出某种期货合约的同时，卖出或买入相关的另一种合约，并在某个时间同时将两种合约平仓的交易方式。

而期现套利则是指利用期货市场和现货市场之间不合理的价差，通过在两个市场上进行反向交易，待价差趋于合理而获利的交易。

价差套利和期现套利都是利用了相关品种间不合理的价差所产生的机会来进行交易，预期未来的价差会回归到正常范围内。所以，我们重点分析一下期货价差套利。

与投机交易不同，在期货价差套利中，交易者不关注某一个期货合约的价格向哪一个方向变动，而是关注相关期货合约之间的价差是否在合理的区间范围内。如果价差不合理，交易者可利用这种不合理的价差对相关期货合约进行方向相反的交易，等价差趋于合理时再同时将两个合约平仓获取收益。

期货价差套利的交易者要同时在相关合约上进行方向相反的交易，即同时建立一个多头头寸和一个空头头寸，这是套利交易的基本原则，如果缺少了多头头寸或空头头寸，就像一个人缺了一条腿无法正常走路。因此期货价差套利中建立的多头和空头头寸被形象地称为套利的"腿"。

在计算期货价差套利的盈亏时，可分别计算每个期货合约的盈亏，然后进行加总，得到整个套利交易的盈亏。

例如，某套利者以 2532 元 / 吨的价格买入 3 月的螺纹钢期货，同时以 2682/ 吨的价格卖出 7 月的螺纹钢期货。持有一段时间后，该套利者以 2532 元 / 吨的价格将 3 月的合约卖出平仓，同时以 2665 的价格将 7 月的合约买入平仓。该套利交易后，3 月份的螺纹钢期货合约亏损 =2532-2522=10 元 / 吨，7 月份的螺纹钢期货合约盈利 =2682-2655=17 元 / 吨，套利

结果 =17-10=7 元 / 吨，期货价差套利交易后套利者每吨螺纹钢盈利 7 元。

根据套利者对相关合约中价格较高的一边的买卖方向不同，期货价差套利可分为买入套利和卖出套利。

如果套利者预期两个或两个以上期货合约的价差将扩大，则套利者将买入其中价格较高的合约，同时卖出价格较低的合约，我们称这种套利为买入套利。如果价差变动方向与套利者的预期相同，则套利者同时将两份合约平仓而获利。

举例：3 月 4 日，套利者 A 以 250 元 / 克的价格卖出 6 月份黄金期货，同时以 261 元 / 克的价格买入 11 月份黄金期货。假设经过一段时间后，4 月 4 日，6 月份价格变为 255 元 / 克，同时 11 月份价格变为 272 元 / 克，该套利者同时将两份合约对冲平仓。分析如下：该套利者买入的 11 月份黄金的期货价格要高于 6 月份，可以判断是买入套利，价差从建仓时的 11 元 / 克 (261-250) 变为平仓时的 17 元 / 克 (272-255)，价差扩大了 6 元 / 克，因此，可以判断该套利者 A 的净盈利为 6 元 / 克。

如果套利者预期两个或两个以上期货合约的价差将缩小，则套利者通过卖出其中价格较高的合约，同时买入价格较低的合约进行套利，我们称这种套利为卖出套利。如果价差变动方向与套利者的预期相同，则套利者同时将两份合约平仓而获利。

举例：3 月 4 日，套利者 B 以 250 元 / 克的价格买入 6 月份黄金期货，同时以 261 元 / 克的价格卖出 11 月份黄金期货。假设经过一段时间后，4 月 4 日，6 月份价格变为 256 元 / 克，同时 11 月份价格变为 265 元 / 克，该套利者同时将两份合约对冲平仓。分析如下：该套利者卖出的 11 月份黄金的期货价格要高于 6 月份黄金期货价格，可以判断是卖出套利，价差从建仓时的 11 元 / 克 (261-250) 变为平仓时的 9 元 / 克 (265-256)，价差缩小了 2 元 / 克，因此，可以判断该套利者 A 的净盈利为 2 元 / 克。

期货价差套利行为有助于不同期货合约价格之间合理价差关系的形成。套利者会时刻注意市场动向，如果发现相关期货合约价差存在异常，则会通过套利交易获取利润。而这种套利行为，客观上会对相关期货合约价格产生影响，促使价差趋于合理。

相对于单向投机而言，期货套利具有相对较低的交易风险，同时又能取得较为稳定的交易利润，是一种比较稳健的投资方式。一般来说，可以将套利分为 4 种类型，分别是跨期套利、跨品种套利、跨市套利和期现套利。

跨期套利是指在同一市场 (交易所) 同时买入、卖出同一期货品种的不同交割月份的期货合约，以期在有利时机同时将这些期货合约对冲平仓获利。跨期套利只与期货可能发生的升水和贴水有关。

跨品种套利是指利用两种或三种不同的，但相互关联的商品之间的合约价格差异进行套利交易，即买入某一交割月份某种商品合约，同时卖出另一相同交割月份的相互关联的商品合约，以期在有利时机同时将这两个合约对冲平仓获利。这些品种之间往往具有相互替代性或受同一供求因素制约。

跨市套利也称市场间套利,是指在某个交易所买入(或卖出)某一交割月份的某种商品合约的同时,在另一个交易所卖出(或买入)同一交割月份的同种商品合约,以期在有利时机分别在两个交易所同时对冲所持有的合约而获利。

期现套利是通过利用期货市场和现货市场的不合理加仓进行反向交易而获利。理论上,期货价格和现货价格之间的价差主要反映持仓成本的大小,但现实中,期货价格和现货价格的价差并不绝对等于持仓成本。当价差与持仓成本出现较大偏差时,就会产生期现套利机会。

4.4 期权

4.4.1 期权的要素及特点

期权也称选择权,是指期权的买方有权在约定的期限内,按照事先确定的价格,买入或卖出一定数量某种特定商品或金融指标的权利。

截至 2020 年年底,我国国内的期权品种主要有两大部分。①交易所的场内交易产品,包括上海证券交易所开展的上证 50ETF 期权和沪深 300ETF 期权,以及证券交易所的沪深 300ETF 期权,上海期货交易所的铜期权、铝期权、黄金期权等,郑州商品交易所的棉花期权、PTA 期权、动力煤期权等,大连商品交易所的玉米期权、铁矿石期权、液化石油气期权等,中国金融期货交易所的沪深 300 股指期权。个股期权正在积极研究和筹备中。因方向、行权价格和月份等不同,每个期权品种都有几十个合约。②柜台交易的产品,主要是在各商业银行进行柜台交易的外汇期权等。

1. 期权合约的基本要素

结合我们前述讲到的期权的基本类型,期权合约的基本要素包括以下几个。

1) 期权的价格

期权的价格又称权利金、期权费、保险费等,是一方为获得按约定价格购买或出售标的资产的权利而支付给另一方的费用。

2) 标的资产

标的资产是期权合约中约定的、买方行使权利时所购买或出售的资产。期权的标的资产可以是现货资产,也可以是期货资产;可以是实物资产,也可以是金融资产或金融指标(股票价格指数)。

3) 行权方向

行权方向是指期权买方行权时的操作方向。行权方向有买入和卖出两种,其决定了是看涨期权(认购权)还是看跌期权(认沽权)。

4) 行权方式

行权方式是指期权合约规定的期权多头可以执行期权的时间，有到期才可以执行的期权和在期权有效期内的任何时间都可以执行的期权，其决定了是美式期权还是欧式期权。

5) 执行价格

执行价格又称履约价格、行权价格，是期权合约中约定的、买方行使权利时购买或出售标的资产的价格。执行价格的起始值和执行价格间距，会在交易所交易规则和期权合约中做出相关规定。

6) 期权到期日和期权到期

期权到期日是指期权买方可以执行期权的最后日期。美式期权的买方在期权到期日和到期日之前的任何交易日都可以行权，欧式期权的买方只能在到期日行权。期权到期是指期权买方能够行使权利的最后时间。过了该时间，没有被执行的期权合约停止行权，期权买方的权利作废，卖方的义务也随之解除。

以我国上证 50ETF 期权合约举例说明如下。

(1) 合约类型。合约类型包括认购期权和认沽期权两种类型。无论是认购期权还是认沽期权，买入期权一方的仓位俗称权利仓，卖出一方的仓位称为义务仓。

(2) 合约单位。每张期权合约对应 10000 份 "50ETF" 基金份额。

(3) 到期月份。合约到期月份为当月、下月及随后两个季月，共 4 个月份 (都是欧式期权)。到期日为到期月份的第四个星期三，节假日顺延。

(4) 行权价格。首批挂牌及按照新到期月份加挂的期权合约设定 5 个行权价格 (1 个平值合约、2 个虚值合约、2 个实值合约)，包括依据行权价格间距选取的最接近 "50ETF" 前收盘价的基准行权价格 (最接近 "50ETF" 前收盘价的行权价格存在两个时，取价格较高者为基准行权价格)，以及依据行权价格间距依次选取的 2 个高于和 2 个低于基准行权价格的行权价格。

"50ETF" 收盘价格发生变化，导致行权价格高于 (低于) 基准行权价格的期权合约少于 2 个时，按照行权价格间距依序加挂新行权价格合约，使得行权价格高于 (低于) 基准行权价格的期权合约达到 2 个。

(5) 行权价格间距。行权价格间距根据 "50ETF" 收盘价格分区间设置，"50ETF" 收盘价与上证 50ETF 期权行权价格间距的对应关系为：3 元或以下为 0.05 元，3 元至 5 元 (含) 为 0.1 元，5 元至 10 元 (含) 为 0.25 元，10 元至 20 元 (含) 为 0.5 元，20 元至 50 元 (含) 为 1 元，50 元至 100 元 (含) 为 2.5 元，100 元以上为 5 元。

(6) 最小报价单位：0.0001 元。

以上海期货交易所的黄金期权合约举例说明，如表 4-4 所示。

表 4-4　上海期货交易所的黄金期权合约

合约标的物	黄金期货合约（1000 克）
合约类型	看涨期权、看跌期权
交易单位	1 手黄金期货合约
报价单位	元（人民币）/ 克
最小变动价位	0.02 元 / 克
涨跌停板幅度	与黄金期货合约涨跌停板幅度相同
合约月份	最近两个连续月份合约，其后月份在标的期货合约结算后持仓量达到一定数值之后的第二个交易日挂牌，具体数值交易所另行发布
交易时间	上午 9：00—11：30、下午 13：30—15：00 及交易所规定的其他时间
最后交易日	标的期货合约交割月前第一月的倒数第五个交易日，交易所可以根据国家法定节假日等调整最后交易日
到期日	同最后交易日
行权价格	行权价格覆盖黄金期货合约上一交易日结算价上下浮动 1.5 倍当日涨跌停板幅度对应的价格范围。行权价格≤ 200 元 / 克，行权价格间距为 2 元 / 克；200 元 / 克 > 行权价格≤ 400 元 / 克，行权价格间距为 4 元 / 克；行权价格 >400 元 / 克，行权价格间距为 8 元 / 克
行权方式	美式。买方可以在到期日前任一交易日的交易时间提交行权申请；买方可以在到期日 15：30 之前提出行权申请、放弃申请
交易代码	看涨期权：AU- 合约月份 -C- 行权价格 看跌期权：AU- 合约月份 -P- 行权价格
上市交易所	上海期货交易所

2. 期权的特点

从期权的合约内容，可以看出期权的特点如下。

(1) 买卖双方的权利和义务不同。期权交易是权利的买卖，期权买方支付了期权费获得权利，卖方将权利出售给买方从而拥有了履约的义务。期权的买方只有权利而不必承担履约义务，卖方只有履约义务而没有相应的权利。

(2) 买卖双方的收益和风险特征不同。当标的资产价格向有利于买方变动时，买方可能获得巨大收益，卖方则会遭受巨大损失；而当标的资产价格向不利于买方变动时，买方会放弃行权；如果期权作废的话，买方会损失购买期权的全部费用，即权利金。买方也可在到期前将期权卖出平仓，虽然期权价格下跌也会带来部分损失，但不会造成全部权利金损失。所以，买方最大损失为购买期权的权利金，这也是卖方的最大收益。

(3) 对买卖双方保证金缴纳要求不同。由于买方的最大风险仅限于已经支付的期权费，所以买方无须缴纳保证金；卖方可能损失巨大，所以必须缴纳保证金作为履约担保。对于有担保的期权空头，如持有招商银行 H 股股票的看涨期权空头，可将其持有的标的股票作为履约担保，视其所持有的标的股票对期权担保情况有可能不缴或少缴保证金。

相对于有担保期权空头而言，无担保的期权空头称为裸期权空头，裸期权空头必须缴纳保证金。

(4) 期权交易买方和卖方的经济功能不同。买进期权可以对冲标的资产的价格风险，而卖出期权只能收取固定的费用，达不到对冲标的资产价格风险的目的。所以，可以利用期权多头对冲标的资产价格风险。当标的资产价格发生不利变动时，交易者可以通过执行期权来避免损失；当价格变化方向对标的资产持仓有利时，交易者可放弃执行期权，从而享受价格有利变化带来的利润。

(5) 独特的非线性损益结构。期权交易者的损益并不随标的资产价格的变化呈线性变化，其最大损益状态图是折线而不是一条直线，即在执行价格的位置发生转折。正是期权独特的非线性损益结构，使其在风险管理、组合投资等方面具有明显优势。通过不同期权、期权与其他投资工具的组合，投资者可以构造出不同风险和损益情况的组合策略，也可以实现期权和标的资产头寸的相互转换。

4.4.2 期权的价值

1. 期权的内涵价值

期权的内涵价值也称内在价值，是指在不考虑交易费用和期权费的情况下，买方立即执行期权合约可获取的收益。如果收益大于0，则期权具有内涵价值；如果小于0，则期权不具有内涵价值，内涵值等于0。

所以内涵价值由期权合约的执行价格与标的资产价格的关系决定，计算公式为

看涨期权的内涵价值 = 标的资产价格 - 执行价格

看跌期权的内涵价值 = 执行价格 - 标的资产价格

如果计算结果小于等于0，则内涵价值等于0。所以，期权的内涵价值总是大于等于0。

依据内涵价值计算结果的不同，可将期权分为实值期权、虚值期权和平值期权。

期权的内涵价值如表 4-5 所示。

表 4-5　期权的内涵价值

期权	看涨期权	看跌期权
实值期权	执行价格 < 标的资产价格	执行价格 > 标的资产价格
虚值期权	执行价格 > 标的资产价格	执行价格 < 标的资产价格
平值期权	执行价格 = 标的资产价格	执行价格 = 标的资产价格

2. 期权的时间价值

期权的时间价值又称外涵价值，是指在权利金中扣除内涵价值的剩余部分。它是期权有效期内标的资产价格波动为期权持有者带来收益的可能性所隐含的价值。标的资产

价格的波动率越高，期权的时间价值就越大。时间价值的计算公式为

$$时间价值 = 权利金 - 内涵价值$$

所以，平值期权和虚值期权的时间价值总是大于等于 0。

4.4.3 影响期权价格的基本因素

影响期权价格的因素很多，主要影响因素有：期权的执行价格、标的资产价格、确定剩余期限、利率、标的资产价格波动率等。对于股票期权来说，股票股息也是影响期权价格的主要因素。

1. 标的资产价格与执行价格的关系对期权价格的影响

期权的执行价格与标的资产是影响期权价格的重要因素。两种价格的相对差额不仅决定内涵价值，而且影响时间价值。但由期权定价利率可以推得，内涵价值对期权价格高低起决定作用。对于实值期权，内涵价值越高，期权的价格也越高。对于虚值和平值期权，由于内涵价值等于 0，所以标的资产价格的上涨或下跌及执行价格的高低不会使虚值或平值期权的内涵价值发生变化，但会影响虚值期权内涵价值的计算结果，从而影响期权的时间价值，并决定期权价格的高低。一般来说，执行价格与标的资产价格的相对差额越大，期权的时间价值越小。反之，相对差额越小，期权的时间价值越大。无论是美式期权还是欧式期权，当标的资产价格与执行价格相等或接近，即期权处于或接近平值状态时，时间价值最大，标的资产价格变化对时间价值的影响也最大。

2. 标的资产价格波动率对期权价格的影响

标的资产价格波动率是指标的资产价格波动程度，它是期权定价模型中的重要变量。在其他因素不变的条件下，标的资产价格波动率越高，标的资产价格上涨很高或下跌很多的机会将会随之增加，标的资产价格涨至损益平衡点之上或跌至损益平衡点之下的可能性和幅度也就越大，买方获取较高收益的可能性也会增加，而损失却不会随之增加。但期权卖方的市场风险却会随之大幅增加。所以，标的资产价格的波动率越高，期权的价格也应该越高。

3. 期权合约有效期对期权价格的影响

期权合约有效期是指距期权合约到期日剩余的时间。在其他因素不变的情况下，期权有效期越长，美式看涨期权和看跌期权的价值都会增加，欧式期权的价值并不必然增加。对于美式期权来说，有效期长的期权不仅包含了有效期短的期权的所有执行机会，而且有效期越长，标的资产价格向买方所期望的方向变动的可能性就越大，买方行使期权的机会也就越多，获利的机会也就越多。因此，在其他条件相同的情况下，距最后交易日长的美式期权价值不应该低于距最后交易日短的期权的价值。而对于欧式期权来说，有效期长的期权并不包含有效期短的期权的所有执行机会。即便在有效期内标的资产价

格向买方所期望的方向变动,但由于不能行权,在到期时也存在再向不利方向变动的可能,所以,随着期权有效期的增加,欧式期权的时间价值和权利金并不必然增加,即剩余期限长的欧式期权的时间价值和权利金可能低于剩余期限短的。

4. 无风险利率对期权价格的影响

无风险利率水平会影响期权的时间价值,也会影响期权的内涵价值。当利率提高时,期权的时间价值降低;反之,当利率下降时,期权的时间价值会增加。此外,利率的提高或降低还会影响标的资产的价格。所以,无风险利率对期权价格的影响,要根据当时的经济环境以及利率变化对标的资产价格影响的方向,考虑对期权内涵价值的影响方向和程度,然后综合对时间价值的影响,得出最终的影响结果。

5. 标的资产支付收益对期权价格的影响

标的资产支付收益对期权价格的影响,主要是股票股息对股票期权的影响。标的资产支付收益对看涨期权价格的影响是反向的,对看跌期权价格的影响则是正向的。以上结果是在股票分红不调整期权执行价格的情况下得出的,但通常情况下,股票分红后股价将除权除息,交易所往往会调整行权价格。

在上述影响期权价格的五个因素中,标的价格和执行价格、有效期、市场无风险利率等都可以直接观察到,而波动率只能靠估计。不同的投资者对波动率有不同的预测,基于此计算出的期权价格可能存在较大差异,所做的操作判断也会大不相同。

此外,我们分析上面五个因素对期权价格的影响,都是假定只有一个因素发生变化而其他四个因素保持不变,实际情况中几个因素可能同时作用,彼此之间又相互影响。因此,投资者在做交易前必须慎之又慎。

4.4.4 期权交易的基本策略

期权交易与期货交易相似,均可采用双向交易方式,既可以开仓买入,也可以开仓卖出,同样也可以将期权持仓对冲平仓。开仓买入期权通常称为建立期权多头头寸,仓位俗称权利仓,可以开仓买入看涨期权,也可以开仓买入看跌期权。而开仓卖出期权通常称为建立期权空头头寸,仓位俗称义务仓,可以开仓卖出看涨期权,也可以开仓卖出看跌期权。

期权多头和空头了结头寸的方式不同。期权多头可以通过对冲平仓、行权等方式将期权头寸了结,也可以持有期权至合约到期;当期权多头行权时,空头必须履约,即以履约的方式了结期权头寸;如果多头没有行权,则空头也可以通过对冲平仓了结头寸,或持有期权至合约到期。

相应地,期权交易一般有四种基本的交易策略,即买进看涨期权、卖出看涨期权、买进看跌期权、卖出看跌期权。

1. 买进看涨期权

交易者预期标的资产价格上涨而买进看涨期权，买进看涨期权需支付一笔权利金。看涨期权的买方在支付权利金后，便可享有按约定的执行价格买入相关标的资产的权利，但不负有必须买进的义务，从而避免了直接购买标的资产后价格下跌造成的更大损失。一旦标的资产价格上涨至执行价格以上，便可执行期权，以低于标的资产的价格（执行价格）获得标的资产；买方也可以在期权价格上涨或下跌时卖出期权平仓，获得差价收益或避免损失全部权利金。

2. 卖出看涨期权

交易者卖出看涨期权的主要目的是获取期权费，但卖出看涨期权时要缴纳保证金，而且保证金要高于权利金，所以卖出看涨期权需要一定的初始资金，当行情发生不利变动时，还要追加保证金。

看涨期权卖方在收取期权费后，便拥有了按约定的执行价格卖出相关标的资产的义务。在买方行权，卖方被指定履约时，标的资产价格应该高于执行价格；如果标的资产价格低于执行价格，买方放弃行权，卖方可实现赚取权利金收入的目的；卖方也可以在期权到期前进行平仓，以获得权利金收益或减少价格向不利方向变动的损失。

3. 买进看跌期权（认沽期权）

交易者预期标的资产价格下跌而买进看跌期权，买进看跌期权需支付一笔权利金。看跌期权的买方在支付权利金后，便可享有按约定的执行价格卖出相关标的资产的权利，但不负有必须卖出的义务。一旦标的资产价格下跌，便可执行期权，以执行价格卖出标的资产；如果标的资产价格上涨，则可放弃执行期权，或将期权卖出平仓，从而规避了直接卖出标的资产后价格上涨造成的损失。

4. 卖出看跌期权（认沽期权）

卖出看跌期权的主要目的也是获取期权费，在卖出看跌期权时同样要缴纳保证金，而且保证金要高于权利金，所以卖出看跌期权也需要一定的初始资金，当行情发生不利变动时还要追加保证金。

交易者卖出看跌期权后，便拥有了履约义务。如果标的资产价格高于执行价格，则买方不会行权，卖方可获得全部权利金收入，或者在期权价格上涨时卖出期权平仓，获得价差收益。但是，一旦标的资产价格下跌至执行价格以下，买方执行期权，卖方被要求履约时，则必须以执行价格从买方处买入标的资产，随着标的资产价格的下跌，卖方收益减少，直至亏损出现，下跌越多，亏损越大。

以上四种策略，是期权投资最基础和常用的策略。在实践中，还发展出许多其他衍生和组合的期权交易策略，具体包括以下几种。

1) 领子期权策略

领子期权策略主要是用来对冲标的资产的风险,是保护性看跌期权策略与备兑看涨期权策略的结合,被许多机构投资者采用。领子期权策略的构成是:持有标的资产现货多头的同时买入看跌期权并卖出看涨期权,看涨期权的行权价比看跌期权行权价高,到期日相同。其中买入看跌期权的作用是为标的资产提供下跌保护,而卖出的看涨期权所获的权利金可以用来抵消购买看跌期权的成本。这种策略使投资组合的损失非常小,但是也削减了当现货上行时带来的收益。

2) 期权价差交易策略

期权价差交易策略包括选择牛市价差期权和熊市价差期权。

牛市价差期权是价差期权中比较受欢迎的一种。假如投资者预期标的资产在未来会上涨,但是涨幅有限,他想稳中求胜,这时他可以选择较低成本的牛市价差期权。投资者要实现该种策略的做法是:买入一份看涨期权,同时卖出一份到期日相同,但行权价较高的看涨期权。卖出期权的权利金可以抵消一部分低行权价期权的权利金成本。

与牛市价差期权相反,投资者若判断未来一段时间内标的资产会温和下跌,可以利用熊市价差期权来实现低成本的盈利。对于这种策略,投资者在熊市里获利有限,但标的资产若不跌反升,也不会面临大的亏损。该策略的操作方法是买入一份高行权价的看跌期权,同时卖出一份到期日相同,低行权价的看跌期权。值得注意的是,高行权价的看跌期权权利金要较低行权价的看跌期权要高,所卖出期权的权利金只可抵消部分买入期权的成本。

3) 蝶式价差期权策略

第三种比较有名的价差策略为蝶式价差期权策略。该种期权策略能使投资者以较低的成本,在平稳的市场中获取不错的收益。策略的具体行权包括:买入一个较低行权价的看涨期权,买入一个较高行权价的看涨期权,卖出两个以前两个期权行权价的中间值为行权价的看涨期权,所有期权的标的资产和期限都相同。卖出两个期权的权利金能覆盖部分其余买入期权的权利金成本,从而体现低成本的优势。

4) 期权波动率交易策略

跨式期权是一种非常普遍的组合期权投资策略,是指投资人以相同的行权价格同时购买相同到期日、相同标的指数的看涨和看跌期权。这种策略的构成是:同时买入一手看涨期权和一手看跌期权,并且两者的标的资产、到期日、行权价都相同,通过在市场上涨时履行看涨期权,而在下跌时履行看跌期权,期权的购买者能享受到价格波动较大带来的好处。风险是如果价格只是小幅波动,价格的变化过小,无法抵偿购买两份期权的成本。

宽跨式期权是跨式期权的一个变种,具体的策略构成是:买入一个虚值看涨期权,同时买入另一个虚值看跌期权,两者的标的资产与到期日相同,但是行权价不同。相比一般的跨式期权，宽跨式期权的成本更低，但是拥有更宽的底部，即只有标的资产价格大幅度变动，这种策略才能获得正收益。

5) 套利策略

期权的套利策略非常多，如箱式套利、买卖权平价套利、蝶式套利、飞鹰式套利和无风险套利等，限于篇幅，就不一一介绍了。

作为一个重要的金融衍生品，一种零和博弈工具，期权并不像很多人所说的那样能够做到"期权在手，投资不愁。期权在手，天下我有"。很多人由于对期权不了解或者不正当使用，导致了很大的风险，甚至导致公司倒闭，因此正确地理解和使用期权十分重要。

4.5 我国其他金融衍生品

4.5.1 外汇远期

外汇现汇交易中使用的汇率是即期汇率，即交易双方在交易后两个工作日内办理交割所使用的汇率。而外汇远期交易是指双方以约定的币种、金额、汇率，在未来某一约定的日期交割的外汇交易。

一种货币的远期汇率高于即期汇率称之为升水，又称远期升水。相反，一种货币的远期汇率低于即期汇率称之为贴水，又称远期贴水。升水和贴水与两种货币的利率差密切相关。

在外汇交易中，某种货币标价变动一个"点"的价值称为点值，是汇率变动的最小单位。在美元标价法（直接标价法）下，100点值相当于本币的0.01元。

外汇远期交易通常应用于以下几个方面。

(1) 进出口商通过锁定外汇远期汇率以规避汇率风险。

(2) 短期投资者或外汇债务承担者通过外汇远期交易规避汇率风险。

4.5.2 外汇掉期与货币互换

1. 外汇掉期

外汇掉期是指交易双方约定在前后两个不同的起息日（货币收款或付款执行生效日）以约定的汇率进行方向相反的两次货币交换。一般有即期对远期、远期对远期和隔夜掉期三种形式。

外汇掉期交易的报价中有两个概念要明确：掉期点和掉期全价。掉期点是指远端汇率（第二次交换货币时适用的汇率）和近端汇率（第一次货币交换时适用的汇率）的点差；掉期全价则由交易成交时报价方报出的即期汇率加相应期限的掉期点计算获得。

外汇掉期的适用情形有两种。

(1) 对冲货币贬值风险。交易者持有货币 A,因为需要转换成另一种货币 B,而在远期又要将 B 换回 A,通过掉期交易可避免 B 的贬值风险。

(2) 调整资金期限结构。当外汇收付时间不匹配时,将所持有的即期外汇变成远期外汇,或将远期外汇变成即期外汇,可使得外汇收付时间一致。

外汇掉期基本不改变整体资产的规模,因此,企业进行风险管理的重点主要是分析自身的资产结构。另外,外汇掉期也意味着具有一定的短期融资功能。

2. 货币互换

货币互换指在约定的期限内交换约定数量两种货币的本金,同时定期交换两种货币利息的交易。

本金交换的形式包括以下几种。

(1) 在协议生效日双方按约定汇率交换两种货币本金,在协议到期日双方再次以相同的汇率、相同的金额进行一次本金的反向交易。

(2) 在协议生效日和到期日均不实际交换两种货币本金。

(3) 在协议生效日不实际交换两种货币本金,到期日实际交换本金。

利息交换指交易双方定期向对方支付以换入货币计算的利息金额,交易双方可以按照固定利率计息,也可以按浮动利率计息。

货币交换本身不改变整体资产的规模,并且主要适用于长期风险管理。企业使用货币互换进行风险管理时,必须明确企业自身的需求。

3. 外汇掉期与货币互换的区别

外汇掉期与货币互换的区别如表 4-6 所示。

表 4-6 外汇掉期与货币互换的区别

项目	外汇掉期	货币互换
期限	一般为一年以内的交易	一般为一年以上的交易
汇率	前后交换货币,通常使用不同汇率	前后交换货币,通常使用相同汇率
交换本金金额	前期交换和后期收回的本金金额通常不一致	前期交换和后期收回的本金金额通常一致
利息	不进行利息交换	通常进行利息交换,交易双方需向对方支付换进货币的利息。利息交换形式包括固定换固定、固定换浮动和浮动换浮动几种
本金	通常前后交换的本金金额不变,换算成相应的外汇金额不一致,由约定汇率决定	期初、期末各交换一次本金,金额不变

其实，我们更常听到的是国家层面的货币互换。这也是人民币国际化的一个具体体现。

4.5.3 其他利率类衍生品

1. 远期利率协议

远期利率协议是远期合约的一种，是指买卖双方同意从未来某一时刻开始的某一特定期限内按照协议借贷一定数额以特定货币表示的名义本金的协议。

远期利率协议中的协议利率通常称为远期利率，即未来时刻开始的一定期限的利率。

远期利率协议的买方是名义借款人，其订立远期利率协议的目的主要是规避利率上升的风险，相当于提前确定了借款利率。远期利率协议的卖方则是名义贷款人，其订立远期利率协议的目的主要是规避利率下降的风险，相当于提前确定了贷款利率。之所以称为"名义"，是因为借贷双方不必交换本金，只是在结算日根据协议利率和参照利率之间的差额及名义本金数额，由交易一方付给另一方结算金。

在远期利率协议下，如果参照利率超过合同的协议利率，那么卖方就要支付给买方一笔结算金，以补偿买方在实际借款中因利率上升而造成的损失；反之，则由买方支付给卖方一笔结算金。

2. 利率互换

利率互换是指交易双方约定在未来一定期限内，根据同种货币的名义本金交换现金流，其中一方的现金流按事先确定的某一浮动利率计算，另一方的现金流则按固定利率计算。这里有几个条件是：币种相同、期限相同、本金相同。

进行利率互换是因为两家借款企业在浮动和固定利率间存在比较优势，通过互换可以减少筹资成本，降低利率风险，增加收益。

举例：甲公司有较高评级，借入固定利率资金的成本是10%，浮动利率资金的成本是LIBOR+0.25%；乙公司有较低评级，借入固定利率资金的成本是12%，浮动利率资金的成本是LIBOR+0.75%。假定甲公司希望借入浮动利率资金，乙公司希望借入固定利率资金，问：

(1) 甲乙两公司间有没有达成利率互换交易的可能性？

(2) 如果它们能够达成利率互换，应该如何操作？

(3) 各自承担的利率水平是多少？

(4) 如果二者之间的利率互换交易是通过中介（如商业银行）达成的，则各自承担的利率水平是多少？

甲、乙两公司的融资相对比较优势如表4-7所示。

表 4-7 甲、乙两公司的融资相对比较优势

项目	甲公司	乙公司	两公司的利差
固定利率筹资成本	10%	12%	2%
浮动利率筹资成本	LIBOR+0.25%	LIBOR+0.75%	0.5%
融资相对比较优势	固定利率	浮动利率	

可以看到，在两个市场上甲公司都比乙公司有优势。但甲公司在固定利率市场上的优势 (2%) 要比在浮动利率市场上的优势 (0.5%) 大。这便成为甲公司在固定利率市场上的比较优势。

如果甲公司借入固定利率资金，乙公司借入浮动利率资金，则二者借入资金的总成本为：LIBOR+10.75%。

如果甲公司借入浮动利率资金，乙公司借入固定利率资金，则二者借入资金的总成本为：LIBOR+12.25%。

由此可知，第一种筹资方式组合发挥了各自的优势，能降低筹资总成本，共节约 1.5%，即存在"免费蛋糕"。但这一组合不符合二者的需求，因此，应进行利率互换。

互换过程为：甲公司借入固定利率资金，乙公司借入浮动利率资金，并进行利率互换，甲公司替乙公司支付浮动利率，乙公司替甲公司支付固定利率。

假定二者均分"免费蛋糕"，即各获得 0.75%，则利率互换结果如图 4-1 所示。

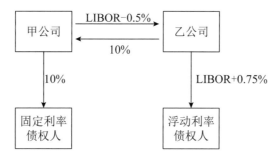

图 4-1 利率互换结果

在这一过程中，甲公司需要向固定利率债权人支付 10% 的固定利率，向乙公司支付 LIBOR-0.5% 的浮动利率 (直接借入浮动利率资金需要支付 LIBOR+0.25%，因获得 0.75% 的免费蛋糕，所以，需向乙公司支付 LIBOR-0.5%)，并从乙公司收到 10% 的固定利率，因此，甲公司所需支付的融资总成本为：10%+LIBOR-0.5%-10%= LIBOR-0.5%，比其以浮动利率方式直接筹资节约 0.75%。

乙公司需要向浮动利率债权人支付 LIBOR+0.75% 的浮动利率，向甲公司支付 10% 的固定利率，并从甲公司收到 LIBOR-0.5% 的浮动利率，因此，乙公司所需支付的融资总成本为：LIBOR+0.75%+10%-(LIBOR-0.5%)=11.25%，比其以固定利率方式直接筹资

节约 0.75%。

乙公司应该向甲公司净支付：10%-(LIBOR-0.5%)=10.5%-LIBOR

加入中介(如商业银行)，并假定三者均分"免费蛋糕"，则利率互换结果如图 4-2 所示。

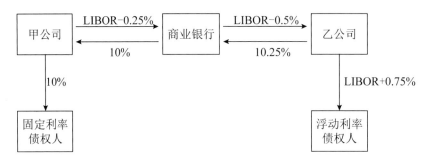

图 4-2 加入中介后的利率互换结果

在这一过程中，甲公司需要向固定利率债权人支付 10% 的固定利率，向商业银行支付 LIBOR-0.25% 的浮动利率(直接借入浮动利率资金需要支付 LIBOR+0.25%，因获得 0.50% 的免费蛋糕，因此，需向乙公司支付 LIBOR-0.25%)，并从商业银行公司收到 10% 的固定利率，因此，甲公司所需支付的融资总成本为：10%+ LIBOR-0.25%-10%= LIBOR-0.25%，比其以浮动利率方式直接筹资节约 0.50%。

乙公司需要向浮动利率债权人支付 LIBOR+0.75% 的浮动利率，向商业银行支付 10.25% 的固定利率，并从商业银行收到 LIBOR-0.50% 的浮动利率，因此，乙公司所需支付的融资总成本为：LIBOR+0.75%+10.25%-(LIBOR-0.50%)=11.50%，比其以固定利率方式直接筹资节约 0.50%。

商业银行从甲公司收到 LIBOR-0.25%，从乙公司收到 10.25%，向乙公司支付 LIBOR-0.50%，向甲公司支付 10%，因此，商业银行实现收入为：LIBOR-0.25%+10.25%-(LIBOR-0.50%)-10%=0.50%。

免费蛋糕的来源：甲公司出售自身信用。

二者或三者的瓜分比例未必相等，可以协商确定，比例确定的原则：出售信用的一方具有较大的话语权，占有相对较大的瓜分比例；商业银行一般向双方收取固定的交易佣金或费用，这一费用通常与免费蛋糕的大小无关。有时，商业银行会以自己的名义与互换的一方先进行交易，然后再慢慢寻找交易对手，将风险转移出去。

利率互换的收益来源于节省筹资成本，只要当双方采用不同利率方式借入同量的货币，且双方之间存在比较优势时就可以进行利率互换。

利率互换的常见期限有 1 年、2 年、3 年、4 年、5 年、7 年与 10 年，但 30 年和 50 年的互换也时有发生。

第二篇
投资分析方法

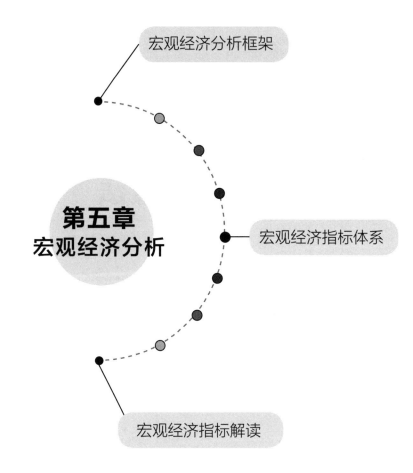

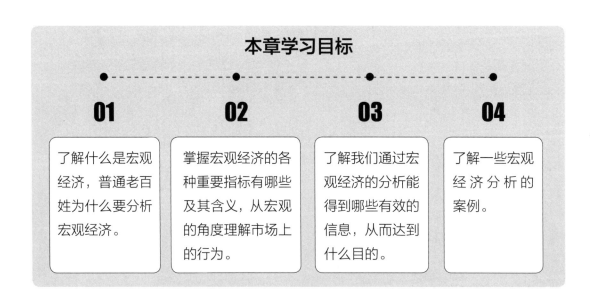

> **本章简介**

本章主要介绍宏观经济分析的重要性，对于宏观经济重要指标的理解与精确解读是投资理财首先要考虑的。

5.1 宏观经济分析框架

任何人只要对经济感兴趣，每天都会看到大量的经济术语、经济指标，并关注各种经济政策、经济现象，如物价上涨了没有；GDP 增长率是多少了？银行利率高了还是低了？未来的房价、股价、汇率等的走势怎么样？国家又采取了哪些财政政策和货币政策等金融风险管控措施？针对这些问题，我们需要用一套逻辑、方法、框架来分类、归纳、解析。

作为国家层面的宏观经济学，就是以整个国民经济活动作为考察对象，研究社会总体经济问题以及相应的经济变量的总量是如何决定及其相互关系，特别是研究国民生产总值和国民收入的变动及其与社会就业、经济周期波动、通货膨胀、经济增长等之间的关系。因此宏观经济分析又称总量分析或整体分析。J. M. 凯恩斯是现代西方宏观经济分析方法的创立者，他运用这种方法建立了凯恩斯经济理论体系。

对宏观经济运行做"病理分析"，为社会经济的长远健康发展提供逻辑支持和基本建议，是宏观经济分析的目的之一。另外，宏观经济学对一个经济体的长期经济增长潜力的研究更是重点。实际上，从长周期视角看，人口增长、科技进步和资本投入是推动经济长期增长最重要的三个结构性因素和动力。

当然，对宏观经济进行分析，还有实用的一面，即对经济的运行趋势进行预测，并预判政府的财政政策和货币政策、产业政策等，据此来合理配置资产。比如，对宏观经济进行研究对于股票市场和债券市场非常重要。理论上债券价格主要与利率有关系，利率越低债券越值钱。因此我们要研究利率变化。股票比债券复杂，主要由企业盈利、风险偏好和制度的变化三个因素决定。所以大的宏观经济背景的研究很重要，债券市场和股票市场都跟宏观经济变化密切相关。必须说明的是，对投资最"有用"的是提供启示和分析角度，分析逻辑比预测结果更加关键。宏观研究最好不要把重心放到预测走势上，尤其是放到趋势拐点的预测判断上，因为这些是需要"真金白银"的投资实践才能获得的真实的市场感觉。给投资者提供一些让人"开悟"的启示和分析视角，一些大的趋势判断，提高投资者的认知能力反而是最好的，所谓授人以鱼不如授人以渔。

一个好的宏观经济分析框架，必须考虑到时间因素，以及确保可验证性（就是分析的逻辑性）。与学术研究的宏观经济不同的是，在实务中对于宏观经济研究的需要不是未来十年各国经济会怎么样，甚至也不是未来三五年，而是一两年，甚至未来的一两个季度。这一方面增加了研究的难度,要求研究具有可落地的现实意义,另一方面由于时间的缩短,使得长期的很多因素将不会成为短期中重要的考虑因子。比如,在分析一个经济体的短期增长趋势时,往往更多地考虑投资、消费和净出口三驾马车在 GDP 中的占比,或者三驾马车对经济增长的贡献率的不同,据此预测财政政策、货币政策等的空间和效率。

可以说,了解一个经济体的宏观经济结构,是对其进行短期宏观经济分析的第一步,必不可少。

以美国为例,美国经济结构中,居民消费占比差不多是 2/3。政府支出和固定资产投资,占比都是接近 1/6。外贸占比即净出口占比是负的,占比也不大,所以经济构成主要关注三大项,就是消费、政府支出和投资。

首先看占比最大的消费,因为消费占经济的比重太大了,所以它只能够同步于经济的变化,没有领先性。

再看一下投资,美国的投资占比是接近 1/6,但投资本身是有结构分解的,投资里面有三大项,最大的一项叫作非住宅投资,就是企业部门的投资,第二项叫作住宅投资,就是房地产投资,最小的一项叫作存货投资。

投资的比重虽然说总体上不是很大,但是投资的影响其实比较大。美国在过去的五六十年里比较典型的衰退有五次。每一次经济衰退之前的一两年,存货投资已经提前下行,比如 2008 年就很明显。存货投资是一个领先指标。

第二个投资指标是房地产投资,房地产投资非常重要,外号是经济周期之母。美国经济几乎每一次衰退之前,房地产投资都出现了明显的负增长,因此房地产投资的变化是非常重要的一个领先指标。

第三个投资指标是美国的非住宅投资,也就是企业投资。企业投资会对经济的衰退有反应,也就是一旦经济衰退,企业投资会明显下滑,但是它的领先性不是很明显。总体来说,投资里面的存货投资和房地产投资很重要,它们都领先于经济周期的变化。

最后,我们再看政府的支出,财政支出占 GDP 的比重也不小——1/6。但是财政支出有这么一个特点,它总体上是滞后于经济的变化大概两年左右。

有这个框架以后,我们再来对应到现实的美国经济。经济不好,常用的就是财政政策和货币政策。

第一是财政政策。要实行财政刺激,就要去扩大财政赤字率。美国财政赤字率,20 世纪 80 年代以后有过四次明显扩大:1980 年是第一次,当时是里根时代大减税,2000 年是第二次,是小布什大减税,2008 年是第三次,是奥巴马大减税,最近的一次是特朗普大减税。

财政政策在短期可以用来做一个逆周期的对冲。可以看到,几乎在每一次经济衰退的时候，财政支出都有一个反周期的上升，2008年就很明显。

第二就是货币政策。货币增长对经济增长有着非常显著的影响。央行可以影响利率，利率可以影响到居民消费和企业投资，可以影响到货币和信贷增速，因此货币政策可以通过调节利率，来影响美国的经济增长。

货币政策传导机制如图5-1所示。

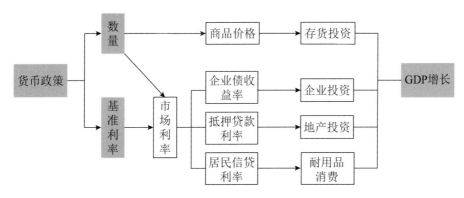

图5-1 货币政策传导机制

我们通过高盛公司零售业分析的例子加以学习。

高盛的零售业分析部门根据各经济指标与前一年相比的变化率，使用ROCET(rate of change in economic tracking)来追踪和分析经济数据序列，预测未来经济走势。其根据美国过去几十年经济周期的变化过程中，各经济数据的同比变化率之间的领先与滞后的关系，以及相互间的主要与次要影响，制作了一张宏观经济的分析框架图，并根据这个框架实证了美国和日本、西欧等国家或地区的宏观经济情况，具有相当大的价值。

宏观经济分析框架如图5-2所示。

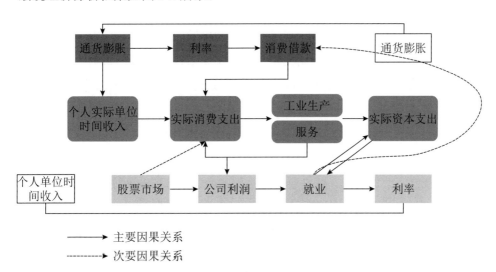

图5-2 宏观经济分析框架

5.2 宏观经济指标体系

经济指标是反映一定社会经济现象数量方面的名称及其数值。宏观经济学是分析师进行宏观经济分析的理论基础，在依据宏观经济理论构建分析框架后，更具体的工作就体现在对经济指标的分析和解读方面了。

宏观经济指标的分类有很多标准，如果细分一些的话，大致可分为以下几类。

(1) 生产类指标，主要有 GDP、农业增加值、工业增加值、第三产业增加值、建筑业增加值、存货等，其中最重要的是 GDP、工业增加值和建筑业增加值。

(2) 消费类指标，主要有最终消费支出、社会消费品零售总额、居民消费总额等。

(3) 投资类指标，主要有固定资产投资总额、利用外资等。

(4) 国际经济和贸易类指标，主要有进出口额、贸易顺差、汇率、外债水平和结构、外汇储备等。

(5) 价格类指标，主要有通货膨胀率、消费者价格指数、生产者价格指数、房地产价格指数等。

(6) 货币信贷类指标，主要有货币供应量、利率、社会融资规模、新增贷款额、储蓄率等。

(7) 劳动力市场类指标，主要是失业率。

(8) 政府财税类指标，主要有财政收入与支出、财政赤字、政府债务水平等，也可以包含企业债务水平和居民债务水平等指标。

(9) 收入类指标，主要有城乡居民收入水平(剔除通货膨胀的影响)等。

(10) 调查类指标，主要有采购经理人指数和消费者信心指数等。

当然，还有许多其他指标没有一一列举，也还有其他的指标分类方法。但无论是哪些指标和分类方法，根据实证经验，都有两点非常有价值的地方：第一，同一口径中，同比指标比环比指标更合理，因为同比指标剔除了季节性因素等的影响；第二，同一口径增减比率的变动比绝对值的增减变动更有意义，这也符合经济学上的边际效用规律。

在各种经济报道中，我们经常看到领先指标、同步指标和滞后指标等概念。实际上，所谓的领先、同步和滞后，都是相对于一个参照物来作为对比。不同的参照物，决定了不同指标的先后顺序。在宏观经济分析中，这个参照物往往就是 GDP 的增长速度的变化。不同的宏观经济分析机构，往往会关注不同的经济指标的时间序列。

所谓领先指标是指相对于国民经济周期波动，指标在时间上领先，例如某指标走上高峰或跌入低谷比国民经济周期早若干个月，那么就称这些指标为领先指标。这些指标对即将到来的年份里的经济情况可以提供预兆，例如股价、采购经理人指数、制造业订单与出口订单等。同步指标是指代表国民经济周期波动特征的指标，这些指标的转折点大致与国民经济周期的转变同时发生，它们并不预示将来的变迁，而是表示国民经济正在发生的情况，如工业生产指数、进出口总值、房屋施工面积等。同步指标经常用于判定经济周期的顶峰与谷底。滞后指标是指相对于国民经济周期波动，指标在时间上落后，例如某指标的高峰或谷底均比国民经济周期的高峰或谷底落后若干个月，则称该指标为滞后指标，如失业率与银行坏账率等。

世界大型企业联合会将经济领先指标分成十种，以预测未来经济的动向。①制造业每周平均工时：由于企业倾向于先调整工时，实在不得已时才会调整工人的数量，因此这个指标优先于实际经济周期的动向。②平均周中申请失业金人数：这个指标相当敏感，一旦申请失业金人数上升，就预示经济将要进入衰退期；相反，一旦下降，就预示经济将要进入扩张期。③制造商新增消费品和原材料订单：由于商品需求量的增减基本显示了经济走势，而商品生产首先需要有订单，因此订单量的多少就决定了将来能够生产多少商品，也间接预示了下一波经济走势，所以是领先指标。④卖主交割执行情况——延缓交货扩散指数：通过工厂生产与交货的速度，来衡量经济的发展情况。如果卖方延迟交货，就能够间接说明需求旺盛，从而对经济形势有着指示性的作用。⑤非国防工业制造商的新订单：与"制造商新增消费品和原材料订单"相同，都能间接预示经济的下一波走势。⑥新增私人住宅的营建许可：由于大多数地方政府都要求私人住宅在开工前必须得到相关批准，所以获批数量就间接预示着建筑行业、房地产行业的未来走势。⑦标准普尔500股票指数：由于股指有预示经济走势的作用，所以标普500指数能够间接预示经济的走势。⑧M2货币供应量：货币供给的增速代表了货币政策的松紧，如果M2增速加快，表示央行实行了扩张性货币政策，国内总需求将会增加，实际GDP会高于潜在GDP，因此经济将会进入上行趋势，所以M2供应量是经济的领先指标。⑨10年期国债利率与隔夜拆借利率(如联邦基金利率)的差额：如果利差扩大，那么10年期国债利率将会上升，短期国债收益率的预期也会上升，其结果就是民间投资的增加，实际GDP将会增加，所以这个利差是领先指标。⑩密歇根大学的消费者预期指数：这个指数是仅有的完全基于预期的领先指数。由于消费者预期将会影响到其未来消费的多少，因此这是一个领先指标。

经济同步指标主要分为四种。①非农就业人员工资水平：当经济形势明朗时，企业就会调整员工的工资水平，因此是同步指标。②实际个人收入：这个指标需要去除政府转移支付的影响，比如低收入人群的补贴等。这个指标同步显示了当前经济情况。③工业生产指数：工业生产指数衡量制造业、矿业与公共事业的实质产出，衡量的基础是数量，而非金额，反映的是某一时期工业经济的景气状况和发展趋势。④制造与贸易总额：制造与贸易总额衡量了一个经济体当前的实际产出，因此是同步指标。

经济滞后指标有以下七种。①平均失业周期：与失业率相同，平均失业周期是一个滞后指标。②存货销售比：当经济进入下行通道，需求相对不那么旺盛，企业需要一定的时间才有所反应并减少生产，因此存货开始增加，销售额减少，存货销售比增加。由于这中间存在一定的时差，所以是滞后指标。③单位劳动成本的变化：这个指标衡量的是每工时的劳动报酬与每工时的产出之比，即每单位产出所给予的报酬。当经济开始进入下行通道时，企业并不会降低工人工资，因为工资具有"下降黏性"，所以并不能马上减少单位劳动成本，只有当下降趋势逐渐明朗，工人才会面临工资下调的压力，因此这个指标是滞后指标。④平均贷款基本利率：基本利率又称优惠利率，是银行提供给信用等级最高的贷款客户的贷款利率，属于滞后指标。⑤工商业逾期未偿还的贷款数：与存货销售比一样，都是属于滞后指标。⑥分期付款债务余额与收入比：由于一般消费者只有在有信心偿还时才去借款，因此经济刚进入上升通道时，投资者仍以为经济处于低谷期，只有在上升趋势明显时，才有信心去借款，因此这个指标是滞后指标。⑦消费者物价指数的变化：消费者物价指数的变化体现了通胀水平，通胀的调整一般滞后于经济周期，所以消费者物价指数的变化是滞后指标。

但必须注意的是，宏观经济分析中，不同的经济体之间，领先指标、同步指标和滞后指标却往往并不相同。即使是同一个经济体，在不同的发展阶段，同一个指标相对于国内生产总值的变化，时间上的序列变化也是非常大的，其中根本性的原因就是经济结构和货币政策目标等都发生了变化。所以，在这个问题上不能教条主义，而应该一切从实际出发，具体问题具体分析。

金融指标与经济增长指标，到底是先看到社会融资规模等金融指标触底，而后经济增速回升，还是经济增长指标领先于社会融资规模等金融指标触底回升呢？

从理论上来说，M2、信贷以及社会融资规模增速等金融指标的增长体现在微观层面上，往往意味着企业投资的扩张，反映了企业生产和投资意愿不断提升，这将为经济带来积极的影响，促进经济的增长。从这个层面上来讲，金融指标往往是领先于经济增长指标的。从中国的历史经验来看，M2、信贷以及社会融资规模增速的向上拐点出现得往往都要早于GDP增速的向上拐点，但M2增速、社会融资规模同比增速与贷款余额同比增速的高位回落的拐点并不一定会领先于GDP回落的拐点。

在中国资本市场中，投资者普遍认同金融指标是经济增长的领先指标，即先有融资信用扩张再有经济复苏回暖，然而这一结论是"中国特色"，绝非放之四海而皆准，在美国市场中非常明显地可以看到金融指标是一个滞后而非领先指标，"经济底"领先于"金融底"的情况在美国经济周期中颇为常见。

从历史数据来看，美国的M2与GDP增速的关系，是以20世纪80年代为分水岭。在20世纪80年代中期以前，M2都是美国经济增速较好的领先指标。M2同比增速是一个顺周期指标，通过它能够提前预测到实体经济活动的转折点。但是这一关系在过去的三十年出现了变化。在1990年的海湾危机、2001年的互联网泡沫以及2008年的次贷危机中，GDP增速都要先于M2增速见底。

美国商业银行的房地产贷款增速与经济增速的领先滞后性也在1970年前后发生了较大的变化。美国从第二次世界大战以来至1970年，房地产贷款增速均领先于GDP增速见底1～4个月。而在1970年之后，房地产贷款增速却要滞后于经济增速见底。

那么是什么因素造成了中国与美国两国的差异呢？我们从经济结构、货币政策中间目标以及融资结构三个方面对此进行详细讨论。

第一是中美经济结构存在差异。

在拉动GDP的三驾马车中，中国长久以来一直是投资大于消费大于净出口，但前两者的份额差距并不太大，近几年消费的占比已经越来越大。而美国不同，长期以来，美国的三驾马车中，一直是消费独大。美国2015年的经济构成中2/3是消费，而2011年的时候消费的占比是70%左右，尽管缩水，但仍然是大头，其次是政府支出，第三是投资，而净出口是负的。

中美经济结构存在的差异可能是导致中美金融指标与经济增长指标领先滞后关系不同的一个原因。中国经济增速触底回升的主要动力来自投资，消费的好转通常要晚于经济的好转，因此作为投资的主要动力来源，信贷投放通常是经济见底的领先指标。

但从第二次世界大战以来美国经济周期中各需求的表现来看，带动美国GDP增速触底回升的主要动力来自居民消费，而非住宅投资往往滞后于经济的回升，这与美国消费信贷折年率的拐点通常领先，而工商业信贷数据则滞后于经济增速见底回升也是一致的。

第二，货币政策中间目标存在差异。

20世纪70年代，美国通货膨胀高涨，利率也随之大幅上升。该期间内，美联储一直坚持以货币供应量作为中间目标。1987年，随着美国的利率市场化改革基本结束，美联储放弃了盯住货币总量转而盯住目标利率。这一转向削弱了M2增速与经济活动间的正相关性。除此之外，金融去监管带来的金融市场创新或许也在一定程度上导致了M2增速与GDP增速的负相关性。在经济衰退前或经济衰退的过程中，由于风险厌恶情绪上升，投资者更倾向于投资于现金等避险资产，而有息支票以及货币市场基金等金融产品的创新刚好满足了投资者的避险需求，由此导致了M2增速与GDP增速的负相关性以及M2增速相对于GDP增速的滞后性。在美国，美联储的货币政策中间目标经历多次的调整与变化。1970年美联储开始将M1作为货币政策中间目标，并从1980年开始将货币供应总量指标由M1扩展到M2，并进一步扩展到M3和L。随着利率市场化改革完成，1987年，美联储宣布不再使用任何货币供应量指标作为货币政策中间目标，改均衡实际利率为货币政策中间目标。这一改变极大地降低了M2增速对经济增长的预测能力，也造成了在20世纪90年代后，M2增速相对于经济增长的滞后性更为显著。

这同样适用于解释M2增速与经济增长指标领先滞后关系在中国与美国之间存在的差异。

考虑到我国利率市场化进程尚未结束，同时M2本身是我国信用派生的最直接反映，通过M2能够较为有效地对我国信贷融资情况进行调控，因此自1998年央行取消信贷规模控制后，M2一直都是我国货币政策中间目标。在经济下行压力较大的时候，运用宽松的货币政策提高M2增速，作为推动经济增速的主要动力来源，信贷投放的增加有助于达到刺激经济的目的，反之则收紧货币政策防止经济过热。也就是说，在我国，M2增速作为经济见底的领先指标是有理论基础的。

当央行以货币供应量作为货币政策中间目标时，M2增速是一个较好的经济增速的领先指标，这一点在中国及20世纪80年代中期前的美国都得到了验证；但当央行放弃货币供应量转向调控利率时，M2增速对经济增长指标的预测能力将被极大削弱。

第三，融资结构存在差异。

融资结构的差异在一定程度上也导致了中美金融指标与经济增长指标领先滞后关系不同。在中国直接融资占比份额依旧较小，根据存量法进行计算，2018年年底，直接融资（债券+股票）占社会融资余额的比例仅为13.1%，贷款余额占比高达66.8%。在我国，银行贷款的信用派生仍然是我国企业融资的主要渠道，因此国家通过货币供应量对经济进行调控的范围更大，社会融资规模和信贷数据同样能够在一定程度上反映出央行逆周期调节的考量，社会融资规模和信贷数据也将大概率领先于经济见底。

而在美国，通过股票和债券进行直接融资是主要的融资渠道。自1980年以来，美国的直接融资水平一直较高，2017年美国直接融资的比重达到了85%。因此，美国的信贷数据滞后于经济周期也就可以解释了。一方面，由于美国金融市场较为成熟，市场能够有效对美联储的货币政策做出反应。当美联储降息时，市场利率及时调整，企业能够直接从市场中进行融资。另一方面，与银行借贷相比，债券融资对企业来说更具有吸引力。一般来说，债券利率会低于银行贷款利率，同时银行贷款会限制企业的资金运用，这些都导致企业更加偏向于直接融资而不是向银行借贷。因此，当美联储想要降低利率来刺激经济增长时，企业一般会选择先从市场中直接融资，当经济持续好转后，企业生产及投资的意愿进一步提升并向银行贷款，造成美国的信贷数据滞后于经济增速见底回升。

5.3 宏观经济指标解读

宏观经济研究博大精深，入门容易深入难。数据是经济分析的基础，宏观经济涉及庞杂的数据，这些数据经过系统处理所构成的各种经济指标，对宏观经济研究至关重要，卓越的经济理论以及准确的经济预测均建立在对经济指标的准确和深入的分析上。影响宏观经济稳定和增长的因素众多，作用大小不一，机制千差万别，其彼此之间又相互影响。所以，对宏观经济进行分析，必须从整体着手，不能局限于单个指标或某几个指标的分析结果，不能对这些经济指标进行机械式和教条式的理解。

此外，还要注意主要经济体之间宏观经济指标的相互对比，毕竟，随着经济全球化程度的加深，经济要素的流动越来越便利。大类资产配置要考虑的因素很多，而影响每一种大类资产价格的因素也错综复杂，我们在分析过程中只能进行一般性的讨论。

下面我们就常见的几个宏观经济指标进行通俗易懂的介绍。

1. 国内生产总值

国内生产总值(GDP)是指一个国家(或地区)所有常住单位在一定时期内生产活动的最终成果，是宏观经济分析中最常用的综合性指标，同时，也是进行国际经济比较的一项重要指标。

虽然如此，关于它的基本概念却存在许多误解，关于它的用途也颇有争议。比如有以下几个问题请回答：①一个国家的GDP都是在这个国家的领土范围内产生的吗？②消费和投资创造GDP吗？③中国居民出国购买消费品，增加中国的居民消费吗？增加中国的GDP吗？④中国的航空公司购买美国的波音飞机、欧洲的空客飞机，增加中国的投资吗？增加中国的GDP吗？

就这几个具体的问题而言，正确的答案如下。

(1) 一个国家的GDP都是在这个国家的领土范围内产生的吗？不一定。一个国家的大多数常住单位在这个国家的领土范围内从事生产活动，但并不排除一些常住单位也会离开这个国家的领土范围从事生产活动，例如中国国际航空公司的飞机可以到其他国家的领空上飞行，在其他国家的航空港停泊；中国远洋运输公司的轮船可以到国际水域、其他国家的水域航行，可以到其他国家的港口停泊。这些公司是中国的常住单位，它们从事生产活动创造的增加值都属于中国的GDP。

(2) 消费和投资创造GDP吗？消费需求、投资需求和净出口需求是GDP的表现形式，它们在总量上等于一个国家的生产活动创造的GDP，它们也从需求的角度对生产活动产生重要的影响。但是，只有生产活动创造GDP，消费和投资不直接创造GDP。

(3) 中国居民出国购买消费品，增加中国的居民消费吗？增加中国的GDP吗？中国居民出国购买消费品，比如到瑞士去买手表，到法国去买香水，到德国去买水龙头，到美国去买服装，到日本去买智能马桶盖，增加中国的居民消费，同时也增加中国的消费品进口，中国居民消费的增加被消费品进口的增加所抵消，所以不增加中国的GDP。

(4) 中国的航空公司购买美国的波音飞机、欧洲的空客飞机，增加中国的投资吗？增加中国的GDP吗？中国的航空公司购买美国的波音飞机、欧洲的空客飞机，增加中国的投资，同时增加中国投资品的进口，中国投资的增加被投资品进口的增加所抵消，所以不增加中国的 GDP。

那么 GDP 到底有什么用呢？

GDP 有许多具体用途。首先，GDP 反映经济增长。每个国家都希望保持经济平稳较快增长，因为没有经济的平稳较快增长，就无法保证大多数居民的收入平稳较快增长，从而就无法保证大多数居民的生活水平持续提高；没有经济的平稳较快增长，就无法保证大多数企业持续获得较好的收益，从而难以实现良好的发展；没有经济的平稳较快增长，就无法保证政府持续获得较高的财政收入，从而难以满足日益增长的公共服务需求。反映经济增长的指标是经济增长率，也就是 GDP 增长率。

其次，GDP 反映经济规模。一个国家的经济规模是用 GDP 来反映的。经济规模不等于经济实力，但是反过来，一个国家如果没有一定的经济规模，就谈不上有经济实力。这是许多国家关注经济规模的重要原因。例如，2010 年，中国的 GDP 超过了日本，成为世界上第二大经济体，引起了包括日本在内的许多国家的关注；2016 年，中国 GDP 超过了美国 GDP 的 60%，引起了包括美国在内的许多国家的广泛关注。

第三，GDP 反映人均经济发展水平。人均经济发展水平是一个国家富裕程度和人民生活水平高低的重要标志之一。一些国家比较小，经济规模不大，例如新加坡、挪威、瑞士、瑞典、丹麦，但国际上都认为这些国家比较富裕，人民生活水平比较高。为什么？主要原因之一是这些国家的人均经济发展水平比较高。人均经济发展水平是用人均 GDP 来衡量的。

第四，GDP 反映经济结构。产业结构，例如三次产业结构；需求结构，例如三大需求结构；区域结构，例如东中西经济结构，这些重要的经济结构也主要是用 GDP 来反映的。

第五，GDP 反映通货膨胀。大家都习惯于利用居民消费价格指数，即 CPI 来反映通货膨胀情况。但是，CPI 指标没有反映政府提供的公共服务的价格变化、投资品的价格变化和进出口产品的价格变化，更全面地反映全部最终产品价格变化的指标是 GDP 缩减指数，它是包含价格变动因素的名义 GDP 与不含价格变动因素的实际 GDP 之比。

在看到 GDP 用途的同时，我们也要看到它的局限性。

GDP 不能反映资源消耗的成本和环境损失的代价。GDP 是反映经济发展的重要指标。但是，经济发展往往消耗自然资源，经济发展也往往造成环境损失，GDP 没有反映经济发展所带来的资源消耗的成本和环境损失的代价。随着经济的发展和社会的进步，人类逐步深刻地意识到保护自然资源和改善生态环境的重要性。党的十八大以来，在绿色发展理念的引领下，各地区各部门不断加大资源节约、环境治理和生态保护的力度。但是 GDP 只能反映相应活动所产生的经济收益，不能反映这些活动所带来的环境改善的效果。

GDP 不能反映就业和失业状况。GDP 反映生产活动所创造的最终成果，但是，多少人参与了这些生产成果的创造，多少人想参与而不能参与这些生产成果的创造，不是 GDP 所反映的内容。也就是说，GDP 不能反映就业和失业状况。

GDP 不能反映收入分配是否公平。具有同样 GDP 总量的国家之间，居民收入分配状况可能完全不同，有的可能差距很小，有的差距很大。GDP 不能反映居民之间收入分配的差距状况。

GDP 一般可以分为名义 GDP 和实际 GDP。

名义 GDP 也称货币 GDP，是用生产物品和劳务的当年价格计算的全部最终产品的市场价值。名义 GDP 的变动可以有两种原因：一种是实际产量的变动；另一种是价格的变动。也就是说，名义 GDP 的变动既反映了实际产量变动的情况，又反映了价格变动的情况。

实际 GDP 是指按基年价格计算的最终产品的价值。由于相同产品的价格在不同的年份会有所不同，因此，如果用名义 GDP 就无法对国民收入进行历史比较。为了使一个国家或地区不同年份的 GDP 具有可比性，就需要以某一年的价格水平为基准，各年的 GDP 都按照这一价格水平来计算。这个特定的年份就是基年，基年的价格水平就是所谓的不变价格，按基年的不变价格计算出来的各年最终产品的价值就是实际 GDP。

实际 GDP 是国际上公认的反映一国一定时期（年）国民产品总量的最好的综合指标。

用绝对值表述时，一般用名义 GDP；反映增长速度时，一般实际 GDP。

GDP 有三种表现形态，即价值形态、收入形态、产品形态。对应三种表现形态，实际核算中，GDP 有三种计算方法，即生产法、收入法、支出法。

生产法是从生产的角度衡量常住单位在核算期内新创造价值的一种方法，即从国民经济各个部门在核算期内生产的总产出价值中，扣除生产过程中投入的中间产品价值，得到增加值，计算公式为

$$增加值 = 总产出 - 中间投入$$

收入法是从生产过程创造收入的角度，根据生产要素在生产过程中应得的收入份额反映最终成果的一种核算方法。按照这种核算方法，增加值由劳动者报酬、生产税净额、固定资产折旧和营业盈余四部分相加得出，计算公式为

$$增加值 = 劳动者报酬 + 生产税净额 + 固定资产折旧 + 营业盈余$$

用支出法核算 GDP，就是从产品的使用出发，把一年内购买的各项最终产品的支出加总而计算出的该年内生产的最终产品的市场价值，计算公式会经常使用

$$GDP=C+I+G+X(C 为消费，I 为投资，G 为政府购买，X 为净出口)$$

这是最常用的计算方法。有时候我们也把政府购买的 G 分别计算到消费 C 和投资 I

中,从而把公式简化为

$$GDP=C+I+X$$

消费、投资和净出口俗称为"三驾马车"。

中国季度 GDP 初步核算数据在季后 15 天左右公布,初步核实数据在季后 45 天公布。年度则在年后 20 天公布。

分析 GDP,一般需要注意以下几点。

第一,"三驾马车"在经济增长中的拉动力度。不同的经济体在不同的发展阶段,"三驾马车"在经济中的比重变化很大,对经济的拉动作用各不相同。发达国家一般以消费为主(如美国,消费基本稳定在 2/3 以上的比例),发展中国家一般以投资和净出口为主,尤其是投资的拉动作用更为明显。

分析"三驾马车"的不同比例,不仅可以判断一个经济体的整体发展阶段,还可以判断这个经济体的管理层在推动经济增长方面可能采取的财政和货币政策,以便于提前做好应对准备。当然,根据"三驾马车"拉动作用的占比以及各自的韧性,也可以预测 GDP 可能的增速变化,这需要从多角度进行分析。

第二,增速比绝对值的高低更有意义。一般来说,宏观经济分析中,不仅比较 GDP 的实际数值,而且比较 GDP 的增长速度。相对来说,GDP 的增长速度及其趋势变化,在经济分析中更为重要。从 GDP 增速的变化,基本可以判断宏观经济是处于经济周期中的繁荣、衰退、萧条、复苏哪个阶段。著名的"美林投资时钟"就是根据经济周期中的四个阶段不同大类资产的表现而设计。尤其值得注意的是,根据美国和日本等经济体的经验,股票市场的大幅度上涨阶段,往往并不是 GDP 的高速增长期,而是当 GDP 经过了一段时间的高速增长后,慢慢降低增速平稳增长的阶段。

2. 采购经理人指数

采购经理人指数(PMI)是宏观经济研究的前哨者,几乎固定于每月最后一天公布。PMI 产生的真正背景是 1929—1933 年大萧条,由于当时的各项指标均没有预判到经济危机的到来,本来具有先验特征的金融市场也没有及时发挥效应,反而还造成了重大冲击,于是 20 世纪 30 年代美国开始启动 PMI 指标的运行,希望能够通过该指标提前预判到经济的兴衰。

我国真正启动 PMI 是 2001 年"入世"后,经过三年的摸索与讨论,2004 年我国正式建立了相关调查制度,并于 2005 年 1 月开始在全国范围内开展调查。2015 年 7 月 6 日,国家统计局、中国物流与采购联合会在北京正式发布制造业 PMI 数据,标志着 PMI 调查正式列入国家统计局的调查制度中。

深入理解 PMI,需要明晰它的具体口径、原始数据来源、具体统计方法。国家统计局在 2017 年与 2018 年发布了采购经理调查统计报表制度的简明版本,具体信息如下。

(1) 调查时间与方式：每月 22 日—25 日 16：00 前通过网上直报或移动终端报送。

(2) 调查范围与对象：制造业法人单位以及视同法人的制造业产业活动单位的采购（或供应）经理。

(3) 调查内容：对业务总量、新订单（客户需求）、存货、投入价格等的判断，以及企业生产经营和采购过程中遇到的主要问题及建议。

(4) 调查方法：以全国为总体，采用分层 PPS 抽样方法，以 31 个制造业行业大类为层，样本企业数量约 3000 余家，每个行业的样本量按其增加值占全部制造业增加值的比重进行分配，层内样本使用与企业主营业务收入成比例的概率抽取。

(5) 调查行业：涉及 1 个制造业门类和 31 个行业大类，如农副食品加工业、食品制造业、烟草制造业、纺织业、石油煤炭及其他燃料加工业等，每隔 5 年更新一次。

国家统计局在撰写 PMI 调查数据时，设计了一表一卷，需要调查对象进行填写，即企业基本情况调查表和制造业采购经理调查问卷。前者的频率为年度，每年 4 月 15 日前由调查对象网上填报，但不仅仅局限于制造业。后者的频率为月度，每月 22—25 日 16：00 前由调查对象从网上或移动终端填报，且只有三个选项，即"基本持平""变化不大"或"差别不大"，由企业采购经理根据自己平时的经验进行判断，对比期为上个月。

制造业 PMI（综合指数）由 5 个分类指数加权得出，其加权权重主要依据对经济先行的影响程度而确定，即新订单指数、生产指数、从业人员指数、供应商配送时间指数以及主要原材料库存指数。剩余的 8 个分类指数当然也有重要指示意义。

目前的制造业 PMI（综合指数）=30%× 新订单指数 +25%× 生产指数 +20%× 从业人员指数 +15%×(1- 供应商配送时间指数)+10%× 主要原材料库存指数

相较于官方制造业 PMI 始于 2001 年"入世"，我国非制造业 PMI 则产生于 2007 年 1 月，其产生的背景就在于当时的第三产业占全部 GDP 的比重正向 50% 迈进。2008 年 1 月，我国正式对外发布非制造业采购经理指数。

非制造业 PMI 选取非制造业 36 个行业大类，合计约 4000 家企业，其他方面（如抽取方法、权重确定等）均与制造业 PMI 相同。

非制造业 PMI 拥有 10 个分类指数。

另外，在我国还有一个非官方 PMI，即财新 PMI，也被称为民间 PMI，其前缀"财新"只是冠名商的名称。民间 PMI 同样起源于 2005 年，2010—2015 年是叫作汇丰 PMI。2015 年之后，中国财新传媒集团成为冠名赞助方，并于 2015 年 8 月正式发布财新 PMI。财新 PMI 是与 HIS Markit 公司合作的，实际上 HIS Markit 公司为美国、欧元区、南非、墨西哥和中国大陆等多个经济体提供 PMI 调查服务。

官方 PMI 与财新 PMI 两个指标在权重设定、计算方法等方面基本一致，主要的差别在于官方 PMI 是以大中型企业为主，在地域上相对比较平衡，包括对内外经济环境没有那么敏感的中西部地区。而财新 PMI 主要是以中小企业为主，且样本企业主要集中于东南沿海地带，因此财新 PMI 对内外环境的变化更为敏感。相对而言，官方 PMI 是一个被过度平均的指标，但也更具有代表性和综合性。而财新 PMI 显得更为敏感一些，波动幅度相对较大。在地域和规模两方面，经过相关性分析，官方 PMI 与财新 PMI 间的差异，主要是地域差异造成的。

50 是 PMI 的荣枯线，也即当 PMI 数值在 50 以上时，意味着经济总体在扩张，而当其低于 50 时，则意味着经济总体在收缩。

整体来看，我们在对 PMI 这个指标进行分析时，有以下几点需要注意。

(1) PMI 是一个百分比指标，但我们常常将百分比忽略掉。

(2) PMI 基本上也是唯一能进行国际对比的指标，其他经济金融指标往往因为口径的差异而不具备国际对比性。

(3) PMI 是环比指标，是一种情绪和预期的体现，因此在用 PMI 进行相关性分析或对经济进行前瞻研判时，应注意指标口径上的一致性，即均使用环比口径。

(4) PMI 指标的分类细项大多为实物量而非价值量指标，如生产数量、订货数量等，而不是生产总额、订货总额等。

(5) 由于制造业 PMI 与工业指标的相关性较高，参考价值大。而非制造业 PMI 的参考价值相对较小。

(6) PMI 综合指数虽然只选取了 5 个分类项，但其余分类项也具有参考价值，如主要原料购进价格、出厂价格与 PPI 的相关性较高，进口、出口订单与外贸形式的相关性较高。

(7) PMI 指标很大程度上体现了生产经理或采购经理的当前预期，使得 PMI 指标的波动性较大，这很大程度上是市场情绪的具体体现，再加上数据采集方面仍然存在无法完全反映实际情况的问题，因此，对 PMI 指标的波动无须大惊小怪，也不要过度依赖。

3. 通货膨胀指标

通货膨胀，即物价的持续上涨。教科书上对通货膨胀的分类有比较详细的阐述，多分为需求拉动型（可能是最健康的）、成本推动型（含自主型和输入型）、混合型（既有供给端亦有需求端）和结构性通胀（比如中国典型的二元经济所导致的价格分化和价格一致）等。

通俗来说，和利率、汇率一样，通胀既涉及消费品，也涉及工业品。据此，实践中常常将其与经济增长、大类资产配置等结合在一起。因此，通货膨胀的重要性不仅仅关系到经济增长，还与货币政策动态、市场预期变化等息息相关。当市场预期消费品价格 (CPI) 会上扬时，则倾向于加大当前消费力度，也即通缩会意味着延时消费，这是政策制定者不愿意看到的（特别是不能形成通缩预期），因此保持适当的消费品通胀水平对于提振经济是有必要的。同理，当市场预期工业品价格会上扬时，则倾向于加大当前投资和生产的力度，也

即工业品 (PPI) 通缩会意味着延迟投资和生产，同样是政策制定者不愿意看到的，因此保持适当的工业品通胀水平对于提振经济也是有必要的。

我国历史上也曾发生比较严重的通货膨胀，如改革开放刚刚 10 年左右的 1988 年、亚洲金融危机前夕的 1994 年，以及 2011 年。可以说，我国早期的通胀主要由需求拉动型为主，现在已经慢慢演变为成本推动型。

就中国而言，关于通货膨胀的指标有很多，如 CPI(居民消费价格指数)、PPI(工业生产者出厂价格指数)、RPI(商品零售价格指数)、PPIRM(工业生产者购进价格指数)、CGPI(企业商品价格指数)、iCPI(基于互联网在线数据的居民消费价格指数)、固定资产投资价格指数以及 GDP 平减指数等。其中最常用的指标包括消费者价格指数 CPI、生产者价格指数 PPI 和 GDP 平减指数等。

我国的 CPI 编制工作开始于 1984 年 (PPI 为 1995 年)，采用的是固定篮子指数，商品篮子里主要有食品、烟酒及用品、衣着、家庭设备用品及维修服务、医疗保健和个人用品、交通和通信、教育文化娱乐、居住等，具体有 8 大类、263 个分类以及 700 多种商品和服务项目。考虑到消费支出结构总是不断发生变化，我国每 5 年进行一次篮子、基期和权重调整(事实上这也是国际惯例)，前四轮基期分别为 2000 年、2005 年、2010 年和 2015 年，2020 年是第五次调整。

我国 CPI 数据具体是由近 4000 名专职物价调查人员，按照定人、定时、定点的直接调查方式到农贸市场、商店进行价格采集计算得到的。其中的权重主要依据近 15 万城乡居民家庭的抽样数据得到。

我国 CPI 各细项的权重变化如表 5-1 所示。

表 5-1 我国 CPI 各细项的权重变化

项目	2001—2005 年	2006—2010 年	2011—2015 年	2016—2020 年
食品	33.48%	32.94%	31.37%	28.17%
烟酒及用品	5.13%	2.99%	2.59%	2.39%
衣着	8.84%	3.85%	9.05%	6.34%
家庭设备用品及维修服务	4.78%	6.89%	9.67%	9.12%
医疗保健和个人用品	9.94%	9.64%	7.03%	8.00%
交通和通信	9.82%	18.39%	9.15%	10.99%
教育文化娱乐	13.90%	11.11%	14.66%	14.82%
居住	14.11%	14.18%	16.49%	20.38%

可以看出，2016 年的调整，把居住的权重显著提高了，也算是国家统计局对民意的一种呼应。另外，食品仍然是权重最大的项目，而 2019 年猪肉的价格飙涨，直接拉动了 CPI 的上涨。

美国劳工部门公布的价格指数数据中还有核心 CPI 和核心 PPI，这两项数据同 CPI 和 PPI 数据的区别在于都剔除了食品和能源成分。这是因为食品和能源的价格波动过于剧烈。一般认为核心 CPI 低于 2% 属于安全区域。

通常情况下，PPI 应是整个经济链条的前端，而 CPI 是整个经济链条的末端，因此在经济链条上的各类价格，应可以相互传导。同时，从相关性的实证分析来看，PPI 与 GDP 平减指数的相关性更高一些，因此我们大致可以认为，PPI 与经济基本面相关，也更具代表性，而 CPI 的个性因素更多一些，但方向上基本是一致的，所以在通胀方面，应明确长远，关注短期。

但不可否认的是，在我国的实践中，虽然多数情况下，CPI 与 PPI 差值稳定在一定范围内，但也出现多次 CPI 和 PPI 的走势背离的情况，CPI 和 PPI 的传导并不经常有效。2002—2019 年的 CPI 和 PPI 数据如图 5-3 所示。

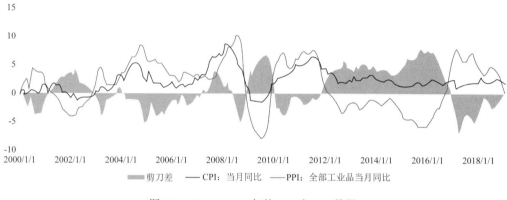

图 5-3　2000—2019 年的 CPI 和 PPI 数据

这种两者间差值处于不断扩大趋势的形态称为 CPI-PPI 剪刀差。CPI 和 PPI 之间的"剪刀差"是经济学家非常关心的一个指标。

CPI-PPI 剪刀差产生的原因，可以归纳为以下两点。

(1) 指数结构性差异。CPI 的组成成分为食品、衣着、居住等，PPI 的组成成分为工业品的价格，CPI 和 PPI 的构成成分有明显差异，此外，随着全球化不断推进和生产过程的分工，中间产品的附加价值越来越多，这也使得 CPI、PPI 共同成分越来越少，从而使得 PPI 到 CPI 的传导作用有限。

(2) 政策因素影响。政策对 PPI 影响非常大。2016 年以来的供给侧改革，产能出清效果明显，同时国家为了稳增长采取的扩张性财政政策，基建项目的推进，在需求端刺激了对水泥、钢铁、金属等的需求，反映在 PPI 上是指数的高同比增长，远超 CPI 变化，导致剪刀差加大，但随着增长放缓，需求减少，PPI 回落。

CPI-PPI 剪刀差，不仅可以用来分析经济运行中出现的问题，其本身对货币政策的选择也有较大的影响。经济增长、充分就业、国际收支平衡、物价稳定是货币政策的四大目标。其中，CPI、PPI 是物价稳定方面的主要参考指标，CPI 反映消费品的物价水平，PPI 反映生产品的物价水平。CPI、PPI 的同比变化率可作为通胀率的参考指标，为制定货币政策提供依据。当 CPI-PPI 剪刀差较小时，CPI、PPI 变化幅度基本相同，对整体的物价水平指示作用很强；但当剪刀差很大时，尤其出现逐步扩大的极端情况时，指标的指示作用变得不太明显，生产品、消费品中可能一方面临通胀压力而另一方处于正常状态。无法仅用这两个指标说明适合宽松还是紧缩的货币政策，需要结合更多基本因素分析供给端和需求端的通胀压力以及对通胀率变化的预期。

GDP 平减指数是名义 GDP 与实际 GDP 的比值，表示现期生产成本与基期生产成本之比，反映了一国生产的所有商品和服务价格水平，也可以看作 CPI 和 PPI 的综合加权平均数，这本身应是通胀水平的最具代表性指标。

实践中我们经常以 CPI、PPI 等指标来测度宏观经济某一部分的价格变动趋势，但也有人会关注所谓的总体价格变动趋势。

从理论上讲，控制通货膨胀也很简单，无非是：①控制货币供应量，减少需求；②扩大产品供应，增加供给；③价格管制；④不控制货币供应量，而是控制货币的流向，典型的做法就是设计一个收益率更高的蓄水池，不让货币流向基本的民生领域。第四种方法现在全世界流行，美国的蓄水池基本为股市，中国的蓄水池基本为房市。

影响通货膨胀最重要的因素就是货币。所以，也有人干脆抛弃了所有上述的通货膨胀表示方法，而直接采用央行广义货币供应量 M2 的变动情况来表示真实的通货膨胀水平。

4. 货币供应量 M2

货币供应量是指一国在某一时期内为社会经济运转服务的货币存量，它由包括中央银行在内的金融机构供应的存款货币和现金货币两部分构成。

世界各国中央银行货币估计口径不完全一致，但划分的基本依据是一致的，即流动性大小。所谓流动性，是指一种资产随时可以变为现金或商品，而对持款人又不带来任何损失，货币的流动性程度不同，在流通中的周转次数就不同，形成的货币购买力及其对整个社会经济活动的影响也不一样。

我国从 1994 年三季度起由中国人民银行按季向社会公布货币供应量统计监测指标。参照国际通用原则，根据我国实际情况，中国人民银行将我国货币供应量指标分为以下四个层次。

M0：流通中的现金。

M1：M0+ 企业活期存款 + 机关团体部队存款 + 农村存款 + 个人持有的信用卡类存款。

M2：M1+ 城乡居民储蓄存款 + 企业存款中具有定期性质的存款 + 外币存款 + 信托类存款。

M3：M2+ 金融债券 + 商业票据 + 大额可转让存单等。

M4：M4=M3+其他短期流动资产。

其中，M0 也称作基础货币，与消费变动密切相关，是最活跃的货币；M1 是通常所说的狭义货币供应量，反映居民和企业资金松紧变化，是经济周期波动的先行指标，流动性较强，反映了社会的直接购买能力，商品的供应量应和 M1 保持适当的比例关系，不然经济会过热或萧条，其是国家中央银行的重点调控对象。M2 是广义货币供应量，流动性偏弱，既反映现实的购买力，也反映潜在的购买力。研究 M2，特别是掌握其构成的变化，对整个国民经济状况的分析、预测都有特别重要的意义；M3 是考虑到金融创新的现状而设立的，暂未测算。

货币供应量 = 基础货币 × 货币乘数，这个过程也称为信用创造。

从基础货币到信用创造如图 5-4 所示。

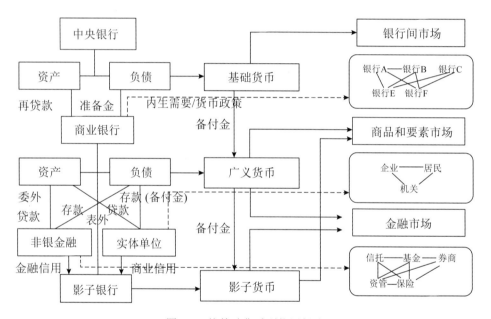

图 5-4　从基础货币到信用创造

但是，货币不等同于流动性，只有在市场拿出来执行交易和作为流通手段的那部分货币，才有流动性。比如股灾的时候，很多投资者手里有钱（货币），但由于恐慌持币观望，那么此时经济中有货币，但没流动性。2012 年 6 月"钱荒"的时候，回头来看银行的准备金率达到 20%，超储率也很高，但是就是因为恐慌没人拿出钱来流通，此时就形成了所谓的"流动性黑洞"，即所谓的"雷曼时刻"。所以流动性是以货币为基础，但并不等价，或者说流动性 = 货币 × 流通速度，雷曼时刻来临的时候，货币流通速度为零。

从央行的角度看，M0 的供应虽然可以无限创造，但实际上还是有限制的。2010 年前，我国 M0 的供应主要依靠外汇储备的极速扩大而增加，随着外汇储备规模的稳定，央行又利用创新型货币政策工具，包括短期流动性调节工具 SLO、常备借贷便利 SLF、抵押补充贷款 PSL、中期借贷便利 MLF、临时流动性便利 TLF、定向中期借贷便利 TMLF 等，继续进行 M0 的扩大投放以适应经济发展的需要。

中国人民银行对广义货币供应量 M2 具有最重要的决定性力量，方式主要有两种：一是调节基础货币 M0 的供应，主要通过再贷款、再贴现、逆回购、公开市场操作、创新型货币政策工具等来实现；二是改变货币乘数，主要是通过法定存款准备金率和超额存款准备金利率的变动来实现。这几个因素是央行能直接控制并作用于货币供应量的。当然，央行也可以通过利率、窗口指导等方式间接影响 M2 的变动情况。另外，货币流通速度也对货币供应量有极大的影响。

总体来说，央行调节货币供应量是一个系统性工作，可以关注两个方面的内容，一是货币供应规模，即 M2 的总量；二是结构，即，是调整基础货币 M0，还是调整货币乘数，也可以理解为 M0 在 M2 中的比例。

实践中，各国央行调节工具的使用往往也是组合型。世界各国央行的资产负债表结构并不相同，所以调节工具的不同使用所造成的央行资产负债表的扩表与缩表，并不必然表示扩表就是扩大 M2，缩表就是减少 M2，还是要根据各国央行资产负债表的实际情况，结合具体的调节工具，具体分析。

2002 年后中国央行资产负债表主要科目如表 5-2 所示。

表 5-2　2002 年后中国央行资产负债表主要科目

资产	负债
国外资产	储备货币
外汇占款	货币发行
货币黄金	非金融机构存款
其他国外资产	其他存款性公司存款
对政府债权	不计入储备货币的金融性公司存款
对其他存款性公司债权	债券发行
对其他金融性公司债权	国外负债
对非金融性部门债权	政府存款
其他资产	自有资金
	其他负债
总资产	总负债

调整货币乘数，或者 M0 在 M2 中的比例，也有很现实的意义，否则会导致最大金融风险。

中美基础货币在 M2 中占比之比较如图 5-5 所示。

图 5-5 中美基础货币在 M2 中占比之比较

如图 5-5 当中的黑线所示：美国基础货币在 M2 中占比降至 11% 的 2008 年，它发生了金融危机；之后，通过"QE ＋扭曲操作"向市场注入"长期基础货币"，到 2014 年美联储"缩表"之前，M2 中的基础货币高达 36%；之后"缩表"，减少 M2 中的基础货币，直至"停止缩表"，并开始降息，美国 M2 中的基础货币依然高达 23%，而且自 2019 年 9 月份开始又在"小幅释放基础货币"。

图中的灰线是中国的情况。我们看到，中国 M2 的基础货币从 2012 初开始一路减少，从最高时的 26%，下降到 2019 年的 16%。这是一件非常危险的事情，美国这一数值降至 11% 时发生了金融危机。

换个角度看问题，M2 = 基础货币 × 货币乘数。在同样的 M2 下，基础货币偏低，则必然是货币乘数偏高。这才是中国货币政策需要予以解决的关键问题。

中美货币乘数比较如图 5-6 所示。

图 5-6 中美货币乘数比较

如图 5-6 中黑线所示：金融危机发生之前，美国货币乘数到达 9.09 倍，发生了金融危机；之后，美联储通过"零利率+QE+扭曲操作"向 M2 注入基础货币。结果是：货币乘数最低降到 2.79 倍。

如图 5-6 中灰线所示：中国货币乘数一路高歌，已从 2011 年年底的 3.6 倍提高到 2018 年年底的 6.1 倍左右。这是非常危险的"货币杠杆"信号，它带给中国金融短期化趋势，带给中国债务杠杆率不断上升的趋势，以及因此而产生的流动性风险。

在这里我们也可以思考一个问题，为什么中国的 M2 远大于美国的 M2，但中国的 GDP 却只有美国的 70% 左右 (2019 年年底)？这主要有两个原因，第一是两国 M2 的统计口径并不完全相同，美国的 M2 中并没有计入 10 万美元以上的大额定期存款，第二是因为随着金融创新和发展，虚拟经济的繁荣催生了大量的虚拟信用货币，虚拟信用货币并不属于 M2 的统计范畴，而美国的虚拟经济规模显然远大于中国的虚拟经济规模。虚拟信用正在越来越多地影响整体经济和 GDP 数据。

实际上，美联储的货币政策目标早已从货币供应量 M2 转移到了利率，目前甚至有人判断已经又转移到维护权益市场的稳定上来。这也是为什么现代货币理论 (MMT) 能在美国和日本大行其道的原因。

前文我们讲了 GDP 和 CPI，GDP 代表我们创造的财富，CPI 代表物价水平，M2 代表货币投放量，那么，这三者的增长率就可以建立一个简单的数学模型。

$$M2=(><)GDP+CPI$$

这个数学模型的含义是什么呢？

根据常识，M2 > GDP+CPI 可以表示量化宽松，货币放水；M2 < GDP+CPI 就是去杠杆；而 M2=GDP+CPI 就叫"稳杠杆"。

2013—2018 年我国 M2、GDP、CPI 这三个指标的增长率数据如表 5-3 所示。

表 5-3 2013—2018 年我国 M2、GDP、CPI 这三个指标的增长率数据

年份	M2 增速	GDP 增速	CPI 增速	M2-GDP-CPI
2013 年	13.6	7.8	2.62	3.18
2014 年	11	7.3	1.92	1.78
2015 年	13.3	6.9	1.44	4.96
2016 年	11.3	6.7	2.0	2.6
2017 年	8.2	6.9	1.59	−0.29
2018 年	8.1	6.6	2.07	−0.57

从表 5-3 可以明显看出，从 2013—2016 年我国货币其实一直保持较为宽松的状态，2017—2018 年"去杠杆"货币收紧。

5. 社会融资规模

社会融资规模是指一定时期内（月度、季度和年度）实体经济从金融体系所获得的资金总额，可以看出社会融资规模指标是尝试从需求的角度来测算实体经济的融资情况，并通过相对指标的计算来分析实体经济的融资需求变动特征。

社会融资规模指标于 2010 年正式提出，是中国独有的指标，在宏观经济分析中居于较为重要的位置，通常被作为经济基本面的先行指标，这也是为什么常有社会融资规模指标领先经济基本面以及先有社融底后有经济底的说法。

2016 年以来，国家层面在制定经济增长目标以及政府工作报告中，均明确提出保持社会融资规模和 M2 增速与名义经济增速基本一致，进一步突出了社会融资规模的重要性和战略意义。

实际上，社会融资规模与 M2，类似于一张表的两端，即资产和负债，一个表示资产的运用（社会融资规模），一个表示资金的来源（M2）。简而言之，社会融资规模可以理解为金融体系的资产、实体经济的负债；而 M2 则可以理解为金融体系的负债、央行的资产（央行对国家的负债）。

从理论上来讲，资产的运用和资金的来源应存在一定的对应关系，特别是在只有资本市场的情况下，但是间接融资中介的存在，使得这一对应变得比较复杂，严格的对应关系不会存在。在以银行为主导的金融体系下，M2 可以较好地测度整个金融体系对实体经济的资金支持，而随着金融创新的不断发展、金融脱媒的日益深化、利率市场化的深入推进等，M2 与实体经济资金的相关性不断下降，社会融资规模指标的重要性也开始日益体现出来。M2 与社会融资规模存量之间虽然整体方向一致，但缺口有扩大之势，尤其是随着社会融资规模统计口径的不断扩大，比如将网络贷款、私募基金等也纳入的话，二者之间的缺口将更加扩大。

那么，我们该如何分析社会融资规模指标呢？

(1) 在具体分析社会融资规模指标之前，需要明确社会融资规模的一些基本特征。虽然相较 M2 更为稳定，但社会融资规模增量指标的波动性同样较大，且季节性特征突出，一般在每年一季度的首月和末月，以及二三季度的末月增量较大，特别是每年一季度的首月，这种特征尤其明显。因此，同比的意义往往大于环比。

(2) 另外，要注意社会融资规模的基本构成。社会融资规模本身有很多细项，基本分为表内融资、表外融资、直接融资和其他四大类。表内融资主要包括人民币贷款和外币贷款，表外融资主要包括委托贷款、信托贷款、未贴现票据三大类，直接融资主要包括非金融企业上市和发债，其他则是一个不定项。可以看出，表内融资主要与银行体系直接相关（表内融资的资金全部来源于银行），表外融资主要与银行间接相关（资金的提供方仍主要以银行为主），直接融资则主要与资本市场相关。每一类细项都有不同的特征，比如，股票融资和债券市场作为直接融资的典型代表,既受口径调整影响,也会对社会融资规模指标产生影响。

(3) 重点区分新增人民币贷款及其在短期和中长期的分布情况。一般情况下只有中长期的企业贷款对经济基本面才具有先行指示意义,而短期贷款的增长受到影响的因素往往比较多。

(4) 同样的,居民贷款的重要性也需要关注短期和中长期,中长期居民贷款往往特指个人住房按揭贷款,而短期贷款则往往以消费贷款为主,因此对居民贷款期限的分析也具有参考价值。

6. 利率

关于利率,最有影响力的两个理论:一个是凯恩斯提出的流动性偏好理论;另一个是马歇尔、费雪等提出的新古典理论。这两个理论看似冲突,实则一个着眼于短期问题,一个注重长期效应。

利率作为最重要的经济杠杆,对宏观经济运行与微观经济活动都有着极其重要的调节作用。利率的高低能反映一国宏观经济运行的基本状况,而利率的变动可以在一定时期内(注意:并不是长期)影响所有宏观经济变量,如 GDP、物价水平、就业水平、国际收支、汇率水平,甚至一国的债务水平(这些因素也反过来影响利率的变动)。另外,利率的变动对股票市场、债券市场、大宗商品市场等也具有极大的影响。因此,利率的变动是判断一国宏观经济形势的主要依据之一,是我们进行资产配置的重要参考因素之一,利率走势分析也是宏观经济形势预测的主要手段。

各个国家的利率有着不同的内涵。在中国,通常说的利率指的都是银行利率。在美国,利率则主要指的是债券市场利率,所谓美联储调整的基准利率,也并不是具有强制性的行政性的基准利率,而是通过公开市场操作后确定的银行间隔夜拆借利率。

在我国,利率的种类有很多,如上海银行间同业拆借利率、LPR 报价利率、DR007 利率、再贴现率、再贷款利率、央行各创新型便利工具的利率、超额准备金利率等。其中最重要的是前三个。上海同业拆借利率是指金融机构之间的短期资金借贷利率,分为拆进利率和拆出利率,能反映短期资金供求关系。LPR 利率是金融机构对其最优质客户执行的贷款利率,针对不同资信条件的借款人,可在 LPR 利率基础上加减点;DR007,即银行间存款类金融机构以利率债为抵押的 7 天期回购利率,经常作为存款的基准利率。

从本质上来说,利率并非由央行决定,决定利率的变量是资本回报率,而资本回报率是由经济的潜在增速决定的,人口、技术、资本等生产要素发挥着重要作用,例如欧洲、日本之所以陷入低利率,甚至负利率,很大程度上是因为它们都面临人口老龄化的环境,经济总需求没有那么高,投资回报率偏低。各国央行看似对利率的影响很大,但是这种影响其实是内生于经济变化的。通俗来说就是,央行只能顺应经济形势的变化,尤其是资本回报率的变化,来被动地调整利率。当经济好的时候,投资的回报也相对较高,能够负担的资金成本也越高,这个时候央行会收紧货币,提高资金成本,以防经济过热。当经济差的时候,投资的回报会下降,能够负担的资金成本也更低,这个时候央行会放松货币,降低资金成本,发挥逆周期调节作用。从这个角度看,"珍惜正常的货币政策空间",主要依靠的不是央行,并不是大家简单理解的扛住压力,坚决不降息,而是"改革"。只有通过改革的手段,提高经济增速和资本回报率,才能阻止利率的下滑趋势,否则央行只能跟着趋势走。

在分析利率对宏观经济和大类资产的影响时,必须注意以下几点。

(1) 分析名义利率和实际利率的区别,实际发挥影响的是实际利率,实际利率 = 名义利率 - 通货膨胀率,其中通货膨胀率一般用 CPI 来表示,例如对于黄金的价格来说,大多数人对黄金的理解都流于表面,比如它是避险资产,比如它是抗通胀资产等,但是很少有人知道是实际利率从最根本上决定了黄金的走势。

(2) 注重利率变化的长期趋势,其累积起来的效应是巨大的。

(3) 结合其他因素综合判断。比如,分析降息对股票市场的影响时,就要明白为什么降息,是因为经济衰退,还是因为其他。如果是因为经济衰退,那么本次降息将只是对股票市场有短暂的利好作用。各大类资产的价格变动实际上是受多种因素的影响,必须简单化。对于配置的具体资产,也要具体分析。比如,同样是降息,对于银行股来说,就并不是利好消息,因为对于全世界的银行来说,尤其是中国的银行体系,净息差(NIM)的高低是系统稳定的生死线,NIM 越低,利润越不看好,系统就越脆弱。欧洲很多国家都已经出现负利率了,股票市场上涨,但银行股板块的表现却并不强势。

7. 汇率

汇率是我国经济发展中的重要政策,也是货币政策的重要组成部分。对各经济体的汇率进行监督一直是国际货币基金组织的核心使命,相应地,汇率也成为国际货币基金组织关注的核心经济变量。

自 2005 年 7 月 21 日起,我国开始实行以市场供求为基础、参考一篮子货币进行调节、有管理的浮动汇率制度。这里的"一篮子货币",是指按照我国对外经济发展的实际情况,选择若干种主要货币,赋予相应的权重,组成一个货币篮子。同时,根据国内外经济金融形势,以市场供求为基础,参考一篮子货币计算人民币多边汇率指数的变化,对人民币汇率进行管理和调节,维护人民币汇率在合理均衡水平上的基本稳定。篮子内的货币构成,将综合考虑在我国对外贸易、外债、外商直接投资等外经贸活动中占较大比重的主要国家、地区及其货币。参考一篮子货币表明外币之间的汇率变化会影响人民币汇率,但参考一篮子货币不等于盯住一篮子货币,它还需要将市场供求关系作为另一重要依据,据此形成有管理的浮动汇率。

一个经济体汇率的变动要受到许多因素的制约。这些因素既有经济的,也有非经济的，既有长期的，也有短期的，而各个因素之间又是相互联系，相互制约，甚至相互抵消的关系。著名的蒙代尔不可能三角悖论，即固定汇率、独立货币政策和国际资本自由流动这三个，一个经济体最多只能拥有其中两个，不能同时拥有三个，就从理论上证明了这一点。

因此，汇率变动的原因极其错综复杂。总体来说，一国经济实力的变化与宏观经济政策的选择，是决定汇率长期发展趋势的根本原因。除此以外，下列因素在一定时期内也影响汇率变动。

(1) 国际收支状况（资本流入与流出）。国际收支状况是决定汇率趋势的主导因素。一般情况下，国际收支逆差将引起本币贬值，外币升值，即外币汇率上升。国际收支顺差则引起外汇汇率下降。国际收支变动决定汇率的中长期走势。

(2) 通货膨胀率。通货膨胀率是影响汇率变化的重要因素。根据相对购买力平价理论，当中国的通胀水平高于美国时，1美元可以兑换更多的人民币，人民币汇率会有贬值的趋势。反之，人民币有升值趋势。根据实证，在我国，两个最重要的通胀指标PPI和CPI，PPI的变动比CPI的变动更能影响汇率。这是因为CPI中包含的生活用品和服务成分较多，贸易商品的成分较低；而PPI的成分商品则更多地在国际贸易中出现。

(3) 财政收支状况。财政赤字扩大，将增加总需求，常常导致国际收支逆差及通货膨胀加剧，结果本币购买力下降。当财政赤字扩大时，在货币政策方面辅之以严格控制货币量、提高利率的举措，反而会吸引外资流入，使本币升值。

(4) 利率差异。一国利率的上升，会使该国的金融资产对本国和外国的投资者来说更有吸引力，从而导致资本内流，汇率升值。当然不能不考虑一国利率与别国利率的相对差异。利率因素对汇率的影响是短期的。一国仅靠高利率来维持汇率强势，其效果是有限的，因为这很容易引起汇率的高估，而汇率高估一旦被市场投资者（投机者）所认识，很可能产生更严重的本国货币贬值风潮。

(5) 各国汇率政策和对市场的干预。在浮动汇率制下，各国中央银行都力图通过影响外汇市场中的供求关系来达到实现本国经济政策的目的，汇率的变动是各国之间经济战争的重要武器。中央银行影响外汇市场的主要手段有调整本国的货币政策，通过利率变动影响汇率，或者直接通过公开操作干预外汇市场，以及对资本流动实行外汇管制。

(6) 投机活动与市场心理预期。自1973年主要资本主义国家实行浮动汇率制以来，外汇市场的投机活动愈演愈烈，投机者往往拥有雄厚的实力，可以在外汇市场上推波助澜，甚至呼风唤雨，使汇率的变动远远偏离其合理水平。

外汇市场的参与者和研究者众多，他们对市场的判断以及市场交易人员心理预期的变动，都是影响汇率短期波动的重要因素。

(7) 政治与突发因素。政治与突发因素对外汇市场的影响是直接和迅速的，这些因素包括政局的稳定性、政策的连续性、政府的外交政策，以及战争、经济制裁和自然灾害等。

总之影响汇率的因素是多种多样的，并且这些因素之间的关系是错综复杂的，在分析汇率变动时需要综合考虑长期与短期、主要与次要等因素。

8. 债务可持续性

同利率一样，一个经济体的债务可持续性，或者说债务水平和结构，也是国际货币基金组织重点关注的宏观经济指标之一。适当的债务有助于经济的发展，但过重的债务负担则会加大经济的脆弱性，影响人们的信心。历史上很多的金融危机都是由债务危机所引发。

在现代信用货币体系下，增加货币发行、加大债务杠杆是政府天然的冲动，而去杠杆则无非就是以下几种方法：①债务重组，免去或减少债务；②勒紧裤腰带，减少消费支出；③财富的重新分配；④债务货币化。每一种方法都可以降低债务比率，但是其各自对通货膨胀以及经济增长有不同的影响。债务重组和减少消费支出的方法会导致通缩萧条，肯定为政府所不喜欢，而债务货币化虽然可能会引起通货膨胀，但随着现代货币理论的出现，世界上许多国家，如日本、美国，走上了财政赤字货币化的道路。

现代货币理论包括三个核心观点。①现代货币体系是政府信用的货币表述。政府债务和央行货币的共同信用支撑都是政府，因此，将政府财政赤字货币化可视为两种债务的替换。换言之，货币与财政本来就不应该分家。②主权货币没有名义约束，只有通货膨胀约束。换言之，只要通货膨胀不出现，政府愿意印多少钞票都可以。③财政政策可以更精准地实现刺激就业和稳定通胀的目标。换言之，央行的功能可以用财政措施来完成。

对现代货币理论的争议非常大，桥水基金创始人瑞·达里奥则认为现代货币理论取代央行管理无可避免。他的理由是，降息或在量化宽松过程中购买证券，几乎已经耗尽了许多国家政府利用传统货币政策刺激经济的能力。现代货币理论可以认为是凯恩斯主义的终极版。

从宏观上来看，一个国家的债务通常分为四种：政府部门债务、金融部门债务、非金融企业部门债务、家庭部门债务。

中国宏观债务率过高、债务水平上升过快是近年来广受关注的宏观经济问题，但到底多高的债务水平才能引发金融危机，国际上并没有统一的标准，"明斯基时刻"也只有在到来的时候才能确定，但我们可以进行一下国际对比。

在世界范围内，我国的宏观债务水平还是比较高的，但更有实际意义的是，我们必须对比各分部门的债务水平。发达国家，普遍是金融部门债务占比最高，其次是政府，再其次是非金融公司，而家庭部门债务占比最低。

显然，从 2018 和 2019 年的债务/GDP 的整体来看，中国与美国非常接近，都在

300%～310%。只是，美国除了金融部门债务偏大之外，各部门债务都差不多，而中国则是非金融企业一家独大，其他的差不多。

尤其需要关注的是，美国吸取了次贷危机的教训，居民融资水平自 2009 以来逐年下降。但是，美国非金融企业部门的融资水平自 2011 年开始逐年上涨。国际清算银行的数据显示，2018 年美国非金融企业部门总融资占 GDP 的比重高达 74.5%，已经超过次贷危机时期的融资水平 (72.6%)。

借债是要还的。还息占到实体部门当年收入的比例中国目前是约 20%，也就是约五分之一的钱要还债务利息，而美国比中国低，中国目前的债务利息的负担要比美国重。

因为金融部门的债务比较特殊 (理论上说，金融部门可以互相无限借贷，债务 /GDP 高低的宏观指示意义不是很大)，所以国际上比较债务高低的时候，通常是剔除金融部门的债务，用实体经济的债务对比。在对比实体经济债务中，通常又可以把实体经济中的债务，划分为公共部门债务 (中央政府 + 地方政府债务) 和私营部门债务 (非金融企业债务 + 家庭债务)。

剔除金融债务之后，除瑞士、荷兰，以及北欧小型开放经济体之外，我国的私人部门债务在全球大型经济体中一骑绝尘，但政府部门的债务却低于 G20 中的其他所有经济体。

中国的私人部门负债这么高，按道理来说，中国应该是绝对的消费主导型国家了？

实际并不是。

例如，中国各地方政府的投资平台的城投债务和国企特别是央企的债务，在上述分类中全部被归类为"私人部门债务"，但在中国这不能简单划分为"私人部门债务"。某种程度上说，以上债务中的大部分，都可以归类为政府隐性债务。如果考虑到隐性债务，算下来，中国政府的债务水平不仅不低于西方国家，甚至远远高于西方国家。

在分部门的债务中，哪一个的杠杆率最危险呢？毫无疑问是居民杠杆。这是因为居民的现金流很刚性，很脆弱，而且无法刚兑，不像地方政府和大企业，可以兜底和重组。如果经济下滑，居民收入下降很快，很多家庭的现金流将覆盖不了买房按揭，非常危险。历史上大的信用危机，都是从居民杠杆断裂开始的。

可以说，居民部门是杠杆安全边际最后一环，所以我们必须对居民部门的债务杠杆进行分析。

中国居民的杠杆率目前达到 56% 左右，与国际上其他国家比较这种居民杠杆当然是处于安全区间。比如目前加拿大的居民杠杆率为 167%，美国及日本也接近 100%。但是该比较几乎是没有多大意义的。因为，中国居民的人口结构与欧美国家完全不同。目前中国的城市化率也仅在 55% 左右，严重的城乡分割使得中国绝大多数农村居民无能力、无意愿进入城市购买住房，更不会利用杠杆到城市购买住房。剔除之后，中国城镇居民的杠杆率将急剧上升。而且，城镇居民的债务大部分属于房地产债务，如果加上房地产企业本身的债务水平，中国的房地产依赖性比较严重。

也就是说，中国的杠杆率是高是低，是无法用一个所谓国际上的通用指标来衡量，必须结合我国的实际情况进行判断。

9. 社会消费品零售总额

2018年，中国的社会消费品零售总额超过美国，成为世界上最大的消费品零售市场。这是有史以来的首次，也是中国成为经济超级大国的又一标志。美国媒体对中国零售总额超过美国，远比"中国购买力平价GDP超过美国"要重视，这也是美国人务实的表现。一直以来，美国人非常看重零售数据，此前包括日本等在内的国家，也没有哪一个能在这项数据上挑战美国，所以美国人更是深深地把这个指标当成是经济超级大国的标志。苏联的GDP总额曾一度达到了美国的70%，但若说到零售消费，差距立马就出来了，因为苏联商品短缺现象明显。日本在20世纪90年代早期GDP总额也达到了美国的70%，但是同样论起零售消费数据，也被美国狠狠碾压了。但中国不是苏联、日本，在社会消费品零售方面明显具有挑战美国的潜力。

社会消费品零售总额是指企业(单位)通过交易售给个人、社会集团，非生产、非经营用的实物商品金额，以及提供餐饮服务所取得的收入金额。社会消费品零售总额包括实物商品网上零售额，但不包括非实物商品网上零售额。而网上零售额是指通过公共网络交易平台(包括自建网站和第三方平台)实现的商品和服务零售额之和。商品和服务包括实物商品和非实物商品(如虚拟商品、服务类商品等)。

在各类与消费有关的统计数据中，社会消费品零售总额是表现国内消费需求最直接的数据。它能反映各行业通过多种商品流通渠道向居民和社会集团供应的生活消费品总量，是研究国内零售市场变动情况、反映经济景气程度的重要指标。

在分析社会消费品零售总额时，若能深入一步进行结构的分析则更有价值。消费可以分成两大类，其中一半是必需消费品，包括食品、服装、日用品等。另一半是可选消费品，包括汽车、家具、家电等大件消费品。过去几年中国的必选消费增速非常稳定，因为这些都是刚性需求，而真正不稳定的是可选消费增速，尤其是汽车消费。在社会消费品零售总额中，汽车类占比超过了10%。所以，看消费最重要的是看汽车消费。

如果考虑到房地产投资在固定资产投资中的占比，所谓的投资和消费，核心要关注的就是两大产业，一个是房地产，一个是汽车。

必须注意的是，受购买力水平和商品供求变化等各种因素的影响，在不同的时期，城乡居民购买商品的数量会有增减变化，价格也有涨有落，每个家庭各月的支出就有多有少。由于社会消费品零售总额是按各种商品的实际零售价统计的，其既受商品数量变化的影响，也受价格变动的影响。因此，为了准确描述消费品市场运行的质量，就必须消除社会消费品零售总额中的物价变动因素,以反映实物量的增减情况。

在实际工作中,经常会有一些人在对市场动态进行分析时,简单地将社会消费品零售总额增长率减去同期物价上涨(下降)率,就作为社会消费品零售总额扣除物价因素以后的实际增长率,那显然是不确切的。这是因为,社会消费品零售总额增长率是以报告期和基期相比计算的,商品零售价格指数是按基期数量为同度量因素计算的,将社会消费品零售总额增长率减去物价指数上涨(下降)率,作为实物量增长率,只是在社会消费品零售总额中消除了购买与基期数量相等商品的物价因素,而未将报告期比基期数量增加或减少部分的商品价格变动因素消除。

10. 工业增加值

人们常说,工业化是发展中国家崛起的必由之路。中国的工业增加值自2010年后超过美国,一直稳居世界第一,是名副其实的第一工业大国。另外还有一个数据,即中国工业增加值对世界工业增加值的贡献超过27%,也就是说,中国在工业增加值方面,以一国之力做出了超四分之一的贡献。

工业增加值是指工业企业在报告期内以货币形式表现的工业生产活动的最终成果;是工业企业全部生产活动的总成果扣除了在生产过程中消耗或转移的物质产品和劳务价值后的余额;是工业企业生产过程中新增加的价值。增加值是国民经济核算的一项基础指标。各部门增加值之和即是国内生产总值,它反映的是一个国家(地区)在一定期时期内所生产的和提供的全部最终产品和服务的市场价值的总和,同时也反映了生产单位或部门对国内生产总值的贡献。因此,建立增加值统计,将为计算国内生产总值提供可靠依据。

工业企业建立增加值统计,可以反映工业企业的投入、产出和经济效益情况,为改善工业企业生产经营提供依据,并促进工业企业会计和统计核算的协调。

目前,我们在国家统计局的网站上,只能查到工业增加值的增速指标,而没有具体的绝对值,如果需要中国的数值的话,只能按月或按年反推计算。但在各省市的统计中,可以查到当地的工业增加值的绝对值。

但必须说明的是,虽然我国的工业增加值大约已经占全球工业增加值总额的近30%,傲视德国、日本等传统制造业大国。然而,从利润率来看,中国的占比却仅有2.59%,不到增加值的十分之一。实际上根据中国工信部的数据显示,全球500强中中国制造业企业的利润率为4.37%,而世界500强企业的利润率则达到6.57%。这显示出中国制造业在某些高端领域无法掌握定价权,而传统成本优势、规模优势和制度优势很可能在慢慢减弱。

11. 居民人均可支配收入

根据国家统计局的定义,居民可支配收入指居民可用于最终消费支出和储蓄的总和,即居民可用于自由支配的收入，既包括现金收入，也包括实物收入。按照收入的来源，可支配收入包含四项，分别为：工资性收入、经营净收入、财产净收入和转移净收入。

工资性收入，指就业人员通过各种途径得到的全部劳动报酬和各种福利，包括受雇于单位或个人，从事各种自由职业、兼职和零星劳动得到的全部劳动报酬和福利。

经营净收入，指住户或住户成员从事生产经营活动所获得的净收入，是在全部经营收入中扣除经营费用、生产性固定资产折旧和生产税之后得到的净收入，计算公式为

$$经营净收入 = 全部经营收入 - 经营费用 - 生产性固定资产折旧 - 生产税$$

财产净收入，指住户或住户成员将其所拥有的金融资产、住房等非金融资产和自然资源交由其他机构单位、住户或个人支配而获得的回报并扣除相关的费用之后得到的净收入。财产净收入包括利息净收入、红利收入、储蓄性保险净收益、转让承包土地经营权租金净收入、出租房屋净收入、出租其他资产净收入和自有住房折算净租金等。财产净收入不包括转让资产所有权的溢价所得。

转移净收入的计算公式为

$$转移净收入 = 转移性收入 - 转移性支出$$

转移性收入，指国家、单位、社会团体对住户的各种经常性转移支付和住户之间的经常性收入转移，包括养老金或退休金、社会救济和补助、政策性生产补贴、政策性生活补贴、救灾款、经常性捐赠和赔偿、报销医疗费、住户之间的赡养收入，以及本住户非常住成员寄回带回的收入等。转移性收入不包括住户之间的实物馈赠。

转移性支出，指调查户对国家、单位、住户或个人的经常性或义务性转移支付，包括缴纳的税款、各项社会保障支出、赡养支出、经常性捐赠和赔偿支出，以及其他经常性转移支出等。

居民人均可支配收入也有名义的和实际的两种，更有分析价值的自然是实际居民人均可支配收入。实际居民人均可支配收入增速的计算公式为

$$实际居民人均可支配收入增速 = 名义人均可支配收入增速 - 通货膨胀率$$

按照高盛公司的方法，个人实际单位时间收入是非常重要的一个分析指标，是研判经济增长形势的非常明显的领先指标，这是因为消费是拉动美国经济的最重要的动力。同样的，随着消费在我国经济增长的地位越来越突出，实际居民人均可支配收入已成为宏观经济分析必不可少的指标之一。

目前我国人均可支配收入占人均 GDP 的比重约为 44%，而发达国家居民可支配收入占 GDP 的比重普遍在 60% 以上，越是发达的国家，这一比重越高。而造成差异的原因和一个国家或地区的财政税收比例、城乡经济结构、产业结构多种因素有关。未来我国要保持居民人均可支配收入跟上物价上涨水平，不断提高消费能力，必须想办法引导民众增强投资意识，扩大投资渠道，让民众获得投资及财产性收入水平不断提高，最终提

高全国居民的人均可支配收入。

12. 对外经济贸易

对外经济贸易是国民经济重要的组成部分，我国是世界上最大的贸易国家之一。国家统计局公布的对外经济贸易方面的指标最受关注的主要有两个，即货物进出口总额和外商直接投资额。2013 年，我国货物进出口总额首次跃居世界第一位，2018 年我国货物进出口总额为 30 万亿元，占世界货物进出口总额的 11.80%。同时，我国连续多年保持吸引非金融类外商直接投资 (FDI) 世界第二的位置。

根据国家统计局的定义，货物进出口总额是指实际进出我国关境的货物总金额，包括对外贸易实际进出口货物，来料加工装配进出口货物，国家间、联合国及国际组织无偿援助物资和赠送品，华侨、港澳台同胞和外籍华人捐赠品，租赁期满归承租人所有的租赁货物，进料加工进出口货物，边境地方贸易及边境地区小额贸易进出口货物，中外合资企业、中外合作经营企业、外商独资经营企业进出口货物和公用物品，到、离岸价格在规定限额以上的进出口货样和广告品 (无商业价值、无使用价值和免费提供出口的除外)，从保税仓库提取在中国境内销售的进口货物，以及其他进出口货物。该指标可以体现一个国家在货物贸易方面的总规模。我国规定出口货物按离岸价格统计，进口货物按到岸价格统计。

外商直接投资，是指外国投资者在我国境内通过设立外商投资企业、合伙企业、与中方投资者共同进行石油资源的合作勘探开发以及通过设立外国公司分支机构等方式进行投资。外国投资者可以用现金、实物、无形资产、股权等投资，还可以从外商投资企业获得的利润进行再投资。可见，在我国的统计中，外商直接投资一般指的就是非金融类外商直接投资。国家统计局公布的数据中，实际使用外资额，采用的就是外商直接投资额数据。

相关国际机构、政府部门与理论界，例如联合国跨国公司与投资公司、国际货币基金组织、WTO、美国商务部等，认为国际直接投资与国际间接投资的根本区别在于是否获得被投资企业的控制权，因为 FDI 所形成的无形资产处于核心地位，而货币资本则处于非常次要的地位，只能进行直接投资，所以，FDI 不仅直接参与经营管理，而且其直接目标就是获得被投资企业的控制权。

实际上，外商直接投资规模，既是我国投资环境吸引力的表现之一，还是外资对我国经济增长的信心体现。FDI 的增长对稳定人民币汇率也具有极大的积极心理作用。

13. 固定资产投资

根据国家统计局的定义，全社会固定资产投资是以货币形式表现的在一定时期内全社会建造和购置固定资产的工作量以及与此有关费用的总称。该指标是反映固定资产投资规模、结构和发展速度的综合性指标。全社会固定资产投资按登记注册类型可分为国有、集体、联营、股份制、私营和个体、港澳台商、外商、其他等。

固定资产投资(不含农户)指城镇和农村各种登记注册类型的企业、事业、行政单位及城镇个体户进行的计划总投资在500万元及以上的建设项目投资和房地产开发投资,包括原口径的城镇固定资产投资加上农村企事业组织项目投资,该口径自2011年起开始使用。

问题的关键仍然在于结构分析。如果我们看一下中国的投资总额增速和GDP增速的数据,就会发现,它们经常出现负相关。非常明显的就是2008年,中国的投资总额一路上升,GDP增速一路下滑,问题就在于投资的结构。固定资产投资主要有四大块:基建、地产、制造业和其他服务业的投资。在中国投资主要就看三大块,基建、地产和制造业。

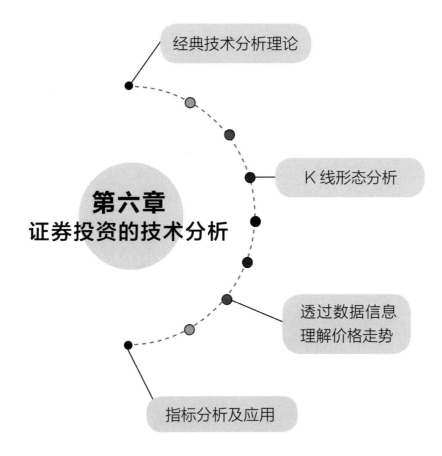

本章学习目标

01 充分了解技术分析的概念，重点掌握量价时空四大要素的特点，了解技术分析的三大前提假设的含义。

02 了解技术分析的经典理论有哪些及其特点是什么，掌握K线的含义与组合形态的意义及运用。

03 充分掌握各种底部形态与顶部形态的特点及其变化，运用均线、指标、数据了解价格走势。

04 了解市场心理在技术分析中的作用并能结合量价时空四大因素做出判断。

> **本章简介**

技术分析是广大投资者一直在研究的，很多技术流派与分析方法层出不穷。本章介绍了最为经典的一些理论及手法，通过对量价时空等因素产生的联系来判断未来市场趋势，另一方面还从市场心理层面做了分析。

与基本面分析不同，技术分析是从证券市场本身的交投行为中，通过研判买盘与卖盘的变化趋势，来预测证券市场价格的变动趋势。也就是说，主要利用市场交易行为中产生的成交量、交易价格、股价走势等数据及其他一些交易数据和技术分析指标，通过一定的分析方法去预测价格的走向。可以说，技术分析只关心市场交易本身，而不去关注上市公司的业绩情况或行业发展前景。例如，投资者在股市中常用的量价分析方法、K线分析方法、筹码分布分析方法、技术指标分析方法等，都是以市场交易本身为出发点的技术分析方法。

在证券市场中，价格、成交量、时间、空间是进行技术分析的四大要素。

技术分析者认为，一切影响股价走向的因素已经全部或大部分反映在股价走势之中，因此研究价格如何变动比研究价格为什么变动更能了解未来市场价格的变动方向。

技术分析之所以行之有效并获得了大量投资人的青睐，是因为它不仅经受了实践的检验，而且有理论基础，即技术分析的三大前提假设。下面我们就来看看技术分析的三大前提假设，即市场行为涵盖一切、价格依据趋势变动、历史会重演。

1. 市场行为涵盖一切

这是技术分析的第一大假设，也是技术分析的核心思想。其认为，影响股票价格波动的各种因素，如上市公司的业绩改善、主力的意图、投资者的心理倾向、消息面或题材面的影响等，都会被市场行为本身充分表现出来，基于这个假设，股价的变化应该是技术分析者关注的主要对象，而对影响股票价格变化的诸多因素则不必太过关心。这个前提的实质含义就是股价的变化反映了二级市场中股票的供求关系，而二级市场中股票的供求关系则直接体现了影响价格的各种因素。这一点，可以说是基本面分析与技术面分析的根本区别所在。

2. 价格依据趋势变动

在技术分析领域中，趋势被认为是客观存在的，并且可以分为三种，即上升趋势、盘整趋势、下跌趋势。技术分析者在研判价格走向时，要对当前的价格运行趋势有一个客观的判断，这种判断的准确与否直接影响到其投资的结果。此外，在理解"价格依据趋势运动"这一假设时，我们还应注意到趋势所具有的持续性，这也意味着现在的趋势将会延续，直到发生某种原因导致趋势的转变。研究价格趋势的意义就是要在一个趋势发生、发展的早期，及时准确地把握住它，从而达到顺应趋势交易的目的。

3. 历史会重演

我们可以认为每一根 K 线、每一天的成交量都是投资大众心理活动的反映，图标、数据实际上是投资者心态的真实反映，技术分析实际上也是行为金融学的具体应用。股市的走势也的确验证了这一点。人们在研究中发现，相似的价格形态、相似的交易数据下往往都能演变出相同的后期走势，这些价格形态、交易数据正好反映了投资者看多或看空的心态。人类心理从来就具有某些共通的特性，而市场本身的走势正好将这种共通的人类心理特性反映出来，正是基于这种相似的心态，才导致相似的价格形态、相似的交易数据下可以演变出相似的后期价格走势。价格形态、交易数据往往以图表的方式反映在投资者面前，通过研究这些历史交投过程中产生的图表，我们可以以史为鉴，进而预测股价的未来走势情况。

"技术分析"这一术语只是一个笼统的说法，虽然很多投资者都从技术面的角度去研判并分析个股的走势，但由于其着手点不同，可以分为不同的类别，下面我们择要简单介绍。

6.1 经典技术分析理论

在股市的技术分析中，技术分析理论无疑是技术分析领域中的基石，各种各样的技术分析理论从一定的角度出发论述了股市运行的某种客观规律。

证券技术分析经典理论如图 6-1 所示。

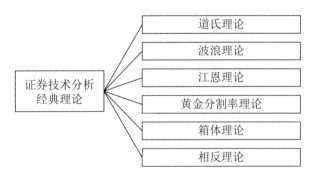

图 6-1 证券技术分析经典理论

6.1.1 道氏理论

1. 道氏理论的三大假设

技术分析方法得以成立基于三大假设，而在道氏理论中同样存在着三大假设，所不同的是，道氏理论中的三大假设更侧重于对其市场含义的理解。

假设一：基本走势不会受到人为操纵的影响。这一假设和技术分析三大假设之一的

"价格呈趋势变动"所具有的含义相近，但更侧重于人为操纵与趋势运行的关系的理解。

假设二：市场指数走势会包容一切信息。这和技术分析三大假设之一的"市场行为反映一切"所具有的含义相近，但将市场行为更直观地表现为指数的形式。

假设三：道氏理论是客观化的分析理论。这一假设是以"股市的运行并不以投资者的喜好、投资者的意志为转移"这一现象为依据的。

2. 道氏理论的五大原则

道氏理论的核心内容就是其"五大原则"，这五大原则也可以说是技术分析领域中的原理性内容，它们相互结合，共同描述了股市的运行趋势、指数、成交量等内容，是我们理解股市运行、展开实际操作的依据。

原则一：市场存在三种运行趋势。

依据周期的长短不同，运行趋势可以分为主要趋势、次等趋势和短期趋势。主要趋势是趋势的大方向，这种变动持续的时间通常为一年或一年以上，并导致股价增值或贬值 20% 以上。次等趋势与基本趋势的运动方向相反，正常情况下次等趋势可能持续几周到几个月的时间。短期趋势一般是指短短几个交易日内的价格波动，多由一些偶然因素决定，从道氏理论的角度看，其本身并无多大意义。

原则二：上升趋势、下跌趋势各分成三个阶段。

如果我们将一波价格上涨中所形成的高点看成是"波峰"，而将一波回调后所创下的低点看作是"波谷"，上升趋势就是一个一峰高于一峰、一谷高于一谷的价格运动过程。这是因为，在上升趋势中，市场的多方处于优势地位，在股价进行回调的时候，还没等跌到前一次的低位，买家就迫不及待地借回调机会介入；而当价格临近前一次的高位时，由于买盘充足，在大量买盘的推动下价格自然会破除阻力创出新高，如此来回几次，便形成了一系列依次上升的波峰和波谷。上升趋势的第一阶段可称之为建仓阶段或多方能量积累阶段，这一阶段往往处于市场前期经过大幅下跌之后，整体估值中枢较低。第二阶段是主升浪阶段，做多动能充足，价格已步入明确的上升通道中。第三阶段则是市场狂热步入顶部区间的阶段。此时，过长、过高的价格上升已经透支了市场。

下跌趋势则正好相反。

原则三：两种指数必须互相验证。

这是道氏理论中最有争议也最难统一的地方。这一原则指出，对于股票市场整体而言，某一种类指数的变化并不足以准确地反映出趋势的运行状态，只有当两种指数发出相同的信号时，股市的运行趋势才能得以确认，否则，我们可以认为市场运行方向仍然处于相对不确定的状态或仍将持续原有的运行方向。

原则四：成交量可以验证趋势运行的可靠性。

买盘与卖盘的交锋程度及力度对比就是通过成交量反映出来的。一般来说，当价格沿着基本运动的方向向上发展时，成交量也应随之递增，这说明越来越大的买盘力量是推动趋势持续走高的内因。虽然这一理论提及了成交量的作用，但是道氏理论强调的是市场的总体趋势，是价格走势的影响，交易只起了辅助性的作用，是对价格运动变化的参照和证明。

原则五：趋势运行具有极强的惯性，只有当一轮上涨或下跌趋势发出明确的反转信号时，才意味着一轮趋势的结束。

它指出趋势的运行及反转都不是偶然出现的，都有一个持续的过程，并且投资者可以从股市的走势中看出这种趋势持续运行的盘面特征及趋势即将反转的盘面特征。对于趋势的持续性而言，上涨或下跌的主旋律一旦形成，就具有极强的持续力，如果没有强大的外力作用，通常会继续发展。

在价格趋势扭转之前提前判断趋势结束是非常困难的，在趋势持续性运行时，若无明显的趋势反转特征，投资者就应追随趋势，而不应贸然去预测市场的顶部或底部。这对于急躁的交易者而言，无疑是一个警告。

道氏理论开创了技术分析的先河，它客观地阐述了股市运行的规律，但是这一理论的叙述过于笼统，并且具有一些不完备之处。例如，反映迟滞就是这一理论的典型不足。另外，道氏理论主要用于研判大势方向，对于个股的选择并没有多大帮助，并且，其对股市在相对较短的一段时间内的走势没有说明，在不知股市处于牛市还是熊市的情况下，无法给投资者一个明确的操作指导。

6.1.2 波浪理论

波浪理论由艾略特于 20 世纪 30 年代提出。艾略特认为，股票市场的波动与大自然的潮汐、波浪一样，一浪跟着一浪，周而复始，具有相当程度的规律性，展现出周期循环的特点，任何波动均有迹可循。在上升趋势中，每一个新出现的高价都会是后一波的支撑价，在下跌趋势中，每一个新出现的低价都会是后一波的阻力价。如果投资者能审时度势，就可以根据这些规律性的波动预测价格未来的走势，在把握股价波动大趋势的前提下，不必过于关心股价短期内的小波动，而应随着大势一路做多或一路做空，这样既能把握有利时机赚取大钱，又能规避不测之险及时停损，因此，艾略特波浪理论适用投资者做出买卖决策。

如果说道氏理论的意义在于向人们指出了何为大海，那么波浪理论的意义则在于指导人们如何在大海上冲浪。

在波浪理论中，艾略特提炼出了市场运行的 13 种形态，这些形态可以在市场上重复出现，但是出现的时间间隔及幅度大小并不一定具有再现性，并且这些呈结构性形态的图形还可以连接起来形成同样形态的更大图形。

波浪理论不仅适用于解释股市的运行，也广泛适用于其他领域，因为波浪理论是自然界波动规律的一种近似"数学表达模型"，它和传统的图形分析方法及其他股市分析方法不处在同一层次上。波浪理论已经超越传统的图形分析技术，能够针对市场的波动，提供全盘性的分析角度，用以解释特定的图形形态发展的原因与时机，以及图形本身所代表的意义。

波浪理论也以三条假设为前提。

假设一：人类社会永远是向前发展的，反映在波浪理论中就是股市的运动呈波浪式向上运动。

假设二：社会、人类的行为在某种意义上呈可认知的形态，若无这条假设做保证，那么技术分析便是空中楼阁。

假设三：股市反映的就是人类的群体行为，这条假设保证了波浪理论可以应用在股市的预测当中。

在波浪理论中，其核心内容是一个完整的波浪运行形态，而这种完整的运行形态就体现在"5个上升浪及3个调整浪"的八浪划分之上。

波浪理论形态如图6-2所示。

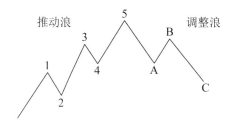

图6-2　波浪理论形态

下面我们就来看看艾略特是如何解释这八浪所分别代表的市场含义的。

1. 第1浪

第1浪往往出现在空头市场跌势未尽且买方力量并不强大时，此时市场上大多数投资者并不会马上意识到上升波段已经开始，因而第1浪多属于营造底部形态的一种形式，经常出现在底部盘整之后。由于第1浪出现后，市场仍存在着较大的做空动力且此时的做多动力并不是很足，因而在第1浪上升之后出现第2浪调整回落时，其回落的幅度往往很大。从股市的走势上来看，第1浪的持续时间较短。

2. 第2浪

第2浪是下跌浪，它出现在第1浪的上涨之后，因市场人士常常误以为熊市尚未结束，而此时市场的做多动能尚未有效聚集，这就使得第2浪往往具有较大的杀伤力，实际走势中调整幅度也较大。但在第2浪中却有一个显著特点说明空方力量已近枯竭，这就是第 2 浪出现时成交量呈现明显的萎缩形态，反映出卖盘压力逐渐衰减，在此浪中，经常出现图表中的转向形态，如头肩底、双重底等。

3. 第 3 浪

第 3 浪是上升趋势的主升浪，因而其持续的力度也最强。在第 3 浪中，随着指数的不断上涨，市场人气不断恢复，成交量也出现较为明显的放大，这是买盘加速涌入的表现。这一浪往往会出现较为惊人的上涨幅度，在发展过程中，常常会在图形上出现势不可挡的跳空缺口向上突破，给人一种突破向上的强烈信号。

4. 第 4 浪

第 4 浪是行情大幅度上涨后的调整浪。从形态的结构来看，经常是以三角形或楔形的调整形态出现的，且第 4 浪的底部不会低于第 1 浪的顶点，这是投资者应格外注意的。

5. 第 5 浪

第 5 浪是上升趋势的延续。在股票市场中，第 5 浪是三大推动浪之一，但其涨幅在大多数情况下比第 3 浪小。此时市场人气较为高涨，乐观情绪充斥整个市场，但一些前期涨幅巨大的个股已经出现滞涨走势，虽然市场情绪仍旧乐观，但股市整体向上的步伐开始放缓并逐渐出现转势迹象。

6. A 浪

A 浪是下跌的开始，但由于 A 浪的调整是紧随着第 5 浪而产生的，所以，市场上大多数人士会认为市场形势并未逆转，毫无防备之心，只看作是一个短暂的调整。实际上 A 浪却并非调整，而是预示上升趋势结束的下跌浪，聪明的投资者可能在第 5 浪时就已经发现了股市的转向迹象，如成交量与价格走势或技术指标背离等，但由于此时市场仍较为乐观，因而 A 浪的下跌幅度与速度仍旧相对较缓，A 浪的调整形态通常以两种形式出现：平坦型形态与三字型形态，它与 B 浪经常以交叉形式进行形态交换。

7. B 浪

B 浪是 A 浪过后的一个小反弹浪。由于此时仍有很多投资者已习惯了牛市思维方式，因为往往还会以为上升趋势尚未结束，很容易让投资者误以为是另一波段的涨势，形成"多投陷阱"，许多人士在此阶段惨遭套牢。B 浪的成交量一般不大，是多头的逃命线。

8. C 浪

B 浪的短暂反弹及随之而来的 C 浪打破了多头的思维方式，许多市场人士开始醒悟过来，一轮多头行情已经结束，C 浪是一段破坏力较强的下跌浪，持续的时间较长且跌幅巨大，股市中几乎全线个股都会在 C 浪的带动下出现较大的跌幅。

从上面的分析来看，波浪理论的八浪构成并不难理解，但由于在股市的实际走势中，大浪中有小浪，小浪中有细浪，因而投资者往往很难区分哪一波上涨对应于八浪循环中的哪一浪，使得数浪变得相当繁杂和难以把握，再加上其推动浪和调整浪经常出现延伸浪等变化形态和复杂形态，使得对浪的准确划分更加难以界定，这两点构成了波浪理论实际运用的最大难点。

对此，艾略特给出了以下两条原则，这可以在一定程度上帮助投资者去应用波浪理论展开实战。

第一，第3浪不能是第1浪至第5浪中最短的一个，否则，这一浪就不能称为第3浪。

第二，第4浪的底部，不可以低于第1浪的顶部。

波浪理论的不足之处在于其未能明确表明一个浪的起始与结束，主观色彩较浓。"五升三降"的规律是波浪理论的循环特点，但在很多时候，股票市场的涨跌循环并不会这么机械性地出现。总之，波浪理论数浪的随意性较大，是一种研判股票市场走势规律的理论，却并不是很适用于研究个股。

6.1.3 江恩理论

江恩理论有自己独特的一套分析方法，交易之道、买卖规则可以说是江恩理论的精髓，江恩理论的实质就是在看似无序的市场中建立严格的交易秩序。

1. 江恩回调法则

江恩理论指出，50%、63%、100%是价格总体走势中很有可能出现回调的位置，即不论价格上升还是下降，最重要的价位是在50%的位置，在这个位置经常会发生价格的回调或反弹。如果在这个价位没有发生，那么在63%的价位可能就会出现。投资者计算50%回调位的方法是：将最高价和最低价之差除以2，再将所得结果加上最低价或从最高价中减去。

2. 江恩循环周期理论

在江恩理论中，时间周期具有重要的地位，较重要的短期循环周期有1小时、2小时、4小时……18小时、24小时、3周、7周、13周、15周、3个月、7个月，中期循环有1年、2年、3年、5年、7年、10年、13年、15年，长期循环有20年、30年、45年、49年、60年、82年或者84年、90年、100年。

其中10年的周期在江恩理论中具有重要的意义。江恩认为，10年周期可以再现市场的循环。例如，当一个新的历史高点出现之后，要过10年才能再出现一个新的历史低点；反之，当一个新的历史低点出现之后，一个新的历史高点要过10年之后才会出现。而在这10年的循环走势中，升势过程实际上出现在前6年，每3年出现一个顶部，后4年出现最后的顶部。此外，江恩理论还指出，任何一个长期的升势或跌势都不会不做调整地持续3年以上，期间可能会有3～6个月的调整或反弹。

由于江恩的循环周期理论涉及的内容较多，而且计算方法也较为复杂，在此我们只需了解江恩理论较为注重市场循环周期这一点即可。

3. 江恩波动法则

江恩理论中的波动法可以说是共振现象在股市中的运用。当市场的内在波动频率与外来市场推动力量的频率产生倍数关系时，市场便会出现共振现象，令市场产生向上或向下的巨大作用。正是由于股市中这种共振现象的存在，我们才得以看到股市的大起大落往往超出了人们的预期。投资者在理解股市中的共振现象时，可以结合下列要素综合理解并运用。

当短线投机客、中长线投资者都开始介入市场参与买卖并且他们的操作方向趋同时，就极有可能产生共振现象，若前期股市涨幅巨大，则往往产生向下的共振，反之则往往产生向上的共振。

当短期 MA(移动平均线)、中期 MA、长期 MA 三者交汇到一起且运行方向趋同时，就会产生向上或向下的共振价位点。若前期股市涨幅巨大，就往往产生向下的共振，反之则往往产生向上的共振。

当指数平滑异动评价线(MACD)、随机摆动指标(KDJ)等技术指标发出相同方向的买入或卖出信号时，将产生技术指标系统的共振点，这一共振点更多地适用于短线操作，是股价短期上涨或下跌的信号。

当金融政策、财政政策、经济政策、上市公司基本面情况等多种因素趋向一致时，将产生基本面的共振点。

4. 江恩理论总结出的买卖规则

该规则众多，我们只列举以下几个。

(1) 为了尽可能规避市场暴跌所带来的风险及保护本金的安全性，投资者应将资本分为 10 份，这样每次买卖所冒的风险就不会超过资本的 10%。

(2) 第一注的买入若出现亏损，表示入市错误，不可以盲目补仓。

(3) 设置好止损与止盈价位。

(4) 市场不明朗的时候，宁可袖手旁观，也不要贸然入市，更不可逆势操作。

(5) 在最近的多次交易中，若出现胜少负多的情况，表明现在并不是参与买卖的时机，应暂时退出市场略做调整。

(6) 不可轻信他人的意见，除非你确信此人的市场知识较丰富，值得学习。

6.1.4 黄金分割率理论

黄金分割率的最基本公式是将 1 分割为 0.618 和 0.382，除了这两个能反映黄金分割的基本数值外，还存在下列两组神秘数值，即：

(1) 0.191、0.382、0.5、0.618、0.809；

(2) 1、1.382、1.5、1.618、2、2.382、2.618。

黄金分割用法如图 6-3 所示。

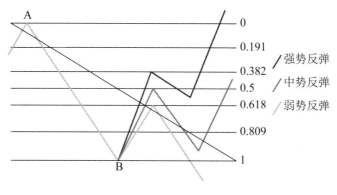

图 6-3　黄金分割用法

黄金分割率在股市中的运用方法很简单，我们可以用一句话加以概括："股价运行到黄金分割率的位置时，会受到较为显著的反向作用。"按照黄金分割率理论，我们在计算时应以股价近期走势中重要的低点或高点作为计算黄金分割率的基础。当股票的上涨幅度或下跌幅度达到重要的黄金分割率数值时，会受到与原运动方向相反的牵引力，即在上涨到这一位置时会受到阻力，在下跌到这一位置时会受到支撑。当行情接近尾声，股价发生急升或急跌后，其涨跌幅达到某一重要黄金比时，则可能发生转势。

黄金分割率理论起源于自然界中的神秘数字，并没有理论作为依据，因而常常成为一些严谨的分析人士的批判对象，但是不可否认的是，人类至今还没有完全理解的事物并不等于是不正确的事物。

6.1.5　箱体理论

在箱体理论中有两个核心要素：一是股价的运行是以箱体的方式来完成的，当股价下跌到箱体的下沿时会受到买盘的支撑从而出现上涨局面，当股价上涨到箱体的上沿时会受到卖盘的抛压而出现下跌局面；二是当原有箱体的上沿或下沿被突破后，股价将会在一个新的箱体内运行，且原箱体的上沿与下沿将会演变成为新的支撑位与阻力位。

箱体理论与道氏理论、波浪理论等侧重于描述股市整体走向的理论不同，箱体理论更是一套投资者从事个股买卖的操作理论，在应用箱体理论进行个股交易时，我们应注意以下几点。

(1) 箱体理论是一套侧重于短线交易的理论，既适用于投资者从事个股在箱体中运行的波段方式操作，也适用于去追涨那些有效突破原有箱体上沿的强势股操作。

(2) 当个股处于上升趋势时，若股价在某一箱体中运行，对这一箱体的运行轨迹并无太大把握，则应在场外观望而不应采取行动，此时可以静等股票向上突破并站到一个新的箱体中时，再择机在原有箱体的上沿处买入，因为这一原有箱体的上沿即是这一新箱体的支撑位。

(3) 当个股处于上升趋势时，只要个股在新箱体中运行时不跌破原来箱体的上沿处（即新箱体的支撑位），投资者就应积极持有，不必过早卖出。

6.1.6 相反理论

相反理论认为在股市或期货市场中真正能赚到钱的仅是少数人，因而，当绝大多数人出现一边倒的观点倾向时，投资者就应保持相反的操作策略，它的基本观点是建立在群众买卖行为之上的，当所有人都看好时，若此时已是涨幅巨大，则此处往往就是牛市见顶的位置；反之，当人人都看淡时，若此时已是跌幅巨大，则此处就是熊市见底的位置。"大众担忧的那件事，最终没有发生；大众不担忧的那件事，最终一定发生。"这两句话可以说是相反理论的核心内容。

在理解相反理论时，除了上述的核心内容外，我们可以重点关注以下两点，它们有助于我们准确地理解这一理论。

(1) 相反理论并非是指当大多数人看多时，我们就应看空，或者说当大多数人开始看空时，我们就应看多。相反理论并不是说大众一定就是错的，其实市场的上升或下跌的走势仍是在大多数投资者合力的作用下完成的。相反理论所考虑的是一个变化的过程，即考虑投资者中看多或看空的比例。

(2) 相反理论来源于对于股市中投资者的实际盈亏情况的总结。相反理论发现在股市中赚大钱的人只占5%，其余95%都是输家。基于此，相反理论提出的保持思维独立性、而不盲目从众是值得广大投资者注意的。类似于道氏理论，相反理论也是一个原理型理论，它只起到投资理念的作用，并不能具体指导投资者何时买进、何时卖出。

相反理论只是阐述了一种不要盲目从众的这样一种理念。其理论主要认为：只有同大多数参与证券投资的人采取相反的行动才可能获得最大的收益。但是对于普通投资者来说，如何去判断绝大多数投资者的观点和倾向，仅凭直觉或印象，或是去看证券营业厅的热闹程度往往会得出片面的结论，准确度也要大打折扣。为了能较为准确地反映市场投资者的买卖意愿情况，一些金融机构制定了相关的好友指数。很多股票类的网站上都有对投资者买卖意愿的统计，这一统计结果既有针对普通散户投资者的，也有针对券商、基金等专业投资机构的，统计结果往往以"看多""看平""看淡"三个比例数值反映出来，这一比例数值其实就可以作为普通投资者研判市场情绪的好友指数。

好友指数由0开始，即所有投资者都看淡，直到100%为止，即所有投资者都看好。如果好友指数在50%左右，则表示看多等于看空。一般来说，指数通常在30%至80%之间波动。如果看多的比例远高于看空的比例，则往往说明牛市已到尽头，反之，当看空的比例远远高于看多的比例时，则往往说明熊市已到尽头。

6.2 K 线形态分析

K 线又称蜡烛图、阴阳线等，因为英文 candle(蜡烛) 前面的 c 发 "k" 的音，故称 K 线图，后来被广泛应用到股市中用以记录股市的交投情况。依据 K 线所反映的时间周期的不同，K 线可以分为分钟 K 线、日 K 线、周 K 线、月 K 线等。

K 线图走势往往与成交量形态配合分析。个股的成交量就是指某只股票在一段时间内，买方买进了多少股，或者说卖方卖出了多少股，是以单边的交易进行计算的。注意：成交量不同于交易量，交易量是以双边进行计算的。

K 线图走势及成交量形态往往蕴含了丰富的市场信息，也是投资者进行技术分析时的重要内容，它们是投资者预测后期走势不可或缺的工具。

6.2.1 K 线的实体

对 K 线实体的分析我们主要列举大阳线与大阴线两种。

1. 大阳线

在理解大阳线的市场含义时，我们不仅要看到大阳线所表明的多方力量强大这一信号，也要结合具体的股价实际走势进行综合分析。

(1) 如果大阳线出现在个股的低位横盘震荡区域或是上涨初期，则代表多方开始发动攻击，是多方力量充足的表现，此时市场中买盘力量强劲，投资者可以顺势做多。

(2) 如果大阳线出现在股价连续走高过程中，此时我们应结合股价的走势来解读大阳线所具有的双重含义，主要看大阳线究竟是反映了多方力量充足这样的信息，还是反映了多方力量正在枯竭这样的信息。在个股处于主升浪时，大阳线无疑是多方力量充足的表现，是个股加速上涨的信号，此时投资者可积极持有；反之，当大阳线出现在大幅上涨后的股价滞涨区域时，则往往是多方力量已过度释放且开始枯竭的信号，此时，投资者应控制仓位，谨慎做多。

2. 大阴线

大阴线说明空方力量强大，但也要结合股价的实际走势情况进行综合分析。

(1) 如果大阴线出现在个股的高位横盘震荡区或上涨末期，则代表空方开始发动攻击，是空方力量充足的表现，投资者应尽量离场观望。

(2) 如果大阴线出现在股价连续大幅下跌之后，此时应结合股价的走势来解读大阴线所具有的双重含义，主要看看大阴线究竟是反映了空方力量充足的信息，还是反映了空方力量正在快速枯竭的信息。在个股处于主跌浪且累计跌幅不是很大时，大阴线无疑是空方力量充足的表现，是个股加速下跌的信号，此时投资者不宜盲目抄底；反之，当大阴线出现在大幅下跌后的股价止跌区域时，则往往是空方力量已过度释放且开始枯竭的信号，此时投资者可分批入场，积极做多。

值得注意的是，无论是大阳线，还是大阴线，都不能简单解读，还要考虑市场大环境，以及最重要的一个因素，那就是时间。对很多个股来说，一波大牛市后，股价往往并不以下跌的方式进行调整，而是横盘震荡，经过了一段时间后，一般约6个月左右，如果这时大盘没有处于明显的熊市，当个股再次出现久违的大阳线时，往往代表另一波上涨的开始。同理，对大阴线来说，反之。

大阴线示例如图 6-4 所示。

图 6-4　大阴线示例

6.2.2　K 线的影线

1. 长上影线

无论是阳线，还是阴线，当出现了长上影线时，都表明股价的走势受到了空方的强大抛压。此时要结合个股前期的涨幅来综合判断，如果前期涨幅较大或速度较快，则说明多方已无再次发动大幅拉升的力量，是个股短期内出现大幅下跌的信号。但如果前期个股处于低位盘整期，这时出现的长上影线，尤其是上影阳线，往往被称为"仙人指路"，股价在经过整理后，往往能涨过这根上影线。

2. 长下影线

同理，无论是阳线还是阴线，当出现了长下影线时，都表明股价的走势受到了多方的强大买盘的支撑。此时要结合个股前期的涨幅来综合判断：如果前期涨幅较小或一直处于盘整走势，或者阴跌走势，当出现了长下影线时，就表明多方开始进场，个股的底部区域基本出现，投资者可以择机买入持有；但如果前期涨幅较大，或涨速过快，当出现了长下影线时，虽然表明多方短期内有力量发动攻击，但已是力量接近枯竭的表现，股价在短期反弹后将再次下跌，此时出现的长下影线，往往称之为"金针探底"，后期的跌幅基本都会超过这根下影线。

长下影线示例如图 6-5 所示。

图 6-5　长下影线示例

6.2.3　K 线的组合

在研读单日 K 线形态及其所代表的市场含义时，我们的着手点包括：影线的长短、实体的长短、个股所处的位置区间。与单日 K 线有所不同，在研读双日或三日 K 线形态时，我们的着手点主要是 K 线的相互位置关系及股价所处的位置区间。

最有代表性的双日 K 线形态有乌云盖顶、抱线和孕线，三日 K 线形态有红三兵、黑三兵、早晨之星和黄昏之星等，我们简单介绍几个。

1. 乌云盖顶形态

乌云盖顶形态是由前面一根中阳线或大阳线和后面的一根中阴线或大阴线组成，第二根阴线的实体上段应高于第一根阳线的上端，且第二根阴线实体的下端深入阳线实体二分之一处左右，这种双日的 K 线组合形态往往出现在个股的一波上涨之后，是一种看跌的组合形态。在出现乌云盖顶形态时，我们可以关注以下两点：一是第二根 K 线（阴线）嵌入第一根 K 线（阳线）的深度；二是第二根 K 线形态下的成交量大小。一般来说，第二根 K 线实体嵌入第一根 K 线实体中越多，说明个股见顶回落的可能性越大，当然第二根 K 线的阴线实体嵌入第一根的阳线实体中的部分较短，且没有超过阳线实体的 50%，则投资者可以暂时观望，再做买卖决策；如果第二根 K 线出现的量能较大，则说明市场抛压沉重,个股短期内股价见顶的可能性也较大,投资者应减仓或暂时清仓离场观望。

乌云盖顶形态示例如图 6-6 所示。

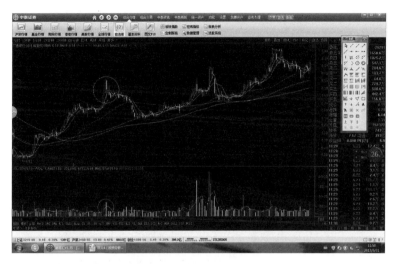

图 6-6　乌云盖顶形态示例

2. 红三兵

红三兵形态由三根依次上升的阳线组成,是一种看涨形态。一般来说,在红三兵形态中,三条阳线应为实体较短的阳线,且三条阳线的实体要大致相等。但是,并非每一种三连阳的 K 线组合形态都属于红三兵,一般来说,只有个股或大盘指数在低位时出现的这种连续三根中小阳线或者是大幅度暴跌之后出现的这种三连阳的形态才可以称为红三兵,我们才可以认为这种形态预示着后市可能出现见底回升。黑三兵的解读和红三兵的解读正好相反,不再赘述。

红三兵形态示例如图 6-7 所示。

图 6-7　红三兵形态示例

3. 早晨之星

早晨之星形态是 K 线组合中传统而经典的技术形态，又称希望之星、启明星，它由三根 K 线组成，第一根是大阴线，第二根是实体较短的小阳线、小阴线或者十字星，第三根是大阳线，且第三根 K 线实体深入第一根 K 线实体之内。这一形态一般出现在下降趋势的末端，是较强烈的趋势反转信号。必须说明的是，只有出现个股深幅下跌之后的这种形态才可以算得上是早晨之星，也只有出现个股深幅下跌之后的这一形态才是市场见底反弹的信号，尤其是第三根阳线如果能出现明显放量的效果则是最为理想的，也是更为准确的早晨之星形态。

早晨之星形态示例如图 6-8 所示。

图 6-8　早晨之星形态示例

6.2.4　常见底部和顶部 K 线形态

底部是机会的象征，它往往出现在市场的非理性暴跌之后。由于做空动能的逐渐枯竭以及做多动能的逐渐加强，价格就会在某一位置区间寻求支撑，从而出现跌不下去的现象，这时价格的走势或者在这一低位区进行横盘震荡，或者出现止跌回升的走势，这便形成了所谓的底部。

底部形态主要包括 V 形底、双重底、头肩底、圆弧底。

1. V 形底

V 形底又称为尖底，是指股价经短期快速、深幅连续下跌后突然出现的 V 形反转走势。V 形底是短期趋势强烈的底部反转信号，该形态的底部只出现一次，而且其在低位停留的时间一般很短。这是一种变化较快、转势力度极强的反转形态，一般出现在熊市末期或上升趋势的阶段性调整中。

V 形底示例如图 6-9 所示。

图 6-9　V 形底示例

在研判 V 形底形态时，我们可以从两方面入手。

(1) 个股前期的累计跌幅以及近期的快速下跌幅度，如果前期累计跌幅巨大，且近期也出现了快速深幅的下跌，这种下跌不仅使得股价已明显低于其价值中枢，也使得市场的恐慌盘得以快速释放，这是 V 形底出现前的最好背景环境。

(2) V 形反转形态出现时是否有快速放大的量能跟随，无量或缩量的 V 形反转体现了市场买盘力量的不足，这种 V 形反转注定是昙花一现。只有在 V 形反转形态出现时有明显放大的量能足以表明市场买盘充足且大量的买盘正在涌入，也只有在大量买盘的持续推动下，个股才会走出 V 形底形态。

通俗来讲，V 形底形成后的上涨规律是：股价从哪里来又最终回到哪里去。由于在股价实际走势中 V 形底的涨幅往往超过基本量度涨幅，因此当此形态出现时应予以高度重视。

V 形反转形态示例如图 6-10 所示。

图 6-10　V 形反转形态示例

2. 双重底

双重底(或称 W 底)，也是最为常见的底部反转形态之一。由于股价经历了二次探底的走势，因而它是由两个相同或相差不多的低点所组成的，这两个低点的连线叫支撑线。

双重底示例如图 6-11 所示。

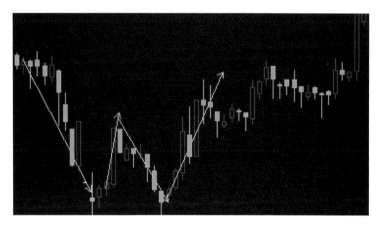

图 6-11　双重底示例

研判双重底形态，我们仍然是从前期股价的累计跌幅情况和出现双重底形态时的量能关系入手。标准与结论和 V 形底是一致的。

双重底是一种强烈的转势信号，该形态形成后，突破颈线幅度超过该股市价 3% 以上时，是有效突破，且一般会出现半个月以上的上涨行情。一般来说，该形态形成后的上涨规律是：颈线以上的上涨幅度，至少为双重底低点到颈线垂直距离的一倍。

与双重底形态极为相似的是三重底形态。由于多了一次探底过程，因而多方储备能量的过程也更为充分，后期的上涨幅度往往要更大。

底部形态示例如图 6-12 和图 6-13 所示。

图 6-12　底部形态示例 1

图 6-13　底部形态示例 2

3. 头肩底

头肩底也是行情下跌到底部低点后的一个重要反转信号。一般来说，在头肩底形态的整个过程中，成交量也呈现出一定的特征来。其左肩的量能变化并不明显，这是下跌趋势仍没结束的信号之一，但在随后形成头部时，往往就会出现明显的量能异动，呈现出放量回升的形态。这是我们确认个股已开始探底走势的标准之一，也是我们解读头肩底形态时应注意的量能形态。最后，当股价在形成右肩后并开始向上突破时，往往还会再一次出现成交量的明显放出，此时的放量效果往往要大于之前形成头部的一波强势回升走势时的量能大小，突破时的放量说明买盘踊跃，从而宣告了整个头肩底形态构筑完毕。

头肩底形态形成后，其上涨规律是：颈线以上的上涨幅度，至少为头部低点到颈线垂直距离的一倍。

投资者在应用头肩底形态时，除了要关注个股的前期累计跌幅和量能形态之外，还应注意选择合适的买点。投资者在仔细分析后，可以在以下两个位置处加仓买入。

(1) 在右肩形成时所出现的股价回调过程中买入。此时虽然无法预知形态的最底部，但却能大大降低风险，此时买入可视为头肩底形态的第一买点。

(2) 当股价向上突破颈线时，虽然股价已经有了较大的升幅，但此时头肩底形态构筑完毕，且股价刚刚脱离底部，后期还会有很大的上升空间，因而可以积极介入做多。

头肩底形态示例如图 6-14 所示。

图 6-14　头肩底形态示例

4. 圆弧底

在圆弧底形态中，由于多空双方都不愿积极参与，价格显得异常"沉闷"，这段时间也显得漫长，在形态内成交量极小，此时多空双方处于均衡状态，但这一均衡状态出现在个股深幅下跌之后这一背景中，因而反映了做空动能减弱，而做多动能在积蓄。

圆弧底形态在右侧向上突破的走势中会出现明显的放量，这种放量是买盘开始大量介入的迹象，它保证了这一底部反转形态的可靠性。

圆弧底形态是明确的底部反转信号，该形态形成后的上涨规律是：股价向上突破颈线后，后市上涨的幅度至少是底部低点到颈线垂直距离的一倍。

圆弧底形态示例如图 6-15 和图 6-16 所示。

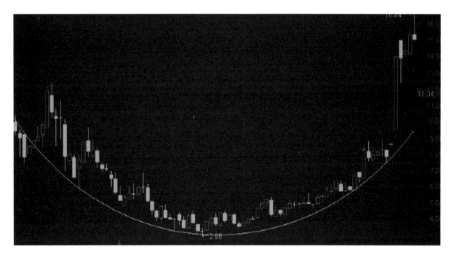

图 6-15　圆弧底形态示例 1

图 6-16　圆弧底形态示例 2

顶部是风险的象征。和底部的 K 线形态对应，常见的顶部 K 线形态也主要有 V 形顶、双重顶、头肩顶和圆弧顶。我们不再赘述。

6.2.5 解读 K 线走势的方法

K 线图具有直观、立体感强、携带信息量大的特点，是股价运行轨迹的直观体现，它蕴含着丰富的东方哲学思想，能充分显示股价趋势的强弱、买卖双方力量平衡的变化。在解读 K 线图时我们最主要的任务就是准确破译出它蕴藏的市场信息，从而可以透过 K 线图去准确地预测价格的后期走势。

1. 结合价格整体走势来解读 K 线形态

价格的走势具有趋势性的特点，一旦上升或下跌的趋势形成，就会有强大的惯性。趋势的运行状态是我们正确解读 K 线形态的前提条件。

当市场处于上升趋势时，虽然是不断出现的阳线推高了股价，但期间也经常会出现大阴线的回调。如果我们错把这单日或几日的大阴线回调当作股价下跌的信号，并认为趋势将发生反转，那么我们就会痛失后面的上涨行情。

当市场处于下跌趋势时，虽然是不断出现的阴线压低了股价，但期间也经常会出现大阳线的反弹。如果我们错把这单日或几日的大阳线反弹当成股价上涨的信号，并认为趋势将发生反转，那么我们就很可能会出现严重的亏损。比如，同样是"早晨之星"形态，在深幅下跌后的下跌尾声出现就比在上升途中的震荡阶段出现具有更强的见底回升的市场含义，也是更为明确的见底信号。所以，我们不能一见到早晨之星形态就认为是底部到来，必须结合整个趋势综合来看。

2. 关注周 K 线形态

一般来说，时间周期越短的 K 线，其形态的随机性、偶然性就越强，它所反映的多空双方实力对比情况的可信度也就越差。根据经验，在解读 K 线形态时，最需关注两个时间周期，一个是日 K 线，另一个就是时间周期相对较长的周 K 线走势。周 K 线在宏观上反映了一周内的多空双方交锋情况，它可以在一定程度上抹平因主力异动、市场消息刺激等偶然因素所导致的价格短期波动，有助于我们正确地研判价格的总体走势。

周 K 线的可靠性主要体现在它对于趋势的准确反映上。

3. 解读 K 线形态应结合成交量

成交量蕴含了丰富的交易信息，它所代表的是多空双方博弈的激烈程度，放量或缩量形态的出现都蕴含了丰富的市场信息、主力行为信息，成交量形态对于预测股价的后期走势有着极为重要的作用。投资者经常听到"量在价先"这样一种说法，这也足见成交量在研究股价走势中的作用。

4. 形态是表象，原理才是关键

在股市中要想透过价格走势去精准解读其未来走向，必须理解这一价格形态的形成原因。真实的K线形态可以如实地表述市场多空双方的交锋情况，但有的时候K线形态却易受主力操纵或一些偶然的因素影响，从而失去其真实表述的意义，这时如果我们仍生搬硬套，凭形态去理解股市的多空情况，则很有可能出现错误。"历史会重演"这一观点固然不错，但"历史并不一定必然重演"，且"历史不会简单地复制"，如果我们不从内因去理解K线形态，是难以取得成功的。即使是相同形态的单日K线、双日K线，甚至是多日的K线，由于个股不同、大盘环境不同、主力操盘手法不同，这些相同的K线形态也往往会有其不同的意义，此时，我们就要结合具体情境去分析K线形态，理解K线走势，从而找出价格发展的趋向，并为我们的实盘操作进行服务。

6.3 透过数据信息理解价格走势

在股市技术分析领域中，趋势这一概念可以说是一个核心的内容，没有它，一切技术分析方法都会成为无源之水，而且，我们在进行技术分析时也默认价格是以"趋势"来运行的，道氏理论所给出的基本趋势就是指代这种价格变化的总体方向的，当基本趋势向上时，我们称之为上升趋势；当基本趋势向下时，我们称之为下跌趋势；当基本趋势为横盘震荡时，我们称之为横盘震荡趋势。

物理学中的惯性理论指出：任何物体在不受任何外力的作用下，总会保持匀速直线运动状态或静止状态，直到有外力迫使它改变这种状态为止。同样的，在股市中的趋势也具有这样的含义，当价格在总体上选择向某一明确的方向运行时，若没有明显的外在因素影响，则其保持这一运行状态，这种运行方向的持续力将是极强的。这也是为什么我们在股市常说"要顺势而为，不要逆势而动"的原因所在。

趋势追踪技术的关键在于判断大趋势，并且力图避免小的扰动对趋势的影响，这样可以抓住大的波段操作，从而捕获股票的主要收益趋势。

6.3.1 透过量价关系理解市场运行

前面我们介绍了常见的量价形态出现在市场不同运行阶段的市场含义，但并没有从一轮趋势的完整运行过程去完整地解读每一阶段的典型量能特征及市场含义，现在，我们将透过量价关系去理解市场运行。

如果仅以价值投资的方法去分析市场的走向，那么，市场通常呈现出的暴涨或暴跌使得价格体系明确高估或低估其价值中枢的情况就是难以解释的，但是通过市场情绪的演变过程，我们就可以很好地理解这种市场运行过程了。正是由于市场的狂热与恐慌情

绪，才使得其暴涨暴跌走势屡屡出现。成交量显示了投资者的热情与恐慌，趋势的延续促进情绪的发展也通过成交量的变化逐步显现出来。

下面我们就来讨论一下市场趋势运行过程中投资者所经历的情形及每个阶段市场所呈现出来的成交量特点。所讨论的市场运行过程是具有连续性的。

波浪理论较为详细地划分出了市场一轮走势的各个阶段，其是我们理解这一整体运行过程的出发点。市场的周期循环中是没有起点与终点的，为了方便讲解，我们假设以熊市末期为起始点。

1. 始于深幅下跌后底部区

市场经历了大幅下跌后出现了筑底过程。由于前期大幅下跌所造成的股市财富效应消失，因而使得股市的吸引力骤然下降，前期的大幅下跌也会使相当一部分投资者处于套牢而不愿"割肉"的状态。此时的市场交投往往较为低迷，成交量小，价格多会在一个相对狭小的区间内来回震荡，技术派人士称这段时间为多头欲发动行情而进行的收集筹码的过程，这个阶段也是我们所说的筑底阶段。

在这个筑底的过程中，持怀疑态度的投资者占据了大多数，前期的持续下跌使得投资者产生了一种股市"深不见底"的错觉，因而不敢盲目地预测底部的出现，熊市思维方式和逢高反弹卖出成为投资者的共识。但此时，筹码正悄悄地转移到那些坚定看多的多方手中，从而为后期的上升行情积蓄了力量。

一般来说，这一底部区域的量能特征可以概括如下：由于这一阶段出现于深跌之后，市场往往是较为低迷的，因而其成交量往往会出现萎缩状态，即底部更常以缩量的形态呈现在我们面前。缩量走势往往会持续较长时间，时间越长，筑底的过程就越坚实，未来出现大行情的可能性就越大。如果时间较短，则很有可能是下跌中途的一次横盘整理，并非我们讨论的底部区域。股市的谚语形象地预示了这一点："横起来有多长，竖起来就有多高。"

除了缩量构成的底部区域外，底部有时也会以放量的形态出现在我们面前，市场在不同环境下也往往会呈现出不同的状态。如果在深幅下跌之后，有重大利好政策或是利好消息频传而使得投资者的买卖意愿大幅增强，则底部区域就往往会呈现出放量形态。底部区域的放量是与市场情绪活跃一并出现的，只有在利好消息刺激不断、宏观经济走势普遍乐观的情况下，才会出现这一形态，而且放量形成的底部所持续的时间要远远短于缩量形成的底部，这是因为放量的底部可以在更短的时间内有效地积聚多方的动能，从而为随后的多方发动攻势快速打下基础。

2. 底部后的一到两波小幅上涨

随着多方在底部区域的能量积累及经济的回暖，多方目前已处于相对优势的地位，因而多方有了发动上攻的意图，但由于此时市场的空头气氛仍旧较重，而多方也不是处于完全主导地位，我们可以发现，底部之后往往会首先出现一两波的小幅上涨。这是多方发动攻击的预示信号，这一两波小幅上涨的成交量会出现温和的放量形态，这显示了加入多方阵营的投资者强于空方，做多的市场热情要强于做空的市场恐慌。随后是一波涨势的回落，回抽时的成交量表现出缩量的特点，且回抽确认并没有创出新低，这显示了空方力量的衰竭，也是市场情绪开始转暖的标志。市场已在不知不觉中开始酝酿行情的来临。

3. 第一波主升浪的出现及回调

鉴于前期多方已于底部区域积累了较为充足的动能，此时或是由于政策暖风频吹，或是由于外围市场转暖，或是由于上市公司盈利情况普遍好转，借助于各种利好消息的刺激，多方往往会顺势大幅推升股价，从而形成第一波主升浪，随着价格向上的走势越来越明显，市场热情得到进一步升温，但由于前期长久下跌让投资者已成惊弓之鸟，此时，空头思维仍占有重要地位，于是，在一波大幅上涨后，价格往往会出现一波幅度较大的调整。

一般来说，这一阶段的量能特征可以概括为：相对于前期量能较为萎缩的底部而言，这一波上涨时的量能出现了温和的放大，这是买盘较为充足的直接体现，相对于这一波上涨走势来说，其后的回调走势量能会明显缩小，这是空方动能不足的直接表现。一般来说，这一波的走势时间不会太短，但总体涨幅却并不小。

4. 第二波主升浪的出现及回调

第二波主升浪往往是上涨力度最大的一波，由于第一波的上涨彻底打垮了空方阵营，投资者的情绪也因第一波的上涨而出现普遍的高涨，而且这一阶段往往会以宏观经济的持续向好为基础，市场情绪一片乐观。此时，采取买进并持有策略的投资者越来越多，一部分盲目看空的投资者觉得自己受到了市场的孤立，大多会放弃空方思维并等着借市场的回调机会而介入。

一般来说，这一阶段的量能特征为：价格在快速上扬的时候，成交量也同步出现了明显的放大，且其量能要显著大于第一波上涨时的量能，这是股市吸引了越来越多场外投资者涌入的直接体现。在随后的回调走势中会出现相对缩量的形态，这种缩量形态说明回调走势仅仅是源于消化获利盘而出现的，它并不是空方力量强大的表现，这种"量价齐升"的形态是技术分析者所公认的健康形态。

5. 最后一浪及形成顶部

第一波的上涨及第二波的上涨已让空方阵营彻底土崩瓦解，此时的市场情绪与其说是普遍高涨，不如说是非理性的狂热更为恰当，所有的人都认为行情仍将继续发展下去。市场在总体上仍保持上升状态，个别板块仍旧强势创出新高，但是，很多个股却已拒绝上涨而出现了滞涨走势，市场已在一片盲目的叫好声中隐现顶部。

一般来说，这一阶段的量能特征是：这一波的上涨由于是非理性的狂热情绪导致的，它并非源于充足的买盘推动，因而相比前一波上涨而言，大多会出现缩量形态，这就是我们常说的上升趋势中的"量价背离"形态。这一浪的上升幅度视当时的市场狂热程度而定，一般来说涨幅往往小于第二波主升浪。顶部的成交量往往也会承接这最后一浪上涨时的量能效果，出现相对缩量的形态，表明场外买盘已无意入场来推高价格，此时的低迷也源于大多数持股者仍旧看好后市，但由于满仓而无法继续买入。随着越来越多的持股者发现价格难以上涨而进行抛售时，顶部的震荡形态就会被打破，价格也会相应地步入下跌通道中。

6. 第一波大幅下跌及回调

顶部区出现滞涨之后，由于一部分持股者的卖出，导致其出现了一波幅度较大的下跌，但这一波的跌势看来并不算凶猛，让很多投资者误以为这只是一种正常的回调走势，但我们只要细心观察就可以发现，这一波的下跌是出现在顶部滞涨形态之后，与前期主升浪上涨后的快速回调是完全不同的。此时的市场显然已出现了分歧，大多处于犹豫不决的观望阶段，但高位区的横盘并不是一种稳定状态，随着持股者不断发现其利润不增反减时，就有抛出的欲望，从而也就使得下跌趋势正式形成。经过一波快速下跌后，原有的上升趋势形态被彻底破坏，其后反弹也并没有创出新高，而且离新高仍有距离，一切都在显示空头行情不期而至。

一般来说，这一阶段的量能特征是：由于持股者和场外投资者出现了分歧，持股者仍认为价格会涨，而场外投资者没有入场意愿，因而这一阶段的下跌往往会出现缩量。这一波回调后会引发一部分投资者买入意愿大增，从而出现了相对放量的反弹，但由于买盘已明显不足，因而这种反弹时的成交量往往会小于前期最后一波上涨时的量能。此外，由于"死多头"的苦苦支撑，在下跌及反弹时往往还会出现成交量散乱放大的现象，这说明市场在高位做最后的挣扎。

7. 第二波大幅下跌及见底

第一波下跌及随后的无力反弹走势让越来越多的投资者意识到了风险的加大，市场的做多热情开始明显消退。随着内外不利因素的综合影响，价格开始出现快速下跌。此时，投资者在前期牛市中形成的多头思维已开始被空头思维取代，原有的"买入并一路持有的策略"将不再适用。持股者在等着反弹出局，而场外的买盘看到跌势明显，也不急于入场抄底。"涨时追涨，跌时杀跌""人的天性往往是恐惧大于贪婪"，这一波的跌幅之大，多数人恐怕都是事后才能了解到。这一波的下跌中，市场难有像样的反弹行情出现，往往是一跌到底的走势，只有当价格在这种深跌后出现了长时间的止跌企稳走势后，我们才可以判断下跌走势已结束。

一般来说，这一阶段的量能特征是：下跌途中往往会由于价格的短期快速下跌而出现单日或几日成交量暴增的形态，这说明市场抛压沉重，但由于在下跌途中买盘并没有大量入场的意愿，因而，在下跌途中量能在总体上呈现萎缩的状态。这也从另一个侧面说明了只需不多的卖盘就可以大幅度压低股价这样一个事实。

好比人间万物，因为万有引力的存在，向上总是要比向下需要多得多的能量。

通过以上的讲解，我们可以对一轮行情演变过程中的每一阶段的量能特征有一个较为明确的认识。这种量能特征所体现出来的内在市场含义就是：它直接体现了市场投资者的情绪演化过程，即底部区的怀疑→上涨时的热情→非理性的狂热→顶部区的犹豫不决→下跌初期的不安→下跌途中的恐慌，透过成交量的形态，我们可以有效地解读出市场情绪的变化，并以此把握价格运行的状态。

6.3.2 透过主力控盘理解个股运行

在理解价格走势时，有两方面要重点关注：一是股市整体的走向；二是个股股价的走向。量价关系既适用于理解股市走向，也适用于理解个股走向。就我国目前股票市场的现实情况来说，在一定程度上，主力的盈利来自散户投资者的亏损。相对于散户来说，主力在资金、信息、投资技巧、经验、研究水平等方面都具有极大的优势。知己知彼，百战不殆，因此，研究主力的控盘过程，还是很有必要的。

主力的控盘过程是"低吸高抛"的过程，也是主力利用自己的资金、消息、专业知识等优势，通过控制价格走势进而以获利出局为目的的一个过程。不少投资者青睐使用"筹码"作为股票的代名词，在他们看来，股票市场实际上是多空双方进行博弈的场所，而筹码则是博弈的核心。筹码选股策略就是通过筹码分布数据，选择筹码集中度越来越高的股票，以期获得超额收益的方法。其基本思想是通过判断某只股票的筹码分布情况来判断股票未来的涨跌。如果主力开始收集筹码，则意味着在未来一段时间该股票出现上涨的概率比较大；如果主力资金开始派发筹码，则意味着在未来一段时间该股票出现下跌的概率比较大。

一般来说，我们可以把主力的控盘过程细分为建仓阶段、震仓阶段、拉升阶段、洗盘阶段、拔高阶段、出货阶段这六个阶段，也可以较为笼统地分为：建仓阶段、拉升阶段、洗盘阶段和出货阶段这四个阶段。由于在二级市场上流通股票的份额是相对固定的，股票价格走势的变化必然是市场中资金和筹码之间交替互换的结果。相应地，筹码变化的特征则会遵循"由分散到集中，发散度下降→由集中到分散，发散度上升"的往复循环路径。它反映的是在不同价位上投资者的持仓数量。根据实战经验总结得出，上市公司股东人数的变化与其二级市场的走势存在着一定的相关性。

下面我们从六个阶段的角度来分析主力是如何实现其整个控盘过程的。

1. 建仓阶段：买入筹码，实施低位布局

一轮控盘过程是从建仓阶段开始的，在这一阶段，主力会根据自身实力及操盘风格去选择相应的个股。主力买入的筹码越多，则控盘能力越强。实力强大的主力对流通盘的吸筹程度都会达到50%以上，而实力较差的主力一般也要进行10%左右的吸筹。

在建仓阶段，最注重的是建仓时机和手法。对于时机而言，股市有句谚语"选股不如选时"就道出了选择时机的重要性。一般来说，我们把好的建仓时机归结为以下几类，即股价处于历史中相对较低估状态时（多是由于前期市场大幅度下跌造成的）；股价处于有投资价值的合理估值区间时；利好消息出现导致其基本面发生重大转型时；利空消息出现导致抛盘大量涌出时（利空消息往往只是暂时性的）；下跌趋势末期再次出现非理性的恐慌性抛售、技术指标或技术形态出现好转时。而对于建仓手法而言，主力会根据自身的资金实力、控盘时间的长短、市场持仓情况等因素来决定使用何种手法进行吸筹。中长线的主力由于控盘时间长，力求将建仓成本压得更低一些，往往采取打压的方式让股价尽量长时间停留在低位区，而短线主力为了赶上市场热点，往往短时间内通过快速拉升完成建仓，以完全激活此股的股息并激发市场投资者的追涨热情。

在建仓阶段，由于主力的介入，我们可以明显看到价格出现了止跌回升的向上稳走趋势，同时成交量也出现了明显的放大。

2. 震仓阶段：洗掉浮筹，为拉升做准备

震仓不是主力控盘过程中的一个必备阶段，有不少主力在建仓后直接拉升股价，但也有一些主力会在建仓后通过震仓的方式清洗掉个股中一些不坚定的投资者，为日后的上涨打下基础。这种情况更常见于由于主力的持续建仓使得股价相对于底部最低点已经出现了不小的涨幅，市场出现了一定的获利盘的情况下。

缩量下跌是震仓阶段最为普遍的量能特征，这一点是投资者应格外注意的。

3. 拉升阶段：推升股价，实现增值

原则上，主力会尽可能把股价拉得更高，因为股价涨得越高，对主力越有利，不但获利空间增大了，而且可以尽量规避风险。在拉升阶段，我们可以重点关注主力的拉升手法和拉升时机这两个方面。

对拉升手法而言，不同的主力有不同的拉升方式。对于短线主力而言，由于其控盘时间较短，因而为了可以在拉升阶段达到最好效果并有效地造成市场热点，多采用连续拉出涨停板的方式。此时，个股的上涨方式很可能出现一波到顶的走势，而这种个股往往就是我们常说的题材股。可以说，短线主力炒作题材股是一个大胆、激进的过程。对于中线主力来说，由于其运作个股的时间较长，持仓力度相对较大，因而带动个股进入长期的上升通道之中。这样的个股在短期内可能升幅不大，但如果从长期的角度来看，则往往升幅惊人。中长线主力常用的拉升方式有台阶式拉升、波浪式拉升等，或者并不呈现出典型的拉升形态，但是股价在上涨过程中却显得相当稳健，很少出现大幅回调。

对于拉升时机而言，好的时机可以让主力不用花费太大资金就将股价拉升上去，起到事半功倍的效果。这时拉升是一个"火借风势，风助火威"的过程。反之，则会使得主力的拉升受到极大的阻碍。一般来说，主力会在以下几种情况下选择拉升：政策利好消息不断，而股价又处于相对低位区；大盘处于上升通道内；在公司重大利好公布前；在技术形态良好或技术指标出现金叉买点时；在同一板块或题材股中出现领涨个股时。

4. 洗盘阶段：增加换手，提高市场成本

洗盘也并非是一个必需的阶段，但是在个股的实际走势中，洗盘显然是一个经常出现的环节，因为洗盘可以有效地打乱散户投资者的思维，让其做出错误判断。通过洗盘，主力也可以更从容地运作个股，既降低了控盘的难度，也增大了成功的概率。

洗盘的目的就是清洗掉市场内的获利筹码，使市场内的持股成本趋于一致。在主力洗盘过程中，有两点值得重点关注：洗盘的时间和空间。

对于洗盘的时间而言，洗盘讲究的是节奏效率，一般来说，洗盘时间的长短，与市场的氛围、主力的实力、操盘的风格等各种因素有关。当个股处于上升途中且累计涨幅不大时，则洗盘时间相对较短；若个股已有较大的累计涨幅，则此时洗盘的时间会更长一些。如果大势不好，则很有可能反手做空，使这一阶段可能成为顶部区间。

对于洗盘的空间而言，往往也与主力的控盘能力有关。当主力控盘能力较强时，为了不让市场有机会再在低价位区买入，多会让其震荡幅度保持在一个相对不大的范围内。

在实盘操作中，由于洗盘和出货这两个阶段都出现在个股大幅上涨之后，因而投资者容易误把洗盘当出货，或误把出货当洗盘。

5. 拔高阶段：预留空间，准备高位出货

拔高阶段多出现在个股已经大幅上涨的背景之下，是主力对于个股的二次拉升，它的出现多与当时良好的市场氛围有关。其股价上涨的幅度、气势、持续时间等往往与追涨盘的热情及市场的氛围紧密联系。此时，场外投资者切不可因一时贪婪或是情绪冲动而盲目买入，因为主力随时都有可能反手做空。而对持有者来说，则不必急于卖出，可以在拔高过程中，股价出现了滞涨走势或是放出了异常的脉冲式天量时出局，以求将自己的利润最大化。

6. 出货阶段：卖出筹码，实施高位套现

出货是主力控盘过程的最后一个环节，也是关系到其成败的最为关键的一个环节。主力的出货方式往往导致其出货阶段的走势出现不同的形态。但对于绝大多数的主力来说，只要市场氛围配合，主力会让股价尽可能长时间地停留于高位区。一般来说，短线主力出货最低需要半个月到三个月，而长线主力在拉高股价后，高位震荡出货的时间有时会长达一年以上。

一旦主力开始大量出货,一个不容置疑的事实就是:二级市场中的供需关系出现了变化,因而,股价多会呈现高位滞涨的走势。同时,主力不时大量抛售的行为,也会导致股价在高位区出现幅度较大的震荡。

下面我们重点看看洗盘与出货有什么区别。

首先,洗盘出现在个股的上升途中,它是一个承上启下的阶段,在其之前是个股的拉升阶段,在其之后则很有可能是个股拔高阶段。而出货阶段处于控盘过程的末端,在它之前只有拔高阶段或拉升阶段。在个股处于拉升阶段时,多会出现"量价齐升"的形态,而当个股在接近顶部区时,则往往会出现"量价背离"的形态。因而,通过洗盘阶段与出货阶段之前的一波上涨时的量能形态,我们可以区分出它们。

其次,洗盘的目的是清洗浮筹,而非主力大量出货,其股价波动范围在主力的精心维护下往往较小。而在出货阶段,主力的主要行为是出货,而散户也未必能马上大量承接,因而多会出现较大幅度的震荡走势。因而,通过股价的波动形态,我们可以区分它们。

最后,也是极为重要的一点,那就是在出货阶段,股价在高位运行的时间更长,而且往往出现散乱式的放量形态,其走势也极不规则,但是这种情况在洗盘阶段却是极为少见的。

6.4 指标分析及应用

指标分析,在股票市场技术分析过程中,泛指一切通过数学公式计算得出指标值,并将指标值绘成图表,从定量的角度对股市进行预测的方法。很多人喜欢做短线,因为短线不需要太多的基本分析,同时,有一种刺激感,但短线更多地依赖于技术指标分析,只有真正明白技术指标分析的真谛以后,结合股市实战案例,才能总结出适合自己的思路和技术。

股票市场的技术指标林林总总,好几十种,从大的分类来说,有趋势类型的指标、超买超卖类型的指标、人气型指标,以及大势型指标和压力支撑指标等。每一个大的类型又可以细分为好几个小的具体指标。不同的指标含义不同,但基本上都是利用"金叉"和底背离买入股票,利用"死叉"和顶背离卖出股票。限于篇幅,我们重点选择几个技术指标进行简单介绍。

6.4.1 移动平均线

移动平均线(MA)是通过将某一时间周期内的股票价格平均值连成曲线来得到的,它直观地反映出了市场在某一时间周期内的平均持仓成本的变化情况。移动平均线是最重要的趋势类指标，它的作用在于反映趋势运行的状态，并且当趋势即将反转时，可以有效地进行预警，而且趋势形成及延续具有一个较长的时间跨度，因而反映趋势运行状态的移动平均线也具有较强的稳定性，不易受到市场短期波动的干扰。

移动平均线示例如图 6-17 所示。

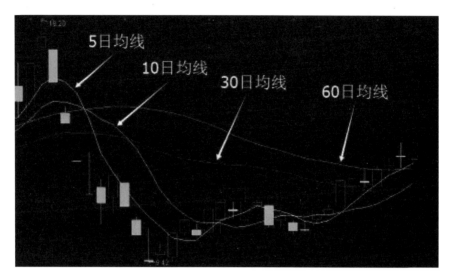

图 6-17　移动平均线示例

关于运用移动平均线的具体方法，我们可以用格兰维尔移动平均线八大买卖法则综合理解。

(1) 移动平均线从下跌形态逐渐走平转而变为上升形态，此时股价也从移动平均线的下方突破移动平均线时，是买入时机。

(2) 股价在移动平均线上方运行，一波的价格回调并未使得股价向下跌破移动平均线，随后又再度上升时，是买入时机。

(3) 股价在移动平均线上方运行，一波的价格回调使得股价向下跌破移动平均线，但此时移动平均线仍呈上升趋势时，是买入时机。

(4) 股价在移动平均线下方运行，在短期内大幅下跌使得其远离移动平均线，随后股价极有可能向移动平均线靠拢时，是买入时机。

(5) 移动平均线从下跌形态逐渐走平，当股价从移动平均线上方向下跌破移动平均线时，说明市场抛压渐重，此时是卖出时机。

(6) 股价经一波反弹后位于移动平均线上方，但移动平均线却呈下跌形态时，是卖出时机。

(7) 股价在移动平均线下方运行，一波反弹走势使得移动平均线跌势减缓，但反弹并未突破移动平均线，随后当移动平均线再次出现下跌形态时，是卖出时机。

(8) 股价在移动平均线上方运行，在短期内大幅上涨使得股价远离移动平均线，这说明近期内持股者获利丰厚,随时都会产生获利回吐的卖压,是卖出时机。

在趋势较为明朗的时候,运用移动平均线可以做出较为理想的买卖决策,但是在横盘整理的时候移动平均线往往频频发出虚假的信号,这是它的不足之处。

移动平均线在 K 线中的运用如图 6-18 所示。

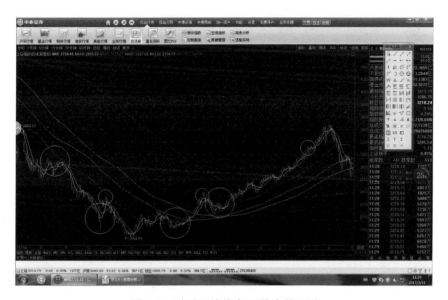

图 6-18　移动平均线在 K 线中的运用

6.4.2　指数平滑移动平均线

指数平滑移动平均线 (MACD) 通过研判周期长短不一的两条移动平均线的相互关系来发出买卖信号。可以说,它充分吸收了移动平均线的优点,在上升或下跌趋势较为明朗时,运用移动平均线来判定买卖时机收效很大,但如果碰上牛皮盘整行情,就难以应用移动平均线来判定买卖时机,此时,指数平滑移动平均线的作用就大大体现出来了。

指数平滑移动平均线示例如图 6-19 和图 6-20 所示。

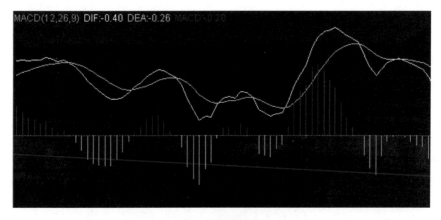

图 6-19　指数平滑移动平均线示例 1

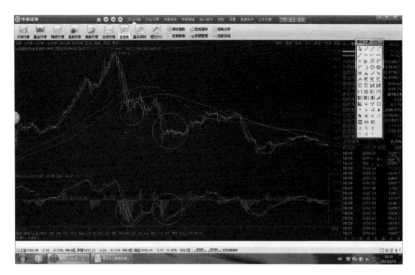

图 6-20　指数平滑移动平均线示例 2

在一般的股票行情软件中，MACD 由移动平均值 (EMA)、离差值 (DIFF)、离差平均值 (DEA) 这三部分组成。其中，DIFF 是快速平滑移动平均线和慢速平滑移动平均线的差值，是 MACD 指标的核心。

(1) 利用 DIFF 与 DEA 的"金叉"买股。当个股的股价经历了前期较长时间且累计幅度较大的下跌时，当 DIFF 线开始走平并掉头向上交叉穿越 DEA 时，MACD 的绿色柱状线开始变短或正在由绿变红，表明股市即将由跌势转为升势，这是 MACD 指标在个股深幅下跌后形成的金叉形态，是买入时机；当个股处于上升通道之中，在一波回调过后，随着 DIFF 线开始走平并掉头向上交叉穿越 DEA 时，往往意味着又一轮升势的展开，这是 MACD 指标在上升途中形成的金叉形态，是买入时机；如果个股在上升途中经历了一段时间的盘整行情后且此时个股的累计涨幅不大，当 DIFF 线开始再次向上突破 DEA 并且伴随着成交量的再度放出时，则预示着新一波的升势即将展开，这是 MACD 指标在个股盘整后形成的金叉形态，也是我们买入的信号。

(2) 利用 DIFF 与 DEA 的"死叉"卖股。当个股的股价经历了前期较长时间且累计幅度较大的上涨时，若 DIFF 线开始走平并掉头向下交叉穿越 DEA 时，MACD 的绿色柱状线开始变短或正在由红变绿，表明股市即将由升势转为跌势，这是 MACD 指标在个股大幅上涨后形成的死叉形态，是卖出时机；当个股处于下跌通道之中，在一波反弹过后，随着 DIFF 线开始走平并掉头向下交叉穿越 DEA 时，往往意味着又一轮跌势的展开，这是 MACD 指标在下跌途中形成的死叉形态，是卖出时机；如果个股在上升途中经历了一段时间的盘整行情后且此时个股的累计跌幅不大，当 DIFF 线开始再次向下突破 DEA 并且伴随着成交量的再度放出时，则预示着新一波的跌势即将展开，这是 MACD 指标在个股盘整后形成的死叉形态，也是我们卖出的信号。

MACD 的死叉形态示例如图 6-21 所示。

图 6-21　MACD 的死叉形态示例

(3) 利用 MACD 底背离形态买股。当个股经历了大幅下跌后，在 K 线图上呈现一谷比一谷低的走势，虽然在这种大幅下跌后股价仍在创出新低，但是 DIFF 指标线与 DEA 指标线却没有随着股价而创出新低，反而走出了一底比一底高的形态，这种现象称之为 MACD 的底背离形态，它出现在个股大幅下跌之后，预示着下跌趋势即将结束，是我们买入的信号。

MACD 的底背离形态示例如图 6-22 所示。

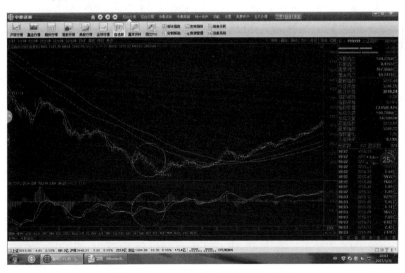

图 6-22　MACD 的底背离形态示例

(4) 利用 MACD 顶背离形态卖股。当个股经历了大幅上涨之后，在 K 线图中呈现一峰比一峰高的走势，虽然在这种大幅上涨之后股价仍在创出新高，但是 DIFF 指标线与 DEA 指标线却没有随着股价而创出新高，反而走出了一顶比一顶低的形态，这种现象称为 MACD 的顶背离形态，它出现在个股大幅上涨之后，预示着上涨趋势即将结束，是我们卖出的信号。

MACD 的顶背离形态示例如图 6-23 所示。

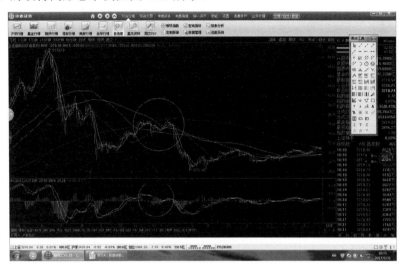

图 6-23　MACD 的顶背离形态示例

6.4.3　随机摆动指标

随机摆动指标 (KDJ) 是摆动类指标中最具代表性的指标之一，其以"平衡位置"为理论核心，主要通过考察当前价格脱离平衡位置的程度来发出买卖信号。在实际操作中，通过 K、D、J 三条线的分离程度、相互关系来预测个股的短期运动方向。KDJ 指标是建立在随机波动的观念之上的，因而更适于研判价格走势的中短期行情。

在价格走势处于明显的升势或跌势中时，运用移动平均线等趋势类指标进行操作往往较为理想。但是当价格走势处于盘整行情中或是升势跌势不那么明显的情况下时，趋势类指标既具有滞后性，也往往更频繁地发出虚假信号，随机摆动指标 KDJ 正是针对趋势类指标的这一不足所创造出来的。

对于摆动类指标来说，它的基本原理就是捕捉整理行情，一定幅度的上涨就是卖出的理由，一定幅度的下跌就是买入的理由。可以说，摆动类指标多属于短线指标，最适合于横盘震荡市场，此时的信号准确率相当高，能够超前反映出价格波动过程中的短期顶部及短期底部，但是在单边市走势中，摆动类指标往往会出现钝化，指标的金叉、死叉并不能简单地作为买卖信号。

KDJ 指标中的 K 值、D 值、J 值的大小往往能很好地反映多空双方的实力对比。一般来说，当 K、D、J 三值在 50 附近时，表示多空双方力量处于均衡状态。当 K、D、J

三值都小于 50 时，表示空方力量占优，此时价格往往处于明显的下跌趋势中。当 K、D、J 三值都大于 50 时，表示多方力量占优，此时价格往往处于明显的上升趋势中。

由于 KDJ 指标更适合于研究股票的中短期波动情况，因而，在利用 KDJ 数值进行买卖操作时，我们更应注重它所发出的短期超买超卖信号。此时，在结合价格总体运行趋势的基础上，我们可以利用 KDJ 数值进行上升趋势中的波动操作及下跌趋势中的反弹操作。

当价格经过一波快速上涨后，若 K 值和 D 值都超过 80，往往表明短期内的市场处于超买状态，是卖出的信号。

当价格经过一波快速下跌后，若 K 值和 D 值都低于 20，往往表明短期之内的市场处于超卖状态，是买入的信号。

在常用的股票行情分析软件中，KDJ 有三条线，当 J 线由下向上交叉并穿越 K 线与 D 线时称之为 KDJ 指标金叉。当 J 由上向下交叉并穿越 K 线与 D 线时称之为死叉。金叉代表了买入的信号，死叉则是卖出的信号。上升趋势中我们更应关注金叉形态，因为它是股价回调后的加仓信号，是机会的象征；而下跌趋势中我们则更应该关注死叉形态，因为它是我们参与反弹行情时的卖出信号，是风险来临的预示。

随机摆动指标示例如图 6-24 所示。

图 6-24　随机摆动指标示例

6.4.3　相对强弱指标

相对强弱指标 (RSI) 也属于摆动类指标，主要用于测量当前股票市场中买卖利率的强弱程度。使用 RSI 指标最大的优点在于，能较为清楚地看出买卖双方的意向程度。其数值是在 1 到 100 间徘徊的，根据概率理论中的常态分布，RSI 值更多地在 30 到 70 间波动。此外，RSI 还经常出现超买超卖状态，这说明市场短期内出现做多动能过度释放或做空动能过度释放的情况，此时我们就可以依据 RSI 的超买超卖情况来展开买卖操作。

在 RSI 指标中，我们可以把 RSI=50 作为市场总体运行情况的一个平衡点，当 RSI 指标大部分时间运行在 50 以上时，可以认为当前市场处于较为强势的上升趋势中。反之，当 RSI 指标大部分时间运行于 50 下方时，可以认为当前市场处于较为弱势的下跌趋势中。

在常用的股票行情分析软件中，RSI 指标有两条线，分别是 7 日 RSI 指标线和 14 日 RSI 指标线。

当价格经过一波快速下跌后，使得 7 日 RSI 指标线在 30 以下运行，表明当前的市场处于超卖状态，是买入的信号。

当价格经过一波快速上涨后，使得 7 日 RSI 指标线在 80 以上运行，表明当前的市场处于超买状态，是卖出的信号。

当 7 日 RSI 指标线由下向上交叉并穿越 14 日 RSI 指标线时，形成金叉，是买入信号。当 7 日 RSI 指标线由上向下交叉并穿越 14 日 RSI 指标线时，形成死叉，是卖出信号。

和 KDJ 指标一样，上升趋势中我们更应关注金叉形态，因为它是股价回调后的加仓信号，是机会的象征；而下跌趋势中我们则更应该关注死叉形态，因为它是我们参与反弹行情时的卖出信号，是风险来临的预示。

另外，我们也可以利用 RSI 的顶背离形态来卖出股票，利用底背离来买入股票。

RSI 的顶背离形态示例如图 6-25 所示。

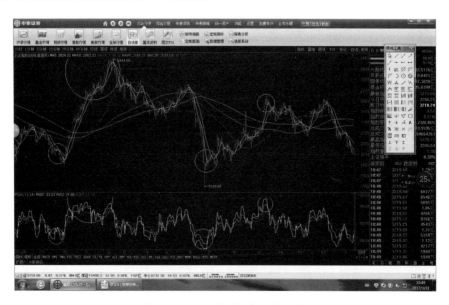

图 6-25　RSI 的顶背离形态示例

6.4.5 布林带

布林带 (BOLL) 利用统计原理求出股价的标准差及其信赖区间,是一种典型的通道类指标,其作用在于形象地反映出价格的波动情况,并通过价格在通道之中的运行情况来提示买卖信号。可以说,布林带指标与价格走势密不可分。布林带的最闪光之处在于它系统性地阐述了相对高低概念。

在布林带中,往往会有三条指标线,上边的是阻力线,下边的是支撑线,中间为平均线。这三条线构成了一个带状区,股价会在上限与下限之间进行波动,带状区的宽窄也会随着股价波动幅度的大小而变化。通过这三条线,我们可以很好地把握价格的波动情况。

布林带虽然是一个通道型的指标,但它在考虑股价的波动情况时,也很好地继承了移动平均线对于股价支撑和阻挡的反映。它的中轨线其实就是一条移动平均线,因而,布林带可以很好地反映价格的总体运行趋势。

在上升趋势中,由于价格处于上升走势中,因而,平均线对股价起到良好的支撑作用,此时,股价会在布林线中轨上运行。

在下跌趋势中,由于价格处于下跌走势中,因而,平均线对股价构成了有力的阻挡作用,此时,股价会在布林线中轨下运行。

当个股经历了大幅上涨后来到高位区时,若股价此时出现滞涨形态且无法有效地站稳于中轨线之上时,并在随后跌破中轨线,则说明价格将由升势转为跌势,是趋势反转的信号。

当个股经历了深幅下跌后来到低位区时,若股价此时出现止跌企稳形态,且股价开始向上突破并站稳于中轨线之上时,则说明价格将由跌势转为升势,是趋势反转的信号。

在结合价格运行趋势的情况下,我们可以根据价格与上轨线、中轨线和下轨线之间的关系来展开买卖操作。

当中轨线对价格的运行构成了有力的支撑时,多表明市场处于强势运行状态,因而我们的操作策略就是在回调时加仓买入,在短期大涨后的相对高位抛出。在正常情况下,股价应始终处于股价通道内运行。如果股价脱离这个通道,则意味着行情处于极端的状态下。此时,当价格经过一波回调后跌至中轨线下方并接近下轨线时,就是回调买入时机;当价格经一波快速上涨接近上轨线或突破上轨线时,则是短线在相对高位卖出的信号。

当中轨线对价格的运行构成了有力的阻挡时,多表明市场处于弱势运行状态,因而我们的操作策略就是博取反弹行情并在一波反弹后的相对高位抛出。在正常情况下,股价应始终处于股价通道内运行。如果股价脱离通道,则意味着行情处于极端的状态下。此时,当价格经一波快速下跌使得股价接近或跌破下轨线时,可以作为我们博取反弹行情的买入时机。而当价格经一波快速反弹接近或突破中轨线时,则是反弹后的卖出信号。

布林带示例如图 6-26 所示。

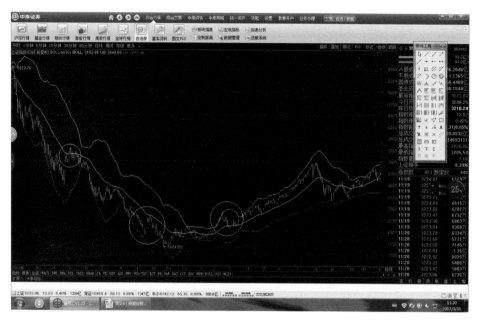

图 6-26　布林带示例

第三篇

综合科学规划

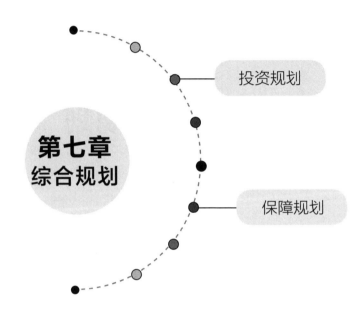

第七章
综合规划

- 投资规划
- 保障规划

本章学习目标

01 了解投资规划的主要目的和原则与主要流程。

02 掌握投资规划和大类资产配置的主要方法，掌握如美林时钟等工具的含义、原理及其应用。

03 充分学习综合投资理财规划案例分析，并理解当中运用的各项因素及指标。

04 了解保障规划的核心意义及其应用原理，结合案例掌握其中各项重点要素。

> **本章简介**

本章主要介绍为客户制定方案，或代替客户对其一生或某一特定阶段或某一特定事项的现金流在不同时间、不同投资对象上进行配置，以获取与风险相对应的最优收益的过程。本章通过投资规划、保障规划进行了详细的说明。

7.1 投资规划

7.1.1 投资规划概述

1. 投资规划的主要目的和原则

投资规划是指专业人员(如金融理财师或理财顾问)为客户制定方案，或代替客户对其一生或某一特定阶段或某一特定事项的现金流在不同时间、不同投资对象上进行配置，以获取与风险相对应的最优收益的过程。投资规划是个人理财规划的一个重要组的成部分，如何满足客户需要是制定投资规划的关键。

制定投资规划的主要原则包括以下几项。

(1) 善用时间复利效果，也就是金钱的时间价值。

(2) 注重不同投资工具的获利性、流行性和风险性。

(3) 建立投资组合，分散投资风险。

(4) 持续投资。

2. 投资规划的主要流程

1) 设定投资目标

要根据客户的特征和需求，设定恰当的投资目标。

2) 确定预期报酬率

根据家庭或个人的期望收益率、风险偏好、投资经验、投资期限等确定投资的预期报酬率水平。

3) 制订配置计划

在为客户设定具体合适投资目标的基础上，可以初步拟订投资计划书，内容包括投资目标、目标金额、实现时间等。

4) 评估并选择具体的投资品种

评估每个投资工具的收益和风险之间的关系，选择收集进一步的投资信息，选取与投资目标相一致的投资工具。最好的投资工具未必是收益最大的工具。例如，一个客户想获得最大的红利收入，理论上应购买发放高红利的股票，但是如果发行这只股票的公司破产的可能性比较大，且一旦这个公司破产，客户将失去所有投资，那么此时建议客户购买红利发放相对较少一些，但破产可能性小的公司的股票。仔细挑选投资工具是投资成功的关键所在。投资工具的选择应该与投资目标一致，并应考虑投资收益、风险和价值的平衡。

5) 构建分散化的投资组合

投资组合一般由股票、债券和短期投资构成。投资分散化是指通过持有一定数量的不同投资工具以增加投资收益，降低投资风险，也就是我们通常说的不要把所有鸡蛋放在同一个篮子里。

6) 定期进行投资绩效评估并调整投资组合

一旦你确定了投资组合，就应监督投资组合的表现，不断比较其实际投资业绩和期望投资业绩之间的关系，并及时做出调整。这个过程需要卖出一些投资工具，并用余额重新购置新的投资工具。

3. 投资规划和大类资产配置的主要方法[①]

有效的大类资产配置被认为是获取投资收益的关键。学界对于大类资产配置方法多有研究，虽然对大类资产配置策略的具体作用仍有争议，但是大类资产配置无疑是投资框架中重要的一环，在自上而下的投资体系中，处于择时和择券策略的上游，与择时和择券的关系类似于战略与战术之间的关系。

主要的大类资产配置方法如表 7-1 所示。

表 7-1 主要的大类资产配置方法[②]

策略风格		名称	提出者	提出时间	特点
恒定混合策略		等权重投资组合	—	早期	实质上的恒定混合策略、反转策略
		60/40 投资组合	—	20 世纪 30 年代	起源于美国、恒定混合策略
量化大类资产配置	基于收益与风险	均值—方差模型	Markowitz	1952 年	现代投资理论基础
		市场投资组合	Sharpe，Lintner	1964 年	测算难度较高
		Black-Litterman 模型	Black-Litterman	1992 年	纳入投资者主观因素
	仅基于收益	GEYR 模型	Mills	1991 年	利用股票收益率与长期国债利率相关关系
		动量策略	Jegadeesh & Titman	1993 年	源自行为金融学理论
	仅基于风险	风险平价模型	Bridgewater	1996 年	追求投资组合风险敞口的均衡
融入经济周期和主观判断的配置策略		大学捐赠基金模型	Swensen	1985 年	多样化资产、股权投资为主导
		美林投资时钟模型	GreetHam & Hattnet	2004 年	将实体经济与资产配置相联系

[①] https://www.sohu.com/a/196488002_313170.

[②] 资料来源：国泰君安证券研究。

大类资产配置策略自诞生以来不断发展，与经济学理论的发展相比，大类资产配置方法作为金融学的分支，其目标导向更偏向实操。通俗点讲，指引大类资产配置理论发展的目标和动力，就是怎样通过大类资产配置更快、更安全的"赚钱"。其发展的历史中，这一实用性的导向也十分突出，资本市场发展、资产类型的丰富，以及对于投资收益的追求不断成为大类资产理论的发展动力。

7.1.2　早期大类资产配置方式，以恒定混合策略为主

早期的大类资产配置以恒定混合策略为主，有分散风险的作用。在 20 世纪 60 年代以前，虽然许多投资者已经意识到资产配置的重要性，但仅停留在对其风险分散功能的认可层面，采用的配置方法一般为简单的恒定混合策略，即保持投资组合中各类资产的价值权重不变。当某项资产相对于其他资产价格下跌时，投资者将买进该资产，反之则卖出。相较于买入并持有策略，恒定混合策略形成的投资组合对资产有分散风险的作用，但下跌保护的能力和自身持续增值的能力都较弱。典型的恒定混合型配置策略包括等权重投资组合和经典的 60/40 投资组合策略。

60/40 投资组合策略看似简单，内有玄机。60/40 投资组合策略非常简单：将 60% 的资金投资于股票，而将 40% 的资金放在债市，每年平衡一次资产即可。这一策略主要针对的是养老金投资，而从历史上看，以十年为尺度，美股拥有比较确定的收益。换句话说，美国股市从未出现过较长时间的熊市。在格林斯潘任期之前，大部分时间美国国债的收益率相当可观，显著跑赢通胀。站在当时的时点，并没有足够丰富的全球资产可供配置，选择美国国内的也是必然之选。

如图 7-1 所示，2001 年前，美股多数时间收益较高。

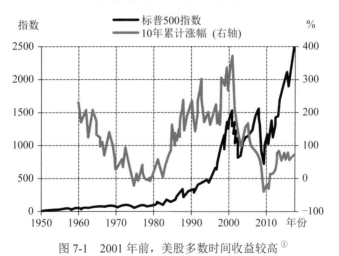

图 7-1　2001 年前，美股多数时间收益较高[①]

---

① 资料来源：国泰君安证券研究。

美债的历史收益如图 7-2 所示。

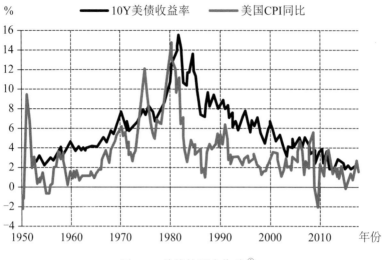

图 7-2　美债的历史收益[①]

等权重投资组合,是朴素的最大分散化策略。顾名思义,等权重投资组合,就是在有 n 种可投资的风险资产时,保持每种资产的投资权重为 $1/n$。首先这是一种朴素的最大分散策略,即不考虑各种资产收益率之间的相关关系,简单地追求投资种类的最大分散化操作。该策略的关键是要保持所配置资产具有足够的多样性,以降低风险。

典型的等权重投资组合案例如图 7-3 所示。

图 7-3　典型的等权重投资组合案例[②]

等权重投资组合,本质上是反转策略。当某资产价格获得超常上涨时,其持有数量将被调低;当资产价格超常下跌时,其持有数量将被调高。因此当资产收益呈现均值回复的规律时,这种高抛低吸的操作会使资产组合自然获利。但是假如,资产价格的运动规律是在短时间内维持其自身的趋势,那么等权重投资组合实际上并不是一种恰当的选择。

[①]② 资料来源:国泰君安证券研究。

恒定策略不能与时俱进，大类资产理论需要进化。早期的大类资产配置策略相对简单机械，一方面无法针对不同的客户群体提供有针对性的配置建议，另一方面也无法适应随时不断的发展变化。以 60/40 投资组合策略为例，随着全球可配置资产种类的扩大以及 20 世纪 90 年代以来的利率逐渐走低趋势，再坚守 60/40 投资组合策略已经不是明智之选，为了追求更好的投资效果，大类资产配置理论必须进行升级。

7.1.3 大类资产配置步入数量化和模型化时代

20 世纪 50 年代以来，大类资产配置理论进入数量化和模型化时代。随着投资者对待资产的态度趋于理性，恒定混合型大类资产配置策略已经不能满足投资者需求。各国金融市场的不断深化和交易信息的快速积累为资产配置决策数量化和模型化发展提供了基础。现代资产组合理论属于新古典金融学研究的范式，是以理性人假设为基础发展起来的。通过假设投资者信念和决策的理性，现代资产组合理论在均值—方差基本框架下通过完美的数理论证确立了投资者如何进行最优资产组合决策，确定了资产配置的分析方法和理论体系。

这里的理性包含了两方面的含义：一是行为的信念是理性的，符合贝叶斯定理；二是经济主体的决策也是理性的。现代资产组合理论在均值—方差基本框架下通过完美的数理论证确立了投资者如何进行最优资产组合决策，从而确定高净值客户资产配置的分析方法和理论体系。

1. 马科维茨均值—方差模型开启了模型化分析的时代

均值—方差模型的出现开启了新的时代。20 世纪 50 年代，马科维茨均值—方差模型的提出正式将大类资产配置由实践层面的摸索提升到了理论层面的推演。该模型首次使用期望收益、方差来刻画投资的收益和风险，将资产配置问题转化为多目标优化问题。这不仅标志着现代投资理论的诞生，而且成为其后大类资产配置理论演进的重要基础。

1) 以均值—方差建模，求解最优

均值—方差模型的做法是，在投资时依据一段时间内各种资产的收益分布，以收益的方差来刻画风险，将投资者的问题变为：在一定的风险水平上，投资者期望收益最大；相对应的是在一定的收益水平上，投资者希望风险最小。这些组合并不唯一，但是每一个资产组合均是给定风险下的最高期望收益组合，也是给定期望收益下的最小风险组合，这些组合的集合就是有效前沿，在收益—风险的二维平面上的一条曲线。

2) 均值—方差模型的重要意义

从大类资产配置理论的角度，甚至整个金融学的发展的角度来看，均值—方差模型都具有重要的意义。

(1) 采用了给定约束下，求解最优的标准范式来研究投资问题。

(2) 采用期望收益和方差来刻画投资收益和风险,使得收益和风险可以被量化。

(3) 投资的收益和风险被引入讨论中来,提示人们,最优的投资并非是追求最高的回报、最低的风险,而是在两者之间找到平衡。

马科维茨资产组合理论如图 7-4 所示。

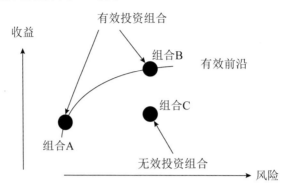

图 7-4 马科维茨资产组合理论[①]

2. 资本资产定价模型

理论上,资本资产定价模型(CAPM)是对均值—方差模型的重大发展,Sharpe、Lintner 和 Mossin 在其基础上建立了资本资产定价模型,如果说在有效市场和理性人的假设下,马科维茨的组合理论解决了投资组合的可行性区域的存在问题,那么 CAPM 模型则在单一风险资产的假设下,进一步推导出了最优的收益—风险组合是切点组合,而这一组合与不同投资者的个人偏好无关。而这一切点组合必然是包括所有证券的"市场组合"。也就是说,在 CAPM 模型的前提假设下,市场投资组合既是均衡组合,也是所有投资者风险资产的最优组合,因此建议投资者按照风险资产的市场价值权重进行资产配置。

资本资产定价模型如图 7-5 所示。

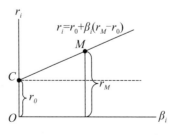

图 7-5 资本资产定价模型[②]

实践上,CAPM 模型给出了一种观察单个证券"均衡价格"的视角,根据无风险利

---

①② 资料来源:国泰君安证券研究。

率、市场收益率以及该资产与市场整体的相关性 (β)，这三个因素就可以给出一个资产的"合理"定价。这一方面给予测度均衡价格一个可用的框架，另一方面也引入 β 这个风险的另一种衡量方式，加深了对于风险的理解。最后，由于市场投资组合包括所有券种，在均衡的情况下，市场投资组合不需要经常进行再平衡，因此相较于频繁调整的等权重投资组合，交易费用也更低。最后必须指出的是，虽然 CAPM 模型形式简洁优美，逻辑清晰明确，在理论上具有基石性的地位，但是在实践中，其应用比较困难，且应用效果也并不理想。

3. 早期模型的缺陷

实用性差是早期模型最突出的缺陷。毫无疑问，马科维茨投资组合理论和资本资产定价模型，直至今日仍是金融学和大类资产配置理论的基础。但是从方法论的角度，我们应该通过模型看世界，而不是依赖模型看世界。模型的简洁和美感能帮助我们抓住事物的主要矛盾，更好地认识这个世界。但是模型追求的简洁和美感是建立在前提假设之上，而现实世界远比假设中的模型复杂，简单地套用模型不会得到理想的结果，事实上这也是早期模型最突出的缺陷：假设过多、模型过于简单。

早期大类资产组合理论的局限性和解决方案如表 7-2 所示。

表 7-2 早期大类资产组合理论的局限性和解决方案[①]

局限性	解决方案或拓展
(1) 局限于单期、静态模型，不利于实际应用	Merton 开展连续多期最佳消费和证券投资组合研究，通过动态规划的方法得到了最佳投资消费策略的显式解
(2) 使用方差作为测算风险的唯一方法，没有区分收益和损失，不符合投资者的实际风险感受	引入行为金融学的方法
(3) 无法将样本外信息，尤其是投资者的直觉纳入决策之中	纳入样本外信息不仅能为决策者提供更多的操作空间，而且能够弥补样本信息不足问题，使结果更加准确和稳定
(4) 易产生太过集中的资产配置方案	对资产组合实行上下限的约束
(5) 假设过多，偏离实际	需要引入更贴近实际的修正
(6) 输出结果不稳定	B-L 模型

马科维茨投资组合理论在实战中会给出不合理的结果。均值—方差理论在逻辑上清晰而具有美感，但是在应用中可能会给出不合情理的配置。例如，无卖空限制时，出现对某些资产的卖空，而有卖空限制时，会出现某些资产的配置为零，而在某些小市值资产配有较大权重的情况。另一方面，模型本身也有内在的缺陷：一方面，期望收益难

---

① 资料来源：国泰君安证券研究。

以估计,而另一方面,组合权重对收益估计的变动非常敏感。在高盛任职期间,Fisher Black 和 Robert Litterman 对全球债券投资组合进行研究,他们发现,如果对德国债券预期报酬率做 0.1% 的小幅调整,模型给出的反馈中,该类资产的投资比例可以从 10% 大幅调升至 55%。输出结果对于输入参数过于敏感,使得马科维茨理论的实用性大打折扣,这也是 Black 和 Litterman 针对马科维茨模型进行改进,提出 B-L 模型的动机。

CAPM 假设过多,应用效果差。以 CAPM 为例,所需主要假设至少有五条。

(1) 所有投资者都是理性的,决策均基于风险和期望收益。

(2) 市场是有效的,以至于所有投资者的预期一致,对于各个资产的看法一致。

(3) 市场中有且仅有一种无风险资产。

(4) 所有投资者均有相同投资期限。

(5) 市场允许买空和卖空。

然而,投资者不可能是完全理性的,其心理行为因素是异常复杂的,可能在不同时期持有不同的风险态度,甚至同时表现出风险爱好者和风险规避者的特性,但是,现代组合理论的风险假设脱离实际,对投资者风险态度和实际决策行为没有进行深入研究,很难解释现实中投资者购买保险的同时还会购买股票等诸多问题。因此,有必要基于行为组合理论对投资者的资产配置问题进行分析。

7.1.4 大类资产配置理论的实用化

从 20 世纪 50 年代均值—方差模型的出现到 20 世纪 90 年代之前,大类资产配置多停留于理论研究阶段,主要体现在对均值—方差模型应用的不断完善。量化投资策略的兴起也主要体现在对不同种类的股票进行配置,直接可用于大类资产配置的量化策略则不多见,主要是因为不同种类资产之间存在较大差异,很难通过统一的标准进行评价。直到 Black 和 Litterman 在高盛投资公司就职期间提出 B-L 模型,可用于实践的量化型大类资产配置策略才开始发展壮大。

1. 基于收益和风险的大类资产配置

B-L 模型是对马科维茨模型的实用性改进。如前所述,在马科维茨模型将资产配置理论带入量化时代后,模型应用的一个关键步骤就是模型参数的估计。设置模型参数的主要方法有两种:历史数据法和情景分析法。情景分析法体现主观的判断,但缺点是主观原因、随意性太强。因此大多数分析软件鼓励采用历史数据法。但历史数据法的缺陷是对样本区间的选取非常敏感,参数的微小变化可能导致输出结果的较大差异。针对不同参数估计的优缺点,Black 和 Litterman 提出了一个基于马科维茨模型的改进模型,即 B-L 模型。B-L 模型理论核心思想如图 7-6 所示。

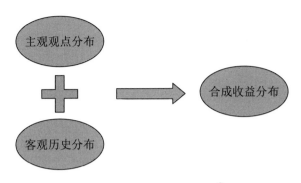

图 7-6　B-L 理论核心思想[①]

B-L 模型的特点如下。

(1) 减少人为设定，削弱了对输入参数的高度敏感性的弱点。针对输入参数带来的高敏感性，B-L 模型利用市场上可观察到的信息，结合夏普的逆最优化理论以及资本资产定价模型逆向推导出各项资产的市场均衡超额收益率，其逻辑类似于通过 Black-Scholes 期权定价公式推出隐含波动率。这样，通过市场可观察信息推出隐含参数，减少了人为的设定。

(2) 引入了投资者对于某项资产的主观预期。B-L 模型导入了投资者对某项资产的主观预期。使得根据市场历史数据计算预期收益率和投资者的看法结合在一起，形成一个新的市场收益预期，从而使得优化结果更加稳定和准确。因此，该模型是将历史数据法和情景分析法结合起来，在考虑未来的不确定性时，B-L 加入个人主观意见，同时主观意见越强，承担的相应风险也越高。

(3) 投资者在表达自己的看法时，可以给出不同权重。在现实中，投资者对于不同看法的信心水准并不相同。因此，在 B-L 模型中，主观预期收益率同时反映了投资人的主观预期和该预期的强烈程度。与经典模型中所有投资者具有相同预期这一假设不同，B-L 模型可以刻画出在实际的市场上，某些投资人可以根据特殊的信息优势，以相对或绝对的方式表达对某些资产的看法。在 B-L 模型中，投资者对市场的看法表达比较灵活。

(4) 结合历史数据和观点形成新的收益率分布。结合决策者对未来收益率的预期及对应的信心水平构成观点矩阵和信心矩阵，并据此运用贝叶斯法形成新的期望收益率和方差参数；最后，将新形成的期望收益率向量和协方差矩阵代入均值—方差模型中以求得最优资产配置方案。

B-L 模型推出之后在全球资产配置实务中得到了很好的应用，但由于参数估计中包含了投资者的主观观点，所以模型对观点质量要求较高。1992 年之后，为了使 B-L 模型更加适用于真实的市场环境，或是更符合投资者习惯，包括 Black 和 Litterman 在内的学

---

① 资料来源：国泰君安证券研究。

者以及很多机构分别从输入参数和模型结构两方面对 B-L 模型提出了改进意见。

2. 仅基于收益的大类资产配置

基于收益和风险的资产配置模型的前提假设是资本市场中性，即资产的预期收益与风险匹配，资产价格由收益和风险共同决定，且风险越高的资产收益越高。但现实中这一假设常常不成立。这种情况下，以均值—方差组合为基础的资产配置便失去了意义。如果某类资产的预期收益高而其对应的风险却很低，则投资者可以优先选择此类资产，放弃其他资产。另外，实践中投资者往往更关心资产的收益或价格，对风险的判断也更多依赖于宏观经济形势和预期，而非历史数据。因此一些学者和机构投资者试图仅凭借资产收益或资产价格进行大类资产配置，寻找投资机会。

GEYR 模型，通过收益率关系指导股债配置。GEYR 模型是判断投资股票还是投资债券的有效工具。大量研究表明股票价格、分红和利率之间存在强相关关系。Mills 最先提出 GEYR 的概念，即可以通过长期国债收益率与股票市场收益率的比值 (GEYR= 国债收益率 / 股票市场平均收益率) 来判断债券市场和股票市场的相对投资价值。

关于 GEYR 的研究有一定争议，但均显示股债收益率之间具有长期的联系。Mills 证明了 GEYR 的大小对英国股票市场未来价格具有预测作用，并将 GEYR 称为持股信心因子。但是，随后也有研究显示，GEYR 虽然对于股债之间错误定价十分敏感，但同时还受其他变量的影响，原始 GEYR 指标，并不能帮助投资者有效决策，而应当使用调整后的 GRYR 阈值 (纳入预期通胀率和股票风险溢价因素) 作为判断依据。例如，当 GEYR<2 时，可以作为买进股票卖出债券的信号；而当 GEYR>2.4 时，可以作为卖出股票买进债券的信号。Brooks 通过对英国、美国和德国的市场数据进行验证发现，使用这一机制构建的组合比不做调整的静态投资组合具有更高的平均收益率和更小的收益波动率。各种实证的结论因市场和检验方法的不同有所差异，但基本认为 GEYR 反映了股票和债券的某种关系，而 GEYR 值应该具有一个长期"均衡水平"，当 GEYR 偏离长期均衡水平处于低水平时，应该买入股票；相反，当它处于高水平时，应该买入债券而卖出股票。

我国关于 GEYR 的研究相对较少，主要侧重在研究债券市场和股票市场的关系上。

如图 7-7 所示，粗略测算可以看出，股债收益率在大的趋势上保持一致，两次比较大的背离是在 2007 年的股市大牛市和 2015—2016 年的债券牛市。GEYR 的有效性在于该指标的均值回复特点，从国内股债收益率间的趋势可以看出，GEYR 在国内应用存在可能，但是必须进行更进一步细化，特别是应该在比较重大的牛熊行情时，对这一指标的使用需要更进一步的思考，例如 2007 年的大牛市背景在于整个经济的高速增长，股市"增长牛"带来高利率和高 PE 的组合，GEYR 自然会达到较高水平，而这其中并不蕴含过多的均值回复的含义。

GEYR 指标近年来比较平缓，如图 7-8 所示。

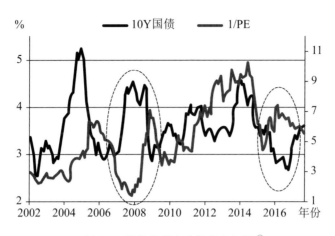

图 7-7 股债收益率大趋势上相同[①]

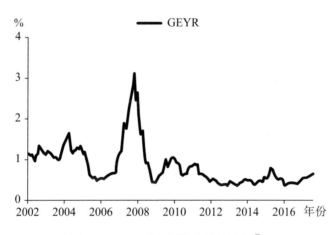

图 7-8 GEYR 指标近年来比较平缓[②]

另外，一些在股票市场效果良好的投资方法也逐渐被应用于大类资产配置领域，例如动量策略。动量策略源自行为金融学的研究，从 20 世纪 60 年代起，动量策略的思想就被机构投资者应用来对个股或者行业进行分类。狭义的动量策略是指，在较短的时间（通常不超过一年），前期上涨较多的个股和行业，倾向于继续上涨，类似于拥有一种"惯性"。这一策略在选股的层面的应用，已经被学界和业界广泛研究，成为一种经典的策略。近几年来，随着市场可投资产品的增加，动量策略的应用范围逐渐从股票市场内部扩展到包含债券、商品、货币等各种资产的组合构建。有研究显示，改良后的动量策略应用在大类资产配置上，虽然在短期（一季度或一年）内的收益水平并不稳定，但长期（10 年以上）收益率却能百分之百跑赢标普 500 指数、60/40 投资组合策略、巴克莱集合债券等基准组合。

---

①② 资料来源：国泰君安证券研究。

3. 仅基于风险的大类资产配置

均值—方差模型对输入的微小变动过于敏感，虽然贝叶斯方法、再抽样法、收缩法等消除估计误差的方法起到了一定作用，但改进后的均值—方差模型依然在夏普比率、确定性等价收益等方面逊色于等权重投资组合，因此有学者提出，可以通过简化目标来降低误差损失。于是，最小化风险组合、最大化风险分散比率组合、风险平价模型等仅基于风险的大类资产配置策略近年来应运而生，受到市场的关注。

1) 最小化风险组合

最小化风险组合是均值—方差模型有效前沿上风险最小的一点，因此也被称为全局最小风险组合。因为求解过程中，无须"给定预期收益率"这一条件，因此不会面临配置结果对于输入的预期收益率过于敏感这一问题。在实操中，该策略倾向于集中投资几种十分平稳的资产。在美国，最小化风险组合的主要应用者是阿卡迪亚资产管理公司、道富环球投资管理有限公司、拉扎德资产管理公司等。在欧洲、日本，乃至新兴市场均有投资者采用最小化风险组合的策略。

2) 最大化分散组合

与最小化风险组合对应的是最大化分散组合。最大化分散组合的支持者认为一些传统方法只是将资金分散在了不同资产上，并没有考虑不同资产收益情况的相关性。如果组合中存在多种收益率高度相关的资产，那么虽然从资本配置角度来看进行了多样化平衡，但从风险角度来看并没有起到分散作用，此前介绍的等权重策略就面临这一问题。例如在相当长的时间内，上证综指和螺纹钢价格具有高度的同步性，在这种情况下，股票和黑色系商品的资产组合无法有效分散风险。更进一步的做法是，将真正有意义的分散化投资建立在不同资产之间收益的不相关性这一基础之上。

最小化风险组合在有效前沿最左侧，如图 7-9 所示。

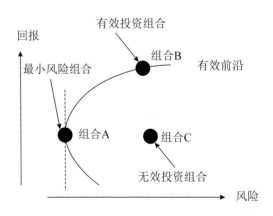

图 7-9 最小化风险组合在有效前沿最左侧[①]

---

① 资料来源：国泰君安证券研究。

对于偏好于投资多种资产的投资者来说，最大化分散组合是一种适合于一切市场环境的极好方法，因为它考虑了不同资产之间的相关关系，尽可能多地利用了多样化的好处，最大回撤率也更低，尤其是在市场动荡情况下。不过最大化分散组合是一种寻求市场多元混合收益的策略，对于那些试图在个别资产牛市里抓住一切收益的投机者来说并不适合。同时，也应避免过度分散的投资组合，因为这将影响投资者的精力分配，使得无法专注和精通自己所管理的资产标的。

收益高度相关的两类资产无法有效分散风险，如图 7-10 所示。

图 7-10 收益高度相关的两类资产无法有效分散风险[①]

3) 风险平价模型

除了以上两种较为"保守"的策略，风险平价模型也属于一种将组合的长期收益着眼于风险控制上的投资策略。该模型追求组合风险敞口均衡的理念起源于 20 世纪 90 年代桥水基金的"全天候"投资组合：当中长期宏观环境处于通胀压力加重或减弱、经济增长相较于预期过高或过低四种状态且无法预判时，等量持有四种子投资组合可以保证无论出现哪种经济环境，至少有一个子组合表现优异。风险平价的投资理念在后金融危机时期受到广泛关注，因为研究发现，大多数机构投资者尽管进行了分散投资，但投资组合的风险仍集中在少数具有高波动性的资产上。即使是以分散化著称的市场投资组合，也被证实没有达到所期望的风险分散效果，从市场整体表现来看，风险平价型基金过去 20 年来的收益水平整体位于行业前列。

7.1.5 融入经济周期与主观判断的大类资产配置

随着市场竞争的不断加剧和量化方法的广泛使用，仅从历史数据中提取信息进行资

---

① 资料来源：国泰君安证券研究。

产配置并不总是可行和有效的,尤其是当宏观经济环境剧烈变动或是经济政策大幅调整时,投资者先前所使用的资产定价方式和资本操作模式都可能不再适用。因此,一些经验丰富的机构投资者往往在进行大类资产配置时,除了使用量化模型,还会考虑经济周期走势和未来的政策预期。另外,市场也开始更加注重管理人的能力,包括寻找经验丰富的基金管理人、效仿顶级基金的投资风格等。

1. 大学捐赠基金模型

大学捐赠基金模型是典型的融入经济周期与主观判断的大类资产配置,因为一些大学的捐赠基金而得名。由于独特的资金来源和组织形式,大学捐赠基金具有以下两个特征。一是永续性,相比公募基金,大学捐赠基金没有赎回压力,每年的支出可控,这为其投资流动性低、投资周期长但回报率高的资产种类提供了可能,但由于其覆盖完整的经济周期,对管理者的主动管理能力要求也较高。曾任哈佛大学管理公司首席执行官的JackMeyer在任职的15年间,使哈佛大学基金的资产从47亿美元暴增至260亿美元,年回报率达到16%。他就曾准确地预测了美国股市将遭遇科技泡沫,避免了投资风险。二是规模较大,2016年,排名第一位的哈佛大学捐赠基金规模高达359亿美元,耶鲁大学、斯坦福大学和普林斯顿大学紧随其后,分别为239亿美元、214亿美元、210亿美元。足够大的规模,使得这些大学捐赠基金可以通过全球资产配置实现宏观风险对冲。

耶鲁基金是大学捐赠基金中的优秀代表。目前,从盈利能力来看,耶鲁大学投资办公室管理的耶鲁基金被称为是全球运作最成功的大学捐赠基金。耶鲁基金在大卫·斯文森的管理下,平均年收益率达到13.9%,超过美国大学基金9.2%的平均水平。良好的投资业绩使得美国各大高校基金纷纷效仿,甚至一些国家主权财富基金、家族资产基金、养老基金在管理过程中也或多或少地借鉴耶鲁基金的资产配置方法。但在大卫·斯文森1985年上任之前,耶鲁基金规模表现平平,甚至一度回报率低于通胀水平,基金规模增长也比较缓慢。

大卫·斯文森上任后耶鲁基金市值迅速增长,如图7-11所示。

耶鲁基金年回报率高,长期收益稳定,如图7-12所示。

大卫·斯文森执掌下的耶鲁基金,其投资哲学是利用大学捐赠基金负债端的优势,充分投资私募股权、另类投资等高收益率资产,利用国债、实物资产起到分散风险的重要作用。大卫·斯文森充分利用耶鲁大学的研究和人脉优势,充分发掘内外部的优秀投资人,从优秀的人力资源上获取超额收益,从而在其接管的30年中,取得了辉煌的成绩。

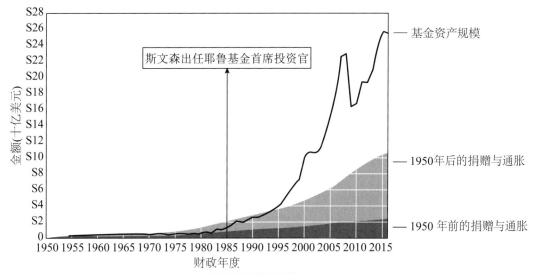

图 7-11　大卫·斯文森上任后耶鲁基金市值迅速增长[①]

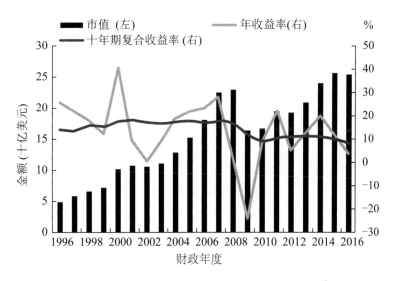

图 7-12　耶鲁基金年回报率高，长期收益稳定[②]

2. 美林证券公司的投资时钟模型

另一种非常出名的大类资产配置工具是美林证券公司的投资时钟模型。该模型基于美国近20年的经济数据，将宏观经济周期、大类资产收益率和行业轮动联系起来，指导投资者识别经济中的重要拐点，在不同经济周期中进行资产配置。

---

①②　资料来源：国泰君安证券研究。

根据经济和通胀划分四个象限，针对性给出配置建议。原始的美林时钟模型根据产出缺口和通货膨胀的不同状态，将中短期经济周期划分为复苏、过热、滞胀、衰退四个阶段。该模型很好地补充了其他模型对宏观经济研究的缺失，将实体经济与资产配置策略动态紧密地联系起来。但时钟模型也有自身缺陷。只针对经济周期和货币周期做出投资判断，未考虑当期资产本身价格高低，容易出现高回撤风险；再如后危机时代，全球各大央行不断改变货币政策常使得经济脱离周期运行，时钟模型有效性丧失。由于各国经济所处阶段不同，开放程度以及外在约束不同，在使用时钟模型时，需要对其不断调整和改进。

美林时钟策略与全天候策略并不相同。对于美林时钟，投资者已经非常熟悉，在这里仅简要提示一下其与此前提到的全天候策略的异同。二者都基于经济环境的变动对市场表现产生影响，并认为不同的经济环境下，有更适合的资产类别。但是两者的资产配置组合不同：美林时钟在不同经济环境下资产配置组合不同，而全天候策略以不变应万变。在这背后是两种策略的配置目的并不相同，美林时钟是配置资产，全天候策略是配置风险。美林时钟旨在通过给出不同经济环境下各类资产的表现来指导最优的资产配置，而全天候策略进行资产配置的核心是风险均衡，其资产配置是通过对每类环境下投资组合配置相同风险来实现的。此外，全天候策略还加入了杠杆，用于改变某类资产的风险收益特征。

3. 基于投资者风险偏好的主要产品类型

不同的投资者对风险的态度是存在差异的，一部分人可能喜欢大起大落的刺激，另一部分人则可能更愿意"求稳"。根据投资者对风险的偏好可将其分为风险回避者、风险追求者和风险中立者。

风险回避者选择资产的态度是：当预期收益率相同时，偏好于具有低风险的资产；而对于具有同样风险的资产，则钟情于具有高预期收益率的资产。与风险回避者恰恰相反，风险追求者通常主动追求风险，喜欢收益的动荡胜于喜欢收益的稳定。他们选择资产的原则是：当预期收益相同时，选择风险大的，因为这会给他们带来更大的效益。风险中立者通常既不回避风险，也不主动追求风险。他们选择资产的标准是预期收益的大小，而不管风险状况如何。对于风险回避型投资者，建议投资规划以安全型产品为主；对于风险追求型投资者，建议投资规划以进取型产品为主；对于风险中立型投资者，建议以平衡型产品为主。基于以上三类投资者，可采取以下三种形式的投资策略。

1) 保本型理财策略

该理财策略的目标是保本：一是保证本金不减少，二是理财所得资金可以抵御通货膨胀的压力，比较适合风险承受能力比较差的理财者，如超级保守型和有点保守型家庭，主要理财工具是储蓄、国债和保障型险种。参考理财组合：储蓄和保险占70%，债券占

20%，其他占 10%。

2) 稳定增长型理财策略

该理财策略的目标是在稳定收入的基础上寻求资本的增值，比较适合具备一定风险承受能力的理财者，主要理财工具是分红保险、国债、基金。参考理财组合：储蓄和保险占 40%，债券占 20%，基金和股票占 20%，其他理财占 20%。

3) 高收益型理财策略

该理财策略的目标是获取高收益，比较适合具备较高风险承受能力的理财者，如冲动型理财者，主要理财工具有股票、基金等，如有足够的资金还可以买房、炒外汇。参考理财组合：储蓄和保险占 20%，债券和股票占 60%，外汇、房地产等占 20%。

7.1.6 综合投资理财规划案例分析

1. 中年家庭理财规划[①]

即将进入子女教育期的家庭，要增加稳健型投资或固定回报类投资的比例。随着子女自理能力的增强，可以根据经验在投资方面适当进行调整，如进行风险投资等。

1) 基本情况

张先生和张太太生活在某二线城市，有一个 2 岁的儿子。张先生 31 岁，是一名建筑工程师；张太太 31 岁，在一家上市公司做财务主管。张先生夫妇较为年轻，正是事业起步阶段，目前收入稳定，税后年收入分别为 19.5 万元和 13 万元。随着两人经验、阅历的增长，未来事业、收入将有较大的稳定上升空间。夫妇二人均享有社保和商业团体补充医疗保险，张先生购买了个人商业保险，主要为寿险和重疾险 15 万元，意外伤害险 15 万元；张太太享有商业团体大病保障基金 80 万元；儿子享有北京"一老一小"医疗保障。全家全年保费支出 6000 元。张先生家庭年生活支出约 4 万元。夫妇每年出国旅游一次，预算 2 万元。自住房产一套，现价 260 万元，房贷总额 80 万元，月还贷 0.8 万元，剩余未还贷款本金 63 万元。机动车一辆，现值 22 万元，车辆年度费用支出 2.5 万元。打算 1～2 年内为妻子买车，预算 10 万以上。家庭在余额宝里有 20 万元，股票现值 1 万元。

2) 理财需求

(1) 张先生夫妇比较关心子女教育，计划在孩子 18 岁时为其准备好大学教育金 20 万元。

(2) 张先生夫妇期望早日实现财务自由，打算 45 岁退休。

(3) 张先生家庭仅有少量的商业保险，其家庭的风险保障规划是不完备的，需要为其家庭成员补充商业保险。

---

① 金梦媛. 中年家庭理财规划 [J]. 大众理财顾问，2019，(01).

3) 理财规划建议

根据张先生家庭的财务状况和理财需求,做出如下分析和诊断。张先生家庭资产负债表见表 7-3,家庭收支表见表 7-4。张先生家庭财务比率表见表 7-5。

表 7-3 张先生家庭资产负债表[①]

单位:万元

资产	金额	负债	金额
现金与现金等价物		住房抵押贷款余额	63
活期存款		购房贷款余额	0
货币市场基金	20	信用卡余额	0
其他金融资产		投资房产抵押贷款余额	
股票	1	其他负债	0
基金	0		
银行理财	0		
保单现金价值	0		
实物资产		负债合计	63
自住房	260		
投资住房	0		
汽车	22	净资产	240
资产总计	303	负债与净资产总计	303

表 7-4 张先生家庭收支表[②]

单位:万元

年收入	金额	年支出	金额
工资薪金		房屋按揭还款	9.6
张先生	19.5	信用卡贷款还款	0
张太太	13	日常工作生活支出	4
年终奖	0	保费支出	0.6
投资收入		子女教育费用支出	0
利息和分红	0	家庭用车支出	2.5
资本利得	0	其他支出——旅游	2
租金收入	0		
其他	0		
		支出总计	18.7
收入总计	32.5	年结余	13.8

①② 金梦媛. 中年家庭理财规划 [J]. 大众理财顾问,2019,(01).

表 7-5 张先生家庭财务比率表[1]

财务比率	计算公式	参考值	实际值
结余比率	结余 / 税后收入	0.3	0.42
财务负担比率	债务支出 / 税后收入	≤ 0.4	0.3
流动性比率	流动性资产 / 每月总支出	3	12.8
财务自由度	非工资收入 / 总支出	越大越好	0

通过对张先生家庭的财务数据和财务比率进行梳理和分析发现，张先生家庭在财务方面有以下特点。一是结余比率比较合理。结余比率是年度结余与年度税后收入的比值，合理值应该在 0.3 左右，也就是一年当中有 30% 的钱可以结余下来。张先生夫妇结余比率为 0.42，说明张先生家庭的资金积累速度较快。二是流动性比率过高。流动性比率一般是指家庭可及时变现的流动资产除以每个月总支出所得倍数，合理值在 3～6 倍。张先生夫妇余额宝账户中有 20 万元，是每月总支出 15583 元的 12.8 倍，高于参考值。张先生家庭的流动性资产足以覆盖家庭 12 个多月的支出，流动性比率过高，也意味着家庭资产收益率较低。三是财务自由度为零。财务自由度是指家庭不靠工资收入，而靠投资收入能够维持生活支出的程度。张先生夫妇没有非工资收入，必须靠工作来生活，虽然他们工作能力较强，但想要实现财务自由，还得借助投资收入才可能达成。

综上所述，张先生家庭是典型的三口之家，即将进入子女教育期，孩子的抚养和教育导致家庭费用呈几何倍数增加，财务压力也将同时加大。而张先生夫妇也正值事业成长期，收入较高，结余比较合理，短期偿债能力强，未来收入空间还会有所提升，在财务方面其需要更加仔细地规划。张先生家庭投资结构欠合理，家庭资产的投资收益水平低，当前阶段要考虑的除了继续还房贷外，还要考虑孩子大学毕业前的教育费用开支，为此，要求家庭增加稳健型投资或固定回报类投资的比例。随着子女自理能力的增强，可根据经验在投资方面适当进行调整，如进行风险投资等。

(1) 目标规划。

张先生家庭流动性比率过高，由于张先生夫妇工作稳定，收入有保障，因此将流动性比率控制在 3 倍即可。当前张先生家庭的年支出为 187000 元，即月均支出 15583 元。建议张先生家庭把流动性资产控制在 5 万元左右 (家庭备用金)，以现金、各类银行储蓄和货币市场基金的形式存放，这样不仅可以保持资金的流动性，还可以获得一定的收益，并可避免因各种原因导致的收入暂时中断带来的生活困境。

家庭除了预留一定数额的现金及现金等价物外，还要有应急准备，即万一发生突发

---

[1] 金梦媛. 中年家庭理财规划 [J]. 大众理财顾问，2019，(01).

事件需要用钱能够很快变现。建议准备 10 万元 (家庭备用金的两倍) 应急准备金，这笔款项可以以短期理财的形式存在，具体以配置产品与资金需求的期限相匹配为宜，比如短期银行理财、货币基金、债券基金等，这样可以在保证流动性基础上取得一定的收益。此外，一定额度的信用卡及商业贷款对应对突发事件也有一定的帮助。

(2) 消费规划。

张先生打算在妻子摇到号后为妻子购置机动车一辆，预算在 10 万元以上。由于买车日期不确定，因此买车的费用 (购车基金) 可以和应急准备金放在一起，共计 14 万元。如果张太太摇到号买车，购车款可用"应急准备金＋信用卡"的方式解决，应急金被用掉的部分由以后的收入结余或投资结余补齐。由于机动车只是代步工具，属于负债，建议张先生尽量缩减这部分开支。

(3) 保险规划。

张先生夫妇都拥有社保和单位保障，但这种保障程度有限，且只能在短期内覆盖本人，因此急需其他商业保险，如寿险和长期重大疾病保险，确保在自己出现意外时，除保证急用现金和收入的补偿外，其余的家人还有经济实力维持正常生活。其保额应为若干年家庭支出和孩子教育金之和。另外，需为孩子购买医疗险和意外伤害险。按照科学的比重分配，商业保险缴费金额以家庭年税后收入的 10% 为宜，为 3 万元～4 万元，保险金额通常需做到家庭年税后收入的 10 倍，保额分配应遵循 6∶3∶1 的比例原则，即张先生占 60%，张太太占 30%，孩子占 10%。这与张先生家庭收入贡献相匹配，并在保险规划中优先考虑大人的风险保障。由于重大疾病发病率越来越高，治疗重大疾病的费用及罹患重大疾病后收入的损失也越来越大，为防止万一发生重大疾病给家庭带来巨大的负担，一定要给家人都备上足够额度的重大疾病保险。虽然张太太单位配备了 80 万元的大病医疗基金，但是由于重大疾病保险具有收入补偿的功能，因此建议张太太也要拥有重大疾病保险。寿险及重大疾病保险具有豁免功能，即万一交费期内发生理赔，则豁免后期保费，因此建议张先生家庭选择较长的交费期，还可以更少的年交保费获得更高的保障。经过规划安排，完全能覆盖张先生一家三口的身故责任保障、重大疾病保障、住院费用报销、意外伤害医疗费用报销等保障需求，既基本符合家庭保费和保险金额分配原则，也基本解决了整个家庭的意外和健康风险保障。

(4) 教育规划。

教育规划要求目标合理、提前规划、定期定额、稳健投资。教育金没有时间弹性及费用弹性，因此张先生夫妇最好从现在开始准备，教育金规划中大学学费测算表见表 7-6。

表 7-6 教育金规划中大学学费测算表[①]

小孩现在年龄 / 岁	2
距离上大学年限 / 年	16
学费增长率 (%)	5
每年大学学费 (现值)/ 元	20000
每年大学学费 (未来值)/ 元	43657.49
预计投资报酬率 (%)	6
预计读几年 / 年	4
大学学费总额 (未来值, 至 18 岁)/ 元	172174.29

由以上测算可见，张先生设定孩子的大学教育金目标为 20 万元还是合理的。建议张先生以已有资金 2 万元作为启动资金，再从每年结余中抽出 0.6 万元投入教育金准备，直到孩子高中毕业。按年收益率 6% 计，到孩子 18 周岁上大学时累计教育金可达到 21 万元。张先生可以平衡型基金为主进行组合投资，建议选择每月定额定投的方式。

(5) 退休规划。

退休规划的原则是根据情况及早规划。张先生夫妇正常退休年龄为 60 岁，目前期望 45 岁退休。按照以上原则、要求和张先生的期望和条件，以及当前政策和市场相关产品的特点，通过测算，张先生夫妇尚不具备 45 岁退休的条件。张先生夫妇当前应以正常退休年龄时的退休金缺口为目标，做好退休规划准备。

第一，根据测算，如要在 60 岁正常退休后保持现在的生活水平，除正常参加社保外，还需要从现在起每年投入 2.4 万元左右作为退休基金准备。以当前家庭财务状况，是可以做到的。

60 岁退休所需退休金测算表如表 7-7 所示。

表 7-7 60 岁退休所需退休金测算表

现金的年龄 / 岁	31
预计退休年龄 / 岁	60
距离退休年限 / 年	29
预期寿命 / 岁	85
退休后生活年限 / 年	25
退休后每月生活费 (现值)/ 万元	0.7
社会保险养老金月领 (现值)/ 万元	0.5
退休金所需资金缺口 (原值)/ 万元	0.2

---

① 金梦媛. 中年家庭理财规划 [J]. 大众理财顾问，2019, (01).

续表

预计年均通胀率 (%)	4
退休金每月生活所需资金缺口 (退休时价值)/ 万元	0.62
退休金生活所需资金缺口总额 (退休时价值)/ 万元	187.12
投资策略	投资组合
预期投资报酬率 (%)	6
假定一次性投入所需 / 万元	−34.53
假定每年投入所需 / 万元	−2.4
假定每月投入所需 / 万元	−0.2

第二，要想实现 45 岁退休直至终生，需要从现在开始，在正常投入的基础上每月增加定投 0.85 万元。45 岁退休所需退休金测算表如表 7-8 所示。而按张先生家庭现在的收支盈余状况，这一规划是不适宜的。

第三，建议张先生夫妇每年投入 2.4 万元左右作为未来正常退休年龄养老金的补充。可选择符合养老年金特点的商业年金保险等。投资规划除上述安排外，张先生家庭每年有 7.87 万元左右的结余用于投资。其投资本息可兼顾教育金、退休金的补充以及家庭临时开支等应急基金的准备。

表 7-8　45 岁退休所需退休金测算表[①]

现金的年龄 / 岁	31
预计退休年龄 / 岁	45
距离退休年限 / 年	14
预期寿命 / 岁	60
退休后生活年限 / 年	15
退休后每月生活费 (现值)/ 万元	0.7
退休金所需资金缺口 (原值)/ 万元	0.7
预计年均通胀率 (%)	4
退休金每月生活所需资金缺口 (退休时价值)/ 万元	1.21
退休金生活所需资金缺口总额 (退休时价值)/ 万元	218.19
投资策略	年金险、基金组合
预期投资报酬率 (%)	6
假定一次性投入所需 / 万元	−96.51
假定每年投入所需 / 万元	−9.79
假定每月投入所需 / 万元	−0.83

---

① 金梦媛. 中年家庭理财规划 [J]. 大众理财顾问，2019，(01).

从张先生夫妇理财风险测试结果判断,张先生家庭属于轻度进取型投资者。一般而言,个人的风险偏好可以分为五种类型:保守型、轻度保守型、中立型、轻度进取型、进取型。其中,轻度进取型投资者资产组合中定息资产的比重为20%～30%,成长性资产的比重为70%～80%。按照张先生家庭的风险承受力和结余状况,建议投资资金分配比例如表7-9所示。

表7-9 建议投资资金分配比例

分类	品种	金额/万元	比例/%	预期收益率/%	年收益/万元	受益权重/%
投资资金	股票、偏股型基金	2.43	54.84	10	0.24	70.8
	平衡型基金	1	22.58	6	0.06	17.5
	债券基金	1	22.58	4	0.04	11.7
总计		4.43	100	7.7	0.34	100

经测算,按照表7-9进行定投,这笔资金既可抵御未来通胀,又可为家庭提供可观的投资收益,可以基本达到兼顾教育金、退休金的补充以及家庭临时开支等应急基金准备的预期目的(见表7-10)。经过规划,张先生家庭的财务状况有了明显改善,充分发挥了家庭结余资金的获利潜力,提高了投资性资产的比例,合理安排了家庭生活备用金、应急基金等各项生活所需。同时,家庭保险规划方案符合双十原则和6:3:1的保分配原则,能较好地满足各家庭成员人身风险的保障。金融资产总额中,高风险高收益类资产占比合理,进可攻、退可守,既可获得资本市场长期发展的增值利益,又可有效规避不可预期的市场风险。

投资资金20年定投价值表如表7-10所示。

表7-10 投资资金20年定投价值表[①]

年度末	年投资金额/万元	预期收益率/%	终值/万元
1	4.43	7.7	4.8
2	4.43	7.7	9.9
3	4.43	7.7	15.5
4	4.43	7.7	21.4
5	4.43	7.7	27.9
10	4.43	7.7	68.3
15	4.43	7.7	127
20	4.43	7.7	212.2

① 金梦媛. 中年家庭理财规划[J]. 大众理财顾问, 2019, (01).

2. 中等收入家庭的综合理财规划方案[①]

1) 家庭基本情况

家住 H 省 Z 市的蒋女士，今年 30 岁，在所属地的某一省直高校任职，讲师职称，税后月净收入为 3000 元，外加年终奖 6000 元，除此外无其他收入。其丈夫马先生，与她同龄，是一名工程师，税后月收入为 6500 元，加上年终奖 2 万元，全年总收入共计 9.8 万元。家庭有定期存款 5 万元。月基本生活开销 2000 元。2012 年蒋女士在其所在城市购买了一套自住商品房，总额为 72 万元，贷款 47 万元。该套房产目前市值 80 万元，公积金贷款还有 43 万元余额未还，月供 2500 元。除此之外无其他投资。夫妻二人现在身体状况均良好，且均有社保，无商业保险。由于蒋女士夫妇均非本地人，每年都会回老家过年并给双方父母留些钱。蒋女士夫妇也都爱好旅游，在怀孕前每年都会外出旅游一次，旅游费用年支出 1 万元。同时，2013 年，蒋女士家庭平时应酬支出总额为 1 万元。再过几个月，家庭将有新成员加入，如何抚养、教育孩子，是夫妇俩目前考虑最多的问题。通过对客户基本资料的整理，我们得出蒋女士家庭的基本情况如表 7-11 所示。

表 7-11 蒋女士家庭的基本情况[②]

人员	马先生	蒋女士
年龄	30 岁	30 岁
职业	工程师	大学教师
家庭保障	社保	社保
家庭收入	6500 元/月，年终奖金 2 万元	3000/月，年终奖金 6000 元
拥有房产	拥有一套自住房，总额 72 万元，市值 80 万元，其中公积金银行贷款 43 万元未还	
家庭目标	孩子养育计划	
	家庭保障计划	
	家庭投资规划	
	房产规划	

通过以上资料，可以从以下几个方面对蒋女士的家庭进行分析。

(1) 家庭所处生命周期。家庭所处生命周期是指家庭所处的阶段。蒋女士的家庭现在正由家庭形成期转向家庭成长期。在这一阶段，收入持续稳定增长、事业稳定发展，几个月后家庭会迎来新生命，因此，目前蒋女士家庭理财规划应注重稳健增长。

(2) 职业特征。蒋女士的职业是大学讲师，马先生是一名企业工程师，两人收入均具稳定性。

(3) 目前财务状况。蒋女士的家庭收入在其所在市居于中高等水平，目前蒋女士家庭

---

①② 朱晓哲. 中等收入家庭的综合理财规划方案 [J]. 价值工程，2014，(33).

月收入为 9500 元，家庭月开支为 4900 元，每月略有结余，每年的年终奖金为 2.6 万元，开支占收入的 51.6%(具体支出费用见表 7-13)。孩子出生后，抚育孩子将需一大笔费用，要完成未来的家庭理财目标，需要对家庭财务做出合理规划。

(4) 资产状况。蒋女士夫妇之前只有一套自住商品房，属于固定资产，目前该套房产的市值达 80 万元，目前公积金贷款余额还有 43 万元，月供为 2500 元，无其他投资。

(5) 保险保障。蒋女士夫妻两人均只有社保，无商业保险。

(6) 家庭重大事件。对于蒋女士家庭来说，几个月后孩子出生，19 年后孩子高中毕业，23 年后孩子大学毕业参加工作，25 年后蒋女士夫妇均退休安享晚年是需要提早筹划之事。

2) 目前蒋女士的家庭财务状况

在进行具体的理财规划及家庭财务分析前，我们需要掌握蒋女士居住的 Z 市的"市情"和蒋女士提供的相关信息及相关假设，通过整理我们得出以下结论。

(1) 通过对蒋女士测试，在风险偏好上蒋女士属于稳健型。

(2) 退休金替代率假设。蒋女士夫妇需要在 2014—2038 年考虑理财规划。假设 2038 年蒋女士夫妇 55 岁，俩人均退休，退休后余命 20 年，以 55% 为退休金替代率。

(3) 通货膨胀率假设。基于我国经济持续快速发展的大背景，鉴于我国近些年的平均通货膨胀率为 4%～5%，结合日后经济的发展，假设年通货膨胀率为 4%。

(4) 储蓄利率假设。在经历了历史性的低水平之后，随着我国经济发展并与世界逐步接轨，我国储蓄利率将呈现长期缓慢下行的特征，但考虑到低风险的银行理财产品丰富，收益将略高于央行基准利率，我们在不扣除利息所得税前提下，以存款一年期利率按 3.00% 的标准为参照指标。

(5) 收入增长率假设。不同的行业，收入增长表现各异。根据蒋女士及其丈夫所处的行业及其职称、职位，假设年收入增长率为 4%。

(6) 教育费用增长率假设。教育费用成本与其他成本是正比例关系，随着各项成本的上升，假定 5% 为后期教育费用年增长率。

(7) 投资货币基金收益率假设。基于当前我国经济持续稳定发展的状况以及 2013 年基金的表现，货币型基金比股票等其他基金收益更加稳定，适合蒋女士投资。以 2013 年货币基金的表现情况为参考，假设货币基金的投资收益率为 10%。

(8) 最低现金持有量假设。本着财务安全考虑，一个家庭中应当持有一定数量的现金来应对风险。结合蒋女士家庭正处于形成期向成长期过渡的实际情况，该家庭这一阶段的开销较大，家庭现金最低应维持在 1 万元。依据此收入进行纳税。

(9) 个人纳税情况。假设蒋女士 9500 元家庭月收入及 2.6 万元的年终奖均为净收入。依据此收入进行纳税。

基于以上信息，我们对蒋女士家庭财务状况进行了梳理，并结合其家庭实际情况制作出了蒋女士家庭的资产负债表和月及年度收入支出表,具体如表 7-12 至表 7-14 所示。

表 7-12 蒋女士家庭的资产负债表 (2013 年 12 月)[①]

单位:元

资产		负债	
金融性资产		长期负债	
定期存款	50000	房屋贷款本息	430000
固有资产			
自用住宅	800000		
资产总计	850000	负债总计	430000
净资产 =(资产 - 负债)		420000	

表 7-13 蒋女士家庭的月收入支出表 (2013 年 7 月)[②]

单位:元

收入		支出	
本人收入	3000	基本生活开销	2000
配偶月收入	6500		
		孕妇培训班	200
		孕检费用	200
		房屋贷款月偿额	2500
收入合计	9500	支出合计	4900
每月结余		4600	

表 7-14 蒋女士家庭 2013 年度收入支出表[③]

单位:元

收入		支出	
工资收入	9500×12=114000	基本生活开销	2000×12=24000
年终奖金	6000+20000=26000	旅游	10000
		孕检费用	200×6=1200
		孕妇培训班	200×6=1200
		育儿支出	1500×1=1500
		应酬支出	10000
收入合计	140000	支出合计	47900
年度盈余 (收入 - 支出)		92100	

①②③ 朱晓哲. 中等收入家庭的综合理财规划方案[J]. 价值工程,2014,(33).

3) 蒋女士家庭财务问题分析

蒋女士家庭财务现状如下。

(1) 从当前蒋女士家庭的财务安排来看，无其他支出的前提下，截至 2013 年年末，家庭存款约为 13 万元。

(2) 实现理财目标的关键在于有持续的家庭收入。蒋女士的家庭收入在 Z 市属于中高水平，且夫妇二人职业稳定，如果家庭的收支安排维持稳定，理财目标是极有可能实现的。

(3) 蒋女士家庭应建立完善的风险管理体系。夫妻二人只有社保，没有重大疾病、意外险保障，尤其是作为家庭主要经济支柱的马先生，一旦发生意外，将会使家庭收入锐减，加之孩子出生后会有各项费用开支，家庭固定支出将有大幅增长，这些都是影响其家庭生活质量提升的因素。

(4) 通过上述数据进行整理，得出目前蒋女士家庭的各项财务数据为：①资产负债率＝总负债/总资产×100%＝430000/850000×100%＝50.6%；②支出率＝总支出/总收入×100%＝47900/140000×100%＝34.2%；③流动性比率＝流动性资产/每月支出＝50000/2000＝25；④净资产偿付比率＝净资产/总资产×100%＝420000/850000×100%＝49.4%。一般来讲，家庭资产负债率应保证在 50% 以内，支出率应保证在 40% 以内，流动性比率应控制在 3 左右。偿付比率太低，说明生活主要靠借债维持，很容易陷入资不抵债的困境。偿付比例很高，接近 1，则表示自身信用额利用不充分，可以适当"举债"来优化家庭财务结构。

从上述数据来看，蒋女士目前的财务状况和投资方式不合理之处包括以几个方面。①保险保障欠缺。家庭成员仅有社保这一单一保障。②家庭日常开支过大。蒋女士家庭的年支出占年收入的 34.2%，在 40% 以内，还可以进一步节约不必要的开支。③家庭资产结构不合理。虽然蒋女士家庭的资产状况安全性较高，但结构单一，不具合理性，主要是自住房产，金融资产主要表现为定期存款，基于上述对蒋女士资产的流动性比率的分析，流动比率达到 25，意味着蒋女士的流动性资产相当于家庭 25 个月的开支，流动资产过剩。对于一个家庭，流动资产通常只需满足 3～6 个月的消费即可。鉴于流动性资产收益普遍偏低，其可适当降低家庭流动性比率，用于其他稳健型收益较高的投资。④财务结构不合理。资产负债率达到 50.6%，应控制在 50% 以内，净资产偿付比率为 49.4%，处于预警边沿，说明蒋女士夫妇应通过将流动资产盘活起来，来降低总负债，增强家庭的偿付能力。⑤子女教育规划。单靠储蓄，实现未来子女教育目标难度大。

4) 蒋女士实现理财目标的具体方案

应急基金的准备应随消费水平"水涨船高"。以蒋女士目前的收支情况计算出的该家庭的应急基金为 2000×3+2000＝8000 元，鉴于流动性因素，建议以活期存款及现金的方式保存这笔资金。可以从固定存款中抽取 2 万元，并将其分别用于活期储蓄和货币基金。同时，为使资金能实现周转，可以到银行申请一张 5 万元信用额度的贷记卡。

根据蒋女士家庭保障的实际情况，做出如下保险保障建议。

(1) 人身保险。作为家庭主要经济支柱的马先生，一旦发生意外将给家庭带来巨大的生活压力，因此应有足够的人身价值保障。为了维持家庭生活水准不变，通过家庭需求法，可算出其家庭的保障额度大致为 124 万元。由于马先生对家庭收入贡献比例高，可将保额的 80% 分配给马先生，即 99.2 万元 (124×80%)。同时，蒋女士为保额的 20%，即为 24.8 万元 (124×20%)。

(2) 儿童险。出生满 28 天的孩子就可为其投保教育金保险——两全险 (分红型)，同时考虑附加一定的意外、重疾险，兼顾风险保障与投资，既解决了孩子的未来教育费用，还将孩子意外、疾病风险转嫁给了保险人。当然给孩子购买保险最好选择带有保费豁免条款的保险，这样即使投保人遭遇意外，孩子的保单因为有了保费豁免条款，而依然有效，使孩子获得持续的保障。鉴于是未成年人，孩子作为被保险人，其身故给付的保险金不得超过保险监督管理委员会规定的限额，以平安人身保险为例，身故保额限额为 2 万，重疾保额限额为 2 万。

(3) 重疾险。有关数据表明，对于普遍重疾，治疗费平均为 12 万元～ 20 万元，再加上目前空气、水、食物的不安全因素，人们生活作息的不规律、饮食的不合理以及家族遗传因素，重疾不再是老年人的"专利"。而重疾的治疗费用和后期恢复费用又不菲，蒋女士家庭主要成员目前欠缺重大疾病保障，为避免家庭因"病"返"贫"，蒋女士夫妇需及时投保重疾险，建议保障额度为 20 万元。

(4) 意外伤害保险。任何人都无法避免意外，加上意外伤害险费用较低，因此意外伤害险可作为首选险之一来考虑。通过投保意外伤害险，既能在一定程度上挽回遭受意外伤害时的家庭损失，又能有效实现家庭财务安全目标。通过投保意外伤害险，可以用较低的保费获得较高的保障。考虑到马先生、蒋女士的工作性质及职业风险程度，建议为两人分别投保 100 万元和 20 万元的意外伤害保险。当然，以上几类保险的年缴保费应控制在家庭年收入的 10% 左右。

(5) 子女养育和教育方案。根据测算，小孩出生到大学毕业的 22 年间需要的生活费用为 642662 元、教育费用为 443567 元。按组合收益率 8.57% 测算 (根据蒋女士的风险测评结果以及近五年各类资产收益率测算而得)。每年需要为其储备 18238 元。按照蒋女士家庭未来现金流量测算表的结果，该目标可以达成。

(6) 养老规划。根据蒋女士提供的退休生活方式和开支情况，计算出蒋女士预计退休后的生活支出，我们知道目前每年的生活支出为 24000 元，距离退休年限 25 年，假设活到 80 岁，退休后每年生活支出比例为目前的 100%，通胀率为 4%，退休前后资产预计年收益率为 8.57%。经计算得出蒋女士退休后第一年生活费为 63980 元，退休时所需退休金 922200 元，目前需要每年投入 11602 元用于未来养老。

3. 现代工薪家庭理财规划方案[①]

每个人的一辈子都会经历成家、立业、养儿、育儿、养老的各个阶段，随着我国国民生活水平的不断提高，现代年轻人不再以旧观念安排自己的生活，都会借助银行的理财服务来更好地安排自己的生活，从而实现人生的目标。

1) 家庭基本情况

张先生，29 岁，是一位公司业务主管，税后月收入 8000 元，年终奖金 15000 元。张太太，27 岁，是一位中学老师，税后月收入 6800 元。二人家庭开销是每月 4000 元，张先生名下有定期存款 15 万元，这是一家唯一的积蓄。张太太已经怀孕 2 个月，张先生是一位互联网活力型消费达人并且频繁进行线上消费。

看完了客户的基本情况，我们来了解一下客户的目标要求。

(1) 为迎接即将出生的宝宝，准备"月子中心"的费用和半年内的保姆费；②全家每年旅游一趟。基于宏观经济和相关基本假设，我们制定了本规划，当假设发生变化，会影响张先生目标实现的可能性。

以下是我们为本方案做的基本假设：①三险一金缴费比例为：医疗 2%，失业 1%，住房公积金 10%，养老金 8%；②收入增长率 8.57%；③孩子抚养费增长率 2.01%，学费增长率 2.01%；④股票型基金的平均报酬率为 9.46%，债券的收益率为 3.71%，货币基金的收益率为 2.87%；⑤预期寿命，张先生 80 岁，张太太 84 岁；⑥生活费增长率 2.01%，旅游费增长率 2.01%。

2) 客户财务及风险属性分析

以下是张先生家庭的资产负债表、储蓄运用表以及收支储蓄表如表 7-15、表 7-16、表 7-17 所示。[②]

表 7-15 资产负债表

资产	本人	配偶	共同	总计	比重
投资性资产	150000	0	0	150000	100.00%
定期存款	150000	0	0	150000	100.00%
总资产	150000	0	0	150000	100.00%
负债	本人	配偶	共同	总计	比重
总负债	0	0	0	0	0.00%
净值	本人	配偶	共同	总计	比重
投资性资产净值	150000	0	0	150000	100.00%
总净值	150000	0	0	150000	100.00%

---

①② 刘巧云. 现代工薪家庭理财规划方案 [J]. 现代商业银行，2018, (24).

表 7-16 储蓄运用表

资产	本人	配偶	共同	总计	比重
固定用途储蓄	14317	11972	0	26289	15.38%
住房公积金个人账户年缴存额	1591	1330	0	2921	1.71%
社会养老保险个人账户年缴存额	10181	8513	0	18694	10.94%
社会医疗保险个人账户年缴存额	2545	2128	0	4673	2.73%
自由储蓄	111000	81600	-48000	144600	84.62%
总净值	125317	93572	-48000	170889	100.00%

表 7-17 收支储蓄表

年收入	本人	配偶	共同	总计	比重
工作收入	125317	93572	0	218889	100.00%
工资薪金收入	111000	81600	0	192600	87.99%
住房公积金个人账户年缴存额	1591	1330	0	2921	1.33%
社会养老保险个人账户年缴存额	10181	8513	0	18694	8.54%
社会医疗保险个人账户年缴存额	2545	2128	0	4673	2.13%
收入合计	125317	93572	0	218889	100.00%
年支出	**本人**	**配偶**	**共同**	**总计**	**比重**
生活支出	0	0	48000	48000	21.93%
日常支出	0	0	48000	48000	21.93%
净储蓄	**本人**	**配偶**	**共同**	**总计**	**比重**
工作储蓄	125317	93572	-48000	170439	77.87%
总储蓄	125317	93572	-48000	170439	77.87%

通过对张先生家庭资产负债表、储蓄运用表、收支储蓄表的分析，我们对客户的家庭基本财务状况做了如下分析与诊断。

(1) 客户家庭周期处于形成期，可积累的资产有限，收入主要来源于工作薪酬，家庭追求较高的收入成长率。

(2) 应急资金不足，当家庭发生意外时，拥有的高流动性资产将无法维持一段时间的开支，很容易出现现金短缺的情况。保有3～6个月的生活费，是最基本的家庭应急资金储备。

(3) 保险覆盖率不足，在风险发生时，不足以给家庭带来很好的保障。建议在保费预算内增加保额。

(4) 目前的财务自由度较低，建议调整产品配置，增加理财收入。我们通过客户填写的风险属性调查问卷，可以看出客户的风险等级是进取型的。这类客户在任何投资中都渴望有较高的投资收益，但又不愿承担较大的风险；可以承受一定的投资波动，但是希望自己的投资风险小于市场的整体风险。

3) 家庭基本需求

根据客户的实际情况，我们先要看一下客户的具体需求：孩子出生后的月子中心的费用 30000 元；半年内保姆费 20000 元；全家每年旅游一次，控制在现值 20000 元以内。

4) 家庭资产配置

基于分析的客户实际情况和客户需求，我们需要对客户现有的 15 万元定期存款做新的配置。

(1) 留出 3 个月家庭生活支出 12000 元作为紧急备付金。

(2) 张先生家庭保险覆盖不够，根据"双十"法则，张先生、张太太的保费预算是 20000 元/年，在保费预算内做意外险、重疾险和医疗险的配置。

(3) 通过增加理财收入，提高财务自由度，张先生家仅有的 15 万元存款减去紧急备付金和保费后还有 11.8 万元，我们建议客户可以配置部分股票型基金，让专业的人干专业的事，可以更好地享受投资的超额回报。基于目前的市场风险等情况的综合考虑，建议基金配置比例在 50% 左右，剩余资金配置以债券投资为主的 PR3 级理财产品，做好资产配置的风险分散，建议买半年期左右理财产品，以备宝宝出生后有其他临时用钱情况。同时针对准妈妈准备到月子中心进行产后护理这一情况，建议客户办理信用卡进行结算，也可以直接做分期，用每月工资进行还款，可以有效减少一次性支付带来的压力。

这个家庭正面临一个很大的转折，将有宝宝出生，新成员的增加，产品配置也需要有所调整。张先生家的目标之一是全家旅游，费用 20000 元。新生儿降生，明年的旅游或许就不能去了，如果不去的话，那么明年的旅游费可以拿来当保姆费。宝宝出生后，假设宝宝抚养费每月支出 2000 元，那么留出的紧急预备金也相应增加到 18000 元。建议给宝宝配置重疾险，并建议每半年拿出 10000 元做基金定投，作为孩子的教育金储备。按照家庭需求，由于有了宝宝，剩余资金配置可以为 40% 的基金，60% 的理财。理财产品建议配置部分结构性存款，更好地分散风险。

4. 金领家庭理财规划方案[①]

1) 家庭基本情况

郭先生和郭太太家住广州番禺，今年 40 岁。两人从美国留学回来后先在不同的外企工作，后跳槽到同一家大型国企担任高级工程师，是社会上公认的金领一族。郭先生月收入 2.5 万元，郭太太月收入 1.5 万元，年终奖二人共计约 5 万元。公司提供五险一金，

---

① 陈玉罡，田岚. 金领家庭理财规划方案 [J]. 大众理财顾问，2012，(12).

并给郭先生配有一辆汽车用于出差。夫妇俩有个 12 岁的儿子，今年刚上初中，有活期存款 10 万元，定期存款 30 万元，股票市值约 10 万元。居住的两室一厅估价 120 万元，3 年前已还清贷款。每月必要生活支出 5000 元，孝敬双方父母每月 3000 元，另每月请钟点工打理家务支出 2000 元，孩子家教老师每月 1000 元。郭先生打算今年置换大一点的房子，过年回家接父母过来居住。郭先生和郭太太一直有相伴全球旅游的愿望。郭先生希望自己 60 岁退休后能和郭太太做花甲背包客，实现年轻时的梦想。

2) 家庭财务状况分析

从表 7-18 可以看出，郭先生家共有资产 170 万元，包括房产、银行存款和股票。目前家庭负债为零，财务风险很低。从表 7-19 可以看出，目前郭先生家庭年总收入 53 万元，工资收入占到总收入的 100%。家庭收入来源单一，可尝试增加投资途径获得理财收入。家庭月支出 1.1 万元，占月总收入的 27.5%，明显低于 50% 的安全消费水平，家庭储蓄能力高。

表 7-18 郭先生家的家庭资产负债[①]

资产	金额 / 万元	占比 (%)	负债	金额
现金和活期存款	10	5.88	房屋贷款	
定期存款	30	17.65	购车贷款	
债券	0	0	信用卡贷款	
基金	0	0		
股票	10	5.88		0
黄金	0	0	其他贷款	
自用房产	120	70.59		
投资性房产	0	0		
家用车	0	0		
收藏品和其他	0	0		
资产总计	170	100	负债总计	0
家庭净资产		170		

表 7-19 郭先生家的收入支出[②]

单位：万元

收入	金额	支出	金额
郭先生月收入	2.5	必要月生活支出	0.5
郭太太月收入	1.5	父母月赡养费支出	0.3
理财收入	0	其他月支出	0.3
年终奖	5	保险年支出	0
其他年收入	0	其他年支出	0

①② 陈玉罡，田岚. 金领家庭理财规划方案 [J]. 大众理财顾问，2012，(12).

续表

收入	金额	支出	金额
年收入总计	53	年支出总计	13.2
年节余	39.8		
留存比例（年节余/年收入）			0.75

3) 理财规划建议

从生命周期理论来看，郭先生家现处于家庭成长期向成熟期过渡，风险承受能力较强。理财并非是家庭财务发出警告时的解救之星，而是排除隐患防微杜渐的预防卫士。

(1) 应急准备。

一般应急储备金以家庭月支出的 3～6 倍为宜，郭先生家每月支出 1.1 万元，可从现有活期存款中划出 6 万元作为家庭应急准备金。

(2) 长期保障。

郭先生和郭太太有必要为家庭成员配置商业保险作为补充。首先为郭先生配置保额 150 万～300 万元，年交保费 3 万～4.5 万元的重疾险、意外险和定期寿险，然后为郭太太配置保额约 90 万～180 万元，年交保费 1.8 万～2.7 万元的相应保险，最后可为孩子购置健康险和意外医疗险等。保险配置总支出控制在 5 万元，可用年终奖支付。

(3) 房产置换。

郭先生打算在附近购置一套 120 平方米的商品房，按该地段均价 1.67 万元/平方米计算，需要房款 200 万元。郭先生家现住房也是贷款购买的，适用第二套房政策，按当时的相关要求，需首付 60%。另外，按当时政策，两人或两人以上购买同一住房申请住房公积金贷款的，最高贷款额为 80 万元。郭先生家需首付 120 万元，剩余 80 万元可采用公积金贷款。假设当前采用公积金贷款的利率如表 7-20 所示。

表 7-20 公积金贷款利率

还款年限	个人公积金贷款年利率/%
1～5 年	4
6 年以上	4.5

建议选择 5 年期分期付款，每月还贷 14734 元。房子装修大约花费 30 万元，可从定期存款中支取。

(4) 孩子教育金。

郭先生夫妇俩打算送儿子去美国上大学，挑选学校、确定留学方案等花费时间多，金领一族时间上很难安排过来，所以其可以选择留学中介服务机构。综合广州市各留学服务中介公司的报价，费用需 8 万元左右。美国 4 年制公立大学的平均学费（不包括住宿和伙食费）接近 2 万美元。私立大学学费大体在 2.5 万美元～5 万美元。以美国留学每年学费、生活费 30 万元人民币计算，4 年留学共需 120 万元。郭先生的儿子今年 12 岁，距离上大学还有 6 年时间，建议采取基金定投的方式来筹措。6 年的投资期限属于中长投资期，若按年投资收益率 8% 计算，每月定投 1.4 万元，6 年后可获得 128.8 万元，刚好能满足孩子留美求学的资金需求。郭先生希望能分散国内市场风险，也可搭配不同市场的指数基金做组合定投，如 50% 定投国内沪深 300 指数基金，50% 定投海外 QDII 指数基金。

(5) 退休养老生活。

在未来 5～6 年，郭先生家每月房贷付款额以及基金定投额相加约 2.9 万元，与规划后的每月节余大体相等。送孩子出国读书后，郭先生房贷也已还清。郭先生可用 10 年时间为夫妇二人的花甲背包梦建立物质基础，而 10 年的投资周期相对来说较长，可以见证一个经济周期的轮回，只要长期坚持并结合市场动态适时调整，实现 8% 的年投资收益率将是较大概率事件。每月的流动收入仍建议采用基金定投的方式进行投资，每月定投 2.9 万元，按 8% 的预期投资收益率计算，10 年后这项养老基金将达 530 万元，畅游全世界安享晚年将不是难事。

(6) 其他规划。

针对理财目标做好相应规划后，郭先生还有部分闲置资产，可用于提升家庭生活品质及资产保值增值投资。一是扣除应急储备金后剩余的 4 万元活期存款，可作为每年固定的家庭旅游基金，郭先生和郭太太可利用假期出游的机会增加与孩子以及父母之间的交流，感受家庭生活的其乐融融。这笔资金可用于购买货币基金或一年期银行理财产品。二是投在股市的 10 万元资金可持观望态度。由于目前股市低迷，且四季度各项指标显示经济有企稳回升现象，加之郭先生并不急需这笔钱，可继续持有，待到行情好转时再赎回转投债券型基金，将资产交由专业人士打理，进一步降低风险。

4) 具体实施策略

(1) 保留 6 万元活期存款作为家庭的应急储备金，剩余 4 万元购买货币基金或一年期银行理财产品，用作家庭每年出游的旅游基金。

(2) 现有的 10 万元股票继续持有，待行情好转时可考虑赎回再申购债券型基金。每年 5 万元年终奖按主次顺序为家庭成员购买商业保险。

(3) 出售现有房产获得 120 万元作为新房的首付款，剩余 80 万元申请公积金贷款，每月还贷 14734 元，分 5 年还清。30 万元定期存款取出用于新房装修。

(4) 每月结余中，用 7000 元定投国内沪深 300 指数基金，用 7000 元定投 QDII 指数基金，为儿子将来赴美留学筹措 120 万元的教育基金。

(5) 6 年后，将月节余的 2.9 万元坚持做基金组合定投，为退休后的全球旅行及养老生活筹措资金。由于这部分资金较充裕，也可在儿子成家立业之时赎回部分定投基金作为儿子买房结婚的启动资金，具体视儿子毕业后的工作情况而定。由于基金定投存在一定风险，退休后不宜再坚持，可以全部赎回然后将资金分成 3 份，一份购买保本型基金，一份购买国债,一份以活期存款的形式持有。

5. 二孩中产家庭资产规划方案[①]

1) 客户信息

戴先生,32岁,某企业的中层干部,年薪30万元,戴太太30岁,企业普通员工,年薪10万元,两人都有五险一金,儿子4岁,女儿刚出生。这对"80后"夫妻都是独生子女,婚后由父母购买了住房,目前市值350万元,无负债,生活安逸。戴太太和朋友合资经营了一家美容院,每年还有20万元左右的收入。戴先生在工行有金融资产100万元,其中,60万元保本理财、30万元定存、10万元活存,无其他投资。家庭月均支出2万元。经系统测算,戴先生的风险承受能力为平衡型。可以看到,戴先生一家属于典型的中产阶级家庭,没有温饱的压力,有一定的积蓄,有稳定的工作和稳定的收入。

2) 客户需求

在与戴先生的沟通中,我们了解到戴先生对未来有以下几点规划。

想提前为两个孩子做好教育规划,最好两人都能出国留学,目标国家是美国。想在5年内购置一辆汽车,目标车型价格20万元。

戴先生的家庭资产负债情况如表7-21所示。

表7-21 戴先生的资产负债情况[②]

资产	金额/万元
现金类资产总额	10
固定收益类资产额	90
权益类资产额	0
另类资产额	350
保险资产额	0
总资产额(含保险)	450
总资产额(不含保险)	450
负债	金额/元
负债总额	0
负债比例	0
净资产	450
资产类型	当前比例(占比计算不包含保险资产)
现金类资产占比	2.2%
固定收益类资产占比	20%
权益类资产占比	0
另类资产占比	77.8%

---

①② 王雅娟. 二孩中产家庭资产规划方案 [J]. 现代商业银行,2019,(24).

戴先生的家庭收支情况如表 7-22 所示。

表 7-22 戴先生的家庭收支情况[①]

家庭收入支出情况	金额 / 万元
本人税后年收入	30
配偶税后年收入	30
家庭年度总收入	60
家庭年度总支出	24
家庭年度净现金流量	36

3) 财务分析

从表 7-21 可以看出，戴先生家庭拥有净资产 450 万元，无负债，目前用于财富管理的金融资产为 100 万元，存款比例高，没有运用金融杠杆，没有保险配置。从表 7-22 可以看出，支出较为合理，现金流良好，家庭储蓄能力较强，每年结余比较多。

资产配置前客户理财收益概况如表 7-23 所示。

表 7-23 资产配置前客户理财收益概况[②]

产品名称	金额 / 万元	收益 / 万元
保本理财	60	3.5
定期	30	1.95
活期	10	0.3
综合收益率	2.7%	

根据分析，戴先生的家庭属于中产阶级，没有近忧，但是远虑不少，存在以下三个方面的问题。一是单位所缴纳的"五险一金"仅能保障最基础的部分，对于戴先生一家是远远不够的，这个家庭万一遇到重大变故，家庭的生活质量将会下降很多。二是目前综合收益为 2.7%，而且随着利率的不断下行，收益还会下降，跑不赢通胀，资产在变相地贬值。三是之前戴先生的资产配置方案偏保守，可以适当地增加财务杠杆。

4) 资产配置方案

基于戴先生家庭的特点，除了未来两个孩子的教育支出以外还要加强隐形风险的保障。

(1) 保险规划。

首先要为这个家庭做好风险的抵御准备。建议夫妻二人分别购买保额为 50 万元的重疾保险，推荐工银安盛的御立方 5 号，可以保 88 种重大疾病和 33 种轻疾。一般重疾的平均治疗费用达到 15 万元到 50 万元，并且我国的医疗费用每年以 20% 的速度增长。在现实生活中"因病致贫"不时上演，因此提前准备好一份重疾保障尤为重要。根据测算，

[①][②] 王雅娟. 二孩中产家庭资产规划方案 [J]. 现代商业银行，2019，(24).

夫妻二人每年保费支出 2 万元，完全符合保险规划中的"双十法则"，而且满期后返还的金额还能作为养老金的补充。对于两个孩子，建议购买消费型的医疗保险，每年千元不到。这样调整以后，整个家庭抵抗风险的能力大大提高。

(2) 教育规划。

戴先生最大的愿望就是两个孩子学有所成，能够出国留学。而留学资金储备需要准备 200 万元左右，如果不提前做好规划，到时候钱就不够用了。规划的方式多种多样，建议采用基金定投的方式。来看一组数据：现在市场上，成立 10 年以上的 335 只基金里，97% 都是盈利的。其中，有 151 只年化大于 10%，占比 45%。如果把时间拉长到 15 年，所有基金都盈利。而且，除一只基金年化收益为 5%，其他基金年化都在 9% 以上。持有 15 年，资产能翻三倍多，同时鉴于目前股票无论是点位或者估值都处于低位，可以考虑配置一些基金，增加基金定投，我建议从现在开始每个月拿出 3000 元定投股票型基金，这样这部分资金可以满足两个小孩的出国留学资金储备需要，而且每月 3000 元的定投金额，完全不会影响戴先生家庭的生活质量。另外，根据国内外当前的经济环境，从中长期来看，利率大概率处于下行通道，作为抗通胀的手段，建议戴先生多配置一点长期资产，购买一些三年大额定期存单，提前锁定收益。

(3) 购车需求规划。

对于戴先生的购车需求，建议他办理工行的分期付款业务，年化手续费是 3%，最长可以分 60 期，这是一个十分划算的产品。在戴先生现金流充裕且投资标的偏保守的情况下，建议他适当增加财务杠杆，这样这类大额消费就不会动用他目前的资产，每个月分摊还款的金额对于家庭压力也不会太大，以时间价值换取资金价值。以购买 20 万元的汽车为例，每月分摊还款额约为 3800 元。

资产配置后客户理财收益情况如表 7-24 所示。

表 7-24 资产配置后客户理财收益情况[①]

产品名称	金额 / 万元	收益类 /%
添利宝	10	3
三年大额存单	30	4.125
非保本期次	30	4
基金	30	10
综合收益率	5.7%	

(4) 原有资金增值规划。

戴先生原来的资金 100 万元，安全性是足够的，但是收益偏低，建议在符合他的风险承受能力的情况下，适当进行重新配置，70% 的资金投资于低风险的产品，30% 的资

---

① 王雅娟. 二孩中产家庭资产规划方案 [J]. 现代商业银行，2019，(24).

金投资于中风险的产品。在这个配置方案下,结合戴先生家庭的情况,可以制作出戴先生一家新的年收支表(见表7-25)。

表 7-25 新的年收支表[①]

年收入	金额/万元	年支出	金额/万元
戴先生	30	平常消费	24
戴太太	30	保险支出	2.1
—	—	基金定投	3.6
—	—	汽车分期	4.5
年收入	60	支出合计	34.2
年结余		25.8	

经过资产的重新配置,戴先生家的资产综合收益率在资金风险没有大幅增加的情况下,从2.7%升至了5.7%左右。这个配置方案通过拉长存单期限获得较高保底收益,抬高了综合收益率的下限,适当配置合理比例的权益类资产,拉高了综合收益率的上限,同时,增加添利宝和非保本期次的产品组合,保证了资产的流动性,为客户的偶然性支出提供了支持。

可以看出,在满足平常家用和投资理财后,戴先生家每年还可以结余26万元左右,可以充分满足戴先生一家的现金流,同时也为以后的理财留出充裕的空间,提高整个家庭的抵抗风险能力。

以上就是根据戴先生家的具体情况做出的资产配置方案,这套配置方案既兼顾了风险收益比,也满足了戴先生自身的理财需求。

7.2 保障规划

7.2.1 保障规划概述

保险是指投保人根据合同约定,向保险人支付保险费,保险人对于合同约定的可能发生的事故因其发生所造成的财产损失承担赔偿保险金责任,或者被保险人死亡、伤残、疾病或者达到合同约定的年龄、期限等条件时承担给付保险金责任的商业保险行为。保险规划是指从业人员结合客户的具体情况和需求,给出的一份适合客户的保险方案。保险规划具有风险转移和合理避税的功能。

1. 保障规划的基本原则

客户购买保险就是为了生活的安全、稳定。从这个目的出发,银行从业人员为客户

---

① 王雅娟. 二孩中产家庭资产规划方案 [J]. 现代商业银行,2019,(24).

设计保险规划时主要应掌握以下原则。

(1) 转移风险的原则。投保是为了转移风险，在发生保险事故时可以获得经济补偿。从这个原则出发，必须首先分析家庭的主要风险是什么，怎样合理地把这些风险通过保险规划进行转移。

(2) 量力而行的原则。保险是一种契约行为，属于经济活动范畴，客户作为投保人必须支付一定的费用，即以保险费来获得保险保障。投保的险种越多，保障范围越大。但保险金额越高，保险期限越长，需支付的保险费也就越多，因此为客户设计保险规划时要根据客户的经济实力量力而行。

(3) 分析客户保险需要。在制定保险规划前应考虑以下三个因素：一是适应性，根据客户需要保障的范围来考虑购买的险种；二是客户经济支付能力；三是选择性，在有限的经济能力下，为成人投保比为儿女投保更实际，特别是对家庭的"经济支柱"来讲更是如此。

2. 基于家庭成员生命周期的保障规划

基于家庭成员生命周期的保障规划，保障不同生命周期的风险。一个家庭是由多个成员构成的，又因年龄段的不同、家庭责任的不同，每个人需要的保障是不同的。30 岁以前，处于求学、就业、结婚的阶段，意外发生率较高，可以选择保费低廉的纯消费型定期寿险。30～50 岁，孩子的增加加大了家庭生活开销，教育经费、房屋贷款使责任更加重大。作为家庭的重要经济支柱，应当为自己提供充分的保障。中年人承载着整个家庭的压力和责任，根据家庭状况选择适当的寿险就显得尤为重要，同时需购买重大疾病保险、意外险，再配合住院险和津贴型保险，万一发生意外，可使孩子和家庭得到经济保障。到了退休以后，则在医疗保险、养老、护理等方面有较大需求。

表 7-26 不同生命周期建议配置的保险

生命周期	保险
未成年期	主险：教育储蓄性保险。附加险：医疗费用报销型保险、儿童意外伤害保险
单身期	主险：定期人寿保险。附加险：重大疾病、意外伤害及医疗保险
已婚青年期	主险：终身人寿保险。附加险：重大疾病、意外伤害及医疗保险
已婚中年期	主险：生死两全保险。附加险：重大疾病、意外伤害及医疗保险
退休老年期	主险：医疗费用报销型保险。附加险：住院津贴医疗保险、意外伤害及医疗保险

3. 制定保障规划的主要流程

1) 确定保险标的

制定保障规划的首要任务，就是确定保险标的。保险标的是指作为保险对象的财产及其有关利益，或者人的寿命和身体。投保人可以以其本人、与本人有密切关系的人、他们所拥有的财产以及他们可能依法承担的民事责任作为保险标的。

一般来说，各国保险法律都规定，只有对保险标的有可保利益才能为其投保，否则，这种投保行为是无效的。所谓可保利益，是指投保人对保险标的具有的法律上承认的利益。可保利益应该符合三个要求。

(1) 必须是法律认可的利益。如果投保人投保的利益的取得或者保留不合法甚至违法，那么这种利益不能成为可保利益。

(2) 必须是客观存在的利益。如果投保人投保的利益不确定，或者仅仅只是一种预期，就不能成为一种可保利益。

(3) 必须是可以衡量的利益。这样才能确定保险标的大小，并以此来确定保险金额。

对于财产保险，可保利益是比较容易确定的，财产所有人、经营管理人、抵押权人、承担经济责任的保管人都具有可保利益。人寿保险可保利益的确定就要复杂一些，因为人的生命和健康的价值是很难用经济手段来加以衡量的，所以，衡量投保人对被保险人是否具有可保利益，就要看投保人与被保险人之间是否存在合法的经济利益关系，比如投保人是否会因为被保险人的人身风险发生而遭受损失。在通常情况下，投保人对自己以及与自己具有血缘关系的家人或者亲人，或者具有其他密切关系的人都具有可保利益。

2) 选定保险产品

人们在生活中面临的风险主要为人身风险、财产风险和责任风险。而同一个保险标的，会面临多种风险。所以，在确定客户保险需求和保险标的之后，就应该选择准备投保的具体险种。比如对人身保险的被保险人而言，客户既面临意外伤害风险，又面临疾病风险，还面临死亡风险等。所以，可以相应地为客户选择意外伤害保险、健康保险或人寿保险等。而对于财产保险而言，同一项家庭财产也会面临不同方面的风险。比如，汽车面临意外损毁或者是失窃的风险，这时可以相应地选择车辆损失保险、全车盗抢保险，或者是二者的组合。

在确定购买保险产品时，还应该注意合理搭配险种。投保人身保险可以在保险项目上进行组合，如购买一至两个主险附加意外伤害、重大疾病保险，使人得到全面保障。但是在全面考虑所有需要投保的项目时，还需要进行综合安排，应避免重复投保，使用于投保的资金得到最有效运用。这就是说，如果投保人准备购买多项保险，那么就应当尽量以综合的方式投保，因为这样可以避免各个单独保单之间可能出现的重复，从而节省保险费，得到较大的费率优惠。

3) 确定保险金额

在确定保险产品的种类之后，就简要来确定保险金额。保险金额是当保险标的发生保险事故时，保险公司所赔付的最高金额。一般来说，保险金额的确定应该以财产的实际价值和人身的评估价值为依据。

财产的价值比较容易计算。对一般财产，如家用电器、自行车等财产保险的保险金额由投保人根据可保财产的实际价值自行确定，也可以按照重置价值即重新购买同样财产所需的花费确定。对特殊财产，如古董、珍藏等，则要请专家评估。购买财产保险时可以选择足额投保，也可以选择不足额投保，由于保险公司的赔偿是按实际损失程度进行赔偿的，所以一般不会出现超额投保或者重复投保。一般来说，投保人会选择足额投保，因为只有这样，万一发生意外灾难，才能获得足额的赔偿。如果是不足额投保，一旦发生损失，保险公司只会按照比例赔偿损失。比如价值 20 万元的财产只投保了 10 万元，那么如果发生了财产损失，保险公司只会赔偿实际损失的 50%。也就是说，如果实际财产损失是 10 万元，投保人所获得的最高赔偿额只能是 5 万元，这样会使自己得不到充分的补偿，因而不能从购买保险产品中得到足够的保障。

理论上，个人的价值是无法估量的，因为个人精神的内涵超过了其物质的内涵。但是，仅从保险的角度，可以根据诸如性别、年龄、配偶的年龄、月收入、月消费、需抚养子女的年龄、需赡养父母的年龄、银行存款或其他投资项目、银行的年利率、通货膨胀率、贷款等，计算虚拟的"人的价值"。在保险行业，对"人的价值"存在着一些常用的评估方法，如生命价值法、财务需求法、资产保存法等。需要注意的是，这些方法都需要每年重新计算一次，以便调整保额。因为人的年龄每年在增大，如果其他因素不变，那么他的生命价值和家庭的财务需求每年都在变小，其保险就会从足额投保逐渐变为超额投保。如果他的收入和消费每年都在增长，而其他因素不变，那么其价值会逐渐增大，原有保险就会变成不足额投保，所以理财从业人员每年请保险专业人士检视投保客户的保单是十分必要的。

4) 明确保险期限

在确定保险金额后，就需要确定保险期限，因为这涉及投保人预期缴纳保险费的多少与频率，所以与客户未来的预期收入联系尤为紧密。对于财产保险、意外伤害保险、健康保险等保险品种而言，一般多为中短期保险合同，如半年或者一年，但是在保险期满之后可以选择续保或者是停止投保。但是对于人寿保险而言，保险期限一般较长，比如 15 年，甚至到被保险人死亡为止。在为客户制定保险规划时，应该将长短期险种结合起来综合考虑。

7.2.2 保障规划的成本收益分析

1. 保险资金需求分析

在选择保险品种时，应该先选择终身寿险或定期寿险。通常而言，一个城市的三口之家，保额大约在 50 万元比较合适。除寿险之外，家庭要考虑意外、健康、医疗等险种，通常健康大病保额在 10 万元～20 万元。大病保额在实际中建议 30 万元起步，最好是 5～10 倍的年收入。总体而言，寿险及意外的保额以 5 年的生活费加上负债较为合适。如果条件允许，还可以再买一点储蓄理财类保险，如子女教育，或养老、分红类保险。投保人可根据自身情况进行保险产品的组合，如购买一个主险附加意外伤害险和重大疾病险，以得到全面保障。但是要注意综合考虑，避免重复投保，使资金得到最大化利用。

2. 保险资金投资的收益情况分析

2019 年年末，保险资金运用余额为 18.53 万亿元，2019 年保险资金运用收益共计 8824.13 亿元，资金运用平均收益率为 4.94%，比上一年提升 0.61 个百分点。近年来，国内保险资金投资范围持续扩大，保险资管机构大类资产配置能力不断提升，整体投资收益率水平整体走高。但是在监管趋严的背景下，较高收益的分红险、投连险等受到了一定限制。另外，在中长期利率处于下行趋势的背景下，国内整体理财产品投资收益率都有所走低。

2015—2019 年中国保险资金运用收益率如图 7-13 所示。

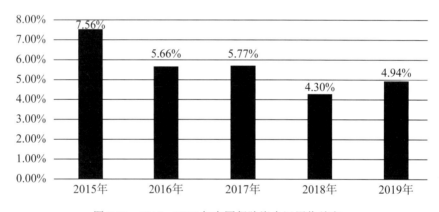

图 7-13　2015—2019 年中国保险资金运用收益率

7.2.3　保障规划的主要工具

1. 人寿保险和疾病保险

人寿保险简称寿险，是一种以人的生死为保险对象的保险，是被保险人在保险责任期内生存或死亡，由保险人根据契约规定给付保险金的一种保险。疾病保险又称健康保险，是保险人对被保险人因疾病而支出的医疗费用，或者因疾病而丧失劳动能力，按照保险单的约定给付保险金的保险。人寿保险是长期保障规划的重要产品类型。重疾险为可能出现的重大疾病等提供了良好的保障。

2. 医疗保险和意外伤害保险

医疗保险一般指基本医疗保险，是为了补偿劳动者因疾病风险造成的经济损失而建立的一项社会保险制度。通过用人单位与个人缴费，建立医疗保险基金，参保人员患病就诊发生医疗费用后,由医疗保险机构对其给予一定的经济补偿。商业医疗保险则可分为报销型医疗保险和赔偿型医疗保险。报销型医疗保险是指患者在医院里所花费的医疗费由保险公司来报销,一般分门诊医疗保险与住院医疗保险。赔偿型医疗保险是指患者明确被医院诊断为患了某种在合同上列明的疾病,由保险公司根据合同约定的金额来支付相关费用的保险。

意外伤害保险是以被保险人因遭受意外伤害造成死亡、残废为给付保险金条件的人身保险。其基本内容是:投保人向保险人交纳一定的保险费,如果被保险人在保险期限内遭受意外伤害并以此为直接原因或近因,在自遭受意外伤害之日起的一定时期内造成的死亡、残废、支出医疗费或暂时丧失劳动能力,则由保险人给付被保险人或其受益人一定量的保险金。其保障项目有两项,即死亡给付和残废给付。

医疗保险是对因住院、就医等造成的损失提供保障规划的重要产品类型,而意外伤害保险则是为可能出现的重大人身意外伤害等提供良好保障。

3. 分红险和年金保险

分红险是指保险公司在每个会计年度结束后,将上一会计年度该类分红保险的可分配盈余,按一定的比例,以现金红利或增值红利的方式,分配给客户的一种人寿保险。在中国银保监会目前的统计口径中,分红寿险、分红养老险、分红两全险及其他有分红功能的险种都被列入分红险范围。年金保险是以被保险人的生存为给付条件,保证被保险人在固定的期限内,按照一定的时间间隔领取款项的保险。此类保险产品可以为投资者的资金实现一定的保值增值作用。

7.2.4 保障规划案例分析

1. 中产家庭如何用保险来筹划健康及养老[①]

1) 基本情况

王先生今年45岁,是一家二线城市酒店的总经理,并且享受较大份额的股权,太太是一名中学教师,今年40岁,两人的家庭年固定工资和薪金收入在90万元左右。此外,王先生还拥有42万元的活期存款,30万元的定期存款,股票投资50万元,酒店股权300万元,拥有一栋市值200万元的房子,一辆价值40万元的汽车和一个市值70万元的商铺(现在主要用于出租,每月产生3200元租金)。王先生一家的年度支出费用在30万元左右。有一儿一女,儿子在读高中,女儿刚上大学。

2) 家庭财务现状

通过对王先生家庭财务现状的分析发现,其资产主要集中于房产和股权,没有负债,

---

① 王佳佳. 中产家庭如何用保险来筹划健康及养老 [J]. 理财, 2018, (12).

属于高资产无负债家庭。同时，王先生在现金和活期存款、定期存款等方面都进行了配置，整个家庭财务的流动性比例还算合理。但是缺少对未来的规划，应对风险能力较差。当前王先生家庭收入的主要来源是其与太太的工资、薪金及股权收益。在计算股权收益的时候，按照平均每年10%的分红比例计算，能够拿到的股权收益是30万元，而工资及薪金年收入为90万元。

王先生的家庭收入支出情况如表7-27所示。

表7-27 王先生的家庭收入支出情况

家庭收入项目	年度/万元	家庭支出项目	年度/万元
工资及薪金	90	生活费支出	30
股权收益	30		
租金收入	3.84		
合计	123.84	合计	30
年度结余	93.84		

3) 家庭需求分析

目前，王先生的家庭结构财务稳定，收入水平较高，没有负债。王先生正值壮年，身体状况良好，未来有望创造更多家庭收入。但是，整个家庭资产的配置缺乏风险意识。在王先生的家庭资产中，股权投资和股票投资的比例偏高，这使得整个家庭资产风险过于集中，不利于对冲市场风险。当股票市场或公司经营状况发生较大变化时，会导致其资产发生较大幅度的波动。在未来，如果子女有出国留学深造的打算，会进一步增加家庭开销。另外，生活中我们每一个人都会面临疾病和意外的风险，一旦意外发生，会很容易打破目前家庭的平衡，尤其是王先生本人，作为家庭收入的主要来源，一旦发生意外，整个家庭将发生巨大的变化。王先生想早日实现财务自由，即使退休之后也能够维持现有的生活水平，拥有幸福的晚年，所以更加需要重视风险管理，制定合理的财务及保险规划，以应对各种意外的发生。

4) 家庭保险规划

针对王先生家庭财务的具体情况，可以从以下几个方面着手进行规划。

(1) 合理购买保险，提高家庭应对风险的能力。

王先生家庭资产配置中最大的问题是没有购买保险，整个家庭缺少必要的保护。建议按照"双十原则"购买保险，保费不超过家庭收入的10%，保额设为家庭年支出额的10倍。王先生作为家庭的经济支柱，一旦不幸遭遇任何风险，对整个家庭会直接造成非常大的影响。所以从整个家庭的角度来看，王先生风险保障是最有必要优先考虑的，保险保障要做足做全。其他家庭成员根据实际情况购买相匹配的保障额度。按照风险产生的损失大小、目前的家庭状况，需要配置的险种分别是意外险、寿险、重疾险、医疗险。

从功能性上看，各个险种各有功用，而且互为补充，并不冲突。意外险的保额越高越好，因为明天和意外我们谁也不知道哪个会先来，可以根据自己的收入来衡量一个比较科学的比例。

人的一生，一旦罹患重疾，往往就会面临着两笔费用的损失：第一笔，最为直观——医疗费用的损失；第二笔，隐含费用——主动收入的中断。我们都知道，罹患重大疾病时，首先医疗费用往往都会比较高昂。我国的社会医疗保险，仅仅是保，但不能包。它有一个起付线，有一个封顶线，中间部分按比例报销，但是ICU、救护车、高端病房、自费药、进口药……这些治疗过程中花费较大的部分，需要自费。而商业医疗险就是为了解决社保没有报销的这部分大额支出的。由于重疾导致的收入中断可能会持续3~5年或者更久。而重疾险的赔付性质属于提前给付型，也就是说，当初购买商业保险时，与保险公司商议的保额是多少，一旦满足合同约定的赔付条件，那么将会一次性地获得一笔赔偿。这笔钱可以用来弥补收入中断以及一些必要的康复支出(营养费用、护理人员费用等)，因此重疾险也常称为收入损失险。

寿险是指以人的生命为保险标的的一款产品。代表着对家人的爱与责任，世事无常，也导致了人的生命的无常。每个人都需要寿险，每个人对家庭的贡献和创造的价值不同，所需要的保额也不同，尤其是家庭里面的经济支柱，寿险是必需的。

当然医疗险也必不可少，根据家庭的财务情况以及家庭成员年龄来看，王先生一家需要对保险进行一次完整的规划和调整，进而更好地实现家庭财富目标，维持家庭较高的生活水平，为家人提供全方位的生活保障。

(2) 教育金、创业金及婚嫁金准备。

目前，王先生的儿子在读高一，高中三年，每年费用约两万元，大学四年，每年约3万元，合计需要18万元。如果孩子想出国深造，则需要更多的教育费用。女儿现就读大学并计划继续读研究生，大学四年，研究生三年，在国内的费用一年约3万元，合计费用为21万元。两个孩子的教育费用合计约为39万元，对于家庭来说，不发生意外的情况下，目前的收入完全能够覆盖学费的支出。但两个孩子很有可能出国深造，所以还是建议王先生要为两个孩子准备好充足的教育基金。另外，王先生还准备给儿子200万元的创业金，为女儿准备100万元的嫁妆，需要做好资金规划。

(3) 合理安排退休计划。

王先生希望在退休之后也能维持现有的生活水平。按时缴纳养老保险，按照目前60岁退休来计算，王先生还有15年的时间进行准备，可以考虑购买年金保险，来储备退休之后的养老金。我们常常看到有些打零工的老人，并非都是其年轻时好逸恶劳，很多人的贫困，是在某些人生阶段盲目地跟风投资、购买高风险理财产品等不合理的财务规划所致。人生几十年，谁也不知道我们会遇到怎样的风险和意外，生活中很多事情可以轻易摧毁个人的美满生活，而如果危机降临时你已人至中年，想重新爬起来非常困难。所以，趁自己有能力时为自己做好养老方面的储备特别重要。

及早地利用商业保险来为自己筹划健康及养老是目前最为合理和必要的。

王先生的家庭保险规划如表 7-28 所示。

表 7-28 王先生的家庭保险规划

项目	重疾险		终身寿险		定期寿险		意外险		医疗险	
	保额/万元	保费/元	保额/万元	保费/元	保额/万元	保费/元	保额/万元	保费/元	保额/万元	保费/元
王先生	100	21100	100	33140	100	5550	300	4437	300	617
王太太	70	11970	100	22600	100	3140	200	3949	300	529
女儿	70	10000	100	6860	0	0	100	2550	300	202
儿子	50	4450	70	9030	20	300	80	1760	300	321
缴费期	20 年		20 年		20 年 / 儿子 10 年		20 年		1 年	
保障期	终身		终身		20 年 / 儿子 10 年		20 年		1 年	

备注：王先生每年缴费合计 64844 元，王太太每年缴费合计 42188 元，女儿每年缴费合计 19612 元，儿子每年缴费合计 15861 元。

2. 高净值家庭的保险规划[①]

1) 案例简介

李女士，34 岁，定居北京，为某互联网金融企业合伙人，丈夫唐先生 32 岁，为该互联网公司 CEO，公司年利润 500 万元左右。二人均有"五险一金"，李女士为自己在香港地区投保了 2000 万元保额寿险及 1000 万元大病险，二人育有儿子 3 岁，李女士准备生二胎，并想做资产配置、资产隔离、资产保全。家庭拥有 5 套北京房产，1 套三亚别墅，均无贷款，现金及存款 700 万元，每年合计开支 200 万元。李女士比较担心万一丈夫或企业经营有什么意外，生活将没有保障，财产无法完好无损地传承给孩子，所以她希望有合适的保险可以规避这部分风险，从而有一个安逸的晚年，什么样的保险规划最合适？

2) 分析与判断

这是一个典型的高净值家庭结构，因为政策及大环境，所以公司处在巅峰状态。但因其所属行业一直处在风口浪尖，大浪淘沙，企业面临的政策风险、市场风险、财务风险、法律风险、团队风险等不容小觑。同时，企业家还面临着婚姻、身体健康等风险。

---

① 罗梅. 高净值家庭的保险规划 [J]. 理财，2018，(04).

这些都是像李女士这样的企业家太太所担忧的，加之李女士准备要二胎，利用保险这个金融工具提前做好风险规划至关重要。

对于李女士的担忧，从专业的角度看，急需解决的问题如下：一是利用保险的形式做好资产隔离，当未来企业出现资金链断裂时能有备用金；二是李女士需要给自己及丈夫做高额保障规划，以应对自身所面临的各类风险。

3) 指导与建议

唐先生为互联网企业公司的CEO，是企业的主心骨，李女士为公司合伙人，家庭收入主要来自企业的利润。唐先生工作压力最大，承担的责任最重，因此重疾和意外的保障是第一考虑因素，只有有了和身价相匹配的保险。万一发生风险、变故也不至于让企业和家庭陷入危机。另外，家庭财产主要在李女士名下，主要是房产，固定资产变现的能力相对较差，随着第二个孩子的即将到来，家庭支出也将继续增加。而且，3岁的儿子尚年幼，后面将面临小学、初中、高中、大学甚至出国留学等一大笔开支，需要提前规划，把其中的2~3套，大概市值1000万元的房产变现转移成教育金类产品，从而具有稳定的现金流尤为重要。

鉴于目前家庭状况，重大疾病保险建议唐先生保额为800万元左右，儿子保额为100万元左右，高端医疗险保额为1600万元左右，同时增加唐先生2000万元终身寿险、1000万元意外险以及孩子每年100万元的教育金储备。

唐先生的保险方案如表7-29所示。

表7-29 唐先生的保险方案

投保依据	产品类型	基本保额	计划缴费年限	年缴费额	保险权益
大病保额：(未来5~10年)收入+债务-存款或资产-已有保额	重疾保险	800万元	30年	8.72万元	①疾病身故保障最高3400万元；②意外身故保障最高4400万元；③交通意外身故保障最高5400万；④70岁前每次赔付轻症后身故保障增加400万元；⑤意外残疾保障最高1000万元；⑥交通意外残疾保障2000万元；⑦80种重疾提前给付800万元，第一次轻症后重疾保障增加160万元，第二次轻症后重疾保障增加160万元，第三次轻症后重疾保障增加160万元；⑧70岁前重疾最高保障1360万元；⑨住院医疗每年600万元
按2~3年收入匹配	意外保险	1000万元	30年	3.9万元	
按目前身价预估	身故保险	2000万元	30年	30万元	
全球高端住院医疗费用	医疗险	1600万元	1年	4.24万元	

李女士的保险方案如表7-30所示。

表 7-30 李女士的保险方案

投保依据	产品类型	基本保额	计划缴费年限	年缴费额	保险权益
大病保额：(未来5～10年)收入+债务−存款或资产−已有保额	重疾保险	200万元	30年	2.42万元	①疾病身故保障最高1700万元；②意外身故保障最高2700万元；③交通意外身故保障最高3700万；④70岁前每次赔付轻症后身故保障增加200万元；⑤意外残疾保障最高1000万元；⑥交通意外残疾保障2000万元；⑦80种重疾提前给付200万元，第一次轻症后重疾保障增加40万元，第二次轻症后重疾保障增加40万元，第三次轻症后重疾保障增加40万元；⑧70岁前重疾最高保障340万元
按2～3年收入匹配	意外保险	1000万元	30年	3.8万元	
按目前家庭责任匹配	身故保险	1000万元	30年	13.7万元	

儿子的保险方案如表 7-31 所示。

表 7-31 儿子(3岁，家族未来希望)的保险方案

投保依据	产品类型	基本保额	计划缴费年限	年缴费额	保险权益
①健康保障；②教育规划同时兼顾父母的年金规划	少儿重疾险	100万元	20年	7100元	①教育金，8～9岁每年领50万元特别金，10～60岁每年领126262元生存金，60岁一次性领1000万元祝寿金，61岁至终生每年领189393元养老金；②疾病身故保障121万元，意外身故保障最高221万元，意外伤残保障最高100万元；③80类重疾多重给付，最高260万元，20类轻症20万元，轻症最多赔付3次，每种轻症仅赔付一次，10类少儿特定重疾100万元，80类重大疾病100万元
	终身寿险	101万元	20年	8585元	
	长期意外险	50万元	20年	1850元	
	教育金	631.313万元	10年	100万元	

3. 企业主家庭的保险规划[①]

1) 案例

赵先生，56岁，企业家。张女士，56岁，全职太太，已经达标民生银行的私银客户。二人的女儿，31岁，也是全职太太，女婿30岁，是银行的客户经理，有一个6岁的外孙女和2岁的外孙。

赵先生家庭资产负债和收入支出情况见表 7-32 所示。

---

① 马豪杰.企业主家庭的保险规划[J].理财，2020，(03).

表 7-32 赵先生家庭负债和收入支出情况

单位：万元

家庭资产负债情况				家庭收入支出情况			
资产	金额	负债	金额	年收入	金额	年支出	金额
现金存款	100	房贷余款	0	赵先生	200	日常开支	10
银行理财	2000	其他	0	妻子	0	汽车支出	10
房产	800			理财	100	服装购置	10
汽车	100					医药健身	5
						旅游支出	5
其他	100					请客、随礼	20
						其他支出	10
资产总计	3100	负债总计	0	合计	300	合计支出	70
净值（资产－负债）	3100			现金结余（年收入－年支出）	230		

2) 赵先生的家庭财务分析

总资产负债率 = 负债 ÷ 总资产 ×100% = 0÷3100×100% = 0。一般而言，一个家庭的总资产负债率低于 50%，说明家庭发生财务危机的可能性较小，目前赵先生家庭的总资产负债率为 0，无负债负担。

结余比例 = 年结余 ÷ 年收入 ×100% = 230÷300×100% = 77%。一般而言，一个家庭的结余比例应控制在 30% 以上，所以目前赵先生家庭的结余比例较为合理，且绝对金额较大，建议加强资产管理安排。

流动性比率 = 流动性资产 ÷ 每月支出 = 100÷(70÷12)= 17.13%。一般而言，一个家庭的流动性资产应可以满足其 3～4 个月的家庭开支，所以目前赵先生家庭流动性比率较好，建议减少流动性资产，从而获得更大的投资收益及盈余。

赵先生的家庭财务和收支情况较为稳健，负债比例控制得较好，每月也有一定的结余。赵先生的家庭收入主要来自企业盈利收入及部分理财收入，收入来源相对单一。赵先生的家庭年支出较大，且目前没有采取任何风险转移措施，一旦出现企业经营风险或意外健康风险，将会对赵先生家庭产生不良影响。

3) 家庭保险方案

这套方案通过年金险 + 终身寿险 + 重疾险的组合方式对作为家庭主要支柱的赵先生本人做了较为完备的保障组合，其次，考虑到需要现金流安排家庭一般开支，做了中期年金的稳妥安排，从外孙和外孙女的成长及未来教育角度出发，为孩子投保了教育金。而作为创业一代的赵先生夫妇，因为身体健康，年龄上还未突破终身寿险的投保限制，从未来资产保全传承的角度，进行了终身寿险的投保建议。

赵先生的家庭保险方案如表 7-33 所示。

表 7-33 赵先生的家庭保险方案[①]

家庭成员	推荐产品	险种类别	保险责任	年交保费	年费年限	备注
赵先生 （56岁）	招商信诺——传家典范	终身寿险	500 万元一般风险保额，750 万元意外风险保额	16.37 万元	10 年	受益人为配偶和子女，保障家庭成员稳定生活
	招商信诺——自在人生 A 款	终身养老年金	选择从 60 岁开始，每年领取 34 万元年金直至死亡	50 万元	5 年	固定年金领取额同业最高
	泰康人寿——康护一生	终身重疾险	高达 100 万元的重疾保障，100 种疾病保障，且可多次赔付	5.09 万元	10 年	重大疾病风险转移
张女士 （56岁）	泰康人寿——康护一生	终身重疾险		4.32 万元	10 年	
	招商信诺——招盈宝	中期理财型保险	收益保底，分红可随意领取，本金安全、可靠	100 万元	2 年	根据家庭开支情况，保障家庭持续、稳定的现金流
外孙女	招商信诺——珍爱未来	教育金险	18～25 岁可每年领取教育金，并通过附加险覆盖 25 岁之前的少儿特定疾病风险	10 万元	10 年	为孩子准备高等教育费用，并确保专款专用
外孙	招商信诺——珍爱未来	教育金险		10 万元	10 年	
女儿	招商信诺——传家典范	终身寿险	800 万元一般保额，1600 万元意外保额	193.8 万元	3 年	更注重未来现金资产的传承
女婿	平安保险——传福一生	终身寿险	800 万元一般保额，保额随年龄递增	20 万元	3 年	更注重未来现金资产的传承

4. 家有病患 + 财务危机，双重重压如何化解[②]

突有一方或双方遇到失业、大病等突发事件，经济来源锐减，家庭很容易就陷入危机，这样的家庭不在少数。本案例中，保障的缺失是导致李先生家庭财务危机最直接的原因，经济脆弱的家庭无法再承受其他的"黑天鹅"事件，因此，理财师从紧急准备金、保险规划、教育金规划、养老金规划等几个方面为李先生的家庭财务重组给出了解决方案。

1）案例简介

一年前小雨的妈妈李太太查出患有乳腺癌，好在经过及时救治如今正在积极康复中。但前期 16 万多元的治疗费用（小雨妈妈有社会保险）和今后的调理、康复等花销（约 2～5 万元）还是让这个普通职工家庭财务压力大增。自从妈妈生病后，全家的生活都

---

① 失业精彩案例讲解，https://www.licaiedu.com/zixun/brand/b/400.html。

靠小雨爸爸李先生一人维持。43岁的李先生是某一线城市一家小型民企的车间主任，月收入8000元，年终奖视生产效益而定，一般在2万元。在妻子患病前，李先生一家年收入约15万元，生活开支6万元。从小雨入小学起，父母每个月为其教育储蓄账户存入1000元，现已积蓄了7.5万元，这部分存款作为小雨大学及后续的教育金储备，但由于目前家里开支紧张，李先生打算从小雨2年后读高中时就开始启用这部分存款以充抵每年的学费。小雨的妈妈想在一两年后视身体恢复情况决定是否尽快出去工作，因不能压力过大，估计工作后月收入在3000元以内。李先生没有投资经验，现在家中仅有25000元的国债、5万元定存(不含教育储蓄)和15000元现金，房贷在妻子患病前刚好还清。夫妻二人都有基本的社会保险，但没有商业保险保障。

2) 案例分析

这个家庭的理财需求如下。

(1) 这个刚经受严重打击的家庭如何尽快实现财务重建？

(2) 每月1000元的教育金储备对期望至少读完大学的小雨来说是否足够？

(3) 这场变故让李先生认识到保险的重要性，他想尽力为全家人做足保障，请理财师予以指导。

(4) 家庭财务尚十分脆弱的李先生夫妻该如何尽早安排好自己的养老生活？

李先生家庭的资产负债情况如表7-34所示。

表7-34 李先生家庭资产负债情况

资产	金额/元	负债与净资产	金额/元
现金与现金等价物	**140000**	**负债**	**0**
活期存款	15000	住房贷款	0
定期存款	50000		
教育金储备	75000		
其他金融资产	**25000**		
国债	25000		
实物资产	**1600000**	负债总计	0
自住房产	1600000		
投资房产			
机动车		净资产	1765000
资产总计	**1765000**	**负债与净资产合计**	**1765000**

李先生家庭的收支储蓄情况如表7-35所示。

表7-35 李先生家庭的收支储蓄情况

年收入	金额/元	年支出	金额/元
工薪类收入		房屋按揭还贷	0
李先生	116000	日常生活支出	60000

续表

年收入	金额/元	年支出	金额/元
李太太		营养、康复费	24000
投资收入（房租）		休闲和娱乐	
		赞助费	
收入总计	116000	支出总计	84000
结余		32000	

李先生家庭的财务比率分析如表 7-36 所示。

表 7-36 李先生家庭的财务比率分析

财务比率	比率数值	参考数值	分析点评
结余比率（年结余/年收入）	27.6%	30%min	说明家庭累积净资产的能力
投资与净资产比率（投资资产/净资产）	1.42%	50%min	说明家庭投资意识很弱，投资风格相对保守
资产负债率（总负债/总资产）	0	20%～60%	一方面表明家庭负债资产状况，另一方面也表明家庭运用财务杠杆程度
财务负担率（年本息支出/年收入）	0	20%～40%	负债对生活几乎没有影响
紧急预备金倍数（流动资产/月支出）	2.14	3～6	说明家庭紧急预备金不足
财务自由度（年理财收入/年支出）	0	20%min	家庭财务自由度偏弱，需调整投资计划

李先生家庭的财务诊断如果如下。一是资金流动性较弱，家庭紧急预备金低于平均水平，不足以应付不时之需。二是李先生家庭无负债，资产负债率、财务负担率均为 0，资产状况较为良好。但资产构成中大部分为固定资产即自住房产，此为刚需，可利用性不强。三是李先生家庭投资风格比较保守，投资意识相对较弱，每年结余的资金基本上用于定期储蓄或购买国债这样的一些低风险金融工具。此外，财务自由度几乎为 0，对资金的利用率不高。四是李太太刚经历的这场大病，虽然社保及家底对此起了一部分缓冲作用，但是依然对家庭的财务造成了很大的影响。这种影响包括两个方面：一方面是医疗费用的支出，另一方面是李太太收入机会成本的损失。一般情况下，单位对于患病的员工给予 6～24 个月的康复期（视在本单位工作年限长短而定），在此期间，员工的工资会相应降低，如降到基本工资的 80%，而对于后期是否仍然能留在单位工作不能确定。

李先生家庭财务重组的几点建议如下。一是李先生家庭每月生活费 5000 元，李太太康复费用每月 2000 元，则每月平均花费为 7000 元，按照 3～6 个月的紧急准备金标准，则李先生最少需从 50000 元定存中拿出 6000 元放入活期存款中。二是保障的缺失是导致李先生家庭财务危机最直接的原因，经济脆弱的家庭无法再承受其他的"黑天鹅"事件。经过这场变故，李先生也认识到了保险的重要性。在此，李太太刚生过大病，实务操作上很难找到愿意承保的保险公司，因此保险保障的规划主要侧重考虑李先生和小雨。三是教育金规划。教育金是一个刚性的需求，特定的时候必须得有。目前小雨正在上初一，属于义务教育阶段，两年后上高中的学费会有较大幅度增长。但考虑到李先生每年的结余，且两年后李太太的康复费用应该会有所减少，经济上会更宽裕一些。该现金流入对于中学阶段的费用还是比较充裕的，规划重点在于大学的费用。四是投资规划。李先生家庭的理财方式过于保守，其实除了定存以及国债之外，在风险可承受的范围内，还是可以考虑一些诸如基金定投的金融工具，以提高资金的投资效率。五是养老金规划。鉴于李先生家庭投资风格较为保守，除了较为稳妥的基金定投，李先生亦可以考虑购买商业养老保险作为补充。

3) 家庭综合理财规划

(1) 教育金规划。

据金库网调查数据显示，目前初中学生一般每年花费在 1200 元左右。从高中开始，考虑到一些杂费如伙食费、书本费等，每学期至少得准备 3000 元左右的费用。从进入大学开始，一般每年的学费大致在 5000～6000 元左右，另外算上生活费、住宿费、杂费及学生寒暑假来回的费用，教育金开支至少在每年 2 万元左右。值得注意的是，这些标准只是最基本的上学费用，并没有将赞助费及各种补习班的费用纳入其中。

目前小雨的教育储备金为 7.5 万元，如果选择一个 3% 的金融工具，则五年后小雨开始上大学时这笔钱的终值为 FV(0.03, 5, −7.5)=8.69。同样，如果每月继续定期储蓄 1000 元至该金融工具中，则五年后终值为 FV(0.03/12, 60, −0.1)=6.4。两者相加，在小雨上大学时点的教育金供应值为：15.15 万，FV(0.05, 5, 2)=−2.55，PV(0.05, 4, −2.55)=9.04，即在大学时点教育金需求量为 9.04 万。由此可见，如果李先生一直坚持每月给小雨存 1000 元，加上之前累积的 7.5 万元，找到一个 3% 的金融工具，只要不再有重大意外，这项理财供给是足以覆盖小雨的学费需求的。

(2) 保险保障规划。

寿险是对家庭责任的体现。对于李先生的家庭来说，小雨独立至少还有 10 年的时间，而李太太因为重疾，往后的工作都会受到影响，因此本案例将该家庭的预期保障时间设到了 20 年。这期间正是李先生责任最重大的阶段，如果风险发生在这个阶段，对于家庭造成的影响也是最大的，因此首先应该将这个期间的保障做足。通过遗属需要法的计算，李先生的寿险保障额度为 60 万元。测算重大疾病保险额度应考虑的因素有以下几个。第一是重疾的医疗费用，一般会根据社保及各地医疗条件的不同，建议一个基本的需要补充的医疗费用（一般为 10 万元～30 万元）。第二是收入补偿，在患者生病不能工作的这段时间，因收入停滞或减少带来损失，而家庭的日常开销还需延续。一般罹患重疾至少需要两到三年的休息治疗时间。第三是后期疗养费用，比如吃营养品、请护工、理疗等，大概最少花费 4 万元～5 万元。如果社保及企业补充医疗中包含有重疾医疗赔付，则应减去该额度。医疗费用部分，是终生的需求，李先生可以考虑购买长期险；而收入补偿部分期限应与收入年限匹配。对于小雨的保险保障，除了北京市"一老一小"，还可选择国寿的学平险，并相应地补充一部分少儿重大疾病保险。少儿重疾可以选择定期重疾计划"爱心 1+1"卡。

综上所述，建议的保险计划如表 7-37 所示。

表 7-37 建议的保险计划

大人：43 周岁					
险种名称	保障期限	基本保额	交费期间	交费方式	保险费
人民人寿和谐人生 + 附加重疾	终生	20 万元	20 年	年交	6000 元
人民人寿精心优选定寿 + 定期重疾	20 年	60 万元 +20 万元	20 年	年交	4500 元
孩子：13 周岁					
险种名称	保障期限	基本保额	交费期间	交费方式	保险费
定期寿险 + 附加重疾	30 年	10 万元	30 年	年交	300 元
爱心 1+1	至 18 周岁	10 万元	至 18 周岁	年交	100 元

根据遗嘱需要法测算的寿险需求如表 7-38 所示。

表 7-38 根据遗嘱需要法测算的寿险需求

弥补遗嘱需要的寿险需求	本人
配偶当前年龄	40 岁
当前的家庭生活费用	6 万元
减少个人支出后之家庭费用	3 万元
家庭未来生活费准备年数	20 年
家庭未来支出的年金现值	60 万元
当前上大学 4 年学费支出	10 万元
未成年子女数	1 个
应备子女教育支出	10 万元
营养、康复费	5 万元
家庭房贷余额及其他负债	0
最终支出当前水平	75 万元
家庭生息资产	15 万元
遗嘱需要法应有的寿险保额	60 万元

(3) 养老金规划。

养老金的特性：稳定——承受不了高风险；足额——确保生活品质；可增长——抵

御通胀；不可挪用——刚性需求。养老金筹划一般包括三个方面：社保退休金、企业年金、自筹养老金。在此需先了解一个概念——养老金替代率。养老金替代率是指劳动者退休时的养老金领取水平与退休前工资收入水平之间的比率。它是衡量劳动者退休前后生活保障水平差异的基本指标之一。根据世界银行组织建议，要基本维持退休前的生活水平不下降，养老替代率需不低于70%。国际劳工组织建议养老金替代率最低标准为55%，我国社保养老金目标替代率仅为58.5%。由此可见，社保只能是保而不是包。目前设立企业年金的主要是有经济实力的国有企业、外资企业。由于制度安排的原因，企业补充养老金在我国社会保障体系中覆盖率比较低。对于个人来说，如果希望在退休之后生活品质不下降，还应该通过各种方式筹措个人养老金。但凡涉及理财，我们必须考虑资金的流动性、收益性以及安全性。鉴于之前提到的养老金的特性，建议李先生在投保一部分商业养老保险的基础上，再组合基金定投等较稳妥的长期投资工具。因为目前家庭年结余只有3.2万元，其中1.2万元作为教育金，1.08万元用作保障规划，剩下的结余只有一万元左右。考虑到2～3年李太太康复之后，还能通过一些轻压的工作增加一部分家庭收入，因此建议李先生在家庭财务情况好一些时再启动养老金规划。

第四篇
智能投顾

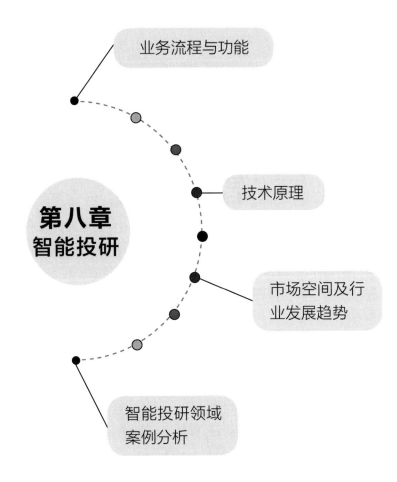

第八章 智能投研

- 业务流程与功能
- 技术原理
- 市场空间及行业发展趋势
- 智能投研领域案例分析

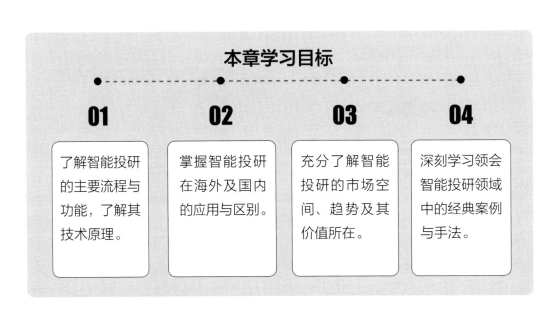

本章学习目标

01 了解智能投研的主要流程与功能，了解其技术原理。

02 掌握智能投研在海外及国内的应用与区别。

03 充分了解智能投研的市场空间、趋势及其价值所在。

04 深刻学习领会智能投研领域中的经典案例与手法。

> **本章简介**

本章主要通过信息搜索、数据/知识提取、分析研究、观点呈现等方面来介绍智能投研工具。

8.1 业务流程与功能

智能投研终极目标是实现从搜索到投资观点的自动跨越。智能投研流程可简化成四个步骤，如图 8-1 所示。①信息搜索：通过百度/谷歌、专业书籍、公告等寻找行业、公司、产品的基本信息。②数据/知识提取：通过万得、彭博等金融终端或者直接阅读公告、新闻获得数据/知识。③分析研究：通过 Excel 等工具和逻辑推演完成分析研究。④观点呈现：将分析研究的结果以 PPT、Word 等形式呈现。传统投研流程存在搜索途径不完善、数据获取不完整且不及时、人工分析研究稳定性差、报告呈现时间长等缺陷，而人工智能可以帮助每一个步骤提高效率，如智能搜索和智能资讯扩大有效信息来源，公告/新闻自动化摘要和上下游产业链分析提高数据/知识提取效率，事件因果分析和大数据统计分析完善研究方法等。未来，智能投研的终极目标，是自动实现搜索到投资观点的一步跨越。

图 8-1　智能投研的流程

现阶段智能投研工具与传统投研工具的本质区别在于交互体验、数据逻辑和自我学习优化能力。

1. 交互体验

传统投研工具如万得、彭博均是非图形化的类 Excel 表格界面，而 Kensho、数库科技等智能投研工具均是图形化界面，交互体验感更强，比如可以在图形界面上随意点击一个节点进行相关查询，非常利于投研效率的提高。

2. 数据逻辑和自我学习优化能力

由于传统金融数据服务商的数据是基于财务报表的逻辑关系，是静态存在的，因此没有自我学习优化能力，并且不能跨公司实现数据之间的逻辑关联；而 Kensho、数库科技所提供的数据服务，一方面具有静态基于会计逻辑的数据，另一方面可以实现数据的动态关联，并且这种动态关联可以跨公司和行业实现，通过海量数据、知识图谱和深度学习能力，机器可以发现事件与事件之间的关联关系，并通过知识图谱实现信息向决策的一步转化，并且这种转化过程是可以通过机器学习逐步自我优化的，甚至可以说会比人类做得更好。

8.2 技术原理

1. 网络爬虫

搜索引擎，例如传统的通用搜索引擎 AltaVista、Yahoo 和 Google 等，作为一个辅助人们检索信息的工具成为用户访问万维网的入口和指南。但是，这些通用性搜索引擎也存在着一定的局限性。

(1) 不同领域、不同背景的用户往往具有不同的检索目的和需求，通过搜索引擎所返回的结果包含大量用户不关心的网页。

(2) 通用搜索引擎的目标是尽可能大的网络覆盖率，有限的搜索引擎服务器资源与无限的网络数据资源之间的矛盾将进一步加深。

(3) 随着万维网数据形式的丰富和网络技术的不断发展，图片、数据库、音频、视频等不同数据大量出现，通用搜索引擎往往对这些信息含量密集且具有一定结构的数据无能为力，不能很好地发现和获取。

(4) 通用搜索引擎大多提供基于关键字的检索，难以支持根据语义信息提出的查询。

为了解决上述问题，定向抓取相关网页资源的聚焦爬虫应运而生。聚焦爬虫是一个自动下载网页的程序，它根据既定的抓取目标，有选择地访问万维网上的网页与相关的链接，获取所需要的信息。与通用爬虫不同，聚焦爬虫并不追求大的覆盖面，而将目标定为抓取与某一特定主题内容相关的网页。

网络爬虫是一个自动提取网页的程序，它为搜索引擎从万维网上下载网页，是搜索引擎的重要组成部分。传统爬虫从一个或若干初始网页的 URL 开始，获得初始网页上的 URL，在抓取网页的过程中，不断从当前页面上抽取新的 URL 放入队列，直到满足系统的一定停止条件。聚焦爬虫的工作流程较为复杂，需要根据一定的网页分析算法过滤与主题无关的链接，保留有用的链接并将其放入等待抓取的 URL 队列。然后，它将根据一定的搜索策略从队列中选择下一步要抓取的网页 URL，并重复上述过程，直到达到系统的某一条件时停止。另外，所有被爬虫抓取的网页将会被系统存储，进行一定的分析、过滤，并建立索引，以便之后的查询和检索；对于聚焦爬虫来说，这一过程所得到的分析结果还可能对以后的抓取过程给出反馈和指导。

目前网络爬虫的使用范围是比较广的，在不同的领域中都有使用，Python、Java、

C、C++等成为网络爬虫中比较主流的编程语言，其中Python的使用是最为广泛的，它有强大的第三方库，同时言语简单易懂。其中request库、beautifulsoup、re正则表达式、scrapy框架等是使用最为广泛的几种网络爬虫的技术。在进行网页的爬取时，也有几种分析算法可以使用，如拓扑分析算法、网页内容分析算法等。

2. 自然语言处理技术

自然语言处理是计算机科学领域与人工智能领域中的一个重要方向，旨在研究能实现人与计算机之间用自然语言进行有效通信的各种理论和方法。

基于自然语言处理技术的金融分析最早在20世纪80年代就已经有机构进行探索，但公认的开创性工作是谷歌在2003年申请的一项专利，这项工作证明了用新闻来预测股票价值的有效性，并解决了早期NLP中的一系列问题，例如指代消解、实体链接等。时间到了2011年，随着Twitter等社交媒体上数据量的暴涨，研究机构发现通过分析Twitter等社交媒体上的公众情绪，可以显著提高道琼斯工业指数的预测准确度。

随着非结构化信息的快速膨胀，资管公司很难通过传统的投研方式来阅读海量的报告。平均每个行业研究员每天需要花费8小时以上在阅读、消化、整理这些非结构化文本资讯信息上，覆盖的公司数量也在数十家规模。超过这个数量，一个人的力量很难应付得来。这显然成为自然语言处理技术大显身手的领域。

从2016年开始，谷歌开始逐渐用神经机器翻译模型取代传统基于短语的整句机器翻译模型，借助海量数据的优势，目前500行神经网络模型代码的效果已经可以取代之前基于短语的机器翻译模型的950万行代码；从2015年开始，各种形式的注意力机制被融入自然语言处理模型中，目前已经被广泛应用于句法分析、阅读理解、单样本学习等任务中。当前自然语言处理任务所面对的主要数据来源和对应的特点，包括公司公告、研报、财经新闻、社交媒体等，各类数据的长度和更新频率也明显不同。不同来源数据的频率不一致，因此不同数据源会影响不同的市场周期。一般而言，频率低、权威性高的文本往往会产生深远而持久的影响，而高频数据则主要反映市场短期的波动性。虽然要让机器真正达到对语言语义完全理解的水平还需要时间，但是这些语义分析技术在当下已经可以帮助我们实现不少微观层面的辅助分析功能。

自然语言处理技术是计算机能够根据语音识别的结果进行学习、理解和生成人类语言，并根据语言理解的结果进行智能处理的技术。自然语言处理是体现智能客服系统智能性的关键技术，是智能客服系统可以像人一样理解客户需求，并为客户处理业务的根本保证。传统的自然语言处理技术是基于语言的规则，根据语言的语法对语言结构进行分析，利用语法约束计算机的行为，从而使计算机能够理解自然语言，这种方法的本质就是模式匹配。而随着人工智能技术如机器学习算法、基于人工神经网络的深度学习技术以及计算机计算能力的提升，更多的研究者根据实际应用的需求将先进的机器学习算法，尤其是深度学习技术应用在自然语言理解中，极大地推动了自然语言处理技术的发展。

同时，在金融业智能客服系统中，简单基于语法的模式匹配和传统模拟人脑结构的人工神经网络算法，并不能得到很好的自然语言处理效果。因为在智能客服系统的语言分析过程中，通常要以对话情景和主题为基础，使用常识性的知识和词汇，生成容易被客户理解的自然语言。这个过程相对比较复杂，使用深度学习算法可以较好地解决这一问题。

3. 知识图谱

人工智能获取知识，如何迅速直接地调用、运用于投研活动呢？这需要效仿人类大脑记忆知识的方式，机器也需要有一种存储知识结构的载体。

知识图谱本质是一张由知识点相互连接而成的语义网络的知识库，具体包括知识提取、知识表现、知识存储、知识检索四大分支。知识图谱的概念由谷歌在2012年正式提出，其本质上是由知识点相互连接而成的语义网络的知识库，其中图的结点代表实体或者概念，而图的边代表实体/概念之间的各种语义关系，旨在实现更智能的搜索引擎，在智能问答、情报分析、反欺诈等应用中发挥重要作用。尽管知识图谱概念是于2012年正式提出的，但从细分组成部分看，知识图谱可追溯到数十年前，具体包括知识提取、知识表现、知识存储、知识检索。

(1) 知识提取：利用自然语言处理、机器学习、模式识别解决结构化数据生成问题。

(2) 知识表现：重新组织结构化数据，通过逻辑推理使得机器能够处理的同时人也可以理解。

(3) 知识存储：进行大量的结构化数据管理，同时混合管理结构化和非结构化数据，比如图数据库、RDF数据库等。

(4) 知识检索：用语义技术提高搜索与查询的精准度，为用户展现最合适的信息。

再进一步说，知识图谱涉及技术非常多，比如知识收集中的实体关系识别技术、语义相似度计算、关键词提取等，知识表现中的知识推理、规则推理等技术。

知识图谱有自顶向下和自底向上两种构建方式。所谓自顶向下构建是指借助百科类网站等结构化数据源，从高质量数据中提取本体和模式信息，加入知识库中；所谓自底向上构建，则是借助一定的技术手段，从公开采集的数据中提取出资源模式，选择其中置信度较高的新模式，经人工审核之后，加入知识库中。

在知识图谱技术发展初期，多数参与企业和科研机构都是采用自顶向下的方式构建基础知识库，例如，Freebase项目就是采用维基百科作为主要数据来源。随着自动知识抽取与加工技术的不断成熟，目前的知识图谱大多采用自底向上的方式构建，其中最具影响力的例子包括谷歌的Knowledge Vault和微软的Satori知识库，其都是以公开采集的海量网页数据为数据源，通过自动抽取资源的方式来构建、丰富和完善现有的知识库。

高质量大规模开放知识图谱正在大力建设中。目前，世界范围内知名的高质量大规模开放知识图谱,包括 DBpedia、Yago、Wikidata、BabelNet、ConceptNet、Microsoft Concept Graph,以及中文开放知识图谱平台 OpenKG。其中,中文开放知识图谱联盟 OpenKG 已经搭建有 OpenKG.CN 技术平台,目前已有 47 家机构入驻,如 Zhishi.me、CN-DBPedia、PKUBase 等,包含了医疗、金融、城市、出行等 15 个类目的开放知识图谱。

通过知识图谱相关技术,机器可以从招股书、年报、公司公告、券商研究报告、新闻等半结构化表格和非结构化文本数据中批量自动抽取公司的股东、子公司、供应商、客户、合作伙伴、竞争对手等信息,并构建出公司的知识图谱。当某个宏观经济事件或者企业相关事件发生的时候,投资者可以通过知识图谱做更深层次的分析和更好的投资决策。随着知识图谱相关技术逐步发展并应用,不仅可以进一步完善数据的丰富度和准确度,还可以加速数据标准化、关联化的建立,进而促进搜索向投资观点的一步跨越。

知识图谱是 Kensho 的核心技术,Kensho 专注于通过机器学习及云算法搜集和分析数据,然后将其组织成有序的知识图谱,并通过自然语言处理技术理解和解答复杂的金融问题。Kensho 能取代部分人类知识密集型的分析工作并且从数据中学习新的知识,提供快速化、规模化、自动化的分析结果,自动分析推导海量数据对资本市场各类资产的影响,把长达几天时间的传统投资分析周期缩短到几分钟。

8.3 市场空间及行业发展趋势

全球金融数据市场的规模达到 260 亿美元,全球的资产管理规模约为 80 万亿美元;由证券业协会统计的国内资产管理行业的规模约为 50 万亿元,而金融数据行业的规模仅为 20 亿元～30 亿元,与海外市场相比,市场潜力巨大。

智能投研对于数据服务商来说可以提升数据采集的自动化程度,增加数据功能模块。彭博、汤森路透是全球市占率最高的两家金融数据公司,其优势在于数据全、颗粒度细、服务好,但价格比较高。商业模式也较为类似,除了提供数据终端之外,也是财经媒体,拥有自己的电视台、电台。CaptitalIQ、Factset、MorningStar 与头部的两家公司形成一定的差异化竞争,虽然数据不够全,但在细分领域上做更深的数据挖掘和加工,且价格相对便宜。国内金融数据服务市场的集中度更高,基本处于万得一家独大的状态。在智能投研领域有大量的创业公司。这些创业团队一般都具有人工智能的技术背景和金融行业从业经历。国内外主要的金融数据服务商如表 8-1 所示。

表 8-1 国内外主要的金融数据服务商

区域	主要机构
海外	彭博、汤森路透、CaptitalIQ、Factset、MorningStar
国内	万得、东方财富、同花顺、恒生聚源

对于互联网巨头来讲，智能投研具有明显的数据优势，可提供独家因子给量化基金。BAT 在人工智能领域均有布局，重点放在通用的基础技术研发上。其中蚂蚁金服在金融行业的布局较广。蚂蚁金服在底层通用技术的研发包括人脸识别技术、图像识别技术、自然语言处理等，应用在泛金融场景中的包括智能客服、智能营销、智能推送、智能定损、安全风控等。从整个资产管理行业来看，蚂蚁金服在获客、客户运营方面有优势，在投研领域，互联网巨头在另类数据方面有明显的优势，可以提供独家的因子给投资机构。

就投资而言，外部第三方以提供数据工具为主，具体落地到投资策略制定和交易执行一般在投资机构内部。投资机构通常会从外部采购标准模块，叠加内部投资策略，构建内部智能投研系统。海外智能投研使用已经较为普遍。成熟的金融市场有充足的投资工具，运用人工智能的量化投资已积累了一定量的历史数据。部分由人工智能管理的基金取得了超过业绩基准的超额收益。国内的资本市场仍处于发展早期，历史数据和交易工具比较缺乏，前几年推出的大数据基金并未取得理想的业绩表现。目前国内创业公司、基金公司、数据服务商积极参与智能投研。国内智能投研逐渐兴起，如包括通联数据的萝卜投研（帮助分析师提高处理信息、快速挖掘投资线索的能力，产品包括智能咨询、智能搜索、智能财务模型）、数库科技（提供数据关联化、智能化服务）、文因互联（致力于用人工智能解决金融数据分析问题，产品包括智能搜索引擎、自动化报告等）等创业公司。值得一提的是，部分基金公司对智能投研的尝试越来越多，如天弘基金 2015 年建立了业内领先的投研云系统，其中的信鸽和鹰眼两大系统分别为股票和债券投研提供精准支持；嘉实基金 2016 年成立了人工智能投资研究中心，构建可扩展的智能投研平台，为系统化的科学投资决策提供支持；华夏基金和微软亚洲研究院战略合作，双方将就人工智能在金融服务领域的应用展开战略合作研究。需要注意的是，由于国内金融数据较于国外存在数据不丰富甚至残缺的致命缺陷，数据标准化、关联化的建立显得至关重要，因此国内数据服务商，如万得、东方财富、同花顺、恒生聚源等公司是推动智能投研发展过程中的重要力量。

国内参与智能投研的创业公司、基金公司、金融数据服务商如表 8-2 所示。

表 8-2　国内参与智能投研的创业公司、基金公司、金融数据服务商

创业公司	文因互联	成立于 2013 年，2016 年获 Pre-A 融资，致力于用人工智能解决金融数据分析问题，产品包括智能搜索引擎、自动化报告等
	数库科技	成立于 2009 年，2015 年获京东金融数千万美元投资，为金融机构提供大数据关联化、智能化服务，核心产品包括 SAM 行业分析工具和基于 SAM 的产业链分析工具
	萝卜投研	成立于 2016 年 9 月，通联数据旗下公司，帮助分析师提高处理信息、快速挖掘投资线索的能力，产品包括智能咨询、智能搜索、智能财务模型

续表

基金公司	天弘基金	2014年6月天弘基金成立大数据中心，2015年建立信鸽和鹰眼两大系统分别为股票和债券投研提供精准支持
	华夏基金	2016年6月，华夏基金和微软亚洲研究院进行战略合作，双方将就人工智能在金融服务领域的应用展开战略合作研究
	嘉实基金	2016年，嘉实基金成立了人工智能投资研究中心，致力于将最先进的科技元素加入投资分析和决策过程中，为系统化的科学投资决策提供支持
金融数据服务商	万得	机构投资者覆盖最广的金融数据服务商，覆盖国内外多项经济指标和公司数据，为智能投研打下基础
	同花顺	拥有大量C端用户，通过i问财知识库构建知识图谱
	恒生聚源(恒生电子控股)	恒生聚源产品智能小梵，提供精准数据提炼和智能咨询分析服务

国外参与智能投研的数据服务商如表8-3所示。

表8-3　国外参与智能投研的数据服务商

公司	简介
Kensho	成立于2013年，累计融资超1亿美元，专注于寻找事件与资产的相互关系，同时预测资产价格走势
Trefis	成立于2007年，累计融资300万美元，专注于细分公司各个产品/业务并预测公司收入
AlphaSense	成立于2008年，累计融资3500万美元，是一款为专业投资人士设计的智能搜索引擎
Visible Alpha	成立于2012年，投资方包括高盛、美国银行、花旗银行等，设立专有的新数据集和工具套件，增强机构投资者对公司未来基本面的量化见解能力，2017年收购ONEaccess，将其集成到Visible Alpha的平台中，以改善发现、跟踪和评估工作流程
Dataminr	成立于2009年，累计融资1.83亿美元，通过将Twitter等公共来源上获取的实时数据转化为可付诸行动的信号，为金融和政府等机构服务

1. 市场空间

要从数据服务广义的角度看智能投研的市场空间。

(1) 如果仅从投资机构的付费能力看，智能投顾的市场空间有限。头部的券商和具有一定资产管理规模的投资机构是收入的主要来源，机构数量和资产规模成为主要的限制条件。目前国内传统的金融数据服务被万得基本垄断，市占率超过80%，万得2016年的营业收入为13.3亿元，整个市场规模在20亿元～30亿元。

(2) 增量空间投资机构需求的多元化。在数据层面，从传统的结构化数据向非机构化数据拓展，而非结构化数据的规模占到80%。在服务层面，在数据功能上要不断完善，提高自动化程度，减少简单重复的人工作业；此外数据服务与软件服务相结合，形成综合性的投资管理平台。

(3) 增量空间目标客户的多元化。从金融行业领域来看，除了投研部门之外，金融数据服务的对象丰富，包括投行业务部门、银行信贷部门、监管审核部门等。其他潜在客户还有媒体、企业、政府、法律机构等。

资产管理行业是智能投研的主要客户来源，资产管理行业的机构数量、资产规模决定了智能投研行业的收入规模。根据调查数据统计，截至 2018 年年末，资产管理业务总规模约为 50 万亿元，其中包含了公募基金、私募基金、基金子公司、证券公司及期货公司。从增速来看，由于近两年宏观经济增速下滑、资本市场波动及监管趋严等因素影响，资产管理规模增速放缓，其中 2018 年整体规模有所下滑，但从 2014 年以来，规模的复合增速达到了 25%。随着资产管理行业成熟度提升，更多机构 (保险机构、外资机构等) 和资金 (养老金、居民储蓄等) 进入资本市场，资产管理行业规模长期将保持增长态势。

一方面，投资机构通过自动化程序不断提升运营效率，包括投资研究和交易；另一方面，投资交易的风格越来越偏被动和量化，逐渐降低人为主观操作的比例，或者说通过技术手段更好地执行投资经理的投资策略，这些需求都会提升投资机构的科技投入。具体来说，β 收益产品要求更低的管理成本和交易成本，提升跟踪标的的准确度，α 收益产品的管理难度不断提升，需要持续发现新的、有效的投资策略才能获取超额收益。Smart β 产品介于主动及被动管理之间，人工智能可以帮助该类产品进行动态的因子调整，进一步提升获取超额收益的可能性。

传统的金融数据服务公司在数据积累及客户资源上具备优势，通过外部并购优秀的创业公司可提升数据产品能力，利用最前沿的人工智能技术，赋能已有的数据业务，增强客户黏性、做大收入规模。例如标普全球公司最近两年连续收购了固定收益技术供应商 Algomi、替代数据技术公司 UrsaSpaceSystems 和 Kensho 以及机器学习与分析公司 PanjivaInc。

尽管海外金融数据市场非常成熟，头部几家公司基本都有数十年的历史，但在一级市场上仍有大量的初创公司在细分领域进行探索，运用自然语言处理、知识图谱等人工智能技术开发差异化的数据产品。

2. 行业发展趋势

从技术角度看，目前的智能投研对于事件与资产价格之间关系的判断是基于对历史事件的学习，尚无法自动对新出现的事件进行分析，即智能投研尚未形成逻辑推理能力；同样因为不具备逻辑推理能力，智能投研仅能展示实体之间的联系，但无法完全区分这些联系是因果性还是相关性等；智能投研的人机交互友好性有待提高。因此，在一定时间内，智能投研与分析师之间不会形成竞争关系，而更多是相辅相成的关系。分析师借助知识和逻辑对智能投研揭露的联系进行解释，而智能投研基于对更全面、详细的数据的处理，为分析师节约出大量时间，将精力用于分析和决策。但是在更遥远的未来，随着自然语言处理、知识图谱、因果推理等技术的发展，智能投研的自主推理、思考能力会更强，很有可能具备独立提供投资建议的能力，从而彻底解决信息海量增长下人工研究全面性、稳定性较差等问题。

从产品及业务角度看，由于技术壁垒及复合人才缺乏等原因，智能投研产品落地缓慢；虽然一些传统金融机构已率先开展或积极布局智能投研业务，但仍存在部分机构对智能投研的概念模糊，对其潜力认知不足等。

在人才方面，传统金融机构和金融服务供应商将愈加重视人才驱动战略，建设专业化、多元化、复合化的人才队伍；在技术方面，传统金融机构将通过合作、收购等更加多元化的方式获取智能投研相关技术。事实上，智能投研不仅能够为个别分析师提升效率和效益，还有望基于专家系统将优秀研究员的行业经验、思考深度、分析能力等个人属性上升到组织属性，进而提高整个机构的投研效率和效益。

从技术本质上看，智能投研的应用领域不仅限于投资研究，其对海量信息的提取和关联等能力使其具备进入合规、监管等领域发展的潜力。

总结来说，智能投研定位于更好地辅助投研人员，未来随着技术的继续发展，在金融行业的渗透率将进一步升高，具有广阔的发展空间。

8.4 智能投研领域案例分析

1. Kensho 公司

Kensho 是一家以数据分析和机器学习为主的创新科技公司，其主要提供服务的行业和部门有：金融、医疗健康、国家安全等。Kensho 在 2013 年成立，目标在于日后成为金融领域的谷歌，能够实时回答用户一切关心的投资问题。它在金融领域的成就更为大众所熟悉，其分析软件 Warren，以大数据为基础，借用机器学习和自然语言处理技术，将数据和相关信息进行整合，给出相应的决策，并且发挥知识图谱的作用，将数据之间进行智能化关联，确保决策的准确性，大大减少了投资分析者的工作量，同时也保证了结论的客观性。2018 年 3 月 7 日，Kensho 被标普全球以 5.5 亿美元进行了收购，这也是华尔街目前为止最大规模的人工智能的收购交易之一。如今，我国也在大力推广金融智能化产业的发展，在这种良好的政策支持之下，传统投研的智能化趋势也成为必然。Kensho 的成功之处也给我国提供智能投研服务的公司提供了宝贵的经验。

Kensho 自 2003 年成立后，累计融资超过 1 亿美元，2017 年获得了标普全球 B 轮领投的 5000 万美元，并于 2018 年被标普全球收购。Kensho 的主打产品，是叫 Warren 的金融数据收集、分析软件，拥有强劲的云计算能力、良好的人机交互界面和深度学习能力。据福布斯介绍，在能够找全数据的假设下，对冲基金分析师团队需要几天时间才能回答的问题，Warren 可以通过扫描超过 9 万项全球事件，如药物审批、经济报告、货币政策变化和政治事件及其对地球上几乎所有金融资产的影响，立即找到超过 6500 万个问题组合的答案。可以看到，Kensho 试图构建最全的国际事件数据库及知识图的综合图表模型，解决了当今华尔街投资分析的三大挑战，即速度、规模和自动化。

Warren 具有快速的计算能力、良好的人机交互性、强大的深度学习能力。

1) 快速的计算能力

Warren 搭建于纳斯达克 OMX FinQloud，这是一个专门为金融服务部门设计的云计算平台，不仅可以加强云计算能力，还能够提供满足金融服务特殊安全和监管要求的技术支持。基于此，Warren 能高效完成分析师难以快速做到的信息收集、挖掘等工作，Warren 获得的信息可能是传统分析师的数倍之多，分析速度是分析师的数百倍。

2) 良好的人机交互性

只要输入直白正确的问题，Warren 就会提供精确的答案。比如输入，当苹果公司发布新 iPad 时，哪家苹果公司的供应商股价上涨最多？会得到答案，是为 iPad 内置摄像头生产传感器的豪威科技股份有限公司。

3) 强大的深度学习能力

根据各类不同问题积累经验，逐步成长，强大的学习能力让 Warren 越用越聪明，提出的问题越多，Warren 学会的东西越多，这也是云计算系统与普通硬件计算系统的差别。

Warren 的出现有望如同电报、互联网的诞生一样进一步削弱市场不对称性，加快信息传导速度。一方面其能削弱金融市场的不对称性。Warren 将传统的专业分析师小范围独享的资产价格预测分享给更多普通人，削弱市场的不对称性，同时也削弱了专业金融机构相对于普通投资者的获利优势。另一方面其能加快信息在金融市场的传导速度，从而使得金融市场更受信息影响。由于 Warren 获取信息的速度是专业人员的数倍之多，分析速度是专业人员的数百倍，因此 Warren 的出现如同电报、互联网的出现一样，进一步加快了信息在金融市场的传导速度。如同 19 世纪出现的电报，20 世纪出现的互联网一样，极大改变金融投机行为性质，大幅降低具备信息优势的机构的获利能力，我们有理由相信，如果 Warren 可以使得资产价格以更快、更大程度反映"所有可以获得的信息乃至决策后的结论"，那么现代金融投机行为性质将再次发生改变。

但是，其明显的缺点就是，尽管 Warren 具备基础问答能力，然而目前来看，还存在人机交互和因果逻辑混乱等致命缺陷。一方面，其无法自我形成新因果关系。现阶段的 Warren 更像一个数据收集、图形化呈现的工具，并不能任意提供分析师决策。Warren 只能做到变量延展，但却无法替用户去逻辑推理事件可能的影响因素，一切背后的关系还需要用户自己去发现。另一方面，其无法区分是因果性还是相关性。

Warren 和金融分析师在相当长一段时间里是相辅相成而不是竞争的关系。Warren 尚无法做到金融分析的完全自动化，未来很长一段时间也无法完全替代人类分析师。尽管 Warren 能搜集更全面、更详细的数据，并提供简单的分析和以图形化方式呈现，但是更高级的思考模式，比如理解事件和资产之间更深层次的因果逻辑，理解变量之间的相关性，Warren 是不能办到的。从某种意义上说，Warren 和金融分析师在相当一段长时间里是相辅相成而不是竞争的关系，依靠 Warren 可以大量释放金融分析人员的生产力，能够让其有更多的时间去思考并决策。

总结来看，Kensho 能够在众多的科技创新公司脱颖而出，主要是因为以下三个方面。

(1) 数据库基础深厚，具有很强的行业壁垒，普通的创业公司根本无法做到。Kensho 的主打产品 Warren 的数据库是基于纳斯达克的 OMX FinQloud，这使得 Warren 避免了从零开始搭建数据库的困难，技术人员需要做的是如何把数据进行扩充和针对数据的有效性进行优化。这相对于其他科技初创公司已经是极大的进步，这也体现了智能投研所需要的第一个基础——数据库，这个壁垒没有办法攻克的话，是没有办法在此基础之上进行进一步的数据匹配的。

(2) 智能投研中可以输入多种数据分析模型，比如一些回归分析和财务模型等。在相关有价值的资讯整合中，可以采用自然语言处理技术实现数据库内部的智能搜索步骤，把类似的事件和相应的数据进行整合，从而大大增加产出的客观性。此外，还可以采取情感分析技术对一些非数据的文本进行分类，这样能够使得机器抓取的信息不单单局限于普通的数据，还包括一些照片和社交平台的资料等。

(3) 面对用户前端的智能机器人回答技术。公司产品 Warren 是类似于谷歌搜索引擎的金融分析软件，用户只需以通俗易懂的语言来询问 Warren 金融问题，比如"台风对建筑行业股票价格的影响是怎样的"，随后便会将问题转换成机器能够识别的信息，并寻找云数据库与互联网中的各类相关数据与事件，运用大数据技术进行分析，并根据市场走向自动生成研究预测报告，回答投资者的问题。Warren 的强大功能使得用户不再需要有专业的金融知识，也不需要设置复杂的参数和配置算法，就可以得到类似于金融分析师分析的结果，让更多的人能够以较低的门槛获得专业的分析结果。

从业务线的角度来看，Kensho 采取金融机构和商业媒体双管齐下的方式，并且未来有望拓展至政府部门。Kensho 主要包括两条业务线：①利用历史数据帮助大型银行和其他金融机构分析诸如地理、天气等因素带来的风险敞口；②帮助全球商业媒体承担事件分析业务。目前，公司已经和谷歌、S&P 等机构达成战略合作关系，它们不仅是 Kensho 的风险投资者，亦是合作伙伴，如 B 轮融资领投机构 S&P 将为 Kensho 分析平台提供全球市场情报数据，在此基础上双方将合作开展未来产品开发，将新的创新能力推向市场，此外 S&P 将拥有 Kensho 的一个董事会观察员席位。与此同时，Kensho 作为 CNBC（美国 NBC 环球集团旗下的全球性财经有线电视卫星新闻台）的独家分析提供商，其数据可视化分析每天在 CNBC 上播放多次。当然，商业媒体的核心竞争力是某事件发生之后以最快的速度给出一个站得住的分析结论，该属性使得 CNBC 对 Kensho 的分析能力不会有过高要求，而会更加注重分析速度。

2. 天弘基金信鸽系统和鹰眼系统

作为公募行业资产管理规模最大、客户数最多的公司之一，天弘基金在数据采集方面有着独特的优势。根据天弘余额宝基金 2018 年半年报披露信息，该基金持有人数量高达 5.59 亿人。余额宝是货币基金，持有人申购/赎回相对其他类型基金频繁很多。假设每位持有人一年申购/赎回合计 20 次，5.59 亿持有人一年合计就是 111.8 亿次申购/赎回，如何高效、快速、准确地处理持有人申购/赎回申请便是首先需要解决的问题。

天弘基金设立行业首家基于云计算的去 IOE 大型结算系统——天弘基金云直销系统，借助先进的阿里云计算平台，用互联网的技术和理念保证金融数据的安全流动，不但让用户对后台技术的复杂程度无感，且极大提高了业务处理效率和数据容量。天弘基金云直销系统支撑亿级用户和一天数亿笔交易，且每秒能处理数千笔并发交易，清算时间不到一小时，即使是在历年"双十一"网购狂欢节，客户使用余额宝支付的成功率也高达 99.99% 以上。

天弘基金成立了行业领先的大数据中心，拥有百亿级以上的数据处理能力，可以利用科学而复杂的数据模型，描绘出真实的用户肖像和用户习惯，例如，客户在不同市场环境下偏好什么不同类型的基金产品。天弘余额宝上线以来，累积交易金额已达到十万亿级，累积交易笔数百亿级，天弘基金大数据中心储存的核心交易数据超 800TB。大数据中心主要围绕客户交易行为进行数据挖掘、分析和运用，包括围绕余额宝客户行为展开的流动性管理大数据分析，基于在线销售基金产品的客户交易行为分析，例如在"双十一"购物节的时候有多少客户使用余额宝进行支付，或者有多少客户在发工资之后将买入多少金额的余额宝等客户行为数据，并依据这个数据进行余额宝基金的投资管理。

为了避免工作人员受到情绪等主观非理性因素影响，天弘基金信用研究团队利用"人脑+大数据"的组合，把复杂的巨量数据线性和非线性计算与归纳的工作交给机器。这样在提升其投研能力的基础上，提高计算准确度，辅助投资者决策，尽全力为投资者防控投资风险，带来持续稳定的收益。

金融科技助力天弘基金传统投研模式升级，主要体现在三方面。

(1) 宏观层面建立了基于大数据和大计算的资产配置系统。

(2) 系统性的核心功能是对宏观变量和资产价格之间的历史关系做全面、精准的描述，并且可以实现定制化筛选，为投研人员二次提炼规律提供先进的统计基础。

(3) 从微观层面利用大数据和互联网技术，结合内外部研究资源和数据资源，实现信息处理科技化、智能化、定制化。

天弘基金投研云系统就是人工智能在投研系统的典型应用。该系统包括两大部分：信鸽系统与鹰眼系统。信鸽系统通过垂直搜索结合网络爬虫技术，实时抓取上市公司新闻和公告，为投资者提供及时准确的股票资讯，辅助投资者决策。鹰眼系统则通过实时抓取互联网信息，利用智能分词、情感学习等机器学习技术实现对债券主体、上市公司、行业动态、存款风险、债券折算率变化、债券等级变化、公司关联关系的互联网舆情变化进行实时监控，可以模拟人脑阅读新闻，对自动抓取的新闻进行准确的分析。

相比于互联网和第三方数据，这种数据获取方式更及时，其数据可信度、准确性也更高。目前为止，"鹰眼"系统在主动持仓方面保持零风险记录。在不断进行系统优化升级之后，该算法的准确率已经达到 96.7%。而"信鸽"系统，则是覆盖了 2800 家上市公司、一行三会、发改委、财政部、行业资讯网站、微信公众号和研报系统七大信息源，能够帮助用户在纷繁复杂的数据海洋中第一时间，以极低的成本获取精准的多维度数据，从而为客户的投资决策提供更有价值的建议。

3. 文因互联对金融数据的智能化分析

成立于 2015 年年底的智能投研服务商文因互联，旨在利用知识图谱技术，对金融数据进行结构化提取和智能化分析，帮助金融从业者提升工作效率，创造更多价值。公司主要提供自动化公告摘要、自动化研报摘要、自动化报告写作、金融查询机器人、金融搜索等智能金融核心工具。对纷繁复杂的数据进行处理，归纳总结出金融知识和逻辑，辅助解决各种金融场景下的问题，承担这样的转换工作的，是文因互联研发的数百个能力模块。有从非结构化数据提取结构化信息点的模块，能够通过自然语言理解技术把 .pdf、.word 格式的报告、研报、新闻，转换成结构化信息；也有利用知识图谱技术对信息进行融合、归纳与演绎的模块；还有利用自然语言生成与摘要技术转换信息形式的模块。

智能投研可总结为两种发展模式——扩展数据类型与体验优化升级。扩展数据类型主要是指扩展传统的数据，或是将另类数据结合传统投研数据，以提供投研分析新模型。体验优化升级是指不改变原有投研数据类型，通过知识图谱等技术，改善数据清洗、提取、分拆过程，提高投研效率。文因互联选取了第二种模式。除了文因互联，同类公司还有萝卜投研、数库、因果树等。

文因互联在体验优化升级领域中，技术上的优势主要体现在 NLP 算法和知识图谱上。文因互联可以基于 NLP 算法，做新词的自动发现、提取和校验，补充更新知识图谱，将知识图谱的颗粒度不断变细。之所以可以做到这一点，是因为文因互联具备从 PDF 中提取文本的能力。文因的知识图谱生成技术，完成的是从自然语言的报告到结构化数据，再从结构化数据生成知识图谱的工作。其中既需要处理大段的人类自然语言描述，也需要对大量的描述视觉元素的机器自然语言进行提取。从文本到结构化数据的能力模块进行的是多种常见的自然语言处理（NLP）任务。这些任务包括单独的信息点抽取问题，关注报告中包含的公司基本信息，例如公司名称、高管名字、行业描述等。财务报告的复杂性除了体现在多样的人类自然语言表达上，也体现在展示形式的多样上——财务报告从来不是纯文本，其中还包含着大量用机器自然语言表示的图表，而这一类问题可以与计算机视觉问题做类比。在金融领域，文本大多是以PDF文件的形式存在的，因此金融领域的数据入口是从PDF中提取文本，但从PDF中提取文本的技术门槛较高，这也是许多公司无法涉足金融文本结构化的原因。文因互联的数据库里，已经提取了超过一万七千条上市公司信息、超过三十七万条高管信息以及超过四万条业务与产品描述，还有成对、成组出现的信息变动分析问题：从海量的文本里，找出分析师可能关心的三百余个财务指标是否出现变动、变动趋势以及变动原因。

在金融问答场景下，除了事实类问题（比如某公司股价/资本积累率/实际控制人）之外，最常见的还有三类问题：第一类是关于行业里有哪些公司（某公司的相似企业有哪些），第二类是行业规模，第三类是行业的产业上下游。这时，知识图谱方法相较于检索式方法的优势，体现在能够从有复杂条件的问句里提取出多种条件，并从图谱中找到满足条件的精确答案。

在文因互联的智能问答系统里，从用户问出一个自然语言的问题到收到一个自然语言的答案，要经历三个过程：意图识别、查询规划以及答案生成。

意图识别用到了分词、词性分析、实体识别、句法分析、语义分析等基础的自然语言模块。在意图识别之后，查询规划负责生成类似数据库查询语言中的SQL语句。这时，只要文因的知识图谱里有相关的信息，获取答案本身就变成了技术相对成熟的数据查询问题。最后，答案生成会利用规则与模板进行语言组织来回答相关的问题。除了封装好的问答系统，企业用户也可以从文因云上，自行选择所需的能力模块拼接成所需的产品。数据咨询公司将研报搜索功能融入自己的产品中，能够让其数据产品的用户在搜索研报之外，还能够搜索研报的特定图表和部分区域，这相当于将分析师的工作前置，融入搜索之中。有大量公告发布需求的金融业核心机构，使用公告摘要功能，能够快速地得到一份由机器提取关键信息点并按照规定制式组织语言而成的摘要，这是帮助机构员工节省时间与迅速提高效率的手段。

4. 通联数据

通联数据股份公司是由金融和高科技资深专家发起，中国万向投资成立的一家金融资讯和投资管理服务公司，致力于通过新一代的信息技术和投资理念打造国际一流的、具有革命性意义的金融服务平台，为客户提供更专业和更全面的服务，并让客户享受到全新的用户体验。萝卜投研是通联数据旗下，应用人工智能和大数据技术，构建开放、分享、高效的智能投研平台，辅助用户在证券研究过程中高效处理信息、快速挖掘投资线索，为投资决策提供重要支持，帮助机构沉淀积累碎片化的研究成果，构建投研团队核心竞争力。

基于深度金融搜索引擎，通联数据拥有国内最庞大的数据库，以底层海量数据为依托，运用人工智能技术，通联数据正努力把萝卜投研打造成投资领域中的"谷歌"。在金融投资纷繁复杂的海量信息面前，许多投资人并不能高效处理各路信息。萝卜投研的优势，一方面可以突破人脑的容量局限，另一方面可以提升大家对于信息反应的时效性，并且能够借助一些机器模型的工具，提升研究员和投资顾问对于投资事件的反应速度与理解深度。

萝卜投研的主要模板包括以下几个。

(1) 智能搜索：以公司积累的海量金融数据和另类数据为基础，根据用户搜索意图，智能展示投资相关信息，包括财务数据、业务数据、竞品数据、研报图标摘录等。

(2) 投研工具：用户可在线构建投研框架，用可视化方式展示行业分析逻辑，对数据进行动态计算、图表分析、异动跟踪与提醒。

(3) 财务预测：通过机器学习技术建立财务分析模型，结合多维度信息进行盈利预测，形成标准化模板，辅助用户对上市公司进行估值。

萝卜投研的优势与亮点在于，首先其金融数据积累丰富，覆盖公司数据和另类数据。数据作为投研工作的基础原料，其重要性不言而喻，通联不仅积累了大量的宏观数据，对于数据的二次清洗工作也十分细致，比如其能够提供上市公司公告更正前的原始数据，这在国内较为少有。另外萝卜投研以私募基金投研需求为发力点，率先使用机器学习技术为私募基金提供量化策略、定价模型等小应用，提高基金的投研效率，并积累了大量基金公司客户。萝卜投研的另一个优势在于其股东背景深厚，有万向集团金融全面布局，其公司为万向集团全资控股。万向集团成立于1969年，集团核心企业万向钱潮已上市，通联大股东万向控股涉足信托、租赁、支付、金融信息服务、区块链等多项业务。

萝卜投研还在诸多其他方面进行大胆的探索，把最新的AI技术嵌入获取信息、机会监控、研究预测、撰写报告的整个研究过程，从研究场景出发，尝试去提升投资研究的效率，并且期望人类借助这样的平台逐渐提升知识方面的积累，真正实现人机之间的交互与交融。

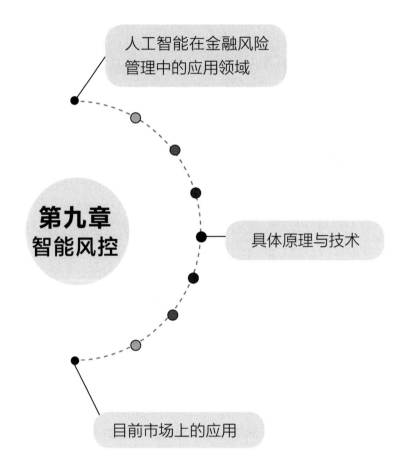

第九章 智能风控

- 人工智能在金融风险管理中的应用领域
- 具体原理与技术
- 目前市场上的应用

本章学习目标

01 了解资本市场使用人工智能技术的实用性与广泛性，掌握经济大数据、动态变量与智能分析之间的联系。

02 了解什么是神经经济学、神经网络与机器学习及运用。

03 掌握计算机代理、仿真模拟与人机合智的特点，了解意见汇总、专家模拟与关系建模。

04 了解目前市场中哪些公司或领域运用此项技术。

> **本章简介**

本章介绍人工智能作为一种新的风险管理技术,被广泛应用于信用风险评估、投资风险管理、财务风险管理、市场风险预测与系统性风险预测等领域。

9.1 人工智能在金融风险管理中的应用领域

随着经济行为日益具有非线性和不确定性,金融风险越来越复杂和难以预测。人工智能作为一种新的风险管理技术,日益被广泛应用于信用风险评估、投资风险管理、财务风险管理、市场风险预测与系统性风险预测等领域。

1. 信用风险评估

就现代经济而言,信用风险评估一直是经济领域的关注焦点。在传统统计模型信用评估中,定性因素代表难以量化或者无法量化的方面,对个人信用评估非常困难,然而,人工智能却能使之变得容易。与传统方法相比,人工智能信用评估模型具有更好的性能,尤其是分类准确性大大提高。信用评估最重要的是确定贷款人是否已偿还先前的贷款和当前的财务状况,这样才能区分"好的"与"坏的"债务人,这一任务具有重复性与非结构性特征,工作量远远超出了人类的能力。就特点而言,人工智能信用评估具有速度性和准确性等优势,提供了判断系统、统计模型与简单直观经验等。相关研究发现,人工神经网络和支持向量构建的银行信用风险预测模型,能有效区分与评估债权人,大大改善信用评估过程与评估等级。

2. 投资风险管理

从特点来看,经济投资具备跨时间和跨领域等特点,决策者需要为金融组织确定最佳投资方案。投资组合管理是非常重要的经济活动,涉及许多复杂的决策过程。目前拥有数量众多的金融工具,可以合成的投资组合呈天文数字,尽管这些工具不约而同存在较大局限,而从最新发展来看,人工智能具有相对优势,利用人工智能进行证券投资选择已得到很好的应用发展。与传统模型相比,人工神经网络性能优于其他传统方法,尤其是反向传播神经网络,它过滤信息并确定投资机会,能有效应用于投资风险分析,决策者可以更安全地选择金融项目。从组合来看,人工智能决策支持系统可以整合模糊理论,有效解决投资风险组合问题,帮助决策者选择经济项目并进行风险管理。人工智能混合系统是一种高效与强大的学习系统,将智能技术、常规计算机系统、电子表格和数据库等集成组合在一起,对投资组合管理的效率大大高于传统方式。

3. 财务风险管理

在微观的原因层面,金融危机往往可归因于财务管理不善。由于当前巨量非结构化数据的出现，传统财务管理方式已无法有效应对，通过人工智能可以全过程与全方位监督财务管理，能有效避免或降低财务风险的发生，因此，它在财务风险管理中具有越来越重要的价值。在复杂性层面，金融市场是复杂的非线性系统，人类难以理解各种复杂因素及其相互作用，人工神经网络为半结构性和结构性因素提供了解决方案，它描绘了公司的真实财务状况，还可以预测外汇市场、银行流动性、通货膨胀和其他金融风险，为处理、决策与预测财务风险提供了强大的解决方案，许多银行已使用这一系统改善财务决策及风险防范。在功能方面，由于节省了成本和提高了管理效率，人工智能对于财务风险控制系统特别有效，它提供了丰富的数据和清晰易懂的风险分析，从而能对财务风险进行微观与审慎监督。在发展层面，随着单一人工智能向混合人工智能发展，可以将不同计算能力和计算系统结合起来，有效确定企业现金流的趋势及方向，为解决财务风险提供高技术与可接受的解决方案。

4. **市场风险预测**

就应用来说，资本市场的人工智能技术非常实用，它广泛应用于市场风险各个领域。例如，在资本市场中，遗传算法技术(GAS)成功解决了复杂投资组合优化问题，实现了投资收益最大化与风险最小化结合。就重要性来说，各国金融公司使用它解决涉及直观判断或常规分析技术无法解决的数据模式难题，尤其是人工神经网络技术，它改变了金融证券市场各个方面，某种程度上模仿了人脑处理特征，能从不完整数据中得出结论，甚至可以从过去的错误中学习，由此，即使在看跌的市场行情中，使用这一技术也能产生正回报。就前景来说，人工智能在市场决策中具有巨大潜力，许多学者与专家认为它最终将胜过最好的交易者和投资者，可用于预测市场、交易商品、评估债券、评估信用风险、评估抵押贷款风险、预测破产和市场投资策略等，但也要注意加强适当的市场风险数据管理，提高公司市场的透明度和加强员工必要的技能培训等。

5. **系统性风险预测**

从发展来看，最近二十多年来，全球金融环境更加复杂，金融崩溃往往是"系统性"崩溃，住房、银行与其他部门崩溃交织在一起，共同破坏整个经济系统的稳定性。人工智能具有风险预测功能，在金融领域具有光明的应用前景。从比较来看，传统统计方法仅能检查金融危机是否会在24个月内爆发，人工智能预警系统则可以预测每天的意外风险，它对股价指数、汇率和利率演变等进行日常监控，在危机发生之前就可以发现异常行为，进而发出预警信号。从应用来看，机器学习和人工智能是金融服务业与金融机构正在寻求的更强大的风险分析方法，它能管理和挖掘风险监管报告中越来越多的结构化与非结构化数据，从而实现有效的金融风险管理。它还能克服"人为因素"对金融发展的影响，为客户提供便宜、高效与个性化的服务，确保金融系统的稳定运行。

9.2 具体原理与技术

1. 风险分析维度：经济大数据、动态变量与智能分析

传统经济风险评估模型包括（线性、多元和二次）判别分析、因子分析和逻辑回归等方法，无法快速准确处理巨量结构化与非结构化数据。经济发展过程中存在许多难以量化或无法量化的定性因素，这些定性因素纳入评估模型非常困难。与传统方法相反，人工智能不必假定数据分布的结构性特征，它可以一次生成、处理与分析结构化与非结构化大数据，从而智能分析经济发展及风险状况，进而帮助人们快速准确做出决策。例如，金融市场中巨量的动态数据具有灵活性和客观性特征，人工神经网络与线性分析方法的结合可为银行和制造业信用管理、处理巨量数据提供技术支持。在公司财务风险管理中也常常引入人工智能数据挖掘技术，主要通过检测财务数据、信用评估和公司绩效预测等方式，防范企业内部欺诈、职业欺诈，预防审计欺诈与供应链等管理领域的潜在风险。在金融危机期间运用人工智能还能有效降低金融风险的冲击。

2. 风险预测维度：神经经济学、神经网络与机器学习

人工智能擅长分析复杂且难以理解的经济现象，适用于宏观经济风险预测、预警和预防，被许多学者公认为经济风险领域热门的预测技术。20世纪90年代以来，经济学就已经开始引入人工智能新方法，例如神经网络、模糊逻辑、遗传算法、机器学习及其他先进方法，这一新的研究领域称为神经经济学。其中最典型的风险预警技术是人工神经网络与机器学习，受生物神经系统和大脑结构启发，人工智能神经网络成为经济领域大量原始技术的主要灵感来源，它是一种非参数人工智能模型，比传统类别分析和逻辑回归等线性预测模型更加准确。在财务风险方面，它也比逻辑回归模型具有更好的预测能力。机器学习也适用于经济风险预测，通过与深度学习、模糊逻辑和神经网络等结合，可以更好地进行经济风险预测。

3. 风险代理维度：计算机代理、仿真模拟与人机合智

在短短的几十年中，人类已经从以机器为基础的工业社会发展到以信息为基础的智能社会，人工智能也越来越多地应用于风险管理领域。就技术而言，人工智能通过自动化、数据驱动、算法学习程序与决策辅助等工具，使计算机代理人类成为经济风险决策者。例如，在金融风险方面，它通过机器代理将仿真模拟和博弈论结合，建构金融风险市场最优管理模型，能有效管理复杂的金融风险项目。就模型而言，人工智能风险代理模型能有效合并市场风险、信用风险和运营风险等模型，可以预防财务对冲风险、拍卖市场和股票市场等风险。就应用而言，除金融领域外，它还常常用于供应链风险管理中，对生产网络中的企业可进行破产风险分析，有效确定和预防公司破产风险。它也能有效研究经济低迷时资源需求和资源供应中的固有风险，进而分析更为复杂的经济问题。就特点而言，人工智能风险代理具有"人机合智"特点，克服"人类智能"与"机器智能"固有局限，同时融合了二者优势，因此，在经济风险领域得到越来越广泛的运用。

4. 风险模拟维度：意见汇总、专家模拟与关系建模

虽然尼克·博斯特罗姆最初的模拟论是在没有参考人工智能技术及随之而来的风险情况下提出来的，但这并不妨碍两者之间存在的重要联系，人工智能模拟对风险管理产生了重要影响，其中最重要的是将应对"传统"经济生存风险置于更优先的地位。对英国和美国大量财务管理失败导致的财务与金融危机案例的研究表明，人工智能模拟风险可有效避免金融危机。从性质来看，人工智能是一种专业的风险管理系统，可以汇总不同专家意见进行模拟决策，在实践中影响着实际决策。例如，在股票交易市场，它能量化股票交易中的风险现状及交易者敏感性，为股票风险提供模拟决策服务。从技术来看，人工智能使用计算机复制人类大脑及神经系统，模拟动态与复杂市场环境，并对项目风险结果、风险感知及隐藏的交互关系建模，从而减少风险损失和实现投资收益最大化目的。另一种人工智能技术即模糊认知地图，能识别经济因素之间的因果关系，分析风险传播的复杂性和不确定性，同时根据专家看法进行建模，模仿专家进行风险推理与风险决策，帮助决策者更主动地规避经济风险。

5. 风险决策维度：智能代理、智能模拟与精准决策

近几年来，运用人工智能进行经济风险决策已得到广泛研究，人工智能技术如数据挖掘、智能代理与智能模拟等能有效降低获取、管理和分析风险大数据的成本，它是一种更强大、更有效与更灵活的经济风险决策技术。人工智能可有效处理结构化和非结构化数据，通过分析巨量信息来支持风险决策，这一特点决定了其算法的正确程度。同时，它能对低噪声和无噪声数据源进行清理，为经济风险预防提供精准决策。从预测的准确性、适应性和稳健性来说，它也能够及时预测信用风险和迫在眉睫的危机，为决策者提供动态和准确的策略。尽管人工智能可为企业、行业及政府提供重要的经济风险辅助决策功能，但是不同的风险感知影响了人类对人工智能风险决策支持的态度，因此，这一技术还没有得到有效与广泛的使用。同时，人们是否应该对超出人类监督能力的人工智能建立信任机制，用以防止风险决策可能带来的不可逆转的后果，这是目前人类思想观念需要面对的一个重要挑战。

9.3 目前市场上的应用

1. 百度公司：信用风险智能预防

由于买卖双方的不确定性和交易风险，信用风险在经济领域一直非常重要，尤其

是 2008 年金融危机后，信用评分已成为企业、电子商务和金融市场可持续性发展的关键要素，但也是非常难以管理与评估的领域。人工智能方法优于传统统计方法，有望克服传统依赖静态数据和有限统计检验等方法局限，驱动信用风险评估的重大变革。2016 年 7 月，百度与美国的某金融公司合作开发人工智能信用风险评估系统，它将机器学习与大数据分析结合，核心是利用人工智能挖掘大数据并开发信用评估模型，通过分析搜索方式、网页浏览习惯与客户行为模型等 21 种风险因素，确定个人信用等级及是否发放小额贷款。新兴人工智能技术如决策树、支持向量机、遗传算法和人工神经网络等对于优化信用风险评估非常有帮助，百度通过利用这些人工智能技术能迅速发现赌博、访问违禁品销售网站及刺激营销网站等高风险网络行为，进而对客户进行评级并确定是否为优质客户，从而将放贷风险降至最低。

2. 新加坡华侨银行：洗钱风险智能预防

人工智能为风险管理提供了智能专家系统，为金融风险提供了快速与完善的解决方案。2016 年 10 月，新加坡华侨银行开始运用人工智能与机器学习技术，大大提高了预防金融犯罪风险的准确度。通过人工智能技术过滤过去一年企业交易大数据，同时将企业交易活动进行风险分类，提高了辨别可疑交易风险的正确率。银行分析专家每天审查数百件可疑交易，需要一件一件审查与判断，通常花费较长时间才能完成。人工智能可快速处理巨量交易信息，准确评估金融交易风险，帮助企业进行科学的风险决策。人工智能不将每笔交易视为单独活动，而是通过分析金融交易市场中的各项指标，如产品、客户与风险等，从这些相互关联的指标中找出反常的交易行为。同时，它具备动态调整与演进式演算功能，通过对一段时间中的交易行为变化进行学习、调整与识别，能准确找出可疑交易以达到降低洗钱风险的目的。

3. 万事达卡：欺诈风险智能预防

打击金融欺诈一直是信用卡公司的基本任务，在信息经济时代，数字化对网络隐私和安全造成了重大威胁。就信用卡安全而言，人类是最薄弱环节，而人工智能可避免人为因素干扰，进而科学防范欺诈风险。万事达卡融合了机器学习及自然语言处理等人工智能技术，通过机器学习清除恶意用户，其预防核心是人工智能内存数据库系统，它使用了 200 多个变量来预防金融欺诈。万事达卡核心处理系统还包括生物识别技术、深度学习和其他新兴人工智能方法，自 2016 年以来，它避免了约 10 亿美元的欺诈损失。戈德斯拉希和阿米尔马迪研究发现，目前正在探索的人工智能方法如人工神经网络、运筹学、混合智能方法、模糊逻辑和支持向量机等，尤其是混合智能方法，比单一机器学习方法改善了金融信息分类效果与欺诈风险预测性能。

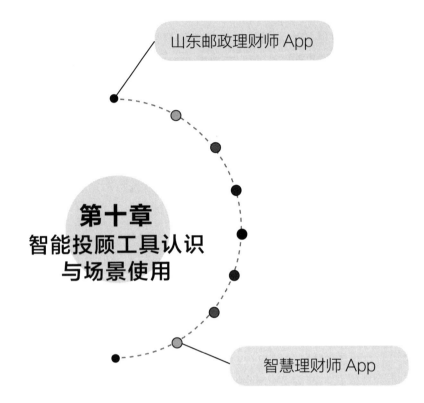

第十章
智能投顾工具认识与场景使用

山东邮政理财师 App

智慧理财师 App

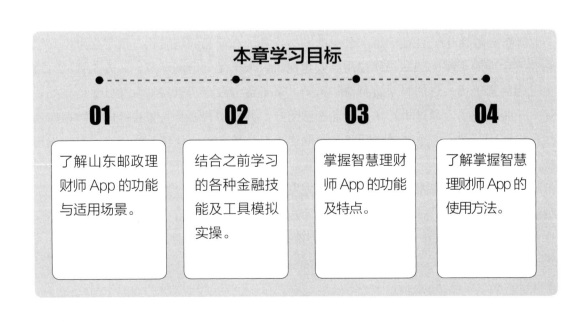

本章学习目标

01 了解山东邮政理财师 App 的功能与适用场景。

02 结合之前学习的各种金融技能及工具模拟实操。

03 掌握智慧理财师 App 的功能及特点。

04 了解掌握智慧理财师 App 的使用方法。

第十章　智能投顾工具认识与场景使用

> **本章简介**

本章主要讲解山东邮政理财师 App 的使用方法和智慧理财师 App 的使用方法。

10.1　山东邮政理财师 App

10.1.1　功能介绍

山东邮政理财师 App 是一款辅助营销和管理类的软件，目的是规范理财经理每天的工作内容，清晰呈现产品销售过程。风险管控方面，相关监管部门可以在后台查验、统计前台使用者信息，了解、规范一线营销行为。主页面包括首页、基金、保险、我的，如图 10-1 所示。四个主页面的功能将规范专业营销全流程，指导一线销售全过程，以可视化界面与针对性功能，助力销售实践。同时能够实时分享产品营销以及客户维护经验，从而提升阶段任务完成效率。

山东邮政理财师 App 的四个主页面如图 10-1 所示。

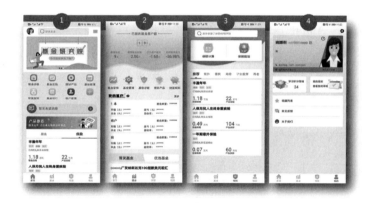

图 10-1　山东邮政理财师 App 的四个主页面

山东邮政理财师 App 的首页功能如图 10-2 所示。

图 10-2　山东邮政理财师 App 的首页功能

山东邮政理财师 App 的基金页功能如图 10-3 所示。

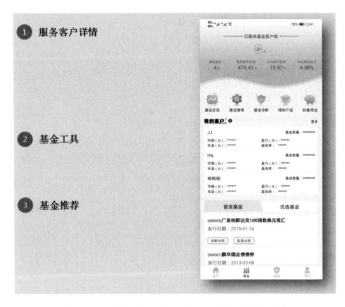

图 10-3　山东邮政理财师 App 的基金页功能

山东邮政理财师 App 的保险页功能如图 10-4 所示。

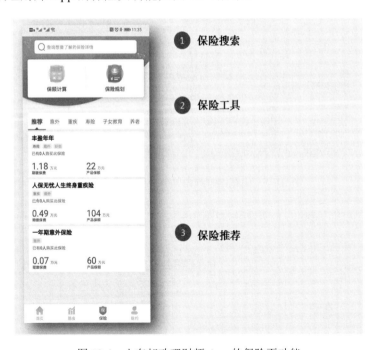

图 10-4　山东邮政理财师 App 的保险页功能

图 10-1～图 10-4 主要详细介绍了山东邮政理财师 App 的每项功能、含义及使用方法，为方便学员或投资者快速查询及使用提供了便利。

10.1.2 使用场景介绍

1. 资讯分享

一个合格的理财顾问需要掌握最新的金融资讯,才能及时为客户调整资产持仓情况,让客户放心。山东邮政理财师 App 每天都会有今日财讯、财经快报、重要分享更新。首页的推荐栏中可以滚动浏览重点新闻资讯以及行内特有的资讯文章,同时提供转发功能。转发的文章中会有属于理财顾问的专有名片,而名片可以在"我的"页面中自行编辑。理财顾问可以复制文章中的专业点评,分享粘贴评论,加强客户吸引力,同时定制的名片更显专业性,容易获得客户信赖。

金融咨讯分享功能如图 10-5 所示。

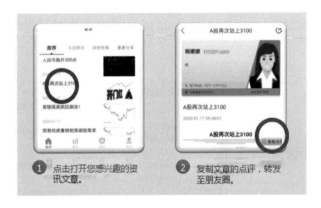

图 10-5　金融资讯分享功能

2. 客户管理

整个 App 中,使用了统一的客户信息模板,无论在哪个模块维护了客户信息,都可以在客户管理中统一查看。客户管理包含了客户的基金产品信息和保险产品信息。为了客户的隐私,所有涉及客户信息的数据,初次都是用星号遮盖,需要手绘密码解锁才能查看信息。当 App 切换后台运行后,又会重新加锁。基金产品和保险产品一样,都有一个客户产品的列表。

客户管理功能如图 10-6 所示。

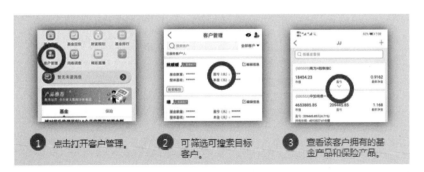

图 10-6　客户管理功能

3. 了解基金产品

在 App 首页的"产品推荐"中我们可以了解一个基金产品，主要包括以下几个方面。

(1) 基本信息：名称、代码、募集时间、市场情况。

(2) 产品投向：纯债、偏债混合、偏股等。

(3) 产品特色：时限、团队、费用率等。

4. 基金诊断

在 App 首页的"基金诊断"中我们可以进行单只基金诊断或者基金组合诊断。对于单只基金，山东邮政理财师 App 提供了得分、排名、产品趋势、管理者风格、涨跌趋势图等多种分析工具。想要快速判断基金的好坏，可以通过查阅得分及排名。基金诊断功能如图 10-7 所示，根据中长期（八个季度）的表现计算得出长期的综合实力。基金诊断结果如图 10-8 所示。

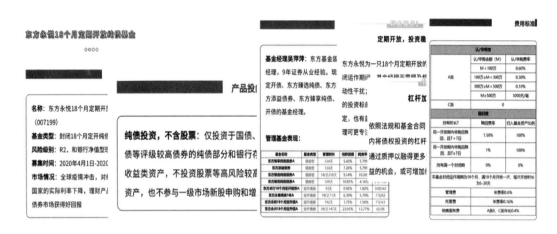

图 10-7　基金诊断功能

图 10-8　基金诊断结果

进一步判断一个基金是否有价值，值得长期持有，可以通过看趋势图以及对应讲解。App 中不仅提供本基金相关建议，还会给出当前的市场情况分析，为用户投资提供更全面的信息。通过结合目前市场所处阶段，在了解基金持仓风格的基础上，能更精准地决定是否持有该只基金。

基金诊断建议及评价如图 10-9 所示。

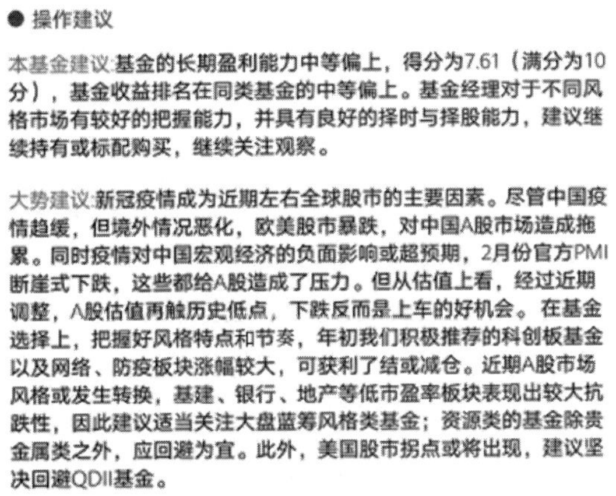

● 操作建议

本基金建议:基金的长期盈利能力中等偏上，得分为7.61（满分为10分），基金收益排名在同类基金的中等偏上。基金经理对于不同风格市场有较好的把握能力，并具有良好的择时与择股能力，建议继续持有或标配购买，继续关注观察。

大势建议:新冠疫情成为近期左右全球股市的主要因素。尽管中国疫情趋缓，但境外情况恶化，欧美股市暴跌，对中国A股市场造成拖累。同时疫情对中国宏观经济的负面影响或超预期，2月份官方PMI断崖式下跌，这些都给A股造成了压力。但从估值上看，经过近期调整，A股估值再触历史低点，下跌反而是上车的好机会。在基金选择上，把握好风格特点和节奏，年初我们积极推荐的科创板基金以及网络、防疫板块涨幅较大，可获利了结或减仓。近期A股市场风格或发生转换，基建、银行、地产等低市盈率板块表现出较大抗跌性，因此建议适当关注大盘蓝筹风格类基金；资源类的基金除贵金属类之外，应回避为宜。此外，美国股市拐点或将出现，建议坚决回避QDII基金。

图 10-9 基金诊断建议及评价

对于多只基金，输入代码后，除了基本资料信息，App 还提供资产配置是否合理的判断，是否符合客户的风险类型以及基金优劣的对比判断，相似基金应剔除，有些基金虽然有着不同的名称，但其重仓股却极为相似，这类基金放到资产篮子中不利于风险分散的原则。最后会有一个简洁易懂的分析评价呈现。

基金分析评价如图 10-10 所示。

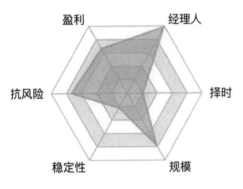

图 10-10 基金分析评价

盈利能力	得分为6.67,该基金历史盈利能力较好,在同类基金排名中处于中等偏上。
抗风险能力	得分7.30,抗风险能力良好。
稳定性能力	得分为2.15,稳定性极弱,基金净值会出现很大幅度的变化。
规模能力	得分为7.69,该基金的规模为10.19亿,良好,较适合市场投资。
择时能力	得分为2.11,择时能力极弱,对市场趋势的判断错误很多。
经理人能力	得分为9.84,任职时间得分10,主基金经理任职时间较长,有很强的资金管理经验。盈利得分为9.74,表明该基金经理盈利能力极强,处于同类基金管理者的巅峰。

图 10-10　基金分析评价（续）

图 10-5 ～图 10-10 主要介绍了山东邮政理财师 App 强大的客户管理系统以及分析能力，能够对客户手中的金融产品进行深度分析并给出评测结果与建议。

10.2　智慧理财师 App

10.2.1　产品简介

零售业务是当前银行发展的重要核心，在客户资产不断增长的背景下，专业理财服务成为竞争中的重要法宝。专业理财师团队的培训并非一朝一夕形成，但业务需求又迫在眉睫，如何才能让理财经理团队快速形成？运用了人工智能的智慧理财师 App 就是为了解决这些问题而诞生。智慧理财师是理财经理的专业工具，是银行专业服务的支撑。智慧理财师每一项功能设计都是按照银行理财经理的日常营销管理工作的良好流程设计，辅助理财经理快速成长、高效营销管理。智慧理财师聚合了财富规划、基金诊断、基金管理、基金定投和理财产品等在线金融理财工具。财富规划会根据不同的客户理财需求，以全市场产品为产品配置库，提供 25 套最优基本理财配置方案，数百套个性理财配置方案，为客户提供个性化的理财 / 保险产品定制体验。基金管理支持上千客户的资产信息管理，及时进行预警提醒。帮助理财经理高效轻松地实现客户服务。基金诊断能够快速判断基金优势，全面了解基金情况。基金定投能够平滑投资成本，降低整体风险。而理财产品功能能帮助比较各种产品的优劣，让你一眼看穿理财套路。智慧理财师 App 的功能一览如图 10-11 所示。

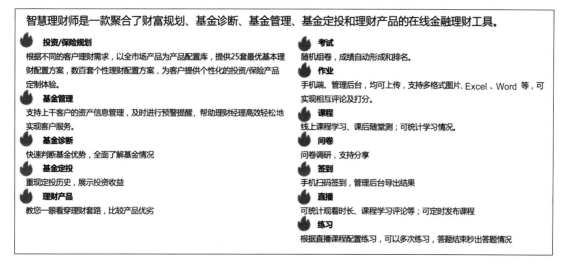

图 10-11　智慧理财师 App 功能一览

10.2.2　业务实现

业务实现必须是一体化的解决方案，从理念到方法，从流程到工具，每一个环节都应该完美闭合。目前的两套流程，资产配置与基金战略，都是目前银行零售业务的核心。

1. 资产配置实战应用与管理

资产配置是理财经理维护客户的基本工具，但如何让抽象的概念与实际的客户沟通相结合，与银行实际的产品营销相结合，是资产配置实用化的关键。在智慧理财师 App 中，理财经理与客户的沟通可以使用 App 中的"理财金字塔"做图解说明；输入基本信息得到保险规划或投资规划结果，并可保存或发送客户；得到产品配置列表，每个产品都可点开产品图鉴与产品话术。而业务管理者可以在后台观察一线理财经理的产品介绍动作，确认产品营销力度。同时业务管理者可以进行资产配置的产品库维护与管理，包括产品选择、产品图鉴、产品话术等，直达一线。智慧理财师 App 具体功能实现如图 10-12 所示。

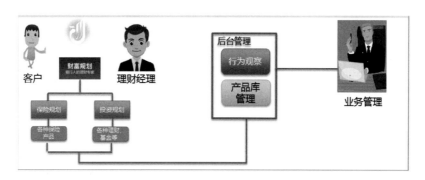

图 10-12　智慧理财师 App 具体功能实现

图 10-13 到图 10-15 展示了智慧理财师 App 制定资产配置方案的步骤。

图 10-13　资产配置方案（客户资料输入）

图 10-14　资产配置方案（输出投资规划）

图 10-15　资产配置方案（输出保险规划）

图 10-16 ～图 10-19 主要介绍了智慧理财师的业务管理功能，让使用者全面了解客户与市场的所有信息。

图 10-16　业务管理功能 1(产品库的设定)

图 10-17　业务管理功能 2(后台管理)

图 10-18　业务管理功能 3(产品展示与话术案例的随时更新)

图 10-19　业务管理功能 4(一线营销的行为观察与大数据分析)

2. 基金战略的全流程实现

基金战略是以金智东博公司相关基金培训团队为核心，以智慧理财师相应软件为支撑的全流程服务培训特色项目。全项目分为线下培训与线上长期推进两部分。线下培训分为两部分，其一，通过对一线相关营销人员与基金业务的各级管理人员的集中大课，进行基金长期战略的理念植入与方法论灌输；其二，通过部分网点进行氛围启动，促进其阶段性能力提升。线上长期推进——培养营销习惯与管理机制。基金战略是长期的工作，让一线营销人员能够掌握基金营销管理的全流程服务，让各级基金业务管理人员能够熟悉基金业务的长期管理机制，让银行能够形成长期有效的基金业务发展趋势。基金业务要求从业人员有比较强的专业能力与管理能力，但专业能力不是一朝一夕能够培养形成的，管理能力不是一次两次就能全员形成的，软件的全员使用就是长期培训效果保障的重要手段。智慧理财师 App 的具体功能实现如图 10-20 所示。

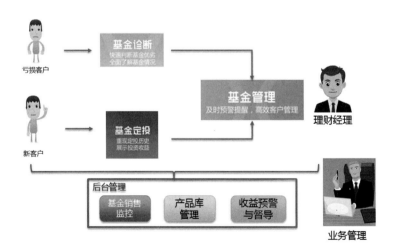

图 10-20　智慧理财师 App 的具体功能实现

基金诊断七步曲如图 10-21 所示。

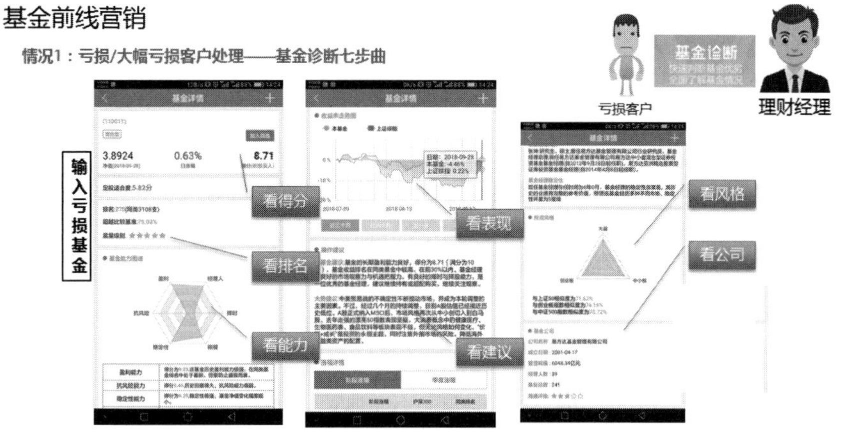

第十章 智能投顾工具认识与场景使用

图 10-21 基金诊断七步曲

基金定投尝试如图 10-22 所示。

图 10-22 基金定投尝试

基金全流程管理如图 10-23 所示。

图 10-23 基金全流程管理

基金销售情况监控与收益预警导出如图 10-24 所示。

图 10-24　基金销售情况监控与收益预警导出

基金产品库管理如图 10-25 所示。

图 10-25　基金产品库管理

图 10-20 ～图 10-25 主要介绍了基金管理的功能。

参考文献

[1] 金梦媛. 中年家庭理财规划 [J]. 大众理财顾问，2019，(01).
[2] 朱晓哲. 中等收入家庭的综合理财规划方案 [J]. 价值工程，2014,(33).
[3] 陈玉罡，田岚. 金领家庭理财规划方案 [J]. 大众理财顾问，2012,(12).
[4] 王佳佳. 中产家庭如何用保险来筹划健康及养老 [J]. 理财，2018，(12).